高等职业教育"广告和艺术设计"专业系列教材
广告企业、艺术设计公司系列培训教材

广告策划与实务

（第2版）

崔晓文　主　编
易　琳　顾　静　郝晓燕　李　冰　吴　琳　副主编

清华大学出版社
北　京

内容简介

广告重在策划，创新与创意是广告策划的灵魂。本书结合广告策划发展的新形势和新特点，针对广告艺术设计专业广告策划应用型人才的培养目标，通过中外经典案例解析，系统地介绍了广告策划概述、广告策划过程、广告调查与分析、广告策略策划、广告创意与表现策划、广告媒介策划、广告预算策划、广告效果的测定、广告策划书的撰写等基本理论知识；并同时注重创新性与创造性，力求教学内容与教材结构的创新。

由于本书结构新颖、内容翔实、案例丰富、叙述简洁、通俗易懂、实用性强，并采用统一的格式化体例设计，因此既适用于专升本及高职高专院校广告艺术设计、动漫设计、会展管理等专业的教学，也可以作为广告和艺术设计公司从业者的职业教育与岗位培训教材，对于广大社会自学者来说也是一本有益的参考读物。

本书封面贴有清华大学出版社防伪标签，无标签者不得销售。
版权所有，侵权必究。举报：010-62782989，beiqinquan@tup.tsinghua.edu.cn。

图书在版编目(CIP)数据

广告策划与实务/崔晓文主编. --2版. --北京：清华大学出版社，2016（2024.1重印）
（高等职业教育"广告和艺术设计"专业系列教材）
（广告企业、艺术设计公司系列培训教材）
ISBN 978-7-302-43584-6

Ⅰ.①广… Ⅱ.①崔… Ⅲ.①广告学—高等职业教育—教材 Ⅳ.①F713.81

中国版本图书馆CIP数据核字(2016)第082146号

责任编辑：章忆文　李玉萍
装帧设计：刘孝琼
责任校对：吴春华
责任印制：刘海龙

出版发行：清华大学出版社		地　址：北京清华大学学研大厦A座	
	https://www.tup.com.cn	邮　编：100084	
	社 总 机：010-83470000	邮　购：010-62786544	
	投稿与读者服务：010-62776969，service@tup.tsinghua.edu.cn		
	质量反馈：010-62772015，zhiliang@tup.tsinghua.edu.cn		

印 装 者：天津鑫丰华印务有限公司
经　　销：全国新华书店
开　　本：190mm×260mm　　印　张：20.5　　字　数：495千字
版　　次：2011年10月第1版　2016年5月第2版　　印　次：2024年1月第7次印刷
定　　价：49.80元

产品编号：064776-01

Foreword 丛书序

随着我国改革开放进程的加快和市场经济的快速发展，广告经营业也在迅速发展。1979年，中国广告业从零开始，经历了起步、快速发展、高速增长等阶段，到2012年全年广告经营额已突破4000亿元人民币，比上年增长了21.9%；广告营业额占GDP的比例为0.9%；全国广告经营单位37.8万户，比上年增长了23.3%；全国广告从业人员217.8万人，比上年增长了23.3%。

商品促销离不开广告，企业形象也需要广告宣传，市场经济发展与广告业密不可分。广告不仅是国民经济发展的"晴雨表"，也是社会精神文明建设的"风向标"，还是构建社会主义和谐社会的"助推器"。广告作为文化创意产业的关键支撑，在国际商务活动交往、丰富社会生活、推动民族品牌创建、促进经济发展、拉动内需、解决就业、构建和谐社会、弘扬古老中华文化等方面，发挥着越来越大的作用，已经成为我国服务经济发展重要的"绿色朝阳"产业，在我国经济发展中占有极其重要的地位。

当前，随着世界经济的高度融合和中国经济国际化的发展趋势，我国广告设计业正面临着全球广告市场的激烈竞争，随着发达国家广告设计观念、产品、营销方式、运营方式、管理手段以及新媒体和网络广告的出现等巨大变化，我国广告从业者急需更新观念、提高技术应用能力与服务水平、提升业务质量与道德素质，广告行业和企业也在呼唤"有知识、懂管理、会操作、能执行"的专业实用型人才；加强广告经营管理模式的创新、加速广告经营管理专业技能型人才培养，已经成为当前亟待解决的问题。

我国广告业起步较晚，目前广告专业毕业生在广告公司中所占比例仅为6.3%，因此使得中国广告公司及广告作品难以在世界上拔得头筹。根据中国广告协会学术委员会对北京、上海、广州三个城市不同类型的广告公司的调查表明，在各方面综合指标排行中，缺乏广告专业人才居首位，占77.9%，人才问题已经成为制约中国广告事业发展的重要"瓶颈"。

针对我国高等职业教育"广告和艺术设计"专业知识老化、教材陈旧、重理论轻实践、缺乏实际操作技能训练等问题，为适应社会就业需要、满足日益增长的广告市场需求，我们组织多年在一线从事广告和艺术设计教学与创作实践活动的国内知名专家教授及广告设计公司的业务骨干共同精心编撰了本套教材，旨在迅速提高广大学生和广告设计从业者的专业素质，更好地服务于我国已经形成规模化发展的广告事业。

本套系列教材定位于高等职业教育"广告和艺术设计"专业，兼顾"广告设计"企业职业岗位培训，适用于广告、艺术设计、环境艺术设计、会展、市场营销、工商管理等专业。本套系列教材包括：《广告学概论》《广告策划与实务》《广告文案》《广告心理学》《广告设计》《包装设计》《书籍装帧设计》《广告设计软件综合运用》《字体与版式设计》《企业形象(CI)设计》《广告道德与法规》《广告摄影》《数码摄影》《广告图形创意与表现》《中外美术鉴赏》《色彩》《素描》《色彩构成及应用》《平面构成及应用》《立体构成及应用》《广告公司工作流程与管理》《动漫基础》22本书。

本套系列教材作为高等职业教育"广告和艺术设计"专业的特色教材，坚持以科学发展观为统领，力求严谨，注重与时俱进；在吸收国内外广告和艺术设计界权威专家学者最新科研成果的基础上，融入了广告设计运营与管理的最新教学理念；依照广告设计活动的基本过

丛书序

程和规律，根据广告业发展的新形势和新特点，全面贯彻国家新近颁布实施的广告法律法规和广告业管理规定；按照广告企业对人才的需求模式，结合解决学生就业、加强职业教育的实际要求；注重校企结合、贴近行业企业业务实际，强化理论与实践的紧密结合；注重管理方法、运作能力、实践技能与岗位应用的培养训练，采取通过实证案例解析与知识讲解的写法；严守统一的创新型格式化体例设计，并注重教学内容和教材结构的创新。

本系列教材的出版，有利于学生尽快熟悉广告设计操作规程与业务管理，对帮助学生毕业后顺利走上社会就业之路具有特殊重要意义。

编委会

Editors 编委会

主　　任： 牟惟仲

副主任： (排名不分先后)

王纪平　吴江江　丁建中　冀俊杰　仲万生　徐培忠　章忆文
李大军　宋承敏　鲁瑞清　赵志远　郝建忠　王茹芹　吕一中
冯玉龙　石宝明　米淑兰　王　松　宁雪娟　王红梅　张建国

委　　员： (排名不分先后)

刘　晨　徐　改　华秋岳　吴香媛　李　洁　崔晓文　周　祥
温　智　王桂霞　张　璇　龚正伟　陈光义　崔德群　李连璧
东海涛　翟绿绮　罗慧武　王晓芳　杨　静　吴晓慧　温丽华
王涛鹏　孟　睿　赵　红　贾晓龙　刘海荣　侯雪艳　罗佩华
孟建华　马继兴　王　霄　周文楷　姚　欣　侯绪恩　刘　庆
汪　悦　唐　鹏　肖金鹏　耿　燕　刘宝明　幺　红　刘红祥

总　　编： 李大军

副总编： (排名不分先后)

梁　露　车亚军　崔晓文　张　璇　孟建华　石宝明

专家组： (排名不分先后)

徐　改　郎绍君　华秋岳　刘　晨　周　祥　东海涛

Preface 前言

　　广告重在策划,创新与创意是广告策划的灵魂,广告策划是广告产业链中最为重要、最关键的环节。随着全球经济的快速发展,面对国际广告设计业界激烈的市场竞争,尤其是现代广告中涌现了大量的"出新"与"出奇",加强广告策划领域的创新实践、加速广告策划专业人才的培养已经成为当前亟待解决的问题。为了满足日益增长的广告市场需求,为了培养社会急需的广告专业技能型应用人才,我们组织多年在一线从事广告策划教学与创作实践活动的专家教授共同精心编撰了此教材,旨在迅速提高学习者的广告策划与实务的专业素质,更好地服务于我国的文化创意和广告产业。

　　本书作为高等职业教育"广告和艺术设计"专业的特色教材,坚持以科学发展观为统领,强调将广告策划理论教学与应用实践相融合,注重启迪开发学生的敏锐觉察能力、认知能力、创造能力,掌握广告策划应该遵循的原则。本书通过精选案例的穿插与解析、引导学生更快地进入学习状态,通过案例讨论和实训课堂锻炼学生分析问题和解决问题的能力,促进学生的学习能力和综合素质的提高。此书的出版,对帮助学生尽快熟悉广告策划操作规程,帮助学生毕业后顺利走向就业岗位具有特殊的重要意义。

　　本书共分为九章,以学习者应用能力培养为目标,在吸收国内外广告领域专家丰硕成果的基础上,精选具有典型意义的广告策划案例,并结合中外广告策划学科发展的新形势和新特点,针对高职高专院校广告专业应用型人才的培养目标,系统地介绍了:广告策划概述、广告策划过程、广告调查与分析、广告策略策划、广告创意与表现策划、广告媒介策划、广告预算策划、广告效果的测定、广告策划书的撰写等基本理论知识,并注重创新性与创造性,力求教学内容与教材结构的创新。

　　本书融入了广告策划的最新教学理念,力求严谨,注重与时俱进,具有结构合理、内容丰富、叙述简洁、案例经典、图文并茂、通俗易懂、实用性强等特点,并采用新颖统一的格式化体例设计,因此本书既适用于专升本及高职高专院校广告艺术设计、动漫设计、会展管理等专业的教学,也可以作为广告策划企业和广告艺术设计公司从业者的职业教育与岗位培训教材,对于广大社会自学者也是一本有益的参考读物。

　　本书由李大军进行总体方案策划并具体组织,崔晓文教授任主编并统稿,易琳、顾静、郝晓燕、李冰、吴琳任副主编,由具有丰富教学和实践经验的广告策划专家梁露教授审定,北京电大文法部教授、具有丰硕广告策划实战成果的顾宝艳专家复审。作者的编写分工为:崔晓文负责第一章、第二章、第七章,郝晓燕负责第三章,李冰负责第四章,易琳负责第五章、第八章,顾静负责第六章,吴琳负责第九章。

　　在编写过程中,我们参考借鉴了大量有关广告策划与实务等方面的最新书刊资料,精选收录了具有典型意义的案例,并得到了编委会专家教授的细心指导,在此特别致以衷心的感

前言 Preface

谢。为了方便教师教学和学生学习，本书配有教学课件，可以从清华大学出版社网站免费下载使用。

由于作者水平有限，书中难免存在疏漏和不足之处，恳请各位专家和广大读者给予批评指正。

编　者

Contents 目 录

第一章 广告策划概述 1

第一节 广告策划的概念与要素 3
一、广告策划的萌芽与发展 3
二、广告策划的概念 4
三、广告策划的要素 5
四、广告策划与广告计划 6

第二节 广告策划的地位与意义 7
一、广告策划的地位 7
二、广告策划的意义 8

第三节 广告策划的类型与原则 13
一、广告策划的类型 13
二、广告策划的原则 15

第四节 广告策划的学科来源 18
一、广告策划与市场营销 18
二、广告策划与传播学 19
三、广告策划与消费者行为学 22

第二章 广告策划过程 31

第一节 广告策划的内容 34
一、广告市场调查 35
二、广告机会分析与研究 36
三、广告战略制定 40
四、广告策略确定 44
五、广告创意与表现策略 52
六、广告效果评估 56

第二节 广告策划的程序及工作流程 58
一、广告策划的阶段划分 58
二、广告策划流程 59

第三章 广告调查与分析 69

第一节 广告调查的内容及方法 72
一、广告调查的含义及作用 72
二、广告调查的主要内容 74
三、广告调查的常用方法 76

第二节 营销环境调查与分析 78
一、政治法律环境分析 78
二、人口环境分析 80
三、经济环境分析 82
四、自然地理环境分析 84
五、社会文化环境分析 85
六、科技环境分析 87

第三节 消费者调查与分析 89
一、消费者类型与角色分析 89
二、消费者购买行为模式分析 91
三、影响消费者购买行为的因素分析 92
四、消费者购买决策过程分析 95

第四节 广告产品调查与分析 97
一、对产品与产品整体概念的理解 97
二、产品分析 99
三、对品牌的理解 102

第五节 竞争状况调查与分析 105
一、行业分析 106
二、竞争者分析 106
三、竞争地位与广告战略及策略选择 108

第四章 广告策略策划 115

第一节 广告目标市场策略 117
一、广告目标市场策略的含义 117
二、广告目标市场策略的类型 118
三、影响广告目标市场策略选择的因素 120

第二节 广告定位策略 121
一、广告定位策略的含义 121
二、广告定位策略的分类 122

第三节 广告产品策略 126
一、产品投入期的广告策略 126
二、产品成长期的广告策略 128
三、产品成熟期的广告策略 129
四、产品衰退期的广告策略 131

第四节 广告市场策略 133
一、广告促销策略 133

目录

　　二、名人广告策略 ……………… 137

第五章　广告创意与表现策划 …………… 145

第一节　广告创意策划 ……………… 147
　　一、广告创意的概念 ……………… 148
　　二、广告创意与广告策划 ………… 148
　　三、广告创意的要求 ……………… 148
　　四、广告创意策划的基本理论 …… 151
　　五、广告创意的过程 ……………… 159

第二节　广告表现策划 ……………… 162
　　一、广告表现的概念及载体 ……… 162
　　二、广告表现与广告策划 ………… 163
　　三、广告表现的要求 ……………… 164
　　四、广告表现策略 ………………… 167

第六章　广告媒介策划 ……………… 181

第一节　广告媒介概述 ……………… 183
　　一、广告媒介的含义及其作用 …… 183
　　二、广告媒介的类别及其优劣势 … 184

第二节　广告媒介评估策略 ………… 199
　　一、广告媒介量化评估的基本指标 … 199
　　二、广告媒介质化评估的基本指标 … 202

第三节　广告媒介选择策略 ………… 204
　　一、媒介选择的原则 ……………… 204
　　二、影响广告媒介选择的因素 …… 205

第四节　广告媒介组合策略 ………… 207
　　一、广告媒介组合的作用 ………… 207
　　二、广告媒介组合的步骤 ………… 209
　　三、广告媒介组合的常用策略 …… 209
　　四、不同广告媒介组合时应注意的问题 ……………………………… 210

第七章　广告预算策划 ……………… 215

第一节　广告预算的内容 …………… 219
　　一、广告预算的概念 ……………… 219
　　二、广告预算的项目 ……………… 221
　　三、广告预算书的基本格式 ……… 222

第二节　制定广告预算经费的方法 … 225
　　一、影响广告预算的因素 ………… 225
　　二、制定广告预算经费的方法 …… 228

第三节　广告预算分配策略 ………… 231
　　一、按广告时间分配 ……………… 231
　　二、按市场区域分配 ……………… 231
　　三、按产品类别分配 ……………… 231
　　四、按广告对象分配 ……………… 232
　　五、按传播媒体分配 ……………… 232

第八章　广告效果的测定 …………… 239

第一节　广告效果概述 ……………… 241
　　一、广告效果的含义 ……………… 241
　　二、广告效果的特征 ……………… 242
　　三、广告效果的类别 ……………… 243

第二节　广告效果测定概述与意义 … 246
　　一、广告效果测定概述 …………… 246
　　二、广告效果测定的意义 ………… 247

第三节　广告效果测定的内容 ……… 248
　　一、广告传播效果测定 …………… 248
　　二、广告销售效果测定 …………… 251
　　三、广告社会效果测定 …………… 252

第四节　广告效果测定的方法 ……… 253
　　一、广告效果事前评估 …………… 253
　　二、广告效果事中评估 …………… 259
　　三、广告效果事后评估 …………… 260

第九章　广告策划书的撰写 ………… 269

第一节　广告策划书概述 …………… 272
　　一、什么是广告策划书 …………… 272
　　二、广告策划书的主要用途 ……… 272
　　三、广告策划书的类型 …………… 272
　　四、撰写广告策划书应该注意的问题 ……………………………… 294

第二节　广告策划书撰写程序 ……… 295
　　一、信息沟通阶段 ………………… 296
　　二、策划准备阶段 ………………… 296

  三、策划作业阶段 297
  四、广告表现阶段 297
  五、策划执行阶段 299
 第三节 广告策划书范例 300
  一、市场分析 300
  二、广告策略 303

  三、广告表现策略 305
  四、广告媒介策略 306
  五、促销活动策略 307
  六、公关活动策略 307

参考文献 315

第一章

广告策划概述

学习要点及目标

- 了解广告策划的产生及发展历程,掌握广告策划的概念及其要素。
- 了解广告策划与广告计划的异同,理解并掌握广告策划的地位和意义。
- 了解广告策划的类型与学科来源,理解并掌握广告策划的原则。

广告策划、广告策划要素、广告策划原则

引导案例

成功的广告策划为百事可乐赢得了竞争力

百事可乐作为世界饮料业两大巨头之一,100多年来与可口可乐上演了一场蔚为壮观的"两乐之战"。两乐之战的前期,即20世纪80年代之前,百事可乐一直惨淡经营,由于其缺乏有效的竞争手段,尤其是广告的竞争不得力,所以被可口可乐远远甩在后头。

然而,在经历了与可口可乐的无数次的交锋之后,百事可乐终于明确了自己的定位,以"新生代的可乐"形象对可口可乐实施了侧翼攻击,从年轻人身上赢得了广大的市场。如今,饮料市场份额的战略格局已经发生了明显的变化。

百事可乐的定位是具有其战略眼光的。因为百事可乐的配方、色泽、味道都与可口可乐相似,绝大多数消费者根本喝不出二者的区别,所以百事可乐在质量上难以胜出,它选择的挑战方式是在消费者定位上实施差异化。百事可乐摒弃了不分男女老少"全面覆盖"的策略,而从年轻人入手,在广告中,百事可乐树立其"年轻、活泼、时代"的形象,从而暗示可口可乐"老迈、落伍、过时"的形象。

百事可乐完成了自己的定位后,开始研究年轻人的特点。他们通过调查发现,年轻人现在最流行的东西是酷,而酷表达出来就是独特的、新潮的、有内涵的、有风格创意的意思。百事可乐抓住年轻人喜欢酷的心理特征,推出了一系列以年轻人崇拜的最酷的明星为形象代言人的广告。

在美国本土,1994年百事可乐以500万美元聘请了流行乐坛的巨星迈克尔·杰克逊做广告。此举被誉为有史以来最大手笔的广告运动。杰克逊果然不辱使命,当他踏着如梦似狂的舞步,唱着百事广告主题曲出现在屏幕上时,年轻消费者的心无不为之震撼。

在中国,百事可乐力邀郭富城、王菲、珍妮·杰克逊和瑞奇·马丁等歌星做它的形象代言人。两位香港歌星自然不同凡响,郭富城的劲歌热舞,王菲的冷酷气质,迷倒了全国无数年轻消费者。在全国各地百事可乐销售点，我们无法逃避的就是郭富城那执着、坚定、热情的渴望眼神。

在上海电台的一次6000人调查中，年轻人说出了自己认为最酷的东西。他们认为，最酷的男歌手是郭富城，最酷的女歌手是王菲，而最酷的饮料是百事可乐，最酷的广告是百事可乐郭富城超长版。现在年轻人最酷的行为就是喝百事可乐了。

（资料来源：李永梁. 十大最佳品牌广告策略排行及分析. 价值中国网, http://www.chinavalue.net/Article/Archive/2006/5/15/31011.html，2004-8-17）

案例解析： 百事可乐作为挑战者，没有模仿可口可乐的广告策略，而是勇于创新，通过广告树立了一个"后来者居上"的形象，并把品牌蕴含的那种积极向上、时尚进取、机智幽默和不懈追求美好生活的新一代精神发扬到百事可乐所在的每一个角落。百事可乐是受人尊崇的，百事可乐的广告策略也是值得推崇的。

第一节 广告策划的概念与要素

一、广告策划的萌芽与发展

（一）广告策划的萌芽阶段

广告虽然古已有之，但广告策划并不是一开始就有的。从古代广告的产生到现代广告出现之前，并没有产生真正意义上的广告策划。虽然由于商品交换的需要而产生了广告，但是在这漫长的历史时期，人们所进行的广告活动也仅仅是简单意义上的"广而告之"。

这种"广而告之"虽然有一定的目的性，但广告主并没有特定的计划，没有十分明确的销售目标，更缺乏准确的目标对象的定位。在现代广告产生的初期，随着商品交换规模的扩大，广告活动的范围越来越大，广告的形式和手段也越来越丰富，因而广告主更加期望广告能够更有效，这种需要为广告策划的产生提供了必要条件。

1869年，美国费城成立了现代意义上的广告代理公司——艾尔父子广告公司。该公司除了为广告客户购买版面，还为客户撰写文案，设计、制作广告，并制订广告计划。直到20世纪30年代，伴随着现代市场营销理论与实践的发展，市场调研被明确提到企业的经营管理活动中来，市场调研进入到广告活动中，并确立了其在广告活动中的地位。

调研活动的出现，以及调研理论的发展和调研手段的科学化与规范化，使广告主能科学、准确地对市场进行分析和研究，从而决定所应采取的战略和策略。调研活动的出现及其在广告实践中的发展，为广告策划的产生奠定了丰富的基础，并产生了广告策划的萌芽。

（二）广告策划的提出阶段

广告策划的萌芽虽然较早，但它作为一个概念被明确提出却是在20世纪中叶。20世纪60年代，英国广告专家斯坦利·波利特在广告领域率先提出了广告策划的概念。这一概念提出之后，逐渐影响到英国的整个广告界，并传播到国外。随后，广告策划的思想及运作方法迅速在西方广告界普及开来。现在许多国家都建立了以策划为主体、以创意为中心的广告经营管理体系。

广告策划的出现使广告学的结构体系更加丰富，使现代广告活动更加科学化、规范化，也大大提高了广告的效果。

(三) 广告策划的发展阶段

广告策划的发展可以分为广告策划观念的发展和广告策划内容与方法的发展两个方面。

1. 广告策划观念的发展

随着时代的发展与进步，在各种新观念的引导下，广告策划的观念也得以变化和发展。

(1) 营销观念的发展使广告策划者从对企业本身的关注发展为对企业、消费者、社会三者关系的关注，并通过广告对三者的关系给予最佳协调。20世纪90年代提出的4C理论及在此基础上发展起来的整合营销理论，进一步将广告策划观念引向对消费者的全方位关注和研究。

(2) 广告策划本身从单一的促销观念发展为竞争观念，从对经济效益的关注发展为对经济效益、社会效益以及人们的心理效益的统一与协调的关注。竞争意识的强化，使广告策划者意识到自身在广告运作中应承担的责任。

2. 广告策划内容与方法的发展

随着经济的发展和市场竞争的加剧，广告策划的内容从简单发展到复杂，从一般性的单个广告活动策划发展到为广告运动所进行的整体广告策划。

广告策划的方法发展得越来越丰富，策划的程序越来越规范——从简单出点子，到对广告策划全过程各个阶段的完善及科学操作。广告策划的策略日益丰富，包括广告的市场策略、产品策略、定位策略、表现策略、媒体策略、实施策略等，形成了广告策划的策略体系。

二、广告策划的概念

(一) 广告策划定义

广告策划，是指广告人通过周密的市场调查和系统的分析，利用已经掌握的知识、情报和手段，合理有效地开展广告活动的进程。广告策划的特征在于事前性和全局性，因而广告策划是对广告活动所进行的事前性和全局性的筹划与打算。

广告策划在整个广告活动中处于指导地位，贯穿于广告活动的各个阶段，涉及广告活动的各个方面。广告策划使广告调查、广告目标的确定、广告对象的确定、广告媒体的确定、广告创作、广告发布、广告效果测定等多项工作的开展具有目标性、系统性和全局性。

(二) 对广告策划概念的理解

对广告策划概念的深入理解可以从以下五个方面着手。

1．广告策划的依据是广告主的营销策略

广告是营销组合的重要因素，直接为广告主的市场营销服务，因此广告策划不能脱离广告主营销策略的指导。

2．广告策划有其特定的程序

广告策划要依托科学而规范的程序，以保证广告策划不致成为凭空设想以致盲目化。

3．广告策划要提出广告运动的总体战略

广告策划不是停留在具体行动计划层面上的"广告计划"，而是针对广告运动整体性的思考与运作，因而必须具有基于长期发展的战略规划。

4．广告策划以市场调查为依据和开端

广告主的营销策略虽然为广告策划提供了依据，但要达成广告效果，还需要了解由消费者、产品和竞争对手构成的市场状况，对市场做出深入的分析。

5．广告策划的目的是力求达到广告进程合理化和广告效果的最大化

广告进程的合理化，就是广告运动要符合市场的现实情况并能够适应市场的发展；广告效果的最大化，就是广告策划要提供能够产生最佳广告效果的策略和方案。

三、广告策划的要素

一个完整的广告策划活动是由其基本要素构成的，缺少任何一个要素，广告策划都不能成立。

（一）广告策划的主体

广告策划的主体，即广告策划者，广告策划者包括广告公司和广告主。对于一项具体的广告策划项目来说，广告策划是由广告公司组建的某个广告策划小组来执行的，此时具体的广告策划者就是这个广告策划小组。

（二）广告策划的对象

广告策划的对象，是所要规划的广告活动。广告策划要为所要进行的广告活动制定广告目标、确定广告战略和策略、确定广告创意、拟定广告预算、测定广告效果等。

（三）广告策划的依据

广告策划的依据，主要来自两个方面：一是广告主的营销战略和策略；二是市场、消费者、产品、竞争者以及广告环境的情况。

（四）广告策划的结果

广告策划要有明确的结果，这个结果就是通过广告策划，对实现企业目标和企业的营销目标有所帮助，从而提高企业的经济效益和社会效益。

四、广告策划与广告计划

说到广告策划，就不得不提及广告计划，这是两个很容易混淆的概念，甚至有人认为广告策划就是广告计划。要了解广告策划与广告计划的差异，从而真正理解广告策划的特征，首先要从把握"策划"与"计划"这两个极易混淆的概念入手。策划与计划都有对某一活动加以预见性控制的含义，不过它们却有着根本的不同。

计划是按照已制定的目标和方法所进行的一系列步骤安排，它的任务就是为保证程序的执行按事先设定的方案进行，不至于出现混乱和差错。而策划是一种策略性规划，它更强调规划的策略性的性质。与计划相比，策划没有特别强调要按部就班的事先安排，没有现成的套路，它强调要根据现实的情况制订、发展出一整套解决问题的策略性方案，并根据事态的进展随时给予调整。

具体来说，广告策划与广告计划的联系与区别表现为以下几点。

1．过程上的异同

广告策划与广告计划都是对广告策划活动过程的反映，但是广告策划是这个过程的本身，是全局性、整体性的战略决策，是动态的；而广告计划则是这个过程的结果，是具体的、可操作的指导方案，是静态的。

2．客体上的异同

广告策划与广告计划都是要解决广告策划的客体，如广告目标、广告战略、广告策略、广告主题、广告创意、广告媒体选择、广告效果评估等。但是广告策划侧重于对客体的决定行为，掌握原则和方向，具有创新性、超前性和挑战性，因而从事广告策划工作的人员需要经过长期专业训练，最好是具有一定实战经验的人员。

广告计划则是广告策划这一行为结果的具体文本形式的体现，处理广告策划活动中的一些程序与细节，属于常规的工作流程，挑战性较小，经过短期培训的广告从业人员就可操作。

3．结果表现上的异同

广告策划与广告计划都可以通过广告策划书反映出来，但是广告策划书反映广告策划活动的全过程；而广告计划既可以是广告策划书的重要组成部分，也可以是独立执行的文件。广告策划是制订广告计划的前提，而广告计划则是对广告策划的具体行动方案的决策结果的概括和总结。

总之，广告策划是集思广益的复杂的脑力劳动，是一系列围绕广告战略、策略而展开的研讨活动和决策活动；而广告计划则是这一系列活动的归纳和体现，是广告策划所产生的一系列广告战略、广告策略的具体化。二者既有联系又有区别，密不可分。

第二节　广告策划的地位与意义

一、广告策划的地位

（一）广告策划是营销策划的有机组成部分

广告作为市场营销组合中促销组合的一种手段和方法，决定了广告策划是营销策划的有机组成部分，广告策划必须要服从企业的营销战略和策略的要求。

1. 广告策划要服从营销组合的整体性、协调性要求

广告策划是一个系统工程，首先要做好广告市场调查与分析，这是广告策划的基础，通过市场调查了解消费者，了解市场状况。在做好市场调查的基础上，还要制定广告策略，确定广告目标、广告预算、广告信息、广告媒体，与其他促销手段的配合，以及广告效果的测定等。

2. 广告策划要处理好与市场、产品、价格、渠道等各项策略的关系

企业营销组合的四个环节不能孤军奋战，各行其道。市场、产品、价格、渠道是广告的基础和前提。没有市场，广告就失去了传播的对象；没有适当的产品，广告就缺乏宣传的目标主体；没有适当的价格，广告就不能体现其价值；没有适当的渠道，广告要涉足的领域就不明确。

（二）广告策划在广告运作过程中处于核心地位

广告运作的环节包括广告调查、广告策划、广告表现策略、广告媒介策略、广告效果测定，在这五个环节中，广告策划是贯穿其中的主线，处于核心地位，起着重要的作用。

1. 从广告运作的程序上看

在广告运作的程序中，广告调查虽然在形式上处于第一个环节，但其大部分内容是服务于广告策划的。因此广告策划实际上处于广告活动的首要环节。

案例1-1

百威啤酒的广告策划

世界啤酒市场一直是竞争十分激烈的领域，在这个领域中，任何一家企业在策略上稍有失误，就会使利益落入他人之手。百威啤酒是美国也是世界最畅销的啤酒，被誉为"啤酒之王"。百威之所以成功，不仅取决于其优质的品质，还取决于其卓越的市场策略和广告策略，这一点从百威啤酒成功进入日本市场即可看出。

百威进入日本市场时，首先面临的问题是确立目标市场。百威的广告策划者确立了以年轻人为诉求对象的广告策略。他们认为，日本年轻人具有购买力，也有时间去追求自己喜爱的事物，新奇而又昂贵的产品很能吸引他们。他们也有自己的表达方式和独特语言，往往是市场舆论的制造者。如果想用广告打动他们，就必须认识他们，了解他们的消费动机，只有这样才能提出切入他们心智的广告创意。

百威的主要广告对象首先定为25~35岁的男性，通过深入调查，他们了解到这个群体的生活特点：平常都喝啤酒以外的烈性酒，对运动和时尚非常感兴趣。这个对象的设定与百威啤酒原本就具有的"年轻人"形象十分吻合。

设定目标后，百威啤酒就把重点放在杂志广告上，专攻年轻人市场，并推出激情海报加以配合。广告的诉求重心突出美国最佳啤酒的高品质形象，在营销的第一、第二个阶段，传播概念都建立在"全世界最有名的高品质啤酒"上，视觉重点强调在标签和包装上。

在第一个阶段，广告主题是："第一的啤酒、百威"，动人的标题是"我们爱第一"。第二个阶段，主题改为"百威是全世界最大、最有名的美国啤酒"，广告标题则变为"这是最出名的百威"，并印在啤酒罐上，消费者只要拿起罐子就可以看到。对目标消费者的准确定位，使百威在日本的营销获得成功。1981年进入日本市场，1982年就在日本进口啤酒中名列前茅，1984年就取得了销售200万瓶的业绩。

（资料来源：徐小娟. 100个成功的广告策划[M]. 北京：机械工业出版社，2003.）

案例解析：了解消费者对制定广告策略是非常重要的。可以说，广告策划中所包含的每一个决策都需要根据消费者的情况而定。消费者调查不仅涉及广告策划的各个方面，而且应贯穿广告战役的始终。

由于市场竞争的激烈，消费者会受到诸多因素的干扰，必须随时了解消费者，根据消费者的变化及时调整广告策略。但调查哪个群体的消费者，调查什么，又是在整体广告策划的指导下运作的。

2．从广告运作的内容上看

广告策划要确定广告表现策略、媒介策略、广告效果测定方案等内容，并制订相应的计划。因此，广告策划规定了广告创作、广告发布、广告效果测定等后续环节的内容和方法。由此可见，广告策划是广告运作的核心环节。

3．从广告活动的影响程度上看

广告策划为广告运作提供全面的指导，并贯穿广告运作的始终，制约着广告运作的其他环节的进展，而其他环节则是广告策划的具体执行环节。因此，广告策划是广告运作中影响最为深远的环节。

4．从广告运作的规模上看

广告策划需要诸多部门的协同运作，而其他环节则由单一部门执行。因此，广告策划是广告运作中涉及面最广、规模最大的环节。

二、广告策划的意义

广告策划是整个广告运作的核心和灵魂，对整个广告运动具有指导性和决定性的作用。

在现代竞争激烈的市场状态下，要想开展成功的广告运动，需要事先精心策划，尽可能使广告准确、独特、及时、有效、经济地传播信息，以刺激需求，引导消费，促进销售，开拓市场。广告策划的优劣是决定广告运动成败的关键。

（一）广告策划使广告活动更加科学、规范

广告策划活动自身具有规律性，并具有科学的运作程序。它根据广告主的营销战略和策略，在市场调查的基础上，进行研究分析，确立广告目标，明确广告对象和地区，制定广告战略和策略，拟定广告预算和广告效果测定方案。因此，广告策划使广告的目的性更强，目标更明确，广告活动不再是盲目的、主观的和无序的活动，而是系统、客观和有序的科学运作。

（二）广告策划使广告活动的效益显著

广告策划将企业的长远计划和短期计划相衔接，使广告活动的重点更为突出。在策划中根据产品生命周期的不同阶段，采用不同的广告战略，兼顾目前利益与长远利益，使整个广告活动的宣传效果更为显著。

1. 广告策划增强了广告对市场营销的作用

广告策划深入到广告主的市场营销活动中，从对企业自身的关注发展到对消费者的关注，从把广告作为单一的传播工具发展到对市场营销中的各种沟通要素的整合，加强了企业与消费者的沟通，增大了广告对市场营销的作用。

案例1-2

可口可乐的卖萌与市场应变

2013年夏天，很少变换包装的可口可乐一夜之间换上了新包装：高富帅、白富美、喵星人、有为青年、邻家女孩等24种网络流行语出现在了其包装上。可口可乐官方宣布，快乐昵称瓶将陪伴消费者度过2013年的夏天。

对此，消费者褒贬不一，但引起了足够的关注，市场走得也很好，很多消费者都买走了自己喜欢的那瓶。可口可乐中国区某负责人说，某些地区还会陆续推出极具地方特色的昵称瓶，如重庆销售重庆妹儿、武汉推出板尖儿等，同时方言文化也将融入可口可乐的快消文化中。

同时，可口可乐还在新浪官方微博推出了瓶身定制活动，只需花20元，参与者就可以在瓶身上的LOGO旁印上自己喜欢的文字。

在碳酸饮料持续下滑的背景下，可口可乐此举在于取悦年轻人。此举是否会拉低品牌的身价？一些专家指出，不会，身价的高低是由品牌的强势程度决定的。市场接受，说明传播点已经获得了消费者心智认同，这是有效定位的体现。

可口可乐卖萌使其接近了消费者，更加接地气了，产品一旦和消费者距离近了，想不大卖都难。

70后、80后喜欢追星，营销的主流方式是用当下最红的明星做代言，靠明星的价值激起消费者对品牌的忠诚度，以提高销量。但90后、00后，喜欢用更加草根的方式张扬自我，以我为中心实现自我价值的肯定与表达。可口可乐瓶身与定制，恰好符合这群年轻人的心理。可口可乐此策略非常成功。

案例解析： 随着饮料选择范围的增大，碳酸饮料的霸主地位已经被撼动。就市场占有率来说，尽管以可口可乐为代表的碳酸饮料在国内仍占强势地位，但其市场份额正在被健康饮料逐渐蚕食。国家统计局中国行业企业信息发布中心表示，预计未来我国饮料成长性较好的是低热量饮料、健康营养饮料、冷藏果汁和运动饮料，碳酸饮料市场份额将逐渐下降。专家认为，目前在全球广告的作用下，越来越多的消费者认为，纯净水、茶类、纯果汁等饮料更健康、更绿色，这种认知一旦形成就很难改变，未来全球的碳酸饮料市场份额会逐渐变小到一个点，但是不会消亡。

有资料显示，2006年碳酸饮料在国内的市场份额下降到30.96%，2010年下降到22.34%，2012年下降到21.9%，落后于饮用水25.7%，以及果汁品类22.2%。而茶饮料、果汁饮料销售在近年却以超出两倍的速度递增，运动饮料的年增长率更是超过3倍。

可口可乐能够根据市场的变化及时对产品进行设计和改良，不失为一个明智之举。在包装上做的一些策划，短时期内的确刺激了消费者，销售效果很出众，但如果长期治标不治本，可能会淡化消费者对它的品牌认知。

2．广告策划更有助于品牌形象的树立

广告策划在统筹广告主的广告活动、集中力量树立商品品牌形象方面也具有重要意义。广告通过周全的市场竞争意识和全面的通盘考虑，组织以树立品牌形象为中心的广告活动，可以较迅速地树立商品品牌，从而开拓并占领市场。

 案例1-3

机智的广告策划成就蒙牛品牌

蒙牛是1999年以100万元注册成立的奶制品公司。蒙牛初入市场时，排名是最后一名——第1116位。此时的蒙牛一没工厂，二没市场，有的只是同质化的产品。蒙牛靠什么发展起来的呢？靠的就是完备的广告策划。

1999年，当蒙牛市场是零的时候，伊利市场规模是12亿元，三元称霸北京，光明领衔上海。但到了2005年，蒙牛液态奶的市场份额已经升至25.4%，稳居全国第一；经过6年的时间，蒙牛以惊人的速度荣登"中国成长企业百强"榜首，轰轰烈烈地在香港上市，演绎了一段传奇；牛根生也被评为CCTV"中国经济年度人物"。这些都应归功于蒙牛的广告策略。

第一计：比附定位——借大腕，扬威名

注册资金只有100万元的蒙牛拿什么与竞争对手抗衡？比附策略是最为明智的选择。蒙牛从产品的推广宣传开始就与伊利联系在一起，蒙牛的第一块广告牌："蒙牛乳业，创内蒙古第二品牌"；宣传册上闪耀着"千里草原腾起伊利集团、蒙牛乳业……我们为内蒙古喝彩！"在冰激凌包装上，蒙牛打出"为民族工业争气，向伊利学习"的字样。蒙牛利用伊利的知名度，无形中把自己的品牌打了出去，提高了品牌的知名度。而且蒙牛这种谦逊的态度，让人尊敬，同时获得了口碑。

接下来，蒙牛又启动了更大的明星——内蒙古。蒙牛根据呼和浩特人均牛奶拥有量全国第一，牛奶增速全国第一的现状，提出了"建设我们共同的品牌——中国乳都·呼和浩特"的倡议。从2002年9月起蒙牛投资100万元，投放了300多幅灯箱广告，广告正面主题为"为内蒙古喝彩"，下书"千里草原腾起伊利集团、兴发集团、蒙牛乳业；塞外明珠辉照宁城集团、仕奇集团；河套峥嵘蒙古王；高原独秀鄂尔多斯……我们为内蒙古喝彩，让内蒙古腾飞"，背面的主题是"我们共同的品牌——中国乳都·呼和浩特"。

蒙牛把自己和内蒙古的一些著名企业放在一起，提出共建中国乳都。论资排辈，当时的蒙牛无论从历史、地位和规模上都不足以与这些知名品牌相提并论，但此广告一出，消费者顺理成章地将蒙牛和它们摆在一起。而"建设中国乳都""为内蒙古喝彩"使人们对蒙牛产生了好感，其品牌形象植入了消费者心里。

蒙牛的比附定位使它借助伊利这个梯子，发展了自己，扩大了影响，在某种程度上也保护了自己。

第二计：差异定位——利乐枕，三分天下

蒙牛借伊利这个梯子得到了消费者的首肯，但这并不等于忠诚，如果蒙牛不能在短时间内找到自己的立足点，大面积抢占市场，就会逐渐消失在市场竞争的浪潮中，于是蒙牛向市场发出了第二个挑战。

经过市场调查，蒙牛向市场推出了中价位的鲜奶——利乐枕。当时利乐砖充斥市场，以高品质著称，保质期为8个月，但价格较高；而低价位的巴氏灭菌奶保质期短，主打新鲜，但品质不稳定，给人以劣质低档之感，消费者不是很满意。

蒙牛通过调查了解到这些后，推出利乐枕，秉承了两种奶的优点：新鲜、品质好，同时也避免了两者的短处：价格贵、品质差。蒙牛成为中国第一个大举抢占利乐枕牛奶市场的中国企业，市场火了，蒙牛借利乐枕飞黄腾达。后来竞争对手也纷纷推出利乐枕牛奶，但其销售量全部加起来还不到蒙牛利乐枕的一半。此时蒙牛在中国乳业市场的地位已经根深蒂固了。2002年，蒙牛利乐枕销售10亿包。2003年，蒙牛成为全球最大的利乐枕牛奶制造商，更成为所有使用这一包装的饮料厂家中的第一名。

蒙牛利用差异定位策略，建立了乳业市场的第三大阵营——利乐枕。实现了三分天下的格局：利乐砖、巴氏灭菌奶、利乐枕，并成为第三大阵营的领先者。

第三计：捆绑定位——大树底下好乘凉

经过前面两计，蒙牛已经成为中国乳业市场的一员大将。但如何让蒙牛成为最好牛奶的代名词，如何把蒙牛品牌转化成一种影响力而不仅仅代表着销售力呢？牛根生说："戴安娜嫁给了查尔斯王子，于是成了王妃，否则她永远是平民。"

2002年开始，蒙牛便与摩根士丹利、英联和鼎晖三个国际投资银行频繁接触，经过摩根士丹利的精巧设计，蒙牛乳业在中国香港上市。2003年，中国神舟五号载人飞行，蒙牛抓住机会进行宣传"蒙牛——举起你的右手，为中国喝彩"，如图1-1所示。于是蒙牛已经不仅是一包牛奶，它肩负着中国人的使命，肩负着民族兴旺发达的责任，这一形象得到更进一步的强化。蒙牛真正成为中国乳业的领导品牌。

图1-1 蒙牛广告"举起你的右手,为中国喝彩"

(资料来源:李光斗.插位[M].北京:机械工业出版社,2006(有删改).)

案例解析:在今天市场高度竞争的态势下,需要企业懂得运用更高的战略手段,不仅要让自己在消费者心中占有一席之地,还要让自己站得更高些。只有这样,企业才能在消费者心中站得更稳,更长久。

蒙牛策划的聪明之处在于,避开与强手的直接正面竞争,在为自己赢得机会,积累实力后,再奋起发力,一跃成为中国首屈一指的乳业品牌。

3. 广告策划有利于广告经费的有效使用

广告策划通过对广告活动的统一运筹,可以合理配置和使用广告客户支付的广告费用,提高广告的经济效益,以利于企业的生产和产品开发。

(三)广告策划使广告活动更具竞争性

广告策划以广告环境分析为依据,能够发现企业的优势与劣势,据此采用恰当的广告策略,从而提高市场竞争力。在广告策划中要仔细地分析竞争对手的状况,确定在什么条件下可以与对手展开竞争,在什么条件下不能与对手展开竞争。

任何企业的广告产品都具有某些优点或缺点,经过广告策划可以使产品扬长避短,使其长处得到更充分的宣扬,避开竞争对手的锋芒,化劣势为优势。因此,从某种意义上说,市场竞争就是策划的竞争,谁的策划更高明,谁就能赢得市场,在市场竞争中立于不败之地。

(四)广告策划提高了广告业的服务水平

广告策划为广告运作带来了巨大的变革,它已经成为广告运动的核心内容。同时这也是衡量广告公司业务水平的重要标志之一。

1. 广告策划使广告公司的服务与广告主的营销活动达到统一

在广告策划活动这条纽带的联系下,广告主与广告公司通过合作协议结合成一种"协议组织"形式。在协议期间,广告公司成为广告主专门从事广告活动的机构,而广告策划则是在广告主营销战略和策略的指导下进行规划,从而使广告活动与广告主的营销活动配合得更加密切。

2．广告策划使广告公司所提供的服务更加专业化

随着广告经营活动的产生与发展，广告业的经营模式、业务内容及经营水平都有了一定的发展，从最早的单一媒体贩卖发展到广告创意、广告文案写作、广告设计与制作，直至整体广告活动的规划，即广告策划，最终形成了以广告策划为核心的广告运作模式。广告策划的特征及任务标准，使广告公司的专业化服务水平达到了更高的层面。

3．广告策划对广告公司的人员选择与配备提出了更高的要求

一方面，广告策划运作需要具有广告策划能力的人才。广告策划能力包括调查研究能力、决策思维能力、创意能力、经营管理能力等。同时广告公司还要选择配备市场营销、文案写作、广告创意、设计制作、广告媒介等方面的人才。另一方面，以广告策划为核心的广告运作模式要求广告公司在组织机构设置中，要建立以广告策划职能为核心的组织机构。这种要求成为广告公司机构设置的一个指导性原则。

对于我国广告业的发展来说，要从传统型走向现代型，跟上时代的发展水平，关键在于要有一批能为广告主的广告活动进行总体规划，担任广告总体设计的专业公司。通过广告策划，运用科学的方法，集中丰富的经验，精心安排各项广告活动，可以转变当前广告活动中存在的无序和混乱局面。

第三节　广告策划的类型与原则

一、广告策划的类型

广告可分为商业广告(以营利为目的的广告活动)和非商业广告(不以营利为目的的广告活动)，而广告公司所承接的广告策划业务是以商业广告策划为主的，因此这里所要说明的广告策划的类型主要是针对商业广告策划来说的。

(一) 广告运动策划和广告活动策划

按照广告影响的范围和深远程度，可以将广告分为广告运动和广告活动两种类型。

1．广告运动策划

广告运动，是指广告主基于长远发展的目的，在相当长的时期内按照一定的广告战略持续开展的所有有机联系的广告活动的总和。

广告运动策划涉及的内容较多，所需要的人员较多，且要求参与人员具有一定的专业水平和策划经验。广告运动策划由于有一定的难度，因而需要的时间较长，少则两三个月，多则半年，甚至更长。广告主对广告运动策划方案的态度比较谨慎，往往需要反复提案和讨论。策划文本信息量大，在材料的组织和表态上都有很大的难度，撰写需要较长的时间才能完成。

2．广告活动策划

广告活动，是指广告主为了实现短期的效益目标，在相对较短的时期内，按照一定的广

告策略独立开展的单项广告活动。

广告活动策划一般比较单一，规模较小，运作上也比较简单。所需人员数量较少，且具有比较好的专业水平就可以满足。广告活动策划所需时间比较短，一般半个月就可以完成。对于广告主来说，广告活动策划决策起来比较轻松，通常可以很快做出决定。由于广告活动策划投入的人员、时间和资金较少，因而广告活动策划方案被广告主反复修改的可能性比较小。在策划文本的撰写上，由于其含有的信息量较少，材料组织和表达难度较小，需要时间较短。

（二）为不同目的而进行的广告运动或活动策划

广告的目的有直接促销、树立形象、建立观念、解决问题等，因而广告运动或活动也可以按照目的的不同分为以下几种类型。

1．促销广告运动或活动策划

促销广告运动或活动的目的是直接促进销售，以达到最大的促销效果。其策划时间较短，见效快，需要集中投入较多的费用。

促销广告运动或活动的策划需要设定量化的目标，了解广告主的直接目的和基本情况即可，策划时间较短。

2．形象广告运动或活动策划

形象广告运动或活动以树立形象、增强信任为目的，通过广告要使企业或产品形象使受众认知。策划时间较长，见效慢，需要投入稳定的费用。

形象广告运动或活动的策划其目标难以量化，策划时需要定性的认识，需要深入了解广告主的经营理念，策划时间较长。

3．观念广告运动或活动策划

观念广告运动或活动以传达观念，说服受众为目的，并使所要传播的观念为受众所接受。其策划时间较长，见效慢，需要持续投入稳定的费用。

观念广告运动或活动的策划其目标也是难以量化的，策划时除需要定性的认识，还要深入了解产品所代表的消费观念，其策划时间较长。

4．解决问题的广告运动或活动策划

解决问题的广告运动或活动策划以直接解决紧迫问题为目的，在效果上力求顺利解决问题。其策划时间短，见效快，需要集中投入较多的费用。

解决问题的广告运动或活动策划需要设定直接的或定量或定性的目标，需要详细了解广告主面临的问题和广告主的基本情况。

（三）针对不同对象的广告运动或活动策划

虽然多数广告运动或活动都是直接针对消费者进行的，但是企业在进行市场营销的过程中为了保证良好的销售业绩，不但要保持稳定的消费群体，还要保持经销商的积极性，以保证营销渠道的畅通。因而需要有针对经销商的广告运动或活动策划。

1. 以消费者为对象的广告运动或活动策划

以消费者为对象的广告运动或活动策划，注重对产品优势的宣传和对消费者使用该产品能够获得的利益的承诺，比较注重声势的打造，适合采用大众媒介进行宣传。

2. 以经销商为对象的广告运动或活动策划

以经销商为对象的广告运动或活动策划，注重产品市场前景和获利可能的承诺，注重信息传播渠道的选择，常采用分众媒介，例如通过某一行业的专业媒介或直接邮寄广告等方式进行。

二、广告策划的原则

广告策划是超前性思维和创造性思维活动，有自身的规律性，必须遵循一定的原则。

（一）指导性原则

广告策划是对广告整体活动的指导性方案，策划的结果就成为广告活动的蓝图。无论具体的单项广告活动是由企业自身承担，还是委托广告公司或媒介单位承担，都应按照广告策划所制订的统一的指导性方案去行动，而不能有其他的依据。所以指导性原则体现在策划对广告活动中所涉及的每个人的工作以及各个环节的关系处理等方面。

（二）系统性原则

广告策划是对整个广告运动的统筹规划，它既要从总体上把握大方向，拿出核心战略，又要规划部署每一具体步骤和环节，以保证各步骤之间的顺利衔接，保证广告运动各个部分在总体战略方案的统筹控制之下有条不紊地进行。

遵循系统性原则，必须协调广告活动中各要素的变化及产生的影响，讲求整体的最佳组合效应，从全局着眼，通盘规划和组合，把广告策划作为一项系统工程来进行。其重点应协调以下四个方面的关系。

(1) 在广告与产品的关系上，广告要服务于产品，保持广告与产品的一致性。

(2) 各媒体、各种促销手段之间的关系应相互配合，有序组织。

(3) 在广告的内容与广告表现形式的关系上，形式必须服务于内容。

(4) 在广告与外部之间的关系上，要适应市场环境、政治经济环境，并利用好外部环境中的有利因素，使消费者能够更好地接受广告信息。

（三）针对性原则

在市场状况日益复杂、竞争日益激烈的今天，一个企业的产品要想把一个品类的所有消费者都"一网打尽"是不可能的。特定的产品是为了满足特定的消费群的特定需要而开发出来的，因此在对产品的推广中，就必须明确产品所针对的消费对象。

一个好的广告策划方案应该能很好地体现广告所要针对的对象。如果一种产品是只针对女性消费者的，却在广告中表现出男女都可使用，就会导致产品的性质模糊，令消费者无所适从。同样一种产品如果是针对大众消费者的，例如洗涤用品，但在广告中却暗示它是一种儿童用品，那么就会使一些消费者离开。

广告策划必须针对企业、产品、市场等的实际情况进行，必须为每一位具体的客户提出针对其实际情况的策略和战术，使其具有独创性、差异性和新颖性。那种不考虑企业具体情况的千篇一律的广告策划应该杜绝。

案例1-4

联想手机：用对明星，提升竞争力

2012年，联想手机高调对外发布数据称，自己已经成为国内智能手机仅次于三星的第二品牌。当时此言论没有几个人相信，更多的人认为这是联想自己的炒作。但2012年结束之时，人们发现联想的市场份额已经超过14%，距三星很近了。智能手机销量同比增长200%多。2013年，联想集团公布了2013年第三季度财报，营收93.6亿美元，净利2.05亿美元，同比增长33.5%。

就在人们还没有从联想的优秀业绩中反应过来时，联想又宣布联手NBA巨星科比，利用科比在全球的高知名度，加强海外拓展力度，进入欧美等成熟市场，如图1-2、图1-3所示。

图1-2　科比代言联想手机广告概念图

图1-3　联想乐Phone凭借出色的用户体验和营销取得了很好的销量

(资料来源：国际品牌观察.2013(4))

案例解析：智能手机不仅是一件消费品，而且是一件时尚品，更是生活必需品。如何打动消费者，体育明星代言是一个成功范例，体育明星在青少年人群中有很高的吸引力。三星挑战苹果时，在营销上也使用明星广告，起用NBA明星詹姆斯。科比早已是全美牌酬最高的广告明星，除了体育品牌，他还代言过宝马旗下的Mini汽车等，每年的广告收入3000万美元以上。

明星代言仅提供更多的钱是不够的，如果企业没有足够高的知名度和美誉度，明星也不来。科比联手联想，不仅是对联想品牌的认可，更是对联想手机质量与档次的认可。有了科比这样的巨星联手，联想无疑将更进一步提升自己智能手机产品的销量与知名度，至于能否像三星那样成功，值得期待。

（四）有效性原则

广告策划的出现进一步加强了对整个广告运动的控制，而加强控制的动机是为了保证效果。任何一个广告活动都应讲求投入和产出，讲究实际效果，避免广告活动中的浪费现象。广告策划既要讲求促进产品销售的效果，又要讲求树立产品和企业形象的效果；既要讲求近期效果，又要讲求远期潜在效果。

讲效益是广告策划的基本特征，进行广告策划时要把宏观效益与微观效益结合起来，把经济效益与社会效益统一起来，使广告无论对企业，还是对消费者、对社会都有所裨益。

（五）可行性原则

广告策划的所有内容和每一步骤都应该具有可操作性，这主要是指拿出的广告策划方案对广告代理商的执行能力和广告客户提供的预算支出而言的。

(1) 策划方案应是广告代理商有能力执行的。策划人员拿出的策划方案，广告代理商必须确保自己有与之匹配的执行能力。策划方案做出来不是为了欣赏，而是为了达到相应的实际效果，解决广告客户的实际问题。在这里执行能力很重要，即使是同一方案由不同的人来执行，产生的效果也可能是截然不同的。

(2) 必须有足够的广告资金支持广告运动的开展。广告策划要量体裁衣，要考虑到广告客户的资金实力，以及广告预算的多少，否则可能事倍功半。

(3) 策划人员应充分估计策划方案实施过程中可能会遇到的阻力(这种阻力可能来自消费者方面，可能来自竞争对手方面，也可能来自行政主管部门、社会舆论，甚至广告主内部)，并对此准备好相应的解决方案。

（六）调适性原则

广告策划在整个广告运动中处于主导地位，由于市场环境的变化往往无法预测和把握，因此广告策划方案必须有足够的应变能力，确保广告运动能根据时势变化做出反应。

由于广告策划是对未来将要发生的事情进行的规划和控制，因此在事先的方案中，无法确定将要发生的事情是否会按照策划人预计的那样进行，也无法预估是否会出现一些很好的可供利用的社会事件，这种情况下就要求广告策划能够随着事态的进展随时做出相应的调整。遵循调适性原则，可使广告策划不至于在事态的进展中出现问题后却无法及时应对，或者错过一些可以利用的突发事件。

第四节　广告策划的学科来源

一、广告策划与市场营销

(一) 市场营销与市场营销学

市场营销是企业从适应和满足市场需求出发，开发产品和劳务，制定价格，宣传、销售产品和劳务，收集消费者的反映而从事的一切企业经营活动。

市场营销学是以市场营销活动为研究对象的学科。它是从卖方的角度出发，研究如何适应市场需求，如何使产品具有吸引力、价格合理、购买方便，使买方满意，从而提高企业的市场占有率和经济效益的学科。

(二) 市场营销策略决定着广告策划的核心内容

1．市场营销策略

企业的市场营销活动是在一定的市场营销策略的指导下进行的，市场营销策略是企业期望在目标市场实现市场营销目的所遵循的主要原则。它包括关于市场营销活动的总费用、市场营销因素组合、市场营销资源配置的基本决策，其中当然包括属于促销组合的广告的总体策略。

2．市场营销策略与广告策划

广告策划是根据广告主的营销策略，对广告运动战略与策略进行的前瞻性规划。因此，广告策划必须以广告主的营销策略为基本前提，广告策略必须完全符合广告主的营销策略。广告主的营销策略对广告策划的核心内容，即广告策略的决定性作用主要表现在以下几个方面。

1) 目标市场策略

营销的目标市场策略决定着广告的目标市场策略。广告主面向什么样的目标市场进行营销，广告就要面向什么样的目标市场进行。

2) 定位策略

营销的定位策略决定着广告的定位策略。广告所传达的关于企业或产品定位的信息应该与广告主的营销定位策略完全吻合。

3) 诉求重点

营销要满足的市场需求的出发点决定着广告的诉求重点。企业生产产品所要满足的需求常常是产品的优势所在，也是对消费者最具吸引力的信息。如果广告诉求忽视了这些信息，就会导致诉求重点和广告主题的偏离。

4) 诉求方式及表现策略

广告主的品牌形象、产品形象、目标消费者的特性和心理决定着广告的诉求方式和广告表现策略。广告主及其产品有着特定的感性或理性的形象，而不同的消费者又有着不同的感性或理性需求。广告采取感性或理性表现策略，要依据企业和产品的形象、诉求对象的心理需求来确定。

如果诉求策略发生偏离，就会导致广告与企业、产品形象不协调，使受众难以产生统一的印象，或者根本无法满足消费者的心理需求，从而失去其应有的效果。

5) 媒介选择

营销的目标市场、产品特性、消费者的心理特征及媒介接触习惯决定着广告媒介的选择。广告主在哪一目标市场进行营销，广告就应选择面向哪一目标市场的媒介；产品有什么特性，广告就应选择与其相符合的媒介；目标消费者经常接触哪些媒介，广告就应选择哪些媒介，以实现与消费者的有效沟通。

(三) 恰当处理广告策划与市场营销策略的关系

由于市场营销策略决定着广告策略，所以在总体策略上，广告策划要以广告主的市场营销为依据。但是市场营销策略不可能也没有必要涉及广告策略和广告策划的具体内容，因此在具体运作上，广告策划完全是主动的，可以创造性地发挥和深化市场营销策略，使广告运动在市场营销中最大限度地发挥作用。

在广告公司的内部策划运作中，广告策划者应了解、尊重广告主的营销策略，但有时广告会过分局限于自己的角色，对市场和消费者缺乏更客观的把握。所以广告策划者不应迷信广告主，而应保持广告运作的独立性，按照广告策划自身的规律来完成策划方案。

二、广告策划与传播学

(一) 传播与传播学

传播是人类运用符号将信息进行传递或接收的过程，由发送者、信息、途径和接收者四个基本要素构成。传播作为人类活动的一种，是信息发送者与接收者之间思想"达成共识"的过程。

传播学是20世纪40年代以来在报刊、广播、电视等事业获得快速发展的背景下发展起来的学科，是研究人类一切传播行为和传播过程发生、发展规律以及传播与人和社会关系的学问。

(二) 广告信息的传播

1. 传播过程

传播学家威尔伯·施拉姆(Wilbur Schramm)将传播的过程归纳为：信源—编码—信号—译码—目的地。信源就是信息的传播者，目的地就是传播的受众，编码是信息传播者将信息转化为可以传播的信号的过程，译码是受众将接收的信号重新转化为信息的过程。

广告传播过程是广告传播者通过广告策划和广告的设计制作将广告信息转化为广告作品，通过各种广告媒介发布，而广告受众通过接触媒介接收到广告作品，并对其负载的广告信息产生一定理解的过程。

2. 传播符号

传播活动最基本的要素就是符号，符号可以分为语言符号和非语言符号两类。语言符号包括语言和文字两种类型。非语言符号是指除语言之外的所有传播信息的符号,可以分为肢体语言、视觉性非语言符号、听觉性非语言符号三种。这些类型的符号也是广告信息传播的符号。

(三)传播学原理对广告策划的意义

广告作为一种独特的大众传播形式,不能脱离传播规律和基本的传播原理。传播学原理对广告策划的意义主要体现在以下四个方面。

1. 传播信息理解差异的特征对广告策划的启示意义

在传播过程中,传播者与受众都有对信息的理解和选择过程。而他们对信息的理解和选择又会受某些因素的影响,从而使他们对同样的信息产生不同的理解,出现信息理解的不一致性。

1) 心理定式

人们在理解活动开始前,都不同程度地受其在生活中形成的心理定式的影响,心理定式常常把理解导向理解者本人所期待的方向,导致对实际情况理解的扭曲和变形。也就是说,人们看到的东西往往都是自己想看到的东西。

2) 文化背景

人们都生活在一定的文化背景中,人们的行为、观念、习惯、性情都不同程度地受其文化背景的影响,从而带有鲜明的文化烙印。

3) 动机

动机与理解有着密切的联系,尽管在理解活动中,动机隐藏得很深,但它对信息的理解会产生重要的制约和影响作用。

4) 情绪

在对信息的理解中,理解者总是处于某种情绪中,而处于不同情绪的理解者会对同一事物产生不同的理解。例如,愉快时可能会将别人的玩笑当成友好的表示,气愤时就可能会将别人无意的玩笑当成讽刺或挑衅。

广告策划者在确定广告的诉求重点时,应对自身和诉求对象的心理定式、文化背景、动机及情绪状态差异进行分析,以保证广告策划者自身和诉求对象对同样的诉求重点有相同的理解。

案例1-5

情感对品牌传播的影响

20世纪70年代,百事可乐针对可口可乐的霸主地位发起了一次颇具杀伤力的策划——口味挑战。百事可乐邀请参与者品尝各种没有品牌标志的饮料,之后让他们说出哪一种口感更好,2/3的人选择了百事可乐。这次实验在当时引起了强烈轰动,成为百事可乐攻击可口可乐最尖刻的口实。然而30年过去了,两种可乐的口味都没有发生变化,但可口可乐仍然拥有更多的品牌忠诚者。

对此,2003年美国贝勒医学院神经学教授们用最先进的核磁振造影仪来监测记录的方法进行测试。在实验初期,选择百事可乐的人是可口可乐的5倍,但当暗示受测者,你所喝的是可口可乐时，形势就扭转了，几乎所有受试者的大脑皮层反应的兴奋值都更高。

(资料来源：李光斗. 插位[M]. 北京：机械工业出版社，2006.)

案例解析：相隔30年的两次试验证明，可口可乐并不见得更好喝，但在现实中，品味并不代表一切，产品的好坏并不是最终的决定因素，在消费者的内心，对品牌的情感偏好决定了其最后的选择。

2．选择性接收定律对广告策划的意义

选择性接收定律是针对受众接收、理解和储存信息而言的，它包括选择性接触、选择性理解和选择性记忆三层含义。其基本内容是，受众在接收信息时会根据个人的需要有所选择、有所侧重，甚至有所曲解，以使接收的信息同自己固有的观念和思维方式尽量协调一致。选择性接触、选择性理解、选择性记忆就像保护受众的三个防卫圈，它们从外到里环绕受众，使他们能够抵御反面的信息。

要使广告的诉求能够顺利地为受众所接受，就要想办法突破他们的选择性接触的防御，引起受众对广告的注意和兴趣。选择性理解原理告诉广告策划者在进行广告信息的选择时，要选择受众的理解方式，使受众对广告信息的理解与广告主达成统一。受众对广告的记忆往往是无意识的，要使他们能够记住广告信息，就要投其所好，选择容易刺激受众产生记忆的广告信息。

3．大众传播作用的原理对广告策划的意义

关于大众传播对受众的作用主要有以下两种理论。

1) 中弹即倒的受众

这一理论认为，媒体传播的内容就像射出的子弹，而受众就像靶场上的靶子，任媒体扫射，毫无抵御能力，只要子弹击中，就会应声而倒。也就是说，媒体传播的信息只要被受众接收到，就会对他们产生媒体所预期的效果。

在广告传播中，这种理论不太符合实际情况。因为广告受众不会无条件地相信广告传播的信息。广告受众是否会受到广告信息的影响，在很大程度上取决于信息本身的可信程度、传播媒体的可信程度、广告诉求的技巧等。因此，在广告策划中，不但要选择真实可信、能够引起受众兴趣的信息，还要选择受众信任程度高、影响程度高的媒体，以及一套具有一定说服力的广告诉求策略。

2) 联合御敌的受众

这一理论认为，媒体与受众之间有一些过滤器，把媒体的信息加以解释、扭曲、压制，信息到受众那里时已经面目全非了。

在广告传播中，受众对传播的信息确实有某种程度的抵御甚至逆反心理，但这又不是绝对的。受众对媒体和媒体所传播信息的了解程度越低，对媒体的抵御心理越弱，反之越强；媒体传播信息的方式越有说服力，受众对媒体的抵御心理越弱，反之越强；媒体传播信息越符合受众需求，越能引起受众兴趣，受众的抵御心理越弱，反之越强。这些特点，在广告策划中必须给予高度重视。

4．媒介说服效果原理对广告策划的意义

媒介对受众的说服效果受传播来源的可信程度、传播方式和传播对象自身特性的制约。

1) 传播来源

传播来源的可信程度、知名度、动机都会影响说服效果。信息来源受众越感觉可信、知名度越高、动机在受众看来越没有威胁，传播的说服力越强，反之越弱。广告策划者在进行媒体选择时应考虑这些因素对诉求效果的影响。

2) 传播方式

传播方式对说服力的影响包括媒体传播是否一面之词、信息传播的顺序、给出结论的方式、诉求方式等。一般来说，只传达一个方面的事实或意见，在受众看来比较不可信，因为受众会认为传播者有意隐瞒某些不利的事实。在信息传播的顺序上，先得出结论，后进行解释的传播方式比先传达事实再得出结论的传播方式说服力要小；只传达事实，由受众得出结论，比既传达事实又传达传播者的结论的传播方式说服力要小；一般受众更容易接受感性诉求，而对理性诉求有比较强的抵触心理。因此广告策划者在进行广告诉求策略的选择时，要对这些因素予以重视。

案例1-6

"最糟菜"餐馆

在美国的俄勒冈州，有一家名为"最糟菜"的餐馆。这家餐馆的外面竖着大广告牌："食物奇差，服务则更坏"。墙上贴出的即日菜谱上介绍"隔夜菜"。奇怪的是，开业15年来，却常常门庭若市，座无虚席，无论是当地人，还是外地游客，都慕"最糟菜"之名而来，亲自到餐馆坐一坐，点个菜尝尝，亲眼看看这家餐馆是不是供应的饭菜最糟、卫生条件最差、服务态度最差。

有人问餐馆经理："为什么取这个古怪的店名？"他回答："我是一个很糟糕的厨师，我父亲一直教育我要说实话，不论是好是坏，一定要讲真话。因此就取了这个名字。"

(资料来源：徐小娟．100个成功的广告策划[M]．北京：机械工业出版社，2003．)

案例解析：一般的广告，都宣传自己的产品如何好、如何美，这个广告则利用人们的逆反心理，宣称产品如何糟糕，新颖的表现与人们的逆反心理结合，产生了更为强烈的刺激和说服效果。

3) 传播对象

传播对象对说服效果的影响包括传播对象的听从性、对利益遭受损害的恐惧程度、立场的稳定程度、受群体影响的程度等。受众对媒体本身和所传播信息了解越少，越具有听从性。趋利避害是每个人的心理，因此恐惧性诉求会受到受众的关注，收到的效果也比较强烈。受群体压力和从众心理的影响，传播的信息如果与受众所处群体的观念具有一致性，说服效果会较强。广告策划者在目标受众的选择和分析时要对传播对象的这些特征予以关注。

三、广告策划与消费者行为学

(一) 消费者行为学研究的主要内容

消费者行为学是一门研究消费者及其消费行为的边缘学科，它与心理学、社会学、经济学相关联,与社会的经济构造相关联,与有关消费的多种经济现象相关联。消费者行为学研究的主要内容有以下几个方面。

1. 消费者自身特性

消费者自身特性包括消费者的年龄、职业、性别、家庭状况、收入状况、受教育程度、所属社会阶层等方面。

2. 影响消费者行为的因素

影响消费者行为的内部因素主要包括:消费者的社会和自然特性、生理因素、个性、心理因素和心理活动过程。影响消费者行为的外部因素主要包括:社会因素,如文化背景、民族、阶层、群体、体制、宗教、教育、职业等方面;商业因素,如商店布局、广告宣传、销售服务、营业人员;商品因素,如商品设计、包装、名称、原料、工艺等;自然因素,如地理环境、气候变迁等。

案例1-7

消费者想要什么

速溶咖啡是雀巢的一个划时代的发明,过去喝咖啡很麻烦,要现磨才可以喝。所以速溶品一开始的利益点就是便利。但速溶咖啡在刚上市时,家庭主妇们并不认可,经过调查和了解到,主妇们认为喝这种咖啡会让人觉得她们是差劲、懒惰的妻子。喝速溶咖啡会影响她们在家庭中的形象。于是雀巢改变了定位,不再将很方便作为卖点,而是卖咖啡的纯度,强调咖啡良好的口感,结果获得了良好的效果。

雀巢咖啡在中国市场的销量远高于麦氏咖啡。20世纪麦氏和雀巢请不同的调查公司做市场调查,麦氏委托的国际性大公司调查的结果是:第一批喝咖啡的人是向往西方文化的知识分子,因为咖啡是舶来品,于是其广告语非常文雅:"滴滴香浓,意犹未尽"。

与之相反,雀巢发现,20世纪80年代初,中国上海女大学生最喜欢嫁的人是出租车司机。那时出租车司机的工资是当时全国平均工资的十几倍甚至几十倍。所以雀巢咖啡明确知道目标消费者绝对不是大学教授、知识分子,因为那时大学教授的工资才100多元钱,而一杯雀巢咖啡的价格是20多元钱。只有那些发了财的个体户才会喝咖啡,而且当时他们还发现一个现象,喝完咖啡的人都会把雀巢咖啡的杯子带到办公室当茶杯使用,杯子上的标志长期不会褪掉,让人感到我买得起咖啡。于是,雀巢咖啡的广告语非常简单:"味道好极了!"雀巢咖啡在炫耀其香浓诱人的味道时,也洞察到消费者想炫耀自己买得起、喝得起雀巢咖啡这种高档品的内心想法。其实咖啡的味道并不好喝,但人们喝的不是味道,而是一种炫耀,不过通过长时间的广告传播,人们也习惯了,心里习惯地认为雀巢咖啡味道好极了,它逐渐成为咖啡的代名词。

麦氏没有找准目标消费者内心对咖啡的真正需求,结果只能永远居于雀巢之后,其广告语:"滴滴香浓,意犹未尽",能理解这句广告语所要传达的意境,怎么也得大学毕业的文化水平,因此,在很长时间内,人们都认为它是卖香油的。

(资料来源:李光斗. 插位[M]. 北京:机械工业出版社,2006(有删改).)

案例解析：消费者的需求是复杂的、多元的、易变的、含蓄的，受多方面因素的影响。广告策划前必须得挖掘出消费者内心的真实想法，千万不能与消费者内心的渴望背道而驰。真正了解消费者内心的想法才是成功的前提。

3. 消费者的购买决策过程

消费者的购买决策过程，包括消费者的需求、购买动机、购买方案的抉择等方面。

4. 消费者的购买行为

消费者的购买行为，包括购买时间、地点、频率、数量、购买商品的用途等方面。对消费者购买行为的分析涉及以下几个方面：购买者是谁？购买什么？为何购买？谁参与购买？如何购买？什么时间购买？什么地点购买？

5. 消费者购买后的心理和行为

消费者购买后的心理和行为包括消费者需求的满足程度、对产品的满意程度，是否会持续购买等。

（二）消费者行为研究对广告策划的意义

消费者是最终驾驭市场的人，有效的广告会影响消费者的感觉，影响消费者的喜好，影响消费者的购买。广告要达到市场营销的目的，就要理解消费者不断改变的生活方式、价值观念和行为举止，准确地把握消费者需求、消费者心理和购买行为的规律。因此，消费者行为学的基本原理是广告策划者进行消费者分析的基本依据。

1. 消费者特性与广告目标市场的确定

消费者的自身特性为广告策划中目标市场的确定提供了依据。任何产品都有其特定的消费者和潜在消费者。广告策划首先要明确产品的消费者和潜在消费者，以确定产品的目标市场和广告诉求对象。

案例1-8

成功的广告策略源自准确的目标消费者分析

宝洁的广告定位与产品定位浑然一体。众所周知，宝洁是世界上品牌最多的公司之一，这源自宝洁的市场细分理念。它认为，一千个消费者就有一千个哈姆雷特，于是它归结出一些不同点，用琳琅满目的品牌逐一击破。因此宝洁洗发水麾下有飘柔、潘婷、海飞丝三大品牌，洗衣粉系列有汰渍、碧浪，香皂市场有舒肤佳、玉兰油。

然而，宝洁并不担心各种品牌在同一货架上的相互竞争，因为宝洁广告已经明白无误地告诉消费者，该使用哪种品牌。以洗发水为例，海飞丝的个性在于去头屑，"头屑去无踪，秀发更出众"，飘柔突出"飘逸柔顺"，潘婷则强调"营养头发，更健康更亮泽"，三种品牌个性一目了然。消费者想去头屑自然选择海飞丝而不是飘柔，从而避开了两者的竞争。

宝洁的广告细分，达到了把中国消费者一网打尽的目的。1999年，中国洗发水市场，宝洁产品占市场份额的60%以上，其中飘柔以25.43%的市场份额高居榜首，潘婷和海飞丝分别以18.55%和15.11%的市场份额紧随其后。

(资料来源：李永梁. 十大最佳品牌广告策略排行及分析. 价值中国网，2006-5-15(有删改))

案例解析：宝洁号称"没有打不响的品牌"，事实也是如此。自1988年进入中国市场以来，宝洁每年至少推出一个新品牌，尽管推出的产品价格为当地同类产品的3~5倍，但并不妨碍其成为畅销品。可以说，只要有宝洁品牌销售的地方，该产品就是市场的领导者。

宝洁进攻市场最常用的武器就是广告，而其广告的成功源自于精妙的广告策略，广告策略的选择又源自其准确的消费者分析。

2．消费者需求动机与广告诉求重点的确定

消费者的需求动机为广告策划的诉求重点和诉求方法策略的确定提供了依据。产品只有把握了消费者的实际需求和心理需求，才能选择消费者最关心的信息，从而进行有针对性的诉求。

案例1-9

德比尔斯：根据消费者心理需求确定广告信息

1859年，德比尔斯创建于南非，是世界上最大的原钻供应商，目前已经占据世界天然原钻80%的供应量。在进一步发展中，德比尔斯专门成立了钻石贸易公司，负责营销和销售。经过一个世纪的努力，德比尔斯挖掘出了巨大财富，使钻石成为人们的爱戴品。

如果钻石等于装饰品、时尚品、珍藏品，钻石也只能划分为珠宝一类，市场是有限的。但如果和爱情画上等号，它的市场却是不可估量的。德比尔斯今天的辉煌不是来自它巧夺天工的钻石，而是它赋予钻石的梦幻爱情。钻石、爱情，这里企业出售给消费者的实质并没改变，但赢得的市场却大不一样。

"钻石恒久远，一颗永流传。"1953年推出的广告语一直沿用至今。公司主席欧内斯特的儿子哈里·欧内斯特通过调查发现钻石仅是非常富有的小部分人的专利，在大众市场没有启动过，于是与香奈尔合作推出钻石首饰，主要定位为时尚，但不是很成功。后来他发现钻石坚硬不变质的特征正好和人们对于爱情的向往不谋而合，于是他将钻石定位为忠贞爱情的象征。这个形象一直影响到现在，提到钻石，人们自然就会想到爱情。

在这一策略的指导下，20世纪60年代，美国80%的人订婚时把钻石作为信物。在中国市场启动得也相当快，它改变了中国消费者的婚庆习俗，更在中国市场上演了一幕幕爱情与钻石的传奇故事。

(资料来源：李光斗. 插位[M]. 北京：机械工业出版社，2006(有删改).)

案例解析：广告卖什么并不重要，关键在于怎么说，即吆喝什么。只有吆喝的信息切中消费者的心智，才能创造有效的需求。当然产品的品质也应过硬，吆喝才能成功，前提是要充分地了解消费者的内心需要什么。

3. 消费者购买行为与广告活动策略的确定

消费者的具体购买行为，为广告策划者抓住消费者行为中的机会点进行有助于销售的广告活动提供了依据。从消费者的具体购买行为中，广告策划者可以看到消费者是在什么时间、地点、情景下购买产品，哪些因素影响了他们最终产生购买行为，从中可以发现值得利用的市场机会，进行有效的广告活动策略。

4. 消费者习惯和兴趣与广告创意和表现策略的确定

消费者的习惯和兴趣、日常用语为广告创意和表现提供了素材。广告作品的素材来自生活，最能打动消费者。最能引起消费者共鸣的广告创意和表现往往是与消费者的生活习惯、消费者的兴趣爱好、消费者的日常表达方式相一致的。

案例1-10

独到的卖点，成就了王老吉

王老吉的成功来自其独到的广告创意："怕上火，喝王老吉。"之前王老吉一直沿用的广告语为"健康家庭，永远相伴"。这一创意策略的改变出于市场扩展的营销策略，但在市场扩展的过程中，王老吉发现原来的广告定位很模糊，缺乏独到的创意，企业无法回答王老吉卖的是什么，消费者也不知道为什么要购买王老吉。

通过细致的市场调查和消费者分析，成美营销策划公司发现，消费者在用餐时，特别是在享受煎炸、烧烤、香辣美食时，希望能够预防上火，而市场上的可乐、茶饮料、矿泉水、果汁等显然不具备"预防上火"的功能，而王老吉的"凉茶始祖"身份、中草药配方、125年历史等要素为其成功打造"预防上火"的形象提供了有力的支撑。且怕上火在全国各地有广泛的认知度和生活体验，于是"怕上火，喝王老吉"的系列广告诞生了，这一创意策略最终改变了王老吉的命运，使王老吉的销售量直线上升。

（资料来源：哈佛商业评论"红罐王老吉品牌定位战略".网易财经，2008-5-23）

案例解析：王老吉的成功，关键在于确定了自己独特且能打动消费者的卖点——预防上火，这一卖点具有高度差异性，同时避开了同可乐等国内外饮料巨头的直接碰撞竞争，开辟了自己的生存空间，为王老吉迅速引爆凉茶市场奠定了良好基础。

本章小结

(1) 广告策划，是指广告人通过周密的市场调查和系统的分析，利用已经掌握的知识、情报和手段，合理而有效地开展广告活动的进程。广告策划的特征在于事前性和全局性，因而广告策划是对广告活动所进行的事前性和全局性的筹划与打算。

(2) 一个完整的广告策划活动是由其基本要素构成的，包括：广告策划的主体、广告策划的对象、广告策划的依据和广告策划的结果。

(3) 广告策划的原则包括：指导性、系统性、针对性、有效性、可行性和调适性。

(4) 广告策划与其他相关学科有着紧密的联系，主要有市场营销学、传播学和消费者行为学等。

 实训案例

脑白金的广告战略与策略

脑白金创业时用借来的50万元启动资金，在背负3个亿债务的情况下，短短的3年时间里就做到了年销售额超过10个亿的业绩，而且长盛不衰10年之久，史玉柱借此还清全部债务，且在10年内身价达到500亿元(2007年征途网络在美国纽交所上市，史玉柱身价飙升到500亿人民币)。

所有这一切的基础就在于脑白金广告策划的成功，许多人都对脑白金的广告不敢恭维，或者在声讨脑白金的广告，说它做得太差了，太烂了，太俗了，太让人烦了，甚至把它评为"中国十大恶俗广告"之首。不能否认的是脑白金广告创造了营销的奇迹且长盛不衰。脑白金的成功主要在于攻心的广告策略。

一、脑白金的定位攻心

脑白金的准确定位是其成功的关键。脑白金把自己定位于礼品市场，而不是大张旗鼓地宣传自己是保健品，这正是脑白金的高明之处，善于抓住消费者的心理。当年企业对保健品的虚假和过度宣传，导致消费者对保健品并不感冒并且持有高度的警戒之心。而礼品市场则不同，在当时人们走亲戚、看望长辈，常常为送什么、拿什么而发愁，不知道送什么礼品好，尤其是针对老年人的礼品更不好选。恰恰在这个时候脑白金喊出了"送礼只送脑白金"和"收礼只收脑白金"的口号，以及到后来"孝敬爸妈脑白金"，时刻提醒着消费者购买。脑白金通过将自己定位为礼品，并进行广告攻心，最终俘获了消费者的心。

据统计，脑白金在春节7天的销量是7个亿，平均每天1个亿。显然，这7天7个亿的销量主要源自于脑白金的礼品市场定位。因为中国的春节是全世界唯一的特有现象，13亿人全民放假，从初一到初七全民送礼送了7天，这是全世界最大的礼品市场，而脑白金是礼品市场的第一品牌，所以它在7天之内会有7个亿的销量，若再加上全年其他时间作为礼品而产生的销量，则远远超过7个亿。这是脑白金成功的关键，也是创造奇迹的关键。

二、脑白金的"孝"文化攻心

脑白金在前期进行了大量的软文广告，理性宣传其产品的功能，后来它还是把重点放在了感性宣传上，锁定购买者，大打"孝心"文化，这是脑白金成功的策略之一。大家都知道脑白金的消费者不是直接的购买者，而购买者自然也不是直接的消费者，消费者往往是中老年人，即购买者的长辈，所以脑白金就大打孝心这张牌，"百业孝为先"，孝敬老人是中国的传统美德。所以，脑白金就紧紧抓住这一点，天天喊"孝敬爸妈脑白金"，这样一来，如果你去看望父母或者长辈，不带脑白金就好像不孝顺似的，所以很多人为了表达孝心，即使自己不喜欢脑白金(尤其是它那令人厌烦的广告)，为了显示自己的孝心也还是会买上一两盒。

三、脑白金的借力攻心

脑白金的高明之处就是通过第三者的口碑传播，借力攻心以达到销售的目的。大家都知道脑白金的购买者不是消费者，消费者多数是购买者的父母或者长辈，也正是如此才能成全脑白金在一段时间内的快速发展。由于脑白金宣传其能有效促进睡眠的功效，中老年人本身睡眠就不好，孩子送来脑白金，再听广告上说脑白金是好东西，喝后就感觉不错(其实是心理作用大于实际作用)。即使没有作用，作为父母和长辈也不会说什么不好的话。事实上作为父母还会炫耀自己的孩子孝顺，产品好。这样一来在街坊邻居的老太太老爷子中很快就传播开来，认为脑白金就是好，回到家再向自己的亲属和儿女传播，于是就产生了口碑传播的效应。这也是脑白金日益蹿红的原因之一。

(资料来源：杨旭. 脑白金成功在于攻心. 致信网，http://www.mie168.com/marketing/2009-12/307622.htm)

案例点评：

脑白金的广告策划是成功的，但也存在一些问题。众所周知，时至今日，脑白金无论如何做广告，销量也很难提升，不但如此还出现了明显的下滑趋势，尤其是在一、二线城市市场。这说明，如果产品在消费者消费后感到效果不明显，甚至无效时，再提升销量肯定存在困难。因此，脑白金要想再像当年那样火爆，恐怕是很难的，必须在产品效果上有明显的突破才行。

当然，脑白金的成功还是值得借鉴的，尤其是脑白金的攻心广告策略，很多地方还是值得学习的。

讨论题：

1. 你认为脑白金广告获得成功的关键是什么？脑白金的案例对广告策划活动有什么启示或体会？
2. 脑白金广告的缺点是什么？如果让你为脑白金广告做一个调整的话，你会怎么做？

一、单项选择题

1. 有研究显示，"广告策划"的思想最早是在20世纪60年代由(　　)提出来的。
   A. 艾文父子　　　　B. 大卫·奥格威　　C. 斯坦利·波利特　　D. 尤金·麦卡西
2. 广告策划在整个广告活动中处于(　　)地位。
   A. 主导　　　　　　B. 基础　　　　　　C. 主要　　　　　　D. 指导
3. 健力宝将自身定位为运动饮料，这一广告的定位策略是(　　)。
   A. 功效定位　　　　　　　　　　　　　B. 按消费者需求定位
   C. 按使用时机定位　　　　　　　　　　D. 寻找空隙定位

二、多项选择题

1. 广告策划的原则有(　　)。
   A. 指导性原则　　　B. 真实性原则　　　C. 系统性原则

D. 可行性原则　　　　E. 艺术性原则

2. 现代广告增加了有效地加强对广告活动的整体把握和控制的环节,即(　　)。

A. 广告创意　　　B. 广告调查　　　C. 广告策划

D. 广告文案　　　E. 广告媒体

3. 广告策划的战略方案必须转化为一系列可操作的实施环节,这些环节构成了达成目标的支持系统,包括广告信息策略和(　　)。

A. 广告表现策略　　B. 广告调研策略　　C. 广告媒体策略

D. 广告发布时机策略　E. 制定推广步骤

4. 南非德比尔斯的广告语"钻石恒久远,一颗永流传"至今仍广为流传,它的成功在于切合了消费者(　　)。

A. 爱美的需求　　　　　　　　B. 对忠贞爱情的需求

C. 炫耀财富的需求　　　　　　D. 对知名品牌的需求

E. 对美好祝愿的需求

5. 一个基本的传播过程包括如下要素(　　)。

A. 传播者　　　B. 受传者　　　C. 信息

D. 媒体　　　　E. 反馈

三、模拟现场

1. 我国彩电市场已经处于饱和状态

我国彩电市场已经处于饱和状态,如何打开市场是摆在创维公司面前的一个难题。经过市场调查得知,创维电视的主要消费者是中等收入人群,对科技敏感度不高,从众心理较强,以家庭消费为主,而家庭消费的特点是以孩子为中心,追求健康平安,要求产品价格适中。请用学过的理论谈谈:创维应采用什么样的定位策略才能在这个竞争激烈的市场中占有一席之地?

2. 孔府家酒广告"回家篇"

广告一开始伴随着歌曲"千万里,千万里,我一定要回到我的家;我的家,我的家,永生永世不能忘",一架海外归来的飞机落在停机坪上,海外游子回来,亲人们迎了上去,欢聚在一起共饮孔府家酒,大红纸上一个隶书"家"字特写镜头出现,海外游子深有感触地说:"孔府家酒,教人想家。"请用所学知识分析这一广告策划采用了什么广告策略。

第二章

广告策划过程

学习要点及目标

- 了解广告策划的类型,掌握广告策划的内容。
- 了解广告策划的流程,掌握广告定位策略的应用。

核心概念

广告策划、广告定位策略、五W媒介计划法

引导案例

高端矿泉水的竞争之策

随着中国消费者生活方式的改变,碳酸饮料逐渐被边缘化,取而代之的是百分百果汁和天然饮用水。在消费者基于对饮用水的安全及对高品质生活的追求的背景下,瓶装饮用水开始向高端市场挺进。近两年高端饮用水市场容量年均增速在80%以上。于是在瓶装水市场不再只有一两元的饮用水,一个个标价令人咋舌的高端饮用水纷纷涌现。除了法国依云、加多宝、昆仑山、阿尔山、5100西藏冰川等10元左右的品牌外,10元以上的进口高端水已经不足为奇。如来自捷克的萨奇苦味矿泉水,售价168元(1000毫升)/瓶、日本神户天然矿泉水售价2400元(720毫升)/瓶。

面对快速发展的高端水市场,国内外企业纷纷涌入,并展开竞争。正是在这一背景下,2013年11月10日在恒大亚冠夺冠的第二天,恒大集团在广州总部举行恒大冰泉(见图2-1)上市发布会,全面揭开了恒大冰泉的神秘面纱,正式对外宣布进军高端矿泉水市场。恒大冰泉以长白山天然矿泉水这一卖点作为恒大足球、恒大女排唯一指定饮用水。

恒大冰泉水源地为吉林省长白山深层矿泉,与欧洲阿尔卑斯山、俄罗斯高加索山一并被公认为世界三大黄金水源地。长白山深层矿泉,是经过地下千年深层火山岩磨砺、百年循环、吸附、溶滤而成,属火山岩冷泉。水温常年保持在6~8℃,水质中的矿物成分及含量相对稳定,水质纯净、零污染,口感清爽。恒大冰泉经世界权威鉴定机构——德国Fresenius检测,鉴定结论为"口感和质量与世界著名品牌矿泉水相近,部分指标更优"。

图2-1 恒大冰泉

在生产工艺方面,恒大冰泉整个生产线均引进世界上先进的生产设备,且采用直接从深层火山岩中取水,无空气接触灌装生产,以保证质量。

2014年5月20日,恒大冰泉在北京人民大会堂与英国、法国、德国、俄罗斯、意大利、荷兰、西班牙、匈牙利、土耳其、波兰、斯洛伐克、白俄罗斯、瑞典等欧洲13个主要国家的43位经销商代表签订协议,这也是中国矿泉水第一次出口全球。

2014年5月27日,据新浪网报道,恒大冰泉与美国、加拿大、巴西、澳大利亚、新西兰、日本、韩国、新加坡、印度、马来西亚、泰国、乌兹别克斯坦、塔吉克斯坦、叙利亚、斯里兰卡等美洲、亚洲、大洋洲15个主要国家的41位经销商代表签订分销协议。至此,恒大冰泉出口全球28个国家,"一处水源供全球"得到了完美体现。

2015年3月30日发布的公司2014年财报,恒大冰泉只实现了10.9亿元的销售额,净亏损23.7亿元。

为什么恒大冰泉落得如此结局?当时恒大冰泉借恒大足球队在亚冠上的精彩表现横空出世,配合的媒体主要是传统媒体,例如电视、报纸、杂志等,也难怪恒大地产的楼盘当时也主要是靠报纸媒体整版的广告卖出来的。

可惜的是,时代更迭,传统媒体已经不可逆地走向式微,而恒大冰泉的消费者却并不是传统媒体的受众,这就意味着恒大的13亿元广告费基本算是白花了,有钱可以任性!但如果是不动脑子的任性,苦果也就只能自己吃了!

恒大冰泉的推广基本可以总结为简单粗放的、轰炸式的传播,从根本上背离了高端品牌应让顾客来仰望的本质。一味地自卖自夸只能给消费者越来越强的强制压迫感,不符合恒大冰泉这样一个中高端饮用水的品牌形象。高端品牌的传播方式应该是先培育部分消费人群建立忠诚度后,再通过首轮人群做口碑传播,没有口碑传播的高举高打绝对是赤裸裸的浪费。

案例解析:与恒大冰泉的情况类似,国产高端水品牌众多,但其品牌含金量逊色,卖点大致相同,即优质水源地。很多企业都在不停地寻找、储备、洽谈新的水源地,从我国的不毛之地到非洲雪山,只要签下优质水源地的独家开发权和经营权,就可以瓜分高端水的高利润了。而国外品牌的高端水则依据其知名度和产品优势,掌握着话语权,占据80%的市场份额。法国的依云和巴黎水就占40%的市场份额,市场地位稳固,国产品牌所占份额不到20%。

在所有高端水品牌中,法国依云是最成功的。通过观察发现,其成功之处在于:

(1)水源概念不可或缺,并且以海外厂商固有的严格管理模式保证产品的高质量;

(2)通过渠道的选择保证自身的高端性;

(3)通过使人"更健康、更舒适、更优雅"这一市场诉求赢得消费者对生活方式的认同感,进而形成长久的购买;

(4)宣传媒介不限于普通媒体,更是通过时尚杂志宣扬自身的时尚元素和品质追求。

不但如此,依云通过设计各种各样的包装瓶来兑现对自身品牌的承诺。

依云的成功更在于,依云不仅卖水,也卖文化。依云宣称自己不是奢侈品,而是追求天然健康、纯正的生活方式和健康理念。消费者希望借由依云天然矿泉水激发身体活力、思维活跃,带来积极乐观的生活态度。凭借这种乐观精神无论身在何处,都能活出年轻的生活状态。

与依云相比，国产品牌高端水恰恰缺少这张文化牌。高端水的外观设计也非常讲究，不仅体现品牌文化，更是卖点之一。这些包装设计独到，甚至可以称得上精致。有些消费者说，有时买高端水不是为了解渴，而是为了收藏它的瓶子。

目前国产高端水还是以低价吸引消费者，而这恰恰是外资品牌希望看到的，因为低价短时间可以使销量上升，但却撼动了高端水的地位，以及在消费者心中的高端水形象。还有的国产高端水，一味扩张渠道，将水卖到电影院、酒吧等平民场所。虽然产品铺开了，但却丧失了高端水应有的神秘感和稀缺感，更加难以形成自身的品牌文化。

高端水的消费群体为都市富裕群体，该群体大都受过良好的教育，注重自身及家人健康，追求时尚，善待自己，消费有主见，有较高的品牌偏好度和忠诚度，注重一些体验式消费，追求高层次的精神享受。但是他们真能辨别出1元的普通矿泉水与100元的高价矿泉水的区别吗？调查结果表明，大多数消费者难以辨别，所以他们关注水源地和价格，认为高价格就是高端水。高端水更多的是一种身份的象征。在水源地，一般认为雪山、冰川等地受到外界的污染极少，因此普遍认为来自这里的水是最高等级的水。

因此现在许多企业为了提高自身品牌在消费者心中的印象分，很多高端水开始炒作一些概念。比如在广告中说，该产品富含×××，可美容、可保健、抗衰老，或者说保持牙齿健康、提高婴幼儿免疫力等。这种说法从目前来讲并没有充分的科学依据。

在我国购买高端水的消费者就像购买宝马车那样，是冲着品牌去的。有明星说，喝高端水不一定有好处，但可以降低受损风险。

从目前市场来看，大多数产品并没有表现出高端水应有的价值。高端水除了质量好以外，高端水的品牌形象、市场定位也必须高端，还应展现出一种文化和品位象征。如果水质优良，但品牌形象欠佳，市场定位较低的水也无法称为高端水。因此要被称为高端水必须是水源地、水质、品牌、市场地位等多种条件同时具备。

（资料来源：百度百科，http://www.ksxfp.org/sales/plan/1197.html http://baike.baidu.com/link?url=QA8RZb4AaWnXjZRz5HbO98IQlRIVcEaCwWmPI-64uV1gpyGa9nPcNth6LyfChDGutTyCTzZNqJpFCT0mV0omR_）

第一节　广告策划的内容

广告策划是对整个广告运动的全面策划，因此它包含的内容十分广泛。广告策划以科学、客观的市场调查为基础，以富有创造性和效益性的定位策略、诉求策略、表现策略、媒介策略为核心内容，以具有可操作性的广告策划文本为直接结果，以广告运动的调查为终结，追求广告运动进程的合理化和广告效果的最大化。

广告策划的内容在战略上应该把握五点，如图2-2所示。

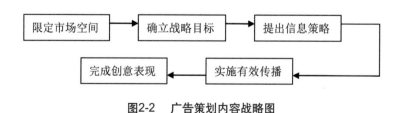

图2-2　广告策划内容战略图

广告策划的主要内容在流程上主要包括六个环节，如图2-3所示。

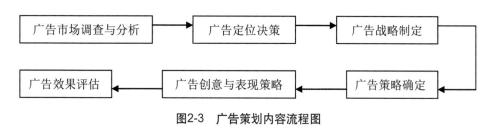

图2-3 广告策划内容流程图

一、广告市场调查

1．广告市场调查的内容

广告市场调查是广告策划的基础。广告市场调查主要是以商品营销活动为中心展开的。广告市场调查主要包括产品信息调查、公众信息调查和市场环境信息调查。通过调查，可以明确广告主及产品在公众心中的形象和地位。

1) 产品信息调查

准确了解产品信息是广告策划的基本依据，产品信息调查主要包括：企业背景、产品历史信息、产品个性信息、产品相关信息、产品服务信息、产品市场适销信息、产品形象信息等。

2) 公众信息调查

广告必须符合公众的基本情况，公众信息调查主要包括：公众对企业的认知评价；公众的消费能力情况；公众的需求情况；顾客的消费方式、消费特点和消费习惯；公众对企业的产品质量、性能、价格、包装等的评价；公众需求与企业产品、顾客消费与企业服务措施之间的一致性程度、存在的差距；公众目前和未来的消费心态；消费者的行为模式及影响因素。

3) 市场环境信息调查

市场环境直接影响着公众对广告的接受状况，市场环境信息调查主要包括：市场文化信息调查、市场消费状况调查、市场格局状况调查、市场竞争对手状况调查、国家宏观经济政策、地区的经济管理措施等。

2．广告调查与分析的主要方法

广告调查方法是指为了完成广告活动的目标，收集各种有关原始资料的方法。一般可分为二手资料法、访问法、实验法和样本连续调查法。

1) 二手资料法

二手资料法是有计划地收集已经存在的数据，并且做出处理、开发和分析。有人把二手资料简单地理解为从书本、报刊上找来的资料，实际上，二手资料也可能是通过访问和实验获得的，但它们是别人获取的，或者是早先获取的。只有在本次调查中，通过访问、实验方法获取的资料才叫一手资料。

2) 访问法

访问法是以面谈或问卷的方式向被调查者提出询问，以获得所需资料的调查方法，是广告调查中最常用的一种调查方法。访问法通常能获得较为权威而又准确具体的第一手资料，使得调查的内容更有深度。

访问法有三种常用的方式：一种是人员走访，即调查人员直接造访被调查者，从中了解情况和搜集所需的情报资料；另一种是电话采访，即给被调查者打电话，通过电话询问的方式进行调查，其特点是简便快捷；还有一种是邮信查询，即通过邮递问卷的方式调查被调查者的方法。

3) 实验法

实验法是指调研人员操纵一个或多个变量，测量该变量对其他变量的影响。这主要有两种方法：实验室实践，即独立变量的操作在人工环境下的实验调研；现场实践，即独立变量的操作在自然环境下的实验调研。

4) 样本连续调查法

样本连续调查法是指从调查对象的总体中抽出若干样本组成固定的样本小组，在一定时间内，通过对样本小组反复的调查来收集所需情报的方法，用于了解收听率、收视率、消费情况、商品购买情况、产品使用情况等。

样本连续调查法有以下几种调查方式：在一定时间内，定期进行面谈或问卷调查；向消费者分发购物日记簿，详细填写，定期回收；调查员定期到调查现场进行观察记录或通过录像机、录音机、照相机、自动监测仪等机器进行观察记录。

二、广告机会分析与研究

广告活动是在市场的各种条件制约下进行的，要使广告策划实现预定的目标就要寻找各种机会。在这里只有充分对企业经营环境、产品和消费者等因素进行全面分析和研究，才能切实把握企业所面临的市场营销机会和广告机会，提出相应的广告战略和策略。

（一）企业经营环境分析

企业经营总是处在一个不断变化的环境中。一方面，它要面对社会，受到社会变动、经济发展和人文特征等诸多因素的影响；另一方面，也要被内部的运行机制、员工关系和亲和力等所制约。企业的经营环境影响企业的经营管理能力，决定其能否有效地发展。

企业的经营环境包括企业所处的微观环境和宏观环境。

微观环境指与企业紧密相关的、影响其为消费者提供服务的参与者，包括企业自身情况、竞争者状况、供应商、营销中间商和消费者特征等多个方面。企业自身情况是企业进一步发展的支撑和基础，决定着企业是否有能力生产出满足消费者需求的产品并开展有效的市场营销活动；竞争者状况影响着企业进一步发展的空间与规模；供应商决定着企业能否获得充足的、稳定的生产资料的供应；营销中间商决定着企业能否建立起顺畅的营销渠道以使产品顺利地到达消费者的手中；消费者特征决定着产品生产的导向、产品市场的潜力等重要内容。

宏观环境指影响企业经营的巨大的社会力量，包括人口状况、经济发展情况、自然地理情况、政治法律特征和社会文化情况等。宏观环境的各个组成部分对企业的市场营销起着制约作用。人口总量、人口结构的发展变化决定着消费者的需求、消费者对产品的选择趋向、市场规模和市场前景的变化；经济发展情况决定着企业能否获得充足的资金、消费者购买力、供应商和中间商的能力与积极性等；自然地理情况决定着企业所能获得的自然资源和自然保护对企业生产、产品特征的限定；政治环境状况决定着企业能否在稳定的社会中获得稳定、长期的发展,也决定着企业进入国际市场的可能,法律环境影响着企业被法律允许的活动空间;社会文化特征则制约着处于这种文化背景中的消费者对产品的认同和消费行为的趋向。

通过对企业经营环境的分析,目的在于找出企业在市场上面临的主要机会点和总量,为广告策划中相应战略和策略的确定提供依据。

(二)目标市场分析

目标市场是企业根据自身情况和外部环境因素而确定的产品或服务的销售对象。企业对经营环境分析后往往还要对市场进行相应的细分,以确定本企业的目标市场。目标市场确定后,还要对目标市场进行细致的分析。

案例2-1

做好市场细分是脉动广告成功的前提

在中国饮料市场瞬息万变,可口可乐、百事可乐、康师傅等饮料业巨头都在迅速抢占市场的背景下,乐百氏集团旗下产品"脉动"功能饮料脱颖而出。脉动是一款"活力型"功能饮料,独有"矿维力",含多种活性维生素和人体所必需的矿物质成分,随时补充人体所需的水分和养分,时刻保持动力。脉动根据其产品特色和市场定位,推出了电视广告:感觉不在状态?随时脉动回来!如图2-4所示。

图2-4 脉动广告(图书馆篇)

该广告片讲述的是一位同学在图书馆自习,站立起来后身体却是倾斜的(表示该同学不在状态),这使他走路不平衡,闯了大祸,不小心将图书馆的书架全部撞翻。后来这位同学喝了脉动饮料,立刻神清气爽,恢复了良好状态。

初次欣赏这个广告片的时候,会有眼前一亮的感觉,觉得它与平常的饮料广告不同,并不像一些饮料广告,用乏味、大众化的唱歌跳舞和大量的旁白来诉说该产品有多么好,功能多么强大。该广告片的创意点在于,没有用多余的语言来修饰、形容,只用一个简单的倾斜方式,就很好地表达出了主人公的身体与精神状态不佳,最后主人公喝了脉动,立刻恢复正常,变成直立,生动形象地说明脉动饮料能够使人随时补充体力,保持良好状态。从该广告的发生背景来看，脉动所针对的目标市场不是老年群体或者中年群体，其目标市场定位是在15~30岁的学生或年轻人。

如今中国的饮料市场似乎已经呈饱和状态：碳酸饮料市场垄断严重，世界饮料巨头可口可乐、百事可乐旗下的众多产品已经把这个市场垄断地毫无进入的可能；茶类饮料市场竞争激烈，但也是由康师傅、统一、娃哈哈这三个集团瓜分了绝大部分市场；矿泉水市场进入的可能性很大，但制约性强，利润也不高；剩下的功能性饮料市场，似乎有力的竞争对象只有健力宝和红牛。而健力宝的定位更多的是专业运动员，红牛的针对性更强，是一款含酒精的功能性饮料，甚至含有一些不适合女生饮用的成分，因此在这一块市场上，脉动有很大的发展空间。而脉动眼光独到地选择了学生、白领等年轻人这一空白细分市场，据调查，我国15~30岁的青少年人口数量近4亿，一个毫无竞争对手的、拥有4亿人口需求的市场，有什么比这更好的呢？表面上脉动的卖点是一款维生素功能性饮料，但脉动走的是普通饮料的路线，首先它是一款饮料，然后才是维生素饮料，有些消费者甚至忘记了它的"功能"，只把它当作一款普通饮料来喝，所以脉动在这方面是比较成功的。

案例解析：现在的年轻消费者在消费快速消费品时，其心理需求大于生理需求，他们多会选择与自己个性、生活能产生共鸣的卖点产品。年龄在15~30岁的年轻群体是饮料市场消费的核心主力，他们的消费特征决定着饮料市场的发展趋势。据一项调查数据显示，青少年群体对品牌本身的敏感性并不强，在大部分产品领域，他们仅会凭产品的外观魅力和品牌特征来购买新的产品或服务，这一群体几乎占到了总样本量的61.1%。事实也证明，青少年群体有着显著的追求新颖时尚、个性化、注重感觉和直觉的偏好，冲动性消费色彩强烈。

脉动在2003年推出的时候，乐百氏瓶装纯净水在市场上的批发价都已经降到了1.15元/瓶，各地大商场里各大品牌纯净水的价格也降到了1元以下，矿泉水大多在1元左右，而脉动的价格达3.5~4元，使它变得卓尔不群。与其他产品相比，也普遍高了0.5~1元。脉动的价格定位之所以高于其他产品，是为了获取更多的企业利润，但更重要的是从饮料市场中脱颖而出，这一点恰恰符合年轻消费者追求个性、独特的消费观念。

脉动独特的口味也大受年轻一族的追捧，乐百氏首先提出了"水分和维生素双补"的新思路，并进一步创造出"维生素饮料"的概念。在新概念的支持下诞生的脉动属于果味功能饮用水，它不同于一般的水，也不同于果汁，不仅可以随时为人体补充水分和身体必需的维生素，在口味上更具有淡淡的水果味，有种独特的爽口口感。脉动有橘子、青柠和西柚三种口味，其中橘子和青柠口味格外受欢迎。正是因为脉动既解渴，又拥有水饮料的特征，但比水更有味、更健康、更独特，所以得到了目标消费群的喜爱。

脉动在包装上也有很大的突破，其独特的宝塔状宝蓝色瓶体使它在货架上格外引人注目。脉动的包装风格是按罗马的建筑风格设计的，采用了国际流行的大瓶口径，迎合了年轻人自在、不拘小节的心理，瓶体色调以淡蓝色为主，在夏季给人以凉爽、沉静的感觉。此外，脉动瓶子的材质非常好，600毫升的大瓶硬度很高，整体包装看上去动感很强。其600毫升的大瓶体，也让消费者感觉非常实惠，深受年轻消费者喜爱。

新颖的创意与卖点，是脉动广告片引人注目的原因所在，而独特的市场定位、差异的外观与口味成为脉动成功的关键因素。脉动选择了一个新的细分市场，从各方面迎合了目标消费者的需要，体现了品牌价值，从而开拓了功能饮料市场，在竞争激烈的饮料市场中取得了主动权。

(资料来源：http://www.ifa-hd.com/AdDis.aspx?adId=4627 http://wenku.baidu.com/link?url=xignKkljAwfPnn-e55jXUad5V5KPcAUuTsy29hmqfNX-wFqBGSrfprzqSMPkwUgkp87FOUcOTJnB6QbkfDT330meZ3hcem4TgC7aYlYxZpu)

一般来说，进行目标市场分析应特别关注现有或潜在消费者人数、年龄结构、收入水准、民族习惯、教育情况、生活方式、消费心理、购买习惯和购买季节性等方面内容的分析与研究。

对目标市场的分析既要把握现实的市场状况，也要有超前意识，发现潜在的消费趋势和消费观念，使广告活动能够诱发和形成新的消费潮流，培养新的消费群体。

通过对目标市场的细致分析，可以更为准确地确定广告主题和广告表现方式。每一个目标市场的消费者都有其独特的行为特征和消费习惯，对其分析的深入与准确与否往往影响着广告预期效果的达成。

(三) 竞争对手分析

市场竞争是商品经济发展必然出现的经济现象。一个企业要得到生存和发展，除自身努力进取、不断创新外，还应运用相应的策略击败自己的竞争对手，以谋取市场的优势地位。

由于现代生产力和科技的发展，同一个目标市场中存在着多个竞争对手，广告策划必须在市场分析时认真细致地分析竞争对手的情况，明确广告主在竞争中的地位，从而对不同的竞争对手采取相应的对策，使广告能够合理地、巧妙地配合整个营销战略。

对竞争对手的分析主要集中在以下两个方面。

1) 竞争对手的整体营销情况

竞争对手的整体营销情况主要包括竞争对手的数量；竞争对手的规模、销售增长率、产品的知名度；竞争对手的市场覆盖率、市场占有率和在消费者心中的形象地位；竞争对手的营销方式和手段；竞争对手的产品质量、产品生命周期以及生产者的整体素质等。

2) 竞争对手的广告形式

竞争对手的广告形式分析主要包括广告诉求方式、产品广告与形象广告的比例、广告传播的主要媒介、广告数量、广告费用、广告与其他营销方式的配合等。

通过对竞争对手的全面分析，结合广告主的情况，可以认清广告主所处的地位，找出目标市场的薄弱环节和出击方向，为广告策划提供必要的依据。

(四) 品牌分析

广告传播实质上是对品牌的传播。广告活动的起点和终点，归根到底，都在为企业构建品牌、创造名牌服务。分析广告机会，也要对品牌有一定的认识，以更好地使广告策划为品牌塑造服务。

品牌是一个名称、名词、符号或设计，或者是它们的组合，其目的是识别某个销售者或某群销售者的产品或劳务，并使之同竞争对手的产品和劳务区别开来。品牌分析主要是针对品牌属性、品牌利益、品牌价值、品牌文化、品牌个性和品牌用户六个层面的分析。

品牌属性就是品牌所固有的性质、特点、状态和关系等；利益就是品牌可能给消费者带来的好处；价值就是品牌中所凝结的生产者的一些价值，如声望等；文化指品牌所蕴含的文化内涵和精神；个性是品牌所代表的某种特性；用户指品牌体现出的购买或使用产品的消费者类型。

品牌是建立在消费者心目中的，是产品与消费者之间的一种关系和纽带，成功的品牌能抓住消费者的心，使拥有某种品牌成为消费者的梦想。由于消费者主要是通过品牌认识和知晓企业的，而品牌又是区别竞争对手的主要标志，因此企业经营的实质就是能够创建品牌。要在竞争激烈的市场中取得一席之地，企业必须为产品建立可以察觉的形象以及相应的品牌形象。品牌形象的建立和美化，需要持续的、系统的和有针对性的广告策划。

在广告策划中，对品牌的分析有助于表现产品或者企业的核心价值。由于品牌是一个非常中性的词汇，品牌并不总是正面的，也有负面的。在广告策划中，品牌的创建与维护对提高企业的竞争力至关重要。

三、广告战略制定

广告战略是指一定时期内指导广告活动的带有全局性的宏观谋略，或者说，它是一定时期内广告活动的指导思想和总体方案。广告战略策划是对整个广告活动的指导思想和总体方案的运筹谋划与确定。

广告战略具有全局性、指导性、对抗性、目标性、稳定性的特征。

(一) 广告战略制定的前提

1. 确定广告目标

广告目标是指广告活动所要达到的预期目的，它规定着广告活动的总任务，决定着广告活动的发展方向。广告战略的首要任务，就是明确广告活动将要实现的目标。广告目标规定着广告活动的方向，并且其他的广告活动如广告创意与表现方式、广告媒体的选择与组合等，都要围绕广告目标来考虑。确定广告目标应考虑以下几个方面的因素。

1) 企业的经营战略目标

企业广告目标是企业营销目标的重要组成部分，而企业营销目标又是企业经营战略目标的表现。如果是长期渗透战略，广告目标就应该为企业的长期目标而服务，采用持久的广告手段和多种广告形式宣传企业和产品形象；如果是集中式战略，广告战略目标可以采取短期的广告手段和多种广告形式宣传产品的特点与好处，广告目标在短期内即可实现。

2) 商品供求状况及生命周期

商品处于不同供求状态下，广告战略目标也有所不同。商品供求状况一般分为三类，即供不应求、供过于求和供求平衡。在供不应求的状态下，广告目标一般侧重巩固企业与品牌形象；在供过于求的状态下，广告目标一般是针对产品滞销的主要原因来确定广告目标；在供求平衡的情况下，广告目标一般侧重在产品的促销上。

商品在市场上销售的过程，分为导入、成长、成熟和衰退的过程，商品在市场上处于不同的生命周期，所采取的广告目标也会有所不同。在导入期，广告目标侧重突出新旧产品的差异，向消费者介绍新产品的有关知识，使消费者对新产品有所认识，从而引起兴趣，产生信任感；在成长期，广告目标主要侧重品牌形象的塑造，加强品牌的购买导向作用；在成熟期，广告目标侧重稳固市场份额，发展品牌形象内涵；在衰退期，广告目标侧重延长产品的衰退。

3) 广告对象

广告对象是影响广告目标的重要因素。不同的广告对象的需求特征、生活方式和消费习惯是不同的，希望从广告产品中得到的东西也是不同的。广告目标可以根据广告对象来确定一系列具体的、可以测定的目标，这些目标是指在一定时期内，某一个特定的目标市场中，广告活动所能达到的一系列有关消费者心理、行为、态度方面的量化指标。这些量化指标主要有销售额增长的百分比、市场占有率的提高幅度和企业形象的衡量等，有了这样的量化指标体系，可以对广告的战略目标效果进行评估。

2．确定目标消费者

目标消费者是指企业在制定产品销售策略时，所选定的消费对象。

企业生产的任何一种产品都不可能同时满足所有消费者的需求，消费者的需求不尽相同，甚至有些消费者的需求可能是对立的。企业生产的产品更适合哪些消费者？什么样的人才是我们的主力消费群体？我们该如何更大程度地满足该群体的需求？解决这些问题，就需要确定企业产品的目标消费者。

确定目标消费者后就要对其需求进行分析，了解目标消费者的生活方式、消费习惯、身份地位、审美观念、消费动机、品牌意识、流行敏感度、文化品位、个性风格和价值取向等，最终确定目标消费群体的需求。

通过对目标消费者的分析发现，如果进行有效的广告策划，可以创造出目标消费者的需求。即把目标消费者心中朦胧的、若隐若现的、如梦似幻的潜在需求挖掘出来，诱导出来，使之明晰化、形象化、商品化。

例如，日本有一家洋酒进口公司，不卖贴有制造厂商标签的完成品，而是在瓶子上贴个人标签，满足消费者的个性化需求。"贴个人标签"事情虽小，却创造了一个新的目标消费群——崇尚自我、喜爱自我表现的目标消费群。

3．确定目标受众

受众是指大众传播媒介的信息接受者或传播对象。广告目标受众是指广告信息的主要接受者。广告策划人只有明确了广告宣传的目标受众，才能根据目标受众的社会心理等特征采用符合其关注点的广告策略，从而最大限度地贴近消费者的需求，提高广告宣传的实际效果。

目标受众可以是某一个人口群体，如年龄组、性别和婚姻状况等。常见的受众有青少年、女性和单身等。目标受众也可以包括几个不同的人口群体，比如所有20～30岁的男性。

正确地识别、了解目标受众对营销活动和广告传播活动至关重要。通过具体调研，可以建立目标受众的人口统计、心理特征和消费倾向等资料。在确定目标受众时可以考虑以下因素：他们是谁、在哪儿；如何获得日常信息；他们的榜样或者偶像是谁；他们现有的观念、知识、需求、倾向以及行为规律如何；哪些因素在阻止他们选择宣传活动所倡导的行为；哪些因素可激励他们选择所倡导的行为。

在确定目标受众的时候，企业还可以从自身因素考虑以下问题：企业身处什么行业；想树立什么样的企业形象；目标顾客是谁，具有哪些特征；通过什么途径可以最有效地接触到顾客；顾客真正想得到什么；顾客可以从产品和服务中获取什么利益；想使企业处于何种市场地位；竞争对手采用什么样的广告手段等。

纳爱斯牙膏的目标消费者

纳爱斯推出新品牙膏，把卖点直接瞄准了乐于接受新鲜事物的80后、90后，在行业内首次提出"男女分用牙膏"这一理念。纳爱斯的市场策划中心负责人介绍说，纳爱斯男女款牙膏是专门针对男女口腔护理的不同特点和需求研制而成。男款牙膏特别添加了绿茶精华和极品薄荷成分，使口腔保持强劲而持久的清新口气。女款牙膏特别添加复合维生素及活血的马缨丹精华，可以从根本上解决口气问题，使口腔保持温和而持久的清新。同时，配合另类的传播方式，从网络宣传着手，用最潮的网络语言与消费者沟通，然后逐步延伸到大众传播。据了解，"神马分男女？牙膏分男女"，这个看似简单又极需想象力的问题在人人网上一经抛出，就引发了一场头脑风暴，纳爱斯集团推出的行业首家男女分用牙膏的卖点令人耳目一新，如图2-5所示。

图2-5　纳爱斯牙膏广告

（资料来源：http://www.zghzp.com/news/hyzx/qykt/36428.html）

案例解析：纳爱斯牙膏的这个广告抓住了目标消费群体心理需求的特点，以及生活状态的个性化特征，在广告中突出性别的差异化，激发了目标受众的想象力，在牙膏市场同质化现象较为严重的情况下，也是一个缩短与目标消费者距离、扩大产品销售的有效方法。

(二) 广告战略的类型

广告战略思想是广告活动的指南，企业根据不同的情况可以确定不同的广告战略，常见的广告战略主要有以下几种类型。

1. 积极推进型战略

实施这种战略的企业大多在市场上尚未占有领导地位，而处于二三流的位置，但它却具有较强的竞争实力，因此，它们希望通过积极的广告宣传，扩大自己的影响，积极夺取市场领导者的地位。这一战略也较多地出现于企业在推广新产品和开拓新市场的过程中。

例如，蒙牛乳业在发展初期一直处于内蒙古乳业的二三流位置，但是蒙牛却采取积极的广告宣传策略，首先在广告中倡导"草原品牌一荣俱荣，一损俱损"的口号，进而提出"为内蒙古喝彩"的口号，努力寻求与竞争对手的和睦相处之道，实施"共生共赢战略"。2000年9月至2001年12月，蒙牛推出了公益广告——"为内蒙古喝彩，中国乳都"。在所投放的300多幅灯箱广告中，蒙牛不仅宣传了内蒙古企业团队，也借势提升了自己的形象。此外，在冰淇淋的包装上，蒙牛直接打出了"为民族工业争气，向伊利学习"的字样。蒙牛如此积极进取的观念成就了今天其在乳业行业中的领先地位。

2. 高效集中型战略

高效集中型广告战略是通过集中的广告投资和大规模的广告宣传，在某一市场上或某一时间段内形成绝对的广告竞争优势，以求在短期内集中奏效。实施这一战略的企业，一般具有较强的经济实力，能达到集中投资、及时见效的目的。另外，有些产品生命周期较短，也迫使企业必须坚持高效集中的战略。高效集中的广告战略风险较大，所以对广告战略策划的质量要求较高。

例如，成名的海王药业，就是利用央视媒体的广告轰炸，加上新颖创意的广告策略才得以成功的。海王广告的大规模投放没有像爱多、秦池一样，引来众多的口诛笔伐，反而获得了消费者的认同与支持。其原因在于海王广告整体规划清晰，每一个电视广告结尾，都是以深蓝色大海为背景，伴随着海鸥的鸣叫，阐释出人文关怀的广告口号"海王，健康成就未来"，同时凭借央视的权威性、高覆盖率和高收视率，造就了海王的成功。

3. 长期渗透型战略

长期渗透型广告战略强调"持之以恒，潜移默化，逐步渗透"，实施这一战略的企业一般面临的市场竞争比较激烈，产品的生命周期较长，需采取长期渗透的战略，逐步建立企业在目标市场上的竞争优势。

例如，汇丰银行是国际化著名金融机构，其业务主要服务国际人士或国际企业。随着中国入世，金融资讯的国际化与市场化，汇丰银行逐步加强其在中国内地的品牌渗透，诠释其全球化的金融服务理念，力争在中国入世成为中国内地最具领导潜力的国际化银行金融机构。汇丰银行在中国的广告传播，选择了户外广告作为其渗透中国内地市场的第一步，从区域角度出发，选择各大城市的机场作为户外广告最具价值的发布区域，其目标受众类型、高品质广告辐射与品牌价值，均符合汇丰银行一贯的国际地位与服务品质，较其他户外广告更具针对性。

4．稳健持重型战略

稳健持重型广告战略在思想和行为上体现为慎重，一般不轻易改变自己的战略方针。主要以维持企业的现有市场地位和既得利益为主要目标，很少有进一步扩张的要求。其战略姿态往往是防御型的，以抵御竞争对手的进攻为主。

持稳健持重观念的企业一般有两种：一是已经处于市场领导地位，因对使自己获得成功的传统手法充满信心而持之；二是受主、客观因素制约，一时无力开展积极竞争不得已而为之。

四、广告策略确定

广告策略是广告运动过程中具体环节的运筹和谋划，是实现广告战略的措施和手段。

广告策略具有多样性、针对性、灵活性、具体性等特点。广告策略的确定不仅要依据广告战略的特点，还必须结合市场营销的具体情况。从时间条件、地域条件、产品条件、市场条件等因素出发考虑，分别制定出有针对性的广告策略。

常见的广告策略主要有四大类型：产品策略、市场策略、媒介策略和广告实施策略。

（一）产品策略

产品策略是指企业制定经营战略时，首先要明确企业能提供什么样的产品和服务去满足消费者的要求。企业成功与发展的关键在于产品满足消费者的需求的程度以及产品策略正确与否，这里所指的产品是指非物质形态的服务，即实体产品的转移以及转移过程中相应的辅助性服务。

产品策略主要包括产品定位策略和产品生命周期策略，另外还有新产品开发策略、产品包装和商标形象策略等。

1．产品定位策略

广告产品定位策略是在广告活动中通过突出商品符合消费者心理需求的鲜明特点，确定商品在竞争中的方位，促使消费者树立选购该商品的稳定印象。其主要的特点就是突出产品的个性，即同类竞争产品所没有的优势，而这些优势正是为消费者所追求的。广告中的产品能否满足消费者的需求，也是决定广告成败的关键。广告产品定位策略的具体运用主要分为两大类：实体定位策略和观念定位策略。

1) 实体定位策略

所谓实体定位策略，就是在广告宣传中突出商品的新价值，强调与同类商品的不同之处和所带来的更大利益。实体定位策略又可分为功效定位、品质定位、市场定位和价格定位等。

功效定位是在广告中突出商品的特异功效，使该商品与其他同类产品有明显区别，以增强选择性需求。它是以同类产品的定位为基准、选择有别于同类产品的优异性能为宣传重点的。如美国百事可乐的宣传，就以不含咖啡因为定位基点，以区别于可口可乐。

品质定位是通过强调产品具体的良好品质而对产品进行定位。如日本先锋音响，以音响带来的震撼效果作为诉求点，强调了先锋音响的音乐品质。

市场定位是市场细分策略在广告中的具体运用，将商品定位在最有利的市场位置。例如，多芬香皂被定位为女士香皂，就是这种定位的具体运用。

价格定位则是因商品的品质、性能、造型等方面与同类商品相近似，没有什么特殊的地方可以吸引消费者。在这种情况下，广告宣传便可以运用价格定位策略，使商品的价格具有竞争性，从而击败竞争对手。

2) 观念定位策略

观念定位是突出商品的新意义、改变消费者的习惯心理和树立新的商品观念的广告策略。具体有两种方法：逆向定位和是非定位。

逆向定位是借助有名气的竞争对手的声誉来引起消费者对自己的关注、同情和支持，以便在市场竞争中占有一席之地的广告产品定位策略。逆向定位是利用社会上同情弱者和信任诚实的人的心理，故意突出自己的不足之处，以唤起同情和信任的定位手法。

是非定位则是从观念上人为地把商品市场加以区分的定位策略。简单地说，是按照肯定或否定的简单模式对产品与市场进行最简单的逻辑区分，使之呈现为"是什么？不是什么？"的状态，借以形成有利于自己的判断，这就是是非定位的核心所在。美国七喜汽水为了能在可乐之后取得相对优势，为自己进行了巧妙的定位：七喜，非可乐。直接将饮料分为两大类：可乐型和非可乐型，要么喝可乐，要么喝非可乐，而明确标明自己非可乐的只有七喜。

案例2-3

好的市场机会，也要有好的定位策略

娃哈哈推出新产品娃哈哈格瓦斯，电视广告在湖南卫视和网络媒体打得轰轰烈烈。为推出格瓦斯，娃哈哈集团起用三名魅力四射的俄罗斯美女，其电视和平面广告频繁见诸各大媒体，迅速吸引了以男性为主的消费群体。广告通过这三位曲线玲珑风情万种的俄罗斯美女，向消费者诠释了"纯正麦芽提取，非一般的液体面包。浪漫与激情的诱惑，跟着感觉走"的异国魅力，如图2-6所示。

图2-6 娃哈哈格瓦斯广告

格瓦斯，俄语"发酵"的意思，是一种盛行于俄罗斯、乌克兰和其他东欧国家的，含低度酒精的饮料，用面包干发酵酿制而成，颜色近似啤酒而略呈红色，酸甜适度，口感清香。在黑龙江哈尔滨，吉林，新疆的伊犁、塔城、乌鲁木齐也比较流行，但是在其他地区就陌生了。很多中国老百姓听说"格瓦斯"三个字源于《我是歌手》。什么是格瓦斯？是啤酒？是饮料？非一般的液体面包究竟是什么？娃哈哈的格瓦斯的广告策划存在着哪些问题？

案例解析：

1. 市场时机抓得好

在饮料市场不断细分的当下，口味应有尽有，只有你想不到的，没有你喝不到的。饮料市场同质化严重，大家都寻求突破，最好能在品类上出新品才是王道。娃哈哈格瓦斯是饮料市场的一个新品类，至少大多数中国消费者以前没听说过，这是让消费者尝鲜的前提。在大家对碳酸饮料、果汁饮料、茶饮料失去好奇心的时候，一种叫"格瓦斯"的饮料出现了，先尝尝再说。娃哈哈敏锐地抓住了市场机会，尽管多年前秋林公司早就出品了格瓦斯饮料，但是这个时候，对消费者而言更有敢于尝试的需求，如图2-7所示。

图2-7　秋林·格瓦斯广告

2. 产品诉求模糊不清

格瓦斯是什么？有什么特别？消费者只能从广告中获取信息："非一般的液体面包""喝出麦爽新感觉"，如图2-8所示。这是目前娃哈哈格瓦斯的广告诉求点。

图2-8　娃哈哈格瓦斯广告

（1）非一般的液体面包，概念模糊。众所周知，大家习惯把啤酒称为"液体面包"，按照这种推理，格瓦斯是一种啤酒？姑且不论"液体面包"这个词汇在大众传播中的理解度有多高，就从娃哈哈格瓦斯"非一般的液体面包"传达出来的信息，娃哈哈格瓦斯是非一般的啤酒，也就是自我归类为啤酒类。但事实上，格瓦斯无论原料还是工艺口感都是区别于啤酒的，用面包干发酵酿制，颜色近似啤酒，酒精含量1%左右，儿童也可以饮用。不是啤酒却误导"有文化"的消费者认为是啤酒，这完全是一个错误的信息。

把娃哈哈格瓦斯理解为液体面包、啤酒的消费者，购买时就会发现信息不对称。首先是塑料罐装和啤酒工艺不符合，喝了发现味道也不像啤酒。这种不对称的信息使得"有文化"的消费者陷入尴尬。到最后无论是广告还是体验都不能给出一个清晰的定位，所以娃哈哈格瓦斯最后就变成了什么都不是。

广告的目的就是帮助消费者在信息爆炸的时代简单选择产品，现在娃哈哈格瓦斯广告只能让消费者选择更困难，违背了广告的目的。

(2) 喝出麦爽新感觉，众多啤酒都在强调"麦芽香""爽口"等，这一诉求无意间让消费者与啤酒相比较。在大众习惯了啤酒口味的当下，格瓦斯怎能轻易获得消费者的芳心？

3. 娃哈哈格瓦斯定位对策

1) 定位啤酒市场并不是明智之举

液体面包、干杯动作、啤酒女郎出场、啤酒式产品展示等，娃哈哈格瓦斯的广告在广告表现和诉求上，无不把竞争对手指向啤酒。娃哈哈格瓦斯锁定在啤酒行业，绝对不是一个明智的决策。

娃哈哈从发展至今多元化扩张跨行业产品不计其数，从品牌名字到产品力度，娃哈哈给消费者的模糊印象多与儿童快消品相关联。

啤酒行业背后营销核心是社交文化，消费啤酒基本是附属在社交行为上，即成人行为性质。其中互动的刺激和礼仪更是年轻人向往的原因。当在一个成人社交场合喝啤酒时，拿起一瓶能联想到儿童快消品的娃哈哈格瓦斯，是如此的尴尬且不合时宜。

2) 娃哈哈格瓦斯可以尝试功能饮料诉求

功能饮料往往都以一个新品类姿态出现。格瓦斯在俄罗斯是一种老少咸宜的饮料。它属于微醇性生物饮品，口感醇香微甜，助消化、调节肠胃，所以才流传开来。但在娃哈哈格瓦斯的广告里就变成类似啤酒的产品，这完全曲解了它发展的历史原因。

作为一个新的品类娃哈哈格瓦斯可以强调是助消化的饮料。格瓦斯中含有微量乙醇和一定量的二氧化碳，是清凉解暑、开胃生津、消积化食、防治便秘的保健饮料。格瓦斯诉求具有助消化健肠胃功能是一条大路。但为什么要选择助消化而不是其他呢？这与使用状态和使用场景有关联。

格瓦斯在俄罗斯等国是一款招待客人的餐饮，一个重要原因就是能开胃和有助于消化，令就餐更愉快。在中国，很多家庭的父母在就餐前多是不愿意给孩子喝饮料的，甚至就餐过程中也不会配给饮料，因为这不利于健康进食。况且就餐前和就餐进行时饮料的竞争对手很多，有孩子喜欢的碳酸饮料、成年人爱喝的啤酒等。所以格瓦斯要获取家庭父母们的信任就不能站在这一行列。

娃哈哈格瓦斯可以诉求"餐后助消化"，不选择诉求餐前，也不卷进餐桌上，而是另开高地，创品类。"餐后助消化"，对于满足人们吃完大餐后想让胃更舒服一点，吸收好点的期盼，更是能获得良好印象和家长信任感。

过度饮食带来的饱腻感是人们经常感知的一种状态，所以消费者能简单判断：吃饱了喝点什么帮助消化，这在消费者中有广泛的认知。有了这样的基础才会有餐后吃撑就可以去冰箱拿一罐娃哈哈格瓦斯的需求。"餐后助消化就喝娃哈哈格瓦斯",那么娃哈哈格瓦斯也许就能找到属于自己的定位。更重要的是市场目前缺乏能帮助消化的饮料,这个市场的蛋糕是很大的。

总之,能刺激销售的电视广告不但需要清晰的定位,还需要准确而深刻地输出定位信息。这样才能到进入消费者心智中,从而帮助企业提高竞争力。

(资料来源:http://www.admaimai.com/news/ad201407222-ad117057.html
http://www.chinaadren.com/html/file/2013-11-26/20131126161223.html)

2．产品生命周期与广告策略

任何一种产品都有生命周期,只是周期长短不同。产品处在不同的生命发展阶段,其工艺成熟程度、消费者的心理需求、市场竞争状况和市场营销策略等都不同。因此,广告目标、诉求重点、媒介选择和广告实施策略也应有所不同。

在产品的引入期和成长期前期,广告宣传以创牌为目标,目的是使消费者产生新的需要,开拓市场。在这一阶段,以告知为主作为广告策略,使消费者对新产品有所认识,从而引起兴趣,产生信任感,扩大知名度。

广告的中期,产品进入成长期后期和成熟期。由于新产品获得了消费者的认可,销售量急剧上升,利润已有保证。在这一阶段,广告的目的是巩固已有的市场份额和扩大市场潜力,展开竞争性广告宣传,引导消费者认可并持续购买该品牌。广告诉求必须具有较强的说服力,突出本产品同其他品牌同类产品的差异性和优越性,树立并巩固品牌形象。

在产品进入饱和期和衰退期时,原有产品已逐渐变成老产品,新的产品正在逐步进入市场。这一时期的广告目标,重点放在保持产品的销售量或延缓销售量的下降。其主要做法是运用广告提醒消费者,以长期、间隔、定时发布广告的方法,及时唤起消费者注意,巩固习惯性购买。诉求重点应该突出产品的服务、公司的信誉等。

(二)市场策略

广告的市场策略主要包括目标市场定位策略、广告促销策略和广告心理策略三种。

1．目标市场定位策略

所谓目标市场定位策略,就是企业为自己的产品选择一定的范围和目标,满足一部分人的需求的方法。企业的目标市场定位不同,销售策略不同,广告策略也不一样。目标市场是广告宣传有计划地向指定市场进行传播活动的对象。因此,在制定广告策略时,必须依据企业的目标市场的特点,来规划广告对象、广告目标、媒介选择、诉求重点和诉求方式等。

由于市场可以细分,在市场经营和广告宣传中就可以运用不同的策略手段,争取不同的消费者。依据市场来制定销售策略,一般可分为无差别市场策略、差别市场策略和集中市场策略三大类。针对不同的情况,广告策略可以采取相应的形式:无差别市场广告策略、差别市场广告策略和集中市场广告策略。

2．广告促销策略

广告促销策略是一种紧密结合市场营销而采取的广告策略,它不仅告知消费者购买商品的获益,以说服其购买,而且结合市场营销的其他手段,给予消费者更多的附加利益,以吸引消费者对广告的兴趣，在短期内收到即效性广告效果，有力地推动商品销售。广告促销策略包括馈赠、文娱、服务、折价、公共关系等促销手段的运用。

例如，2004年淘宝网选择搭乘电影《天下无贼》的娱乐快车，在淘宝网以拍卖的形式，出售影片和明星在电影中使用的道具来增加淘宝网的名气。

3．广告心理策略

广告心理策略，是指运用心理学的原理来策划广告，诱导人们顺利地完成消费，使广告获得成功。广告活动中常用的心理学原理有需要、注意、联想、记忆、诉求等。

广告首先要了解人们的需要，并针对人们的需要确立广告诉求的重点和策划创意，同时广告还要符合对商品实用价值和心理价值的需要，才能获得成功。

引起人们的注意，是广告成功的基础。广告引起人们注意的方法有多种，主要有扩大空间面积、延长广告时间、突出广告色彩、增强广告的艺术性和使广告具有动态感等几种方法。

广告还需要运用联想引起人们对事物的兴趣，使消费者产生愉悦的情绪，形成购买动机并且促成购买行为。

广告还可运用记忆原理，使人们在实现购买的同时还能记起广告内容，并起到指导选购的作用。

诉求就是告诉人们有哪些需要，如何去满足，并敦促他们为满足需要而购买商品。广告诉求一般有知觉诉求、理性诉求、情感诉求和观念诉求等多种。广告心理策略实质上就是对这些诉求的灵活运用。例如，澳大利亚牛奶业联盟管理局发起的题为"用尽"的电视广告，广告中塑造了年轻、健康、急性子的女性形象，其干净利落的形象首先引起了消费者的注意，使得消费者很快就能联想到牛奶能够强健体魄的功能。广告中这位年轻的女子因喝了牛奶而神奇地打败了正在便利店打劫的劫匪这一幽默情节，又引来许多女性的欣赏与羡慕，使消费者发觉饮用牛奶能满足种种奇妙的幻想，这与广告片中提倡的广告口号："牛奶，神奇之物"紧紧相扣，抓住了消费者的心理情感，与之进行沟通。

（三）媒介策略

"媒介"又称"媒体"，所谓的广告媒介就是一种工具——一种能够实现广告主与广告对象之间信息传播的工具。广告的媒介策略，实质上是根据广告的产品定位策略和市场策略，对广告媒介进行选择和搭配运用的策略。其目的在于以最低的投入取得最大的广告效益。

1．广告媒介的类型

广告媒介主要分为大众广告媒介和小众广告媒介，大众广告媒介主要包括报纸广告媒介、杂志广告媒介、广播广告媒介、电视广告媒介以及网络广告媒介。

小众广告媒介是相对于大众广告媒介而言的，它不像大众广告媒介那样能在大范围内产生重大影响，只向小部分的受众传播信息，但是如果运用得当，也能取得良好的效果。小众广告媒介主要包括印刷媒介、户外媒介、销售现场媒介和邮寄媒介等形式。

2．广告媒介决策的内容

(1) 确定广告的接触度、频率与媒体效果。接触度是指在一定的时期内应该有多少目标受众接触到该广告活动;频率是指在一定的时期内,平均每位目标受众应接触到该信息的次数;媒体效果是指信息展露所应达到的定性效果。

(2) 选择主要的媒体类型。在选择主要的媒体类型时,主要考虑目标受众的媒体接触习惯、产品、信息和成本等。

(3) 选择特定的媒体。只有考虑到各种媒体的特性,才能判断哪种特定的媒体工具能够达到最佳的广告接触度、频率和效果。当然,还要计算出该种特定媒体工具每接触一千人的单位成本及为该种媒体制造广告所需花费的成本。

(4) 确定媒体的时程安排。即确定广告的刊播时间,最好是做出全年的规划。

(5) 确定媒体的地域分布。因为媒体的地域分布与广告预算密切联系,两者只有恰当地配比才能保证广告支出的效率。

3. 广告媒介组合策略

现代广告影响公众的基本途径是媒介,发挥媒介组合的优势,在整个广告策划中具有重要意义。确定广告媒介组合策略时主要解决以下五个问题:在什么时间、什么地点、运用哪些媒介、按照什么样的组合方式、进行什么内容宣传。这五个问题媒介计划法简称"五W媒介计划法"。

"五W媒介计划法"中的"五W"分别指:①When,即在什么时间;②Where,是指在什么地点;③In Which Channel,指运用哪些媒介;④With What Way,按照什么样的组合方式;⑤What,是指进行什么样内容的宣传。具体内容包括四个分配法和一个组合法。具体是指媒体分配法,确定使用哪些媒体进行广告传播;时间分配法,对广告发布的时间和频率做出合理安排;地理分配法,确定在哪些地方开展有关的媒体广告传播;内容分配法和宣传阵势组合法,把媒体分配法、地理分配法、时间分配法、内容分配法四个分配决策结论,根据优化原则和层次原则进行组合,形成广告的传播阵势。

各种媒介的组合搭配方式比较灵活多变,媒介组合的方式有利于充分发挥组合媒介的优势。例如,报纸与广播搭配,可以使不同文化程度的消费者都能够接收到广告信息;电视与广播搭配,可以使城市和乡村的消费者都接收到广告信息;报纸或电视与售点广告搭配,常常有利于提醒消费者购买已经有了感知信息的商品。报纸与电视的搭配运用,可以在报纸广告上对商品进行详细的解释之后再以电视开展广告攻势,产生强力推销的效果。

各种媒介的时机组合的形式也是灵活多变的。当确定选择了哪几种媒介及如何组合之后,随后的问题就是如何把握广告的时机,即何时发布广告的效果最为明显。

在等量的时间里,选择不同量的广告宣传,效果也会不同。对于企业来讲,先进入市场的广告无疑能够先声夺人、先入为主,但如果能把握时机,后来者也可以后发制人、后来居上。企业可以根据自己的具体情况，选择不同的广告时机。

(四) 广告实施策略

广告实施策略就是按照竞争制胜的原则，科学合理地筹划广告在节奏、时机上有序推进的策略，从而使广告策略克服种种因素的制约发挥最佳效应。

广告策略要实现观念形态向现实行动的转变，必须有具体的实施策略。

广告的实施策略主要有广告差别策略、广告系列策略和广告时间策略等。

1．广告差别策略

广告差别策略是以发现差别和突出差别为手段、充分显示企业和产品特点的一种宣传策略，包括产品差别策略、劳务差别策略、企业差别策略、心理差别策略和观念差别策略等内容。运用广告差别策略时，关键是发现该产品、服务或者是企业自身的功效差别，在策划和创作时加以重点突出。

例如，企业为了生存就必须拓展新的营销策略，开发新的独特销售卖点，让这种独特卖点在消费者心里"占位"，就像"M&M"巧克力豆的"只溶在口，不溶在手"的产品差别诉求一样，一旦这种差别诉求卖点确定，可以一直沿用，不断增强消费者的心理认知。

又如，雀巢魔塔果乐冻冰"红绿灯"的广告诉求。果乐冻冰产品有着像红绿灯一样的红黄绿三色，产品本身就是最好的卖点，广告创意中把产品和它带来的快乐相联系，于是便有了孩子在享用果乐冻冰时，无意间给父母制造了一个恶作剧的车祸。

2．广告系列策略

广告系列策略是企业在广告计划期内连续地和有计划地发布有统一设计形式或内容的系列广告，不断加深广告印象、增强广告效果的手段。广告系列策略的运用主要有形式系列策略、主题系列策略、功效系列策略和产品系列策略等。

(1) 形式系列策略，是在一定时期内有计划地发布数则设计形式相同，但内容有所改变的广告策略。由于设计形式相对固定，有利于加深消费者对广告的印象，增加企业的知名度，便于在众多的广告中分辨出本企业的广告。这种策略的运用，适用于内容更新快、发布频度大的广告，如旅游广告、文娱广告、交通广告和食品广告等。例如，20世纪90年代初，美国最大的牛奶企业——加州牛奶加工委员会发起的"Got Milk"系列广告运动，广告运动中选择时下最流行的明星和卡通形象等，这些人物的嘴唇上都有一抹牛奶小胡子(Milk Mustache)，使之成为经典的标志。广告创意的延续性强，在万变中保留"不变"的成分。从形式表现上看，都是"明星+牛奶胡子+牛奶故事+不变的主题(Got Milk)"，这一特点在每一幅广告中都体现了出来。系列广告的发起，使得在美国喝牛奶成为一种时尚的行为。

(2) 主题系列策略，是企业在发布广告时依据每一时期的广告目标市场的特点和市场营销策略的需要，不断变换广告主题，以适应不同的广告对象的心理欲求的策略。

(3) 功效系列策略，是通过多则广告逐步深入强调商品功效的广告策略。这种策略或是运用不同的商品观念来体现商品的多种用途；或是在多则广告中的每一则都强调一种功效，便于消费者理解和记忆；或是结合市场形式的变化在不同时期突出宣传商品的某一用途，起到立竿见影的促销作用。

(4) 产品系列策略，是为了适应和配合企业系列产品的经营要求而实施的广告策略。产品系列策略密切结合系列产品的营销特点进行，由于系列产品具有种类多、声势大、连带性强的特点，因而在广告中可以灵活运用。

3．广告时间策略

广告时间策略就是对广告发布的时间和频度做出统一的、合理的安排。广告的时间策略在时限运用上主要有集中时间策略、均衡时间策略、季节时间策略、节假日时间策略四种形式；在频度上有固定频度和变动频度两种基本形式。

(1) 集中时间策略主要是集中力量在短时期内对目标市场进行突击性的广告攻势。

(2) 均衡时间策略是有计划地反复对目标市场刊播广告的策略。

(3) 季节时间策略主要适用于季节性强的商品广告。例如羽绒服、加温器等，一般在销售季节到来之前，展开广告活动，旺季时广告活动达到高峰，旺季过后收缩广告，销售季节末期停止广告。

(4) 节假日时间策略是各大卖场和服务业常用的广告策略。通常在节假日之前，开展广告活动，节假日一到，便立即停止广告。

五、广告创意与表现策略

(一) 广告创意与表现的含义

广告创意表现简称为广告表现，是传递广告创意策略的形式整合，即通过各种传播符号，形象地表述广告信息，以促使目标消费者产生购买行为。广告创意与表现的最终形式是广告作品。广告创意与表现是整个广告活动的中心，决定了广告效果的实现程度。

(二) 广告创意与表现要解决的问题

广告创意、创作之前首先要明确向受众传递的信息，然后经过筛选形成诉求重点，再结合广告调查资料、产品定位决策等选择诉求方式，将诉求重点与创意点进行引爆和结合，最终进行广告表现。

1．明确诉求对象

明确诉求对象是解决明确目标公众的问题，根据广告目标找准目标公众。

2．明确诉求符号

诉求符号主要包括人物形象、动物形象、卡通形象、色调氛围、音乐、音响、线条模式等。选用什么样的类型，应该充分考虑到目标消费者的心理特性和接受机制。一般而言，如果诉求对象是青少年，那么可优先选择明星形象，如果是中老年人则宜选用大众化人物形象。

1) 符号的含义

符号是指代表一定意义的标识，它可以是图像文字组合，也可以是声音信号、建筑造型，甚至可以是一种文化、一种思想、一个时势。

2) 符号和策略、定位的关系

一个企业已经存在，那么它的性质已经确定，定位是赋予这个企业一定时期内什么样的社会角色，而符号是在角色确定以后，起到如何打造这个角色的作用。定位解决的是错与对的问题，而符号解决的是策略性问题、表现性问题和传播性问题。

符号相较于定位和策略，在广告的策划及成功中能够发挥更大的作用，可以改变一个企业的命运，甚至改变一个时代的认知观，引领一个时期的流行文化。

3) 寻找诉求符号的途径

颜色、音乐、建筑造型，或是社会的热点话题、流行服饰和语言、演员的某种表情，或是一个思维、一种生活方式等都可以成为符号，关键是在众多的符号中寻找到适合自己的核心符号，升华为一种精神。确定符号的方法主要有：创造产品名的符号，广告语符号，代言人符号，代言人的个性与品牌个性相互融入，资源符号，精神符号等。

3．明确诉求信息

根据产品信息定位，明确广告的诉求信息。为了强化广告的传播效果，应该根据消费者的信息关心点和展示产品形象的需要，选择产品或促销活动某一个方面的实体化信息或程序化信息，作为重点传播内容，创造出传播上的"点射效应"，以少而精的信息内容给消费者留下深刻的印象。

案例2-4

广告策划中的创意

在2011年盛夏到来之际，以"甜"打天下的农夫山泉企业再次重拳出击茶饮料市场。"东方树叶"系列茶饮料的问世，无论从包装还是内涵上都不禁让人眼前一亮：高贵素雅的洋酒式的瓶体设计，通透鲜亮的茶品外观，瓶颈部与正面配以不同茶品的文化溯源概述，以及相应的文化插画，在货架众多饮品中凸显出了一道亮丽的风景线。"东方树叶"系列茶饮料由"红茶""绿茶""乌龙茶""茉莉花茶"四种口味组成，净含量为480ml，售价为3.5元，如图2-9所示。

图2-9　"东方树叶"四款饮料包装

"东方树叶"的创意有以下几点创新。

1. 创新产品

产品创新在于突出原味茶饮料。新元素的加入使其受到消费者的关注。面对诸如"康师傅""统一""娃哈哈"等品牌的绿茶产品,农夫山泉用了醒目易记的品名"东方树叶",并加了简短的极富诗情画意的文字介绍。在产品的外包装上用晶莹剔透、光滑圆润的瓶体凸显出茶品纯净天然的直观形象。尤其是"0卡路里"的产品特征,是非常抢眼的市场卖点,符合广大消费者追求低热量的心理需求。

查看东方树叶系列的红茶、绿茶、茉莉花茶及乌龙茶四种茶饮料的配料对比,东方树叶在瓶后的营养成分表中,能量、蛋白质、脂肪、碳水化合物、糖和钠均为0%。而其他茶饮料,在配料表中可以看到,除了水和茉莉花茶或者其他茶类外,则是食用香精、食品添加剂(维生素C、碳酸氢钠)。

与非茶饮料和其他茶饮料相比,在充满了糖分、香料及各种添加剂的饮料市场中,东方树叶的"0卡路里"显得如此抢眼,而"健康与纯正"无疑成为其最大的产品主题。

2. 包装创新

东方树叶的包装灵感来自英国设计公司Pearlfisher,其中的一个重要设计理念是:眼睛决定我们吃什么。在这种理念的指导下,农夫山泉的东方树叶产品的瓶形设计自然是"跟着眼睛走"。据一些包装瓶生产商讲,这款瓶型手握以后给人一种非常扎实的感觉,不会从你的手中滑落;同时下方上圆的设计让人会觉得里面的液体很饱满;在标签设计上,除了颈部的标识和色彩在四款产品中都是绿色的东方树叶标识外,下面主题部分则分为乌龙茶、茉莉花茶、红茶和绿茶四种,颜色各异,但主题突出,而且图案精美别致。总之,这一切符合业界对优秀瓶型判断的三大法则:握住瓶子颈部时,不会有滑落的感觉;里面所装的液体,看起来比实际分量多;外观别致,主题突出,特点鲜明。

3. 广告创新

广告的作用所在就是推销自己、扩大影响。但要讲究方法,要能牢牢地吸引观众的眼球,在这点上,东方树叶就做到了。我们看它的文案:"1610年中国茶叶乘着东印度公司的商船漂洋过海,饮茶之风迅速传遍欧洲大陆。因一时不知如何命名,且其来自神秘的东方,故被称为'神奇的东方树叶'。"当广告亮出这个名字时,就显示了它的与众不同。再看整个广告,突破了以往的以茶园、茶叶、采茶姑娘和品茶人为元素的背景,而是采用非常具有中国民间文化特色的剪纸艺术形式,这是同类广告不曾用过的,在视觉享受和心理预见上给了观众全新的感觉,从而抓住了观众的眼球,激发了购买欲。最后,广告中的画外音也多少起到了传播茶文化的作用,如"公元一二六七年,蒸青绿茶东渡日本","贞观十五年,红茶经茶马古道传往西域"等。

4. 细化的媒体宣传

在一个多月的试验性上市之后,农夫山泉公司正式打响了广告"细菌战"。似乎一夜之间,世界的各个角落都布满了"东方树叶"的广告动画和宣传页。小到大型门户网站的漂浮广告,电梯媒体电视播的广告,大到大型赛事上的广告宣传板,央视黄金时段的形象宣传片,这种大面积大幅度无孔不入的强势广告轰炸,让消费者应接不暇地不得不自动吸进眼球、脑海、心灵。

5．及时有效的公关配合

在有些业界人士对产品的质量和效能提出质疑的时候，农夫山泉的相关负责人借记者的采访进一步介绍了东方树叶的生产过程和产品特点。东方树叶是100%茶叶自然抽取，绝不使用茶粉，使用温水自然抽出，无人造香料，并采用无菌冷灌工艺生产，在保留了原茶色、香、味的同时也保留了茶的天然和健康。他们还介绍说，与一般的茶饮料相比，"东方树叶"在原料和工艺上最大限度地减少茶饮料制造过程中的高温受热时间，减少茶叶中原有色、香、味物质的化学改变，不添加白砂糖，能量、蛋白质、脂肪等含量和标示完全符合《食品营养标签管理规范》的规定。他们还强调，"东方树叶"里还含有茶多酚等多种有益的茶叶营养素，但因为不属于营养标签内容而没有写上，后期可能会在其他位置写上茶多酚数值。

案例解析：近年来，虽然茶饮料的市场销售量一路飙升，但由于总是绿茶、红茶等品种占据优势，口味上的单一使得茶饮料开始渐趋"平淡"。一些大的饮料生产企业继续推出功能性茶饮料，既有适合糖尿病患者的无糖型保健茶饮料，也有为爱美女士设计的减肥茶饮料，更有迎合年轻人口味的果味茶、凉茶等。

"东方树叶"的上市，迎合了两类特殊人群。一类是爱茶的消费者。这类人群大部分都会喜爱这种口感相对醇正的茶饮料，普遍认为味道近于自家冲泡的茶，感觉亲切，适宜外出携带，满足随时饮茶的愿望。另一类是有瘦身意向的消费者。对于这部分人群，"0卡路里"绝对是个大诱惑，在享用饮料的同时，还不必过于担心其中糖、脂肪等有助于体重增长的成分的威胁，做到了"低脂肪、低热量、低糖"的保证。

为了能够突破现有市场的竞争格局，找到属于自己的市场，应该说农夫山泉确实下了很大功夫：在瓶形设计上邀请了颇具实力的英国设计公司Pearlfisher，从西方视野审视中国茶文化设计了特立独行的，足以吸引广大消费者眼球的瓶型，从概念上提炼了0卡路里的产品概念并做到名副其实地回归中国真正的饮茶实际，这一切工作做得很到位。

但是中国茶饮料已经扎根多年，在市场和消费者都被培育过的背景下，东方树叶无疑面临着诸多挑战，而这些挑战让东方树叶这个产品本身未来的命运充满了变数。

"东方树叶"华丽大气的包装和纯茶这两大卖点实际上是对产品档次的一种极大提升，但其却在大众化的超市中销售，这就无法凸显其优越性，如同鲍鱼放在街边菜市场卖，虽然东西好，但位置不相匹配也是有问题的。并且其定价策略的低调也是对其自身优势的一种损害。当消费者第一次看到"东方树叶"时都会被其外表所吸引，心中不觉会对这一产品有个极高的印象，心理价位也会有所提升，而看到实际只卖与普通茶饮相差无几的价格并在试饮后觉得口感怪异，心理上便会对产品出现误解甚至不良的印象。因此"东方树叶"可以铺展高端商务场所，并将价位提升，虽然面对的消费群体范围有所缩小，但却能更有效地吸引住相宜的消费人群。如今商务人士由于工作和生活习惯，对品质要求有固定的档次，"东方树叶"承载着文化力和健康诉求，是对商务人士的绝对吸引，而明显高于普通茶饮的价格非但不会损害产品销售，反而会提升产品档次，对于这些有一定消费能力的商务人士来说无疑是彰显自我的一种新型生活方式。

（资料来源：http://www.chinaadren.com/html/file/2012-6-4/201264143329.html

http://www.westlaketea.com/html/2011/09/28/73939.html (有修改)）

4．明确诉求方式

广告的诉求方式是广告陈述信息的形式。实际应用中广告诉求方式大致可以分为以下三种。

1) 感性诉求方式

感性诉求方式主要是"以境动人"，营造理想化、实体化的意境画面，刺激公众感官系统，引导公众进入一种浪漫化的境界。

2) 理性化诉求方式

理性化诉求方式主要是"以理服人"，作用于讲究实用的理性思维的公众，通过准确传达商品与服务的客观信息，引导公众理智地做出判断。

3) 情感化诉求方式

情感化诉求方式主要是"以情感人"，利用公众的情感生活施加影响，可以通过爱情、亲情、成就感、恐惧感等情感因素营造氛围，刺激公众情感，引导公众对商品留下印象。

5．创造广告宣传意境

创造广告宣传意境主要表现在构思活动中，即创意。广告构思中的首要任务就是确定宣传的重点，即广告表现的主题。广告中心主题确定之后，围绕主题构思广告情节或图案，以符号展现主题。一般而言，广告构思活动主要表现在语词构思、情节构思、画面构思和音响构思等方面。

6．创作广告宣传文案

广告宣传意境确定下来之后，就可以着手文案创作了。文案创作主要包括标题、正文、附文和广告标语的创作。

7．决定广告表现策略

广告表现策略是将广告意境的各个组成要素组合成宣传作品，将广告意境方案物化、广告宣传理念形象化，表现为广告的设计和实施制作。

六、广告效果评估

(一) 广告效果评估的意义

广告效果研究对企业的广告调查、策划、创意、制作和执行都具有重要的意义。

1．有助于企业选择有效的传播媒介

通过研究目标消费群体接触媒介的偏好和习惯，有针对性地选择有效的媒介和时间进行广告投放，可以大大提高广告的效用。

2．提高广告作品的质量

通过研究消费者对广告的记忆点和如何对广告进行理解，可以发现广告传播的效果是否符合广告设计的预期，从而提高广告作品质量，节约广告成本。

3．有助于企业选择合适的发布时机

发布时机的选择是否适当，对广告效果有重大影响。时机选择适当，则可以充分利用有利时机形成的有利媒介条件，增强广告的传播效果；而如果时机选择不当，则可能由于不利条件的影响，使广告效果大打折扣。

通过研究目标消费群体关注媒体的习惯，选择适当的发布时机、发布量和发布时段，可以让广告更加直接有效。

(二)广告效果评估内容

所谓广告效果，不仅是指人们通常所理解的扩大销售，还应包括传播效果。而实际上，传播效果是一种潜在的销售效果，它的影响比销售效果本身更为巨大、更为长远。因此，广告效果的评估应该从传播效果和销售效果两个方面进行评估。

1．传播效果的评估

广告的传播效果是广告接收者对广告本身的记忆、回忆、理解和认识的情况。测定传播效果的项目有注意度、知名度、记忆度、视听率等。通过这些项目的测定可以判定广告对消费者心理效应的大小。广告的传播效果主要取决于广告自身，包括广告目标的选择、广告设计制作的技巧、媒介选择等诸多方面。

2．销售效果评估

广告的销售效果是指通过广告活动而呈现出的产品销售状况。广告的重要目的之一就是促进销售。评估广告的销售效果是测定广告整体效果的重要内容。如果通过广告，使得产品销售量增加、销售面扩大，则说明广告效果良好；反之，效果则不好。销售效果评估，即通过广告宣传对销售面和销售量进行测定，其计算方法主要有以下几个。

(1) 广告效果比率法：即一定时期内销售额增长率与广告费增加率的比率。其公式为：

$$广告效果比率 = 销售量(额)增长率 / 广告费增加率 \times 100\%$$

按这种方法计算，广告费增加率越小，销售额增加率越多，广告效果就越大。

(2) 广告效益法：即广告引起的销售额增加数与广告费之比。其公式为：

$$R = (S_2 - S_1)/P$$

式中：R 为每元广告效益；S_2 为本期广告后平均销售额；S_1 为本期广告前平均销售额；P 为广告费用。

(3) 广告费比率法：即一定时期内广告花费与同期商品销售额之比。其公式为：

$$广告费比率 = 一定时期的广告费 / 一定时期的销售额 \times 100\%$$

按这种方法计算，广告费越小，广告效果越大；反之，广告效果越小。

对于销售效果的测定，还应参照以下情况进行判定：广告前后的实际销售水平，销售额增长速度；商品的市场占有率是否有所提高；广告投放后，企业利润是否增加；广告媒体的选择是否合理；广告策略运用得是否正确；广告目标是否实现。

第二节　广告策划的程序及工作流程

一般来说，广告策划是集体智慧的成果，广告策划人员通常按照广告运作的流程进行策划。一个完整的广告策划可以分为以下几个阶段。

一、广告策划的阶段划分

一个完整的广告策划周期，其各个时期的工作对象、内容、目标均有所不同，这种不同决定了每个阶段中不同方面的特殊性。只有在广告策划运作过程中加以把握，才能够抓住中心，突出重点。通常情况下，一个规范的广告策划过程可分为组织准备、市场调研、战略规划、制订计划、实施与总结五个阶段。

（一）组织准备阶段

组织准备阶段的主要工作内容如下。

(1) 成立广告策划小组。策划小组应由客户主管、策划创意、文稿撰写、设计制作、摄影摄像、市场调查及媒介、公关等方面的人员组成。

(2) 规定工作任务，安排时间进程。

（二）市场调研阶段

市场调研是广告策划的前提和基础，其主要工作内容如下。

(1) 调查、搜集市场信息和相关资料。其中包括品牌及产品调查、品牌形象调查、消费者状况调查、竞争者状况调查等。

(2) 分析、研究相关的资料数据。对调查、搜集的全部资料和数据进行归纳、分析、研究、总结，要求能够描述现状，揭示趋势，为下一步制定策略提供参考依据。

（三）战略规划阶段

战略规划是整个广告的核心与主体，战略规划阶段的主要工作内容如下。

(1) 对前期分析研究的成果，做出决定性、战略性选择。

(2) 进行战略规划。首先根据目标市场策略确定广告的定位策略和诉求策略，进而提出广告创意和表现策略，最后根据产品、市场及广告特征提出合理的媒体组合策略、促销组合策略等。

(3) 广告机会的选择、广告计划的制订以及有关广告预算和策划报告的写作等。

（四）制订计划阶段

制订计划阶段的主要工作内容如下。

(1) 把战略规划用具体系统的形式加以规范。

(2) 编制广告策划文本，即策划书。

(3) 与客户进一步沟通，就广告策划方案达成一致意见。

第二章 广告策划过程

（五）实施与总结阶段

广告实施与总结阶段的主要工作内容如下。

(1) 计划的实施与监控。广告策划小组分工合作，按照计划要求，对广告进行创作和设计，进行媒体发布，并对整个过程进行监控和调节。

(2) 进行评估与总结。

二、广告策划流程

（一）广告策划小组人员构成

由于广告策划的不同阶段工作性质和工作重点有所不同，加之广告策划工作涉及营销传播的多个层面，因此一个比较完整的策划往往是由不同的专业人员组成。通常为了完成一项策划任务，需要不同的广告操作背景的专业人员，而采用策划的小组作业形式是一个比较好的选择。策划小组一般由以下几类人员组成。

1．小组负责人

小组负责人一般是策划经理或总监，负责广告策划的统筹工作，并对策划进程和策划质量进行总体把关。

2．调研人员

调研人员应该具有专业的工作素质，能对大量的市场资料进行总结分析，能对广告策略提出相应的建议。

3．创作人员

创作人员主要负责对广告表现策略加以细化，其工作任务是广告创意、方案写作以及设计制作等。

4．媒介人员

媒介人员为策划提供媒介资料，提供媒介分析和媒介选择意见，在策划中对媒介策略发挥主要作用。

（二）广告公司内部工作流程

通常在策划工作准备之际，为了保证广告策划工作的顺利进行，一般是按照一个比较程序化的模式展开工作的。这个程序化的工作流程，在专业性广告经营机构中显得更加突出。

1．组成专门的策划班子

策划班子一般称为策划小组，人员包括客户执行、策划创意、设计制作以及媒介、公关人员等。这些人员通常由一个策划总监或者策划主管之类的负责人统一领导。

2．规定任务，设定各项工作的时间进程

规定任务，设定各项工作的时间进程，调研和资料分析即落实策划前期的工作，其主要

任务是搜集信息和其他相关资料，为下一步工作做好准备。

3．调研和资料分析

调研和资料分析即对部分市场资料进行归纳和汇总，要求能够描述市场、揭示市场发展趋势，并为进一步制定广告策略提供依据。

4．基本决策研究

在调查研究的基础上，根据调研结果，对广告策划提出基本策略构想，包括在市场细分的基础上确定目标市场，并形成广告定位等。

5．发展创意策略

在全部市场研究结果和基本广告策略的基础上，根据广告方向和信息特征，经过细化和充分展开，形成具有独特性的广告表现形式。

6．编制广告策划文本

把全部的市场研究和广告策略，以及具体的广告创意表现形式、操作实施方案，用文本形式加以规范表达，便于客户认识及对广告策划结果进行调控。

7．与客户进一步沟通

把前期的研究成果，包括已经形成的策略和创意对客户进行阐释、说明，并且接受客户对广告策略和创意提出的建议，最后就广告策划方案达成一致。

8．计划实施及监控

组织人员对广告策划所涉及的各个环节具体落实，包括创作、设计和媒介发布，对整个过程进行监控并根据实际情况进行必要的调节。

9．广告策划效果评估

广告策划效果评估，是指按照既定目标对广告运作的结果进行评价或者总结，其可以是事前评估、事中评估，也可以是事后评估。

（三）广告策划的作业流程

所谓广告策划的作业流程，就是在广告策划的具体作业中，通过操作性强、高效率、专业化的方法，有目的、有计划地使广告目标、广告策略、广告预算、广告实施计划及广告效果监测等逐渐明晰和完善，最终形成可供操作的策划方案的过程。

由于广告公司内部分工和所承接的客户类型的不同，其广告策划流程的划分和经营模式也不尽相同。按项目推进的顺序，广告策划的流程大致可以分为客户信息阶段、作业准备阶段、策划作业阶段、广告表现作业阶段和执行作业阶段等。

1．客户信息阶段

在与客户接触后，与客户充分沟通，详尽地了解和研究客户信息，是本阶段的主要任务。

2．作业准备阶段

在本阶段，项目负责人开始行使推进项目的职责，根据客户说明会上的讨论议题，制订可行性的项目推动计划并进行策划前的作业准备。

3．策划作业阶段

在本阶段，由项目客户人员填写策划制作单，由客户总监、创意总监联合召集项目组成员、策划专员举行策划策略会议，根据与客户沟通和市场调查收到的信息，就项目的广告推进进行策略性的探讨研究。

4．广告表现作业阶段

广告表现作业阶段是广告流程的核心阶段之一，也是广告专业人员最核心的价值创造过程。本阶段中，主要通过动脑会议、创意表现作业、创意说明会、客户创意提案、创意修正和设计完稿等环节，完成CF脚本、报纸、海报、POP、促销品等一系列广告作品。

5．执行作业阶段

广告的执行作业是指广告公司在完成广告的创意表现后，根据创意表现效果，进行广告的制作和发布。

(四) 撰写广告策划报告

广告公司的一系列策划工作，最终呈现给广告主的就是广告策划报告，也就是广告计划书，这是整个策划活动的书面报告。广告策划报告书的撰写非常重要，主要由以下四个部分构成。

第一部分，主要撰写市场环境分析，涉及营销环境分析、消费者分析、产品分析、企业和竞争对手的竞争状况分析以及企业与竞争对手的广告分析。

第二部分，主要对广告策略进行分析，涉及广告目标的确定、目标市场策略的分析、产品定位策略、广告诉求策略、广告表现策略以及广告媒介策略的选择。

第三部分，主要是针对广告计划、广告目标、广告时间、广告的目标市场、广告的诉求对象、广告的诉求重点、广告表现、广告发布计划、广告费用预算分配等内容进行分析和撰写。

第四部分，主要涉及广告活动的效果预测和监控及其分析与撰写。

(五) 召开提案会

广告提案即广告公司向广告客户作有关广告活动企划、创意构想、调查结果等的报告。也就是把创意策划准确生动地向客户提交与说明，以求赢得客户的赞赏与支持。

1．提案的准备工作

1) 与客户的前期沟通

与客户的前期沟通主要是指在其余准备工作全面展开之前，须与客户方进行沟通，确认提案会的时间、地点、议题和双方参与人员等。

2) 执行排期

执行排期主要是指明确提案的时间、地点等之后，须编制具体的执行排期表以监督工作的推进。

3) 提案会演示

提案会演示是指在提案中要想时刻抓住客户的注意力，使之集中精神于提案，必须借助演示工具。但演示只能是辅助工具，更主要的是依靠语言刺激。所以提案会演示必须配合提案文本来设计，而不应成为主导。

4) 提案文本资料

提案文本资料整理的关键在于提案中交给客户的文本只能是提案内容的纲要，否则客户将会在提案时，不时注意手中的文本而非专注于提案者。纲要须尽可能简洁明了，能引起客户的兴致，进而仔细倾听提案者的说明。提案文本详细内容在提案后必须提交给客户，让客户对提案的细节有深入的了解。

5) 提案设备及提案现场布置

现场布置、提案现场的气氛、周围的环境等对提案的结果也有影响。令客户舒适的气氛甚至可以使之感觉不到时间的流逝。

6) 提案会服务

提案时客户若受到良好的服务，会心情愉快并感觉轻松。同时对细节的周密安排能让客户感受专业气氛和广告公司缜密的作风。

2. 提案类型划分

1) 策略提案

策略提案的着眼点在于确定整个广告运动的目标及原则等纲领，为创意明确方向，并给整个广告运动定下基调。

2) 创意、表现提案

向客户展示广告策划中激动人心的一面，它不仅要获得客户的信心，还要激起客户的热情。

3) 广告实施计划提案

广告实施计划提案是在时间、空间上对客户的资源分配进行安排，而这些资源的投入必须为客户带来收益。如何在提案中让客户满意投入与收益的关系是广告实施计划提案成败的关键。

(六) 将策划意图交职能部门实施

最终实施策划意图的职能部门主要是设计制作部门和媒介部门。

设计制作部门将广告的策划、创意转化为可听、可视的广告作品；媒介部门按照广告策划要求进行媒介的购买与组合。

在策划意图实施的过程中，策划小组还需要对拟订的广告战略战术进行监督和修正，同时需要测定广告策划的效果。

（七）广告公司策划流程图

不同的广告公司根据所承接的任务不同，在实施广告策划方案时采用的流程模式也不完全相同。下面只列举中小型规模的广告公司的策划流程图，如图2-10所示。

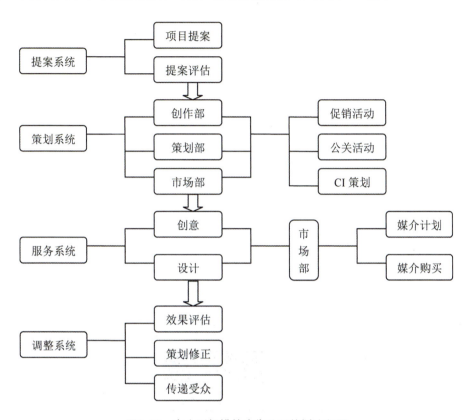

图2-10　中小型规模的广告公司策划流程图

(1) 广告策划的主要内容包括：广告市场调查与分析、广告定位决策、广告战略制定、广告创意与表现策略、广告媒介策略、广告效果评估。

(2) 广告定位决策主要包括：市场定位策略、产品信息定位策略和观念定位策略。

(3) 广告战略类型主要包括：积极推进型战略、高效集中型战略、长期渗透型战略、稳健持重型战略。

(4) 广告策略主要有四大类型：产品策略、市场策略、媒介策略和广告策略。

(5) 广告创意与表现要解决的问题：明确诉求对象、明确诉求符号、明确诉求信息、明确诉求方式、创造广告宣传意境、创作广告宣传文案、决定广告表现策略。

(6) 广告效果评估内容：广告效果的评估应从传播效果和销售效果两个方面进行评估。

(7) 广告策划的阶段划分：一个规范的广告策划过程可分为组织准备、市场调研、战略规划、制订计划、实施与总结五个阶段。

(8) 广告公司向客户提案的类型主要包括：策略提案、创意表现提案和广告实施计划提案。

 实训案例

美汁源果粒橙的广告策划

美汁源是可口可乐公司2004年4月份上市的一个品牌，是全球销量最大的果汁品牌之一。目前，该产品分销100多个国家。可口可乐在刚进驻中国市场的时候就是以一种国际品牌所具有的高姿态进入的，是一个相当强势的碳酸类饮料品牌。当然，现在中国的消费者与国际上的消费者的需求品位也变得多样化，在这种形式下，可口可乐公司开始走多产品和多品牌之路，在中国也开发了除碳酸饮料类别以外的其他产品。

果粒橙是"美汁源"大家族中的一员，是面向成年人和家庭型消费的独特果汁型饮品，其富含的水果纤维同时有助于消化和营养吸收。国内饮料市场在经历了碳酸饮料时代、饮用水时代和茶饮料之后进入了果汁饮料时代，而"美汁源"果粒橙就是其中的典型代表，用美汁源区分品牌、用可口可乐背书、用产品性质命名，无疑为果粒橙筑就了一道跟随模仿的壁垒，如图2-11所示。

图2-11　美汁源果粒橙广告

美汁源果粒橙品牌成功的原因有以下几个方面。

(1) 有备而来。"美汁源"品牌在中国上市之前，可口可乐就已经做了大量的调查和分析，甚至包含了目标消费者情感方面的问题，还得出这样一个结论：人们都比较关心自己的健康，希望有一个健康的生活。当然在落实到产品上，结合果汁类产品受到消费者欢迎，可口可乐公司需要了解中国消费者为什么要喝果汁？他们的动机是什么？进而研究消费者在饮用果汁方面需要得到的好处和利益。

"美汁源"果汁的产品在口感设计方面与众不同。如该品牌产品里有果肉，能让人联想到许多好的感觉，如自然、营养、健康，并且非常真实。所以"美汁源"果汁能够给消费者很清晰的口感，让消费者感到与众不同。

(2) 定位清晰。在中国出售的美汁源大约含10%的橙汁，主要目的就是迎合消费者的口感，定位非常清晰，主要针对25~35岁的成年消费者，在产品功能和口感方面的设计基本符合中国消费者的需求。根据市场需要，在接下来的日子也可能会推出其他口感和配方的美汁源果汁，可口可乐公司计划将美汁源品牌建设成为中国"第一大果汁类品牌"。

(3) 产品创新。产品的创新是其取得成功的关键因素。"特加一粒粒真正果肉的果汁"是其最大的卖点。从饮料本身来看，它不同于一般的鲜橙多等果汁饮料，除了金黄色的液体外，我们还可以通过透明的外包装真实地看到里面果粒的存在，这感觉就好像是刚从树上摘下来的橙子放进去的一样，粒粒在目，颗颗动人。果粒橙采取在橙汁中添加果肉的办法，一方面和纯橙汁饮料形成产品差异，同时让消费者在饮用时，觉得不只是在喝饮料，还直接吃到了果实，一句"特加真正果肉"，顿时让消费者感受到一种原汁原味的感觉。显然，和其他诉求"健康、时尚"的果汁饮料相比，果粒橙定位"含有果肉颗粒的果汁"切入的是一个细分市场，正是这种准确的差异化市场切入，让果粒橙这个后来者具备了迅速成为这一细分市场领跑者的基因。其衍生的概念和形象顺理成章的就是天然健康，原汁原味，顺应了消费者的心理需求，带给消费者一种新鲜的感受和新奇的体验。包装的差异化创新给消费者一个新鲜美好的形象。透明硬壳塑料瓶给人厚重坚实的感觉，瓶上端的橙形设计也容易引起人们的想象，而且富有个性，这是给消费者的另一个惊喜。果粒橙推出的两个规格是450ml和1.25l，而不是果汁传统的500ml和1.5l，是从侧面告诉消费者：我很高贵，不是一般的果汁！

(4) 食品安全。产品的另一个卖点是通过CFQ(国家食品质量监督检验中心)监督检验。通过CFQ监督检验的饮料品牌极少，显示其非同一般的品质，是对其广告诉求的有力支持，起到了锦上添花的作用，让消费者更加的信任。

(5) 广告策略。果粒橙的广告分为三部分投放：电视广告、车身广告、户外灯箱广告。消费者走在路上的时候可以看到刘青云的明星路牌广告，在等车的时候也可以看到车亭广告，回家打开电视依然可以看到那唯美的阳光画面。果粒橙的广告对消费者进行反复宣传和教育，达到了很好的传播效果。其策略疏密有度，布局精心，重点投放在经济发达的南方市场、大都市以及省会市场。所投放的频道以成人观众频道为主，与定位儿童、青少年的酷儿完全相反，形成预先谋划的互为依托的互补之势，投放时间也大都在成人最佳看电视的晚9点之后，既经济又紧贴目标消费者。

果粒橙的形象代言人刘青云，以诙谐、健康、好男人的形象，向消费者温情阐述：要活得健康快乐，要过有品位的阳光生活，就要喝带有"柔取的阳光果肉"的果粒橙果汁。刘青云认真可爱的广告形象在逗得人们一笑的同时，也就记住了那句"身体喜欢，嘴巴喜欢"的广告语，也领悟到其佐证的哲理心经：既有利健康，口感又好，为什么不喝？刘青云演绎的广告除了告知消费者不能随便选择果汁饮料以外，更加淋漓尽致地阐述了果粒橙的与众不同之处，此举迅速地提升了果粒橙的知名度和品牌形象。

案例点评：

任何一个品牌的成功都保持了与当地消费者的相关性，它所能提供的功能与消费者的生活和需求是相关的，这是品牌之所以成功的基础。美汁源是一个非常成功的国际性的品牌，已经被世界上大多数国家的消费者所接受。总结这些成功之处，一方面是它能提供高质量的产品，为消费者提供便捷、美味的方式，将营养提供给消费者；另一方面就是可口可乐所提供的强大研发实力，他们有专业的研究者不断研究消费者对健康的不同需求以及不断发生的改变，尽可能地满足消费者的这些需求，使产品的口感符合市场发展的需要。

美汁源是可口可乐公司推广果汁类饮料使用的一个总品牌，在这个品牌下拥有许多不同配方和不同口感的产品，在中国销售的美汁源就更加适合中国消费者的口味，与其他地区出售的美汁源饮料相比较就是不一样的产品了。比如在美国市场，消费者比较喜欢纯果汁饮料，可口可乐公司推出了含100%橙汁的纯饮料。

通过果粒橙的广告，我们看到了国际大品牌的成熟和睿智。它没有采取国内新产品上市时密集的广告轰炸，媒体炒作，然后火爆招商圈钱的路子，完全是长远筹划做市场的风范，所以和那些曾经风光无限的品牌最后渐渐沉寂的宿命截然不同。广告的告知和消费者的培育是一个渐进的过程，任何企图追求一日千里的成功的速度者，最终崩溃的速度可能也是一落千丈。

可口可乐作为一个已经成功经营100多年的品牌，依然年轻充满活力，就是因为可口可乐适应了每一个时代的发展，才能与时俱进。充分了解目标消费群体的思想观念，知道他们的主张和价值观念，然后适当地调整产品，迎合主流市场，才能保证品牌的不衰，永远充满活力。可口可乐是年轻人的品牌，而每一代年轻人的观点和思维都是不一样的，可口可乐就是根据每一代年轻人的不同观点，尽可能地将产品设计成为当代年轻人喜欢的产品。也就是说，品牌可以不变，而产品的设计和口感不是一成不变的，它会根据当时目标消费者的观点发生变化而做适当的调整，与时俱进顺应潮流发展。这样才能保障百年品牌的时代激情。

(资料来源：http://baike.baidu.com/view/931795.htm?fromId=715470)

讨论题：
1. 美汁源果粒橙确定产品及广告策略的依据是什么？
2. 广告诉求策略及代言人的选择应注意的问题有哪些？

一、选择题

1. 比较适合产品导入期的广告战略的思想是(　　)。
   A. 积极进取的广告观念　　　　　　B. 高效集中的广告观念
   C. 长期渗透的广告观念　　　　　　D. 稳健持重的广告观念
2. 瑞典的汽车"VOLVO"提出"安全"定位，是属于定位策略中的(　　)。
   A. 是非定位　　B. 逆向定位　　C. 品质定位　　D. 价格定位
3. 美国七喜汽水的定位："七喜，非可乐"，是属于(　　)定位策略。
   A. 心理定位　　B. 逆向定位　　C. 是非定位　　D. 比附定位
4. 广告战略制定过程中，下列哪些不属于对宏观环境的分析？(　　)
   A. 政治法律环境　　B. 消费者　　C. 产品　　D. 竞争对手
5. 向广告客户提案的思路不包括以下(　　)。
   A. 策略提案　　B. 费用提案　　C. 创意表现提案　　D. 广告实施计划提案

二、简答题

1. 广告策划的主要内容包括哪些?
2. 广告策划的流程是什么?

三、模拟现场

案例资料：地产酒，路在何方?

1. 地产酒所面临的环境

(1) 地产酒面临的外部威胁。

2012年，对于中国酒水行业而言是个多事之秋：诸多酒企先后遭受农药残留、酒精勾兑以及塑化剂等风波，纷纷中枪倒下，而国家"限酒令"的推出，对于酒水行业可谓是雪上加霜。据不完全统计，2012年12月，成都市区各大商场超市卖场内，茅台销售量同比下滑了40%，五粮液下滑60%，泸州老窖1573则下滑了近90%。

从全国名酒销量的全面下滑可知，整个酒水行业已经陷入了"围城"，而地产酒面临的市场环境更为不利，比较突出的是来自全国名酒的挤压。大多全国名酒企业实施多品牌战略，不断创新和丰富产品线，以占领不同消费需求的价格区间，扩容消费者的选择空间，不断扩大竞争优势，并以强大的品牌效应，全面占领了高端、中端、基础产品等多层次的市场空间。

(2) 地产酒面临的市场机会。

第一，地产酒拥有"独一无二"的地域文化特征。几乎每一个具有一定历史传承的地产酒品牌，都具有历史、文化、工艺、技术、口感等方面的某个传奇，这个传奇深入人心，成为地域消费者一种挥之不去的情结。可以说，地产酒存在、发展、创新的土壤，就在于这种地域文化，这是所有地产酒巨大的无形价值。

第二，地产酒拥有当地政府的大力支持。政府通过各项财税优惠政策扶持地方企业，刺激了地产酒的高速增长。

第三，地产酒容易得到当地消费者的情感认同。面对价格昂贵的全国高端名酒，消费者往往更加乐意选择本地有名的酒水作为消费对象，与本地品牌达成情感上的趋同，这就加速了地产酒拓展本地市场的步伐。

(3) 地产酒的自身优势。

第一，地产酒符合便利性原则。地产酒作为本地品牌，无论在生产、运输、销售、广告等诸多要素上都占据了天然的成本优势，相对较低的运营成本使得地产酒在价格定位上显得更加灵活，对外地酒的竞争优势就更加明显。

第二，由于限制"三公"消费政策，全国高端名酒受到严重打压，地方酒以价格优势获得了发展机遇，同时随着全国白酒营销的区域化趋势，地产酒有望率先"突围"。

(4) 地产酒的自身劣势。

第一，地产酒自身营销定位的缺失。大多地产酒品牌没有真正扎根当地、抓住当地特色文化为品牌作差异化定位，并大多把产品定位于中低端，特别是低端，由于档次低、价位低、同质化严重，盈利能力也很低。

第二，地产酒品牌规模效应的缺失。地产酒大多缺乏真正的龙头企业和规模化企业，而且大部分企业"各自为政"，大家本应增加互助协作，共同抱团作战，做大地产市场，但是由于缺乏强有力的产业整合与引导，散而乱的问题比较突出。

第三，地产酒整合营销推广的缺失。大多地产酒品牌不太注重"文化"的积淀，营销手段单一、老化，传播没有节奏，随意零散，整体缺乏系统营销推广。

2．地产酒，如何突围？

对于地产酒而言，地域文化是地产酒品牌实现突围的"引擎"。比如：西凤酒立足陕西，汲取陕西地域文化，不但获得了当地消费者的深刻认同，成为陕西白酒老大，还以陕西为根据地辐射全国市场，成为全国知名品牌；而伊力特品牌同样立足并扎根新疆市场，从新疆的基因中挖掘"富有冒险精神"的核心价值，彰显英雄本色，打造酒中万宝路，成功打造了新疆白酒第一品牌。

"酒香不怕巷子深"的时代已经过去，品牌营销推广是白酒企业发展壮大的必经之路。品牌理念和产品信息需要完美地传达给消费者，才能促进销售。品牌营销推广不是简单地投广告，而是通过"一个主题、一种声音"整合营销传播，运用一系列事件、公关、广告、促销等迅速打开品牌的知名度和美誉度，全面形成品牌影响力，提升销量。地产酒只有扎根本土，汲取本土文化，构建个性化品牌，打造差异化产品，并进行实效营销推广，一定可以成功实现"突围"，迎来自身品牌发展的"春天"！

（资料来源：http://www.chinaadren.com/html/file/2013-3-18/20133318111901.html）

请根据案例资料中所陈述和分析的情况做出广告策划方案。

第三章

广告调查与分析

学习要点及目标

- 了解广告调查的含义、内容、方法及作用,掌握营销环境调查和分析的内容。
- 了解消费者类型、角色及消费者购买行为模式。
- 理解消费者购买决策过程,掌握影响消费者购买行为的因素。
- 了解产品组合的含义,理解品牌概念及策略,掌握产品五个层次的整体概念。
- 理解不同竞争地位的企业类型及对应的广告战略及策略选择。

广告调查、营销环境、消费者行为、产品整体概念、领导者、追随者

嘉士伯啤酒的广告促销策略

嘉士伯是丹麦啤酒巨人Carlsberg公司的啤酒品牌,该公司是世界前七大啤酒公司之一,于1847年创立,至今已有160多年的历史,在40多个国家都有生产基地,啤酒远销世界150多个国家和地区,产品风行全球。五月天代言的嘉士伯啤酒广告如图3-1所示。

图3-1 五月天代言的嘉士伯啤酒广告

(图片来源:http://www.sccnn.com/Goryhtml/gaojingtuku/guanggaosheji/pingmianguanggao/20100804/20100804-56397.html)

嘉士伯十分重视产品的质量,其著名的广告语"Probably the Best Beer in the World(嘉士伯——可能是世界上最好的啤酒)"深入人心。嘉士伯啤酒也是较早进入中国市场

的外资啤酒品牌之一，2004年嘉士伯开始把战略市场转移到以中国为主的亚洲市场。中国啤酒市场拥有广阔的发展潜力，但竞争十分激烈，青啤、雪花、百威、喜力等都是强劲的竞争对手，嘉士伯通过准确的市场调查与分析，决定推出"冰纯嘉士伯"，挑战夜场高端啤酒市场，并且把目标人群锁定在80后。

80后正逐渐成为中国社会的骨干力量，他们年轻、个性、时尚、热情、收入水平高、生活理念前卫，对音乐、运动和时尚资讯关注度高，但是在社会打拼的同时却总被现实困扰，工作之余流连于酒吧，KTV成为他们业余生活的重要部分，然而快乐似乎离这群社会精英越来越远。

在对80后这一目标人群的研究中嘉士伯找到了其品牌的情感切入点，提出了"不准不开心"的情感营销口号。"不准不开心"这一概念的提出，很快触动了80后埋藏在心灵最深处的渴望，成为他们向往的一种生活方式，嘉士伯通过把品牌内涵和当下潮流相结合，成功地吸引80后的注意力。

对于品牌内涵"不准不开心"的宣传，嘉士伯使用了电视、平面、户外等多种媒体，并积极配合终端推广，着力于娱乐、运动、网络互动等具体形式，以开心、快乐、幸福等诉求形式，锁定80后。比如签约"五月天"、陈小春、吴克群等明星，以嘉士伯冠名的形式参与明星巡回演唱会，在夜场以喝"冰纯嘉士伯送演唱会门票"的促销方式打动追求流行的80后。

以体育运动吸引80后参与，也是嘉士伯的强力营销武器。嘉士伯是利物浦足球俱乐部多年的赞助商，在国内，嘉士伯与新浪网独家合作，在广告创意上，嘉士伯设计了新浪特型调研广告，将嘉士伯标志性的瓶身形象植入答题页面，生动的广告形式彰显了嘉士伯的品牌形象。

2008年欧洲杯期间嘉士伯联合央视开展了"阿尔卑斯行动"球迷抽奖活动。经过注册、答题、抽奖等环节，中国球迷有机会到维也纳参加决赛后的颁奖，这是欧洲杯历史上的第一次。当西班牙队的托雷斯接过"最佳球员"奖杯的时候，发现给他颁奖的中国球迷身上的T恤印有"四川雄起"的汉字，四个大字将欧洲杯与正在积极重建的中国四川灾区紧密地联系在了一起。嘉士伯也因此赢得了中国消费者的青睐与肯定。

(资料来源：刘千桂. 广告策划与管理[M]. 北京：科学出版社，2009(有删改).)

案例解析：通过上述案例，不难发现，嘉士伯正是在科学的环境分析、行业分析、竞争分析及消费者分析的基础上，挖掘到了产品概念及品牌核心价值，锁定了目标人群。通过对目标受众的准确把握，嘉士伯有针对性地制定广告策略，使自己的品牌在中高端市场独树一帜，深入人心，在高度同质化的啤酒市场赢得了品牌忠诚度，这充分说明品牌宣传策略的成功。

然而这一切的成功都是源于对市场、消费者、行业竞争状况以及自身产品的准确把握。本章就是通过对广告调查和分析的介绍，让广告策划人员真正懂得如何进行广告调查与分析的。

广告活动是在市场的各种条件制约下进行的，要使广告传播达到预想的效果，就需要对广告机会进行分析。从宏观上说，广告策划首先就是发现市场空隙，抓住各种可能出现的广告机会。因此，必须对影响广告机会的宏观环境、产品、消费者、竞争者等要素进行分析研究，从而切实把握广告主所面临的市场营销机会和广告机会，提出相应的广告战略及策略。

第一节 广告调查的内容及方法

要想对广告环境、消费者行为、竞争情况和产品等进行深入的分析，就必须占有大量的信息和资料，获取这些信息和资料的主要手段就是进行广告调查。在广告调查的基础上，广告人员要以自己的智慧，结合相应的作业工具，对收集的各种信息进行深入、细致、全面地分析，以此指导广告整体战略与策略的确立。

一、广告调查的含义及作用

（一）广告调查的含义

广告调查，就是围绕着某一广告活动，利用有关市场调查的方式和方法，对影响广告活动有关因素的状况及其发展进行相关的信息收集活动。它是整个广告活动的开端和基础。奥格威认为："从事广告工作的人如果忽视了调查，就如将军忽视了敌人的密码信号一样危险。"

具体地说，广告调查是指采用科学的方法，按照一定的程序和步骤，有计划、有目的、有系统地搜集、分析与广告活动有关的宏观环境信息以及微观的消费者信息、传播媒体信息、产品和企业信息、竞争者信息等的活动。

（二）广告调查的作用

1. 为广告决策提供充分有利的信息

广告调查需明确与广告有关的一系列要素，包括消费者特性、本企业及媒体特性等，使广告策划人员占有大量的资料，从而对广告活动所处的竞争环境有一个全面、深入的了解，做到知己知彼、耳聪目明，并对如何确定广告目标、制定广告战略、进行广告定位、明确广告传播对象、确定广告的诉求重点等做到心中有数。

 案例3-1

啤酒与尿布，路虎与高尔夫球场……

20世纪90年代，"啤酒与尿布"的经典营销案例风靡一时，与之有异曲同工之妙的是：在高尔夫俱乐部球场周边3公里投放路虎广告，成本降低了56.71%，而CPA增加到186%。

LBS锁定高尔夫球场一招制胜

2015年5月中旬开始，路虎揽胜与力美DSP合作投放广告。力美DMP根据多维度数据，很快锁定目标人群特征(见图3-2)：年龄在20~45岁，以男性为主，主要集中在中高收入群体，兴趣包括高尔夫和奢侈品等。

图3-2　路虎目标人群特征

传统的汽车广告投放通常会将4S店作为LBS地域定向的中心，但目标人群特征让力美DSP发现一个新的营销契机——高尔夫球爱好者与高端汽车购买目标人群高度重合。相较于以4S店作为地域定向的基准，高尔夫球场地域广阔的特点能有效排除路人的干扰，可以极其精准地定向到目标人群。另外，高尔夫作为一项需要具备较好经济基础的运动，在地域定向下的目标人群消费能力也有所保证，可谓一箭双雕。

此次投资，力美以DMP+移动DSP的投放模式精准覆盖路虎揽胜目标用户，在曝光量仅超出KPI10%的情况下，实际有效回访数即CPA达559个，超出KPI达259人之多，显示出广告效果要求的出色达成，足以证明将高尔夫球场作为此次LBS地域定向的基准点对本次投放的重要意义。

脑洞大开的不仅仅是创意

优秀的移动DSP总能找到最准确的目标用户进行广告投放，达成广告主对于品牌和效果的双重需求。而让人脑洞大开的也不仅仅是创意，还有数据和经验。

20~45岁的男性是主要目标人群。此次投放数据显示，男性用户点击占比超八成，为85.64%(女性用户点击占比仅14.36%)，20~29岁年龄段用户点击占比超35%，30~44岁年龄段更达44%。

新闻财经+运动类媒体读者或是潜在用户。这一发现其实是由主要目标人群特性延展来的：除汽车类媒体外，新闻财经和运动类媒体的广告点击占比超过40%，这意味着汽车行业可将这两类媒体的读者作为重点关注对象，如图3-3所示。

图3-3　不同媒体类别广告点击占比情况

品效合一需要找平衡点。作为知名旅游胜地，三亚高尔夫球场使用人群的消费力更高、购买汽车的消费意愿更足,这也使得三亚比大部分城市的广告点击率高出2.3～3.5倍。但总体目标人群数量有限,要获得高ROI需要在CPM和CPA之间找到平衡点。

(资料来源:佚名.啤酒与尿布,路虎与高尔夫球场……, Top Marketing. 2015-7-29,有改动, http://www.cnad.com/ html/Article/2015/0729/20150729143610795.shtml)

案例解析: 成功的案例总有其相似之处。无论是风马牛不相及的"啤酒与尿布",还是目标人群高度重合的路虎揽胜与高尔夫球场,看似偶然的背后实则是基于大数据精准分析与判断的必然结果。

所有的品牌广告主都希望广告投放不光带来品牌曝光,更希望为后期的市场销售提供线索打下基础。好的广告投放,离不开对消费者、竞争者、媒介等的精准把握,而这些信息的获得都有赖于细致的广告调查。

2. 为广告的创作设计提供依据

广告创作表现具有非独立性的特点,既要艺术地表现广告内容,又不能脱离广告目标的要求,不能游离于产品和消费者之外,只有在对产品、消费者和市场状况充分了解的基础上进行构思、广告作品设计,才可能有新颖独特的创意,才能与目标消费者进行有效的沟通,而这些信息资料不可以凭空想象,需要通过调查来获取。

3. 为企业经营管理发挥参谋作用

在市场经济条件下,广告是企业经营的有机组成部分,进行广告调查,实际上也是为企业生产决策和经营决策提供信息。例如进行消费者调查和产品调查,就能为企业捕捉到变动着的消费观念和消费行为,了解到产品开发和竞争的有关信息。这样,有利于企业掌握市场动态,并根据市场变化,及时调整或转换产品的品种、产量,从而改进经营管理,提高经济效益。

二、广告调查的主要内容

作为整个广告活动的开端,广告调查的内容包罗万象,从宏观的政治法律、人口经济、自然地理、科技、社会文化等到微观的消费者、竞争者、产品、传播媒体等都是广告从业人员需要关注的环境因素。

广告调查的范围也几乎包括了从生产者到消费者的商品与劳务转换的全过程。根据广告实践活动,广告调查的主要内容包括营销环境调查、消费者调查、广告产品调查、竞争状况调查、广告媒介调查五个方面,具体内容如表3-1所示。

表3-1 广告调查的具体内容及调查目的

调查项目	具体内容	调查目的
营销环境调查	1. 政治法律环境 2. 人口环境 3. 经济环境 4. 自然地理环境 5. 社会文化环境	营销环境的发展变化会给企业运行及产品的市场推广带来根本性的触动,给企业的生存带来大量的不确定性。通过对营销环境资料的收集和分析,才能最大限度地把握环境给予企业的生存条件及环境的变化趋势,使广告策划及活动能够顺应环境

续表

调查项目	具体内容	调查目的
消费者调查	1．消费能力信息 2．消费需要信息 包括需求类型、购买动机、影响需求的因素。 3．消费购买信息 包括购买行为、购买决策、购买时机。 4．消费者对企业的评价信息 包括：①消费者对企业基本情况的了解程度及评价意见；②消费者对企业产品的满意程度及评价意见。 5．消费预测信息 6．消费者接触媒介的习惯	消费者是消费的主体及广告活动的受体，辨认消费者，把握他们的消费特征，并了解他们接触信息的渠道，是市场策略及广告策略制定的过程中最为现实的也是至关重要的一个环节
广告产品调查	1．产品历史信息 包括产品的渊源、开发典故、生产历史、生产过程、生产设备、生产技术、新技术与新工艺的开发与应用、所使用的原材料等。 2．产品个性信息 包括产品的外形设计、规格、花色、款式、质感、包装、装潢、基本性能、基本用途、主要技术指标等。 3．产品附加信息 包括产品的商标、品牌、特色、知名度、美誉度等。 4．产品销售服务信息 包括产品的价格、价位、目标市场、销售网络、适销时间、适销地区、促销手段、售后服务措施等。 5．产品相关信息 包括：①产品的属类；②产品生命周期；③产品定位；④产品在同类产品中的地位	企业虽然能够在自己的控制下生产自己的产品，但是这个产品需要同竞争对手的相同产品、相似产品、互补产品、替代产品等摆放在一起，争取消费者的认可。 通过对产品进行多层次和多角度的分析，企业能够辨别自己产品的优势与地位，了解从产品特征的角度出发，应该注意哪些市场及广告策略问题，从而使自己的广告活动更具特色
竞争状况调查	1．行业竞争情况 2．广告主的相关信息 包括：①企业历史、资产、人事等信息；②经营状况、市场地位信息；③广告宣传等信息。 3．竞争对手的相关信息 包括：①竞争对手的基本情况；②竞争对手的经营情况；③竞争对手的广告宣传信息	调查行业竞争情况，有利于广告策划人员把握行业特征和发展趋势，从而找到合适的广告策略。调查各家同行与自己公司的竞争状况，或者考察同行在原料取得、技术拥有以及其他经营资源方面与其他公司竞争的情形，深入了解他们之间的竞争焦点和竞争策略，从而确保市场策略及广告策略的有效性
广告媒介调查	1．报刊媒介 包括发行份数、区别份数、读者层调查、并读情况、发行频率 2．广播电视广告媒介 包括传播区域、视听率、视听者层 3．互联网媒介 包括网络用户、日访问人数 4．其他媒介	了解各种媒介的具体情况，有利于广告策划人员做出科学合理的媒介选择决策，从而以最少的费用取得最大的宣传效果和销售效果

三、广告调查的常用方法

广告调查的方法主要是参考、借鉴一般社会调查的技术方法，并注意吸收统计学、社会心理学、传播学等学科对社会调查方法的研究成果，其常用方法有文献法、观察法、实验法、询问法。

（一）文献法

文献法是利用现有的各种文献、档案材料等来得到与广告活动相关的资料，这是间接进行调查的方法，即对二手资料的研究。例如通过查询《中国统计年鉴》《中国人口年鉴》《中国城市年鉴》等，就可以获取有关人口分布、年龄结构、职业构成、收入状况等数据。

采用文献法可以节省执行调查活动所需的时间和经费，是一种省时省钱的调查方法。由于计算机在信息处理能力方面的进步及其在调查研究中的广泛应用，使得这种方法日益受到重视，许多广告公司都建立了庞大的资料库，保存一些相关的资料。

利用文献资料，要注意看文献资料的时间，把握其质量，看有关资料信息是否权威、准确、可靠。平时也要注意搜集和整理相关的资料，并进行类别化、系统化和条理化的管理。

（二）观察法

观察法是指通过对调查现场的直接观察，以获取有关信息的一种调查方法。观察可以通过调查人员执行，也可以用摄像机、录音机等仪器观察。观察的方法主要有直接观察、实地测定和行为记录等。

观察法可以直接获取现场真实可靠的资料，调查对象不会受调查人员主观偏见的影响，但却很难深入地了解对象的深层心理状况。要获得理想的调查结果，关键在于观察要在自然状态下进行，不使调查对象感觉到被注意或"监视"。观察法不适用于大面积的调查活动。

（三）实验法

在广告活动中，实验法通常用于前期对产品口味、包装、价格、广告主题或者广告文案的反映等方面的测验。根据实验的场所不同，实验法可分为实验室测验和市场测验两种。

实验室测验是指在实验室开展的实验，可以探求心理层面的问题，排除其他因素的干扰，但由于实验室不同于市场真实环境，其结果推广存在一定的困难。

市场测验一般是指现实的市场开展，通过对比控制市场和实验市场的不同数据，来分析和预测结果，但其成本偏高，且由于市场变化等因素使其结果存在一定的缺陷。

实验法的调查结果较为客观，可主动引起某些现象发生，可控性强；但理想的实验环境较难找到，且调查持续时间较长，费用也较高。

（四）询问法

询问法是指调查者根据所拟定的调查事项向被调查者提出询问，以获取所需资料的一种调查方法。根据调查者和调查对象的接触方式和询问表的传递方式不同，询问可有面谈调查、电话调查、邮寄调查和留置问卷调查等方式，这些方式各有利弊，可酌情采用。

第三章 广告调查与分析

1. 面谈调查

面谈调查是调查人员通过与调查对象面对面的询问，搜集有关的信息资料。面谈调查法的特点是：回答率高，能直接了解调查对象的态度；但费用高，且结果易受调查者态度的影响。

2. 电话调查

电话调查即用电话向调查对象询问。电话调查法的特点是：快捷且回答率高，但受时间限制，只能调查简单的项目。

3. 邮寄调查

把调查征询表寄给调查对象，然后由其填好后寄回来的方法称为邮寄调查。邮寄调查法的特点是：适用大范围调查，节省人力，被调查者可从容自由地回答；但回收率低，易出现回答不合要求的情况。

4. 留置问卷调查

留置问卷调查就是把问卷当面交给调查对象，说明回答问题的要求，留给调查对象自行填写，然后再回收。留置问卷调查法的特点介于面谈调查和信函调查之间，兼具二者优点，避免了二者的某些缺点，如可当面作解释，答题时间充裕、回收率高等；但费用较高，且调查范围也受到限制。

网上调研

网上调研就是利用互联网发掘和了解顾客需要、市场机会、竞争对手、行业潮流、分销渠道以及战略合作伙伴等方面的情况，互联网正是实现这些目标的良好资源。

从某种意义上说，全球互联网上的海量信息、几万个搜索引擎的免费使用已对传统市场调研和营销策略产生很大的影响。它大大丰富了市场调研的资料来源，拓展了传统的市场调研方法。

网上调研的优点是：调研费用较低，主要是设计费和数据处理费，每份问卷所要支付的费用几乎为零；调研范围大(全国乃至全世界)，样本数量庞大；运作速度很快，只需搭建平台，数据库可自动生成，几天就可能得出有意义的结论；调研是全天候进行的，对访问者来说非常便利，被访问者可自由决定时间、地点回答问卷，调研结果相对真实可信。网上调研适合长期的大样本调查，适合于迅速得出结论的情况。

(资料来源：http://blog.tianya.cn/blogger/post_show.asp?BlogID=2021764&PostID=17034327)

第二节 营销环境调查与分析

任何组织都处于一定的历史时代、地理范围和资源条件中，这些特定的状况赋予了企业各种各样的决策依据和生存形态。在广告的策略制定之前对其环境做适当的分析是很有必要的。广告策划人员为了有效地应对这些随时可能发生的变化及随着生存环境的变化来调整或改变自己的战略，就需要深刻地分析和了解企业所处的生存状态中的各种重要因素，以便能够为提供有效策略方案建立良好的基础。

一、政治法律环境分析

政治法律环境是指企业经营活动所在国家或地区的政治局势、方针政策、法律法规等方面的环境。这些因素常常制约企业的经营行为以及广告活动的开展，并可能对企业产生不可逆转、难以预测的巨大影响。

1. 政治局势

一个国家或地区的政局稳定与否会给企业营销活动带来重大影响。如果政局稳定，生产发展，人们安居乐业，企业就会有一个良好的营销环境；相反，政局不稳、社会矛盾尖锐、秩序混乱，不仅会影响到经济发展和人们的购买力，而且对企业的营销心理也会产生重大影响。战争、暴乱、罢工、政权更迭等政治事件都可能对企业的营销活动产生不利影响。

2. 方针政策

各国政府会根据国民经济发展的需要在不同时期颁布一些政策和发展方针，如人口政策、物价政策、能源政策、财政政策、金融与货币政策等，这些宏观政策对企业的营销活动有着重要影响。广告运作必须对这些国家宏观政策随时关注，分析政策调整或改变的意义，以此来趋利避害。

除国家宏观政策会影响企业营销活动外，地方性的方针政策也是企业营销所不容忽视的，尤其是那些与行业发展相关的地方性方针政策，更应引起企业的重视。例如，2003年起，武汉等大城市禁止发展个人摩托车；2000年以来，许多大中城市都禁止燃放烟花鞭炮；近几年，各大城市禁止在公共场所吸烟等。

3. 法律法规

法律环境是指国家或地方政府颁布的各项法规、法令和条例等。一项法规的制定，会直接影响企业的经营决策，并影响其广告活动的开展。企业要随时了解、掌握其变化，熟知政府颁布的任何一项新的法律、规定、条例、办法，并注意跟踪了解、掌握有关法规的实施细则、解释与说明等。一些地方性法规以及半官方组织(如消费者协会)的典型案例裁决，也不容忽视。法律法规是企业营销活动的准则，只有依法进行的营销活动，才能受到法律的有效保护。

《中华人民共和国广告法》颁布于1994年10月27日，对广告内容、广告活动、广告审查、法律责任等都做了相关规定，违反这些规定的广告都将被追究法律责任。

2015年4月24日，第十二届全国人大常委会第十四次会议表决通过了新修订的《广告法》，于2015年9月1日起施行。这次广告法修改的幅度非常大，原来是49条，现在变为75条，新增了33条，删除了3条，同时修改了37条。真正原文保留一个词没有动的只有8条。

动动手：

新广告法都有哪些变化？你知道吗？请上网查询并阅读相关内容，并把你认为重要的变化记录下来吧！（参考网址：旧广告法http://www.law-lib.com/law/law_view.asp?id=548，新广告法http://www.lawtime.cn/faguizt/89.html）

案例3-2

宝洁拿下破纪录虚假广告罚单

"1天美白"是消费者和佳洁士品牌方所共同希望的佳洁士双效炫白牙膏所能实现的成效，而这个美好的愿望被用作广告宣传，却为佳洁士带来了603万元的罚单。

2015年3月9日，上海市工商局对外披露称，因构成虚假广告，佳洁士双效炫白牙膏被处罚603万元，成为我国目前针对虚假违法广告的最大罚单。而此次罚款针对的是由台湾艺人小S(徐熙娣)代言的电视广告："使用佳洁士双效炫白牙膏，只需一天，牙齿真的白了。"

据称，上海市工商局调查发现，广告画面中突出显示的美白效果是后期通过电脑修图软件过度处理生成的，而并非牙膏的实际使用效果。上海市工商局广告处处长缪钧指出，广告中使用PS技术可以理解，但如果将过度PS技术用于广告标的，就属于违反广告标的必须维持真实性的原则，而处罚额度则由行政部门根据广告法，按照广告费用的一定比例确定。

有营销专家指出，宝洁旗下诸多产品的广告和宣传大多与"1天美白"类似。通过广告中的数字运用，功能解释，巧妙的理性宣传可以增强说服力，提升产品的信任度。不过此番"1天美白"触及监管红线，也对其他类似的营销手法敲响了警钟。"宝洁有可能会迎来营销手段的大调整。"上述营销专家指出。

(资料来源：李冰."数据广告"遭重罚，宝洁营销手法或"大调整".中国经营报，2015-3-14，部分节选，http://www.cb.com.cn/companies/2015_0314/1117780.html)

案例解析： 尽管此次处罚可能对佳洁士市场份额的影响有限，但此举反映出中国政府希望加大消费者保护法的执行力度，不会再对虚假产品宣传视而不见了。这可能会对个人护理和化妆品公司的广告和营销战略产生巨大影响，这些公司依赖电视广告夸大其产品效果的做法将不再行得通。中国的法律环境正在发生变化，执法者正变得严厉。如果有一天中国的标准变得与英美一样高，那也是毫不奇怪的。

对从事国际营销的企业来说，还要了解和遵守国外的法律制度和有关的国际法规、惯例和准则。例如，德国不允许做比较性广告和使用"较好""最好"之类的广告词，许多国家不允许做烟草和酒类广告等。

企业不仅要知法守法，也要学会用法律作为武器来保护自己的正当权益，同时还要在遵守法律的前提下，能够巧妙构思，尽量减低不利影响，甚至变不利为有利。

幽默的烟盒包装语

2003年10月开始，有14个欧盟国家都做出了"烟盒上的健康警示性标语必须占烟盒正面的30%、背面的40%"的规定。对于此项规定，烟草公司构思巧妙，烟盒上的幽默层出不穷，上面写着"向别人讨烟可能会导致猝死！""坟墓在哪儿？别拦着我！""我吸烟，因为你臭气熏天！"等。风趣的标语惹得烟民们笑破肚皮，成为烟民们茶余饭后的谈资。

（资料来源：苏钟璧，段宁东，王海娟. 添加健康警语对卷烟包装的影响及对策探讨. http://www.tobacco.org.cn/news/tjjk.htm）

案例解析：虽然法律法规对烟盒包装上的广告行为做出了种种限制，但是案例中的广告策划人员运用自己的智慧和创意，创造出了风趣幽默的广告语，降低了这些限制的不利影响，甚至产生了良好的宣传效应。

二、人口环境分析

构成市场的三要素是人口、购买力以及购买欲望。作为要素之一的人口因素是营销人员和广告人员必须关注的。进行人口环境分析时主要分析人口规模及增长率、人口结构、人口分布三个方面。

（一）人口规模及增长率分析

一般来说，人口数量与需求成正比关系。人口规模影响市场的容量，增长率影响未来市场的增长情况，尤其对人们生活必需品的需求内容和数量影响巨大。而市场需求的繁荣或增长同时也意味着广告活动的繁荣与增加。

（二）人口结构分析

人口结构分析主要包括人口的年龄结构、性别结构、家庭结构和城乡结构等。

1. 年龄结构

不同年龄的消费者对商品的需求是不同的。分析一定时期内的人口年龄结构，能使企业发现好的市场机会和广告机会。例如，20世纪50年代，百事可乐公司发现美国13～19岁的人口在总人口中的比重很大，决定将青少年市场作为主要市场，提出了"新一代的可乐"的宣传口号，这种广告策略赢得了青少年的青睐，获得了巨大的成功。

目前，在全球64.5亿总人口中，1/10的人年龄在60岁以上。我国老龄化水平也在日益增高。据国家统计局2015年2月26日发布的公报数据显示，2014年年末我国60周岁及以上人口数为21242万人，占总人口比重为15.5%(上年占比14.9%)；65周岁及以上人口数为13755万人，占比10.1%(上年占比9.7%)，首次突破10%。到2020年，中国的老年人口将达到2.48亿人，老龄化水平将达到17.17%。到2050年，中国的老年人口总量将超过4亿人，老龄化水平将超过30%以上，这将是多么巨大的市场！

因此，以老年人为目标市场的产品会越来越多。针对这样的产品，广告策划人员需要深入研究老年人的需求，确定能吸引老年人的广告诉求和表现手法，才能获得成功。

案例3-4

针对乐百氏的市场分析

上海杰信公司对乐百氏在上海的市场情况进行了分析诊断，发现同期乐百氏的全国销量平均每年增长80%以上，而上海的市场增长率不到30%。

经过调查，杰信公司发现乐百氏的主要消费群体是1～9岁的孩子，而这一群体的整体数量又在急剧下降。于是，根据这一目标顾客的分析，杰信公司提出向10岁以上的孩子发动情感攻势。他们策划设计了一系列旨在引起这一群体关注的活动。如"华东少儿绘画大赛""与明星游泰国""赞助艺术家大会"等活动。

针对年轻父母们，他们打出了"只有乐百氏才最适合你的孩子"的广告语。在具体营销行为上，采用了实质让利促销，提高超市、大卖场的走货量等手段。

(资料来源：张苗荧．市场营销策划[M]．北京：北京师范大学出版社，2007.)

案例解析：人口数量是形成市场规模的首要因素。随着人口年龄结构的变化，企业产品的主要消费群体数量也在不断发生变化。当原有的目标群体数量减少时，必须重新锁定或扩大目标顾客，并展开新的广告活动和设计符合新目标顾客的广告语。因此，企业必须重视人口年龄结构的分析，以把握好市场机会和广告机会。

2．性别结构

人口的性别不同，对商品的需求也有明显的差异。女性消费多为购买衣服、日用品、化妆品等，而男性消费多为购买大件商品和耐用品等。男性和女性的消费心理也明显不同，男性注重实用，女性注重完美；男性注重理性，女性注重情感；男性购物迅速，女性享受过程；男性自尊好胜，女性精明有余；男性购物科技含量高，女性购物生活情趣浓。

3．家庭结构

家庭是购买、消费的基本单位。家庭的数量直接影响某些商品的数量，而家庭规模的大小将影响家庭消费模式。家庭结构的变化，对企业营销和广告活动会产生重要影响。

目前，全球范围内家庭规模普遍呈现缩小的趋势，我国也是如此。"四世同堂"现象已很少见，"三口或两口之家"则成为家庭规模的主要形式。"小规格、小容量、小包装"商品的普遍流行，正是顺应了家庭规模越来越小的趋势。此外，单亲家庭、丁克族、独身族等越来越多，这类家庭都有自己独特的生活方式和消费习惯，需要广告从业人员进行深入的分析和研究。

4．城乡结构

我国有70%的人口属于农村人口，而农村人口对物美价廉的商品特别青睐。这就给企业一个非常重要的启示：巨大的农村市场值得开发，并且应该提供物美价廉的商品来满足农村人口的需要。我国许多企业意识到了这一点，将主要精力用于开拓农村市场，并且名曰"农村包围城市"。

人口结构分析的新思路——群组分析（Cohort Analysis）

群组分析并不注重年龄的大小，而是关注群组中人们的人生经历，尤其是人们在将要成年时将发生什么，也就是正好在14~18岁这个年龄段。在这个年龄段，冲击他们的事件对他们的人生具有决定性意义，可以说塑造了他们一代人的特性。

例如，美国曾有婴儿潮群组，两个婴儿潮出生的人，一批大概是1950年左右生的人们，一批大概是1960年左右生的人们，他们在差不多的时间成年，成年时会碰到类似的事件，他们就会对事物有一种群体性反应。

现在的群组则是被称为"千禧一代"的Y世代，这正是将成年的一代人。营销人员对这即将成年的一代人很感兴趣，因为很多时候，你在这个年纪的消费会使你对所购品牌的忠诚度非常持久，因此考虑到这些人的需求非常重要。

Y世代与他们的父辈以及所有以往的世代都非常不同。这是完全依赖于电脑成长起来的一代，他们享受免费的资源，他们会关注社会环境，他们完全适应社交网络，一切都是无线的；他们不喜欢大众营销，不喜欢任何一种受限制的使用权，不喜欢因循守旧，他们喜欢新鲜的，喜欢不同的，喜欢定制的，甚至认为事物就应该是为他们量身定制的。

千禧一代是热爱购物的一代，但很多时候他们与父母共同消费，一些千禧一代仍然和父母住在一起并由父母抚养，他们考虑的是信息电子化，他们不读纸质报纸，也不在乎打印了；他们非常适应多任务，并参与合作创造新事物；千禧一代相互之间联系非常紧密，且往往富有社会责任感。因此，如果你锁定这个细分市场，你必须设计有针对性的产品或者对品牌进行特别定位，从而满足千禧一代的需求。广告亦如此。

（三）人口分布分析

人口分布是指人口在不同地理区域的密集程度。由于地理条件和经济发展等因素影响，一个国家的人口分布不可能是均匀的。我国85%的人口集中在东南沿海和中部，人口的这种地理分布表现在市场上就是市场的规模不同。此外，不同地理区域的人口会有不同的生活习惯、文化习俗、消费需求和购买行为。例如，南方人以大米为主食，而北方人则以面食为主食；广东人吃菜喜欢清淡，而湖南、四川等地区讲究口味重，喜咸喜辣。

还有一点需要引起营销和广告人员的注意，就是人口的区域性流动越来越大。人口的流动会引起消费结构的变化，从而给当地企业带来新的营销和广告机会。

三、经济环境分析

经济环境包括经济制度、经济发展阶段和购买力状况等内容。经济环境的好坏，对广告决策影响最大。经济环境分析需要考察包括GDP、利率水平、通货膨胀、失业率、汇率、居民可支配收入等在内的多项指标。经济环境对市场营销和广告活动的影响，主要是指购买力的影响，因此，经济环境分析的核心是购买力。

所谓购买力，是指社会各方面在一定时期用于购买商品或劳务的货币支付能力，是构成市场和影响市场规模大小的一个重要因素。购买力主要是由消费者的收入、支出、储蓄和信贷等因素影响和决定的，可以从三个方面进行考察。

（一）消费者收入的变化

消费者收入包括消费者个人的工资、奖金、租金、赠予等收入，其收入状况决定其购买力水平。消费者的收入又可以分为货币收入和实际收入。在货币收入不变的情况下，如物价下落，其实际收入便增加，如物价上涨，则其实际收入便降低。另外，消费者的收入并非全部用于购买商品或劳务，购买力只占收入的一部分，因此，在分析消费者收入时，要注意把握三个基本概念，即个人可支配收入、个人可任意支配收入、家庭收入。

1．个人可支配收入

个人可支配收入是指在消费者个人收入中扣除消费者个人缴纳的各种税款和非税性负担(如保险、公积金)后所得的余额。这部分是可以用于消费或储蓄的，它构成实际购买力。个人可支配收入是影响消费者购买生活必需品的决定性因素。

2．个人可任意支配收入

个人可任意支配收入是指在个人可支配收入中减去消费者用于购买生活必需品的费用支出(如房租、水电、食物、衣物、燃料、交通等项目的开支)后剩余的部分。这是消费需求变化中最活跃的因素，也是企业开展广告活动时所要考虑的主要对象。这部分收入一般用于购买高档耐用消费品、娱乐、教育、旅游等。

3．家庭收入

家庭收入的高低会影响很多产品的市场需求，如冰箱、空调、电视、抽油烟机等，因为这些商品是以家庭为基本消费单位的。一般来讲，家庭收入高，对消费品需求大，购买力也大；反之，需求小，购买力也小。

（二）消费者支出结构的变化

对消费者支出结构的考察主要是对恩格尔系数的分析，而恩格尔系数=食品支出金额/家庭消费支出总金额。在一定的条件下，当家庭收入增加时，收入中用于食物开支部分的增长速度要小于用于教育、医疗、享受等方面的开支增长速度。恩格尔系数越小，食品支出所占比重越小，表明生活富裕，生活质量高；恩格尔系数越大，食品支出所占比重越高，表明生活贫困，生活质量低。

随着消费者收入的提高，除了在消费支出结构上的变化外，消费者所追求和看重的利益重点也有较大变化。收入越高，消费者对健康、舒适、便捷、个性、身份象征等方面的追求也越重视，因此，也愿意为更健康、更舒适、更便捷、更具品牌特色的产品而买单。

（三）消费者储蓄和信贷的变化

消费者的储蓄行为直接制约着市场消费购买量的大小。当收入一定时，如果储蓄增多，现实购买量就减少；反之，如果用于储蓄的收入减少，现实购买量就增加。居民的储蓄倾向是受到利率、物价等因素变化所致。人们的储蓄目的也是不同的，有的是为了养老，有的是为未来的购买而积累，当然储蓄的最终目的主要也是为了消费。企业应关注居民储蓄的增减变化，了解居民储蓄的不同动机，从而制定相应的营销策略，获取更多的商机。

四、自然地理环境分析

（一）自然环境分析

自然环境分析主要是指分析企业所需要或受营销活动所影响的自然资源的变化情况。目前，广告人员最应注意的是全球资源短缺以及环境污染和保护的问题。这两个问题不但影响着企业的经营方向、新产品开发及生产等，更影响着人们消费观念的更新。环保、绿色、节能、低碳等观念正逐渐深入人心，这也给广告人员以新的广告机会和挑战。

案例3-5

"汉能大了，雾霾就少了"广告片

2014年6月底7月初，一则"汉能大了，雾霾就少了"的广告片频频在央视及网络上播放，赢得了广大观众的关注。该片以一个小女孩稚嫩的声音，讲述了她的爸爸告诉她的事情："我爸爸是汉能工程师，他要为房子穿上太阳能薄膜外衣，因为薄膜能发出好多电，没有污染哦！爸爸说，未来所有的东西都可以利用薄膜获得清洁能源，我就能在蓝天白云下玩儿了！汉能大了，雾霾就少了！"（见图3-4）最后，一句旁白："汉能，用清洁能源改变世界！"

图3-4　汉能集团"汉能大了，雾霾就少了"电视广告片截图

(图片来源：广告片视频截图，http://www.56.com/u31/v_MTIxNDQxNjA0.html)

案例解析：自然环境的突变为企业带来了一些机遇和挑战，也影响着消费者关于自然环境的观念，而这些变化往往带动广告诉求重点的变化，例如近些年在广告行业中出现关于自然环境的自觉意识。

汉能的这则广告片通过极富未来感的表现手法和震撼的画面语言向公众展示汉能引领全球的薄膜发电技术及其广泛的市场应用前景，展现汉能强大的企业实力，以及致力于"用清洁能源改变世界"的长期承诺。不难看出，该广告片正是抓住了消费者对于"雾霾"这一热点的关注，用小孩子对蓝天白云的向往引起了广大消费者的共鸣，从而取得了理想的广告效果。

(二) 地理环境分析

广告策划需要考虑气候、地理位置、地形地貌等地理因素。一般来说，广告目标市场的地理环境相对比较稳定。但是，一旦发生变化，就会对企业经营及广告决策产生影响。例如气候冷暖变化会影响农业、渔业、服装业、旅游业等多种行业，或者造成破坏，或者形成机会。一些突变的自然灾害，如洪水、地震等，也会对企业经营产生影响，甚至直接影响广告活动。

1998年七八月份，我国长江流域和嫩江、松花江遭受百年不遇的洪灾侵袭，全国人民同心协力，抗洪抢险，我国广告界也投入到这一战斗行列，做了大量这方面的公益广告，鼓舞人们风雨同舟、战胜洪魔、重建家园。另外，广告将要发布的季节、月份或节气等也是策划时需要考虑的因素。

五、社会文化环境分析

社会文化环境是指在一种社会形态下已经形成的价值观念、宗教信仰、风俗习惯、道德规范等的总和。市场营销成功与否，广告能否取得理想的传播效果，最终还是由人们的需求决定的。人们的需求状况和消费行为，受特定社会文化环境的影响很深，因此广告要有针对性地向目标消费者进行诉求，要分析消费者的教育水平、语言文字、价值观念、宗教信仰、审美观、风俗习惯等文化因素。

(一)教育水平分析

受教育程度的高低，影响着消费者的审美观，对商品功能、款式、包装和服务要求的差异性，以及理解、接受广告传播的方式和途径。一般来讲，教育水平高的地区，消费者对商品的鉴别力强，容易接受广告宣传和接受新产品，购买的理性程度高。

因此，教育水平的高低影响着消费者的心理和消费结构，进而影响着广告策略的选取。例如，在文盲率高的地区，用文字形式做广告，难以收到良好的效果，而用电视、广播和当场示范表演形式，则较容易为人们所接受。

(二)语言文字分析

语言文字是人类交流的工具，它是文化的核心组成部分之一。不同国家、不同民族往往都有自己独特的语言文字，即使同一国家，也可能有多种不同的语言文字，即使语言文字相同，表达和交流的方式也有可能不同。语言文字的不同会对广告活动产生重要影响。

例如，我国曾经出现过一种口红，商标叫"芳芳"，在汉语中这个名字确实很好听，一看到"芳芳"二字不禁在心中升起美的联想，仿佛看到了一位花容月貌的少女，又好像闻到了她周身袭来的香气。可是此商标音译成汉语拼音"Fangfang"，英文读者一看心中会不由得生起一种恐怖之感，因为fang恰好是一个英文单词，其意思是"张牙舞爪的恶狗或毒蛇"，英文读者见此就像中国人看到了青面獠牙的"鬼怪"一样。

（三）价值观念分析

价值观念是指人们对社会生活中各种事物的态度、评价和看法。不同的文化背景下，人们的价值观念差别是很大的，而消费者对商品的需求和购买行为深受其价值观念的影响。

中国文化的价值观有深厚的人文主义精神，强调道德规范自觉能力，形成了中国人内倾的性格。中国人也非常注重"和"，和谐、和睦、和美、祥和是中国人推崇的，反映在广告上就是注重广告的产品内容，讲究实证，以及含蓄、平稳的情感诉求。

案例3-6

体现中国传统价值观的广告诉求

许多能体现中国传统价值观的广告产品口号都给消费者留下了较深的印象。例如，"中华老字号，买了放心，吃了称心"(上海立丰广东土产食品)；"妈妈，我又梦见了村边的小溪，梦见了奶奶，梦见了你，我给你捎去一样好东西——威力洗衣机，献给母亲的爱"(威力洗衣机)。

香港老字号"荣华月饼"的电视广告正是深谙"团圆"之道，大打文化战，在广告中，父亲打电话给女儿，希望她回家过中秋，但忙碌的女儿要赶回台湾做节目……当女儿准备上飞机的时候，看到了手上的"荣华月饼"，毫不犹豫地从机场的工作人员手上抢回机票，说："我还是回家和爹地(父亲)过中秋。"这对父女的真情演绎，诉说着中国千百年来"血浓于水"的亲情。

(资料来源：曹惠. 浅议中英广告之差异. http://www.sdau.edu.cn/gjzx/4/16/152.html)

案例解析：传承几千年的中国文化形成了许多稳定的价值观念，特别是对亲情、团圆的重视。上述广告的策划人员正是把握住了这些传统价值观，从情感诉求上建立了消费者对自己产品的喜爱。

西方人大都是外倾的性格，更注重产品广告的外在形式，讲究感观效果。西方广告崇尚自由，张扬个性，强调与众不同的风格尤为显著。百事可乐用"百事可乐，新一代的选择"的广告语划清了与可口可乐的界线，暗示了年轻一代应该摒弃旧的选择，走自己的路，因为他们是新生的有个性的一代。仅仅是因为对饮料的选择不同，在无形之中，百事可乐的广告就把年轻一代与上辈分别开来，这一点也刚好与西方文化的特质相吻合。

可见，不同的价值观念在很大程度上决定着人们的生活方式，从而也决定着人们的消费行为。因此，对于不同的价值观念，企业营销人员应该采取不同的策略。对于乐于变化、喜欢猎奇、富有冒险精神、较激进的消费者，应重点强调产品的新颖和奇特；而对一些注重传统、因循守旧、相对保守的消费者，企业在制定促销策略时应把产品与目标市场的文化传统联系起来。

（四）宗教信仰分析

不同的宗教信仰有不同的文化倾向和戒律，从而影响人们认识事物的方式、价值观念和行为准则，以及人们的消费行为。各个宗教有自己独特的对节日礼仪、商品使用的要求和禁忌。某些宗教组织甚至在教徒购买决策中有决定性的影响。企业应充分了解不同地区、不同民族、不同消费者的宗教信仰，生产适合其要求的产品，制定适合其特点的广告策略。否则，会触犯宗教禁忌，失去市场机会。

（五）审美观分析

审美观通常是指人们对事物的好坏、美丑、善恶的评价。不同的国家、民族、宗教、阶层和个人，往往因社会文化背景不同，其审美标准也不尽一致，因审美观的不同而形成的消费差异更是多种多样。例如，中国妇女喜欢把装饰物品佩戴在耳朵、脖子、手指上，而印度妇女却喜欢在鼻子上、脚踝上配以各种饰物，马来西亚人和叙利亚人认为黄色是死亡的象征，从不穿黄色的衣服。

广告人员在进行广告设计时，特别是在色彩和构图方面的风格确定上，应该把握不同文化背景下的消费者审美观念及其变化趋势，从而设计出受当地消费者欢迎的广告。

（六）风俗习惯分析

风俗习惯是特定社会文化区域内历代人们共同遵守的行为模式或规范，它是由历史形成的，对社会成员有一种非常强烈的行为制约作用。它在饮食、服饰、居住、婚丧、信仰、节日、人际关系等方面，都表现出独特的心理特征、伦理道德、行为方式和生活习惯。不同的国家、不同的民族有着不同的风俗习惯，对广告用语创作、广告表现形式都有一定的影响。

不同的国家、民族对图案、颜色、数字、动植物等都有不同的喜好和不同的使用习惯，中东地区严禁带六角形的包装；英国忌用大象、山羊做商品装潢图案；匈牙利人忌"3"单数；新加坡华人很多，所以对红、绿、蓝色都比较喜好，但视黑色为不吉利。

广告从业人员应了解和注意不同国家、民族的消费习惯和爱好，做到"入境随俗"。如果不重视各个国家、各个民族之间的文化和风俗习惯的差异，就可能造成难以挽回的损失。

六、科技环境分析

随着科学技术的不断繁荣发展，数字化的生活和数字化的广告正悄然在我们的生活中成长壮大。

首先，科技对广告的影响体现在对广告传播方式的影响。从古至今，广告传播的媒介经历了从早期的横幅、牌坊到如今的广播、电视、手机、电脑、平板的发展历程。网络时代，广告的传播方式更是愈加多元化、科技化。可见，广告传播方式、媒介科技含量在不断地提高，科技在不断地引领广告的传播，使其不断多元化、精彩化。

其次，科技也在很大程度上影响着广告业的作业方式。近些年来，诸如手机、摄像机、电脑、平板等形形色色的科技产品在社会市场上经久不衰。正是因为有了这些科技产品作为辅助工具，广告业的调查手段、经营手段、营销策略及其他各方面的发展都在日益完善，同时也提高了广告业的办事效率,更提高了广告决策的准确性及效率。

再者,科技产品的发展同样对广告的内容、广告的制作水平及广告产生的效果有着巨大的影响。电脑、智能手机、智能穿戴设备等已经融入了人们的生活,越来越多的人对网络的依赖性不断增强。电脑运用于广告业,使得广告的设计技术及理念得到了跨越式的发展。科技产品的运用使得广告设计更加新颖、梦幻,其知识性、趣味性是以往所不可比拟的。如今的广告不仅能揭示商品的内部结构,突出商品的优点,还能通过特殊的软件处理完成现实拍摄所不能达到的效果,大大增强了广告的现场感及体验性。

此外,科技同样通过影响广告的传播媒介、作业方式及广告内容进而影响广告传播的深度及广度。科技使得人们的生活水平不断提高,消费水平的提高带动着人们对网络等各种媒体需求的提升。随着科技产品更多的普及,广告也随之走进了千家万户。同时,广告设计的效果也让人们对广告有了更深的印象及了解。

案例3-7

苹果公司富媒体广告:快停止转换吧!

MAC在顶部,PC在侧边;
PC不断抱怨很多人、很多领域(家庭、商业)等用户放弃PC,而改用MAC;
于是PC推出一个《Stop switching to mac(停止转换到PC)》的公告牌,号召人们停止转换;
然后他试图使用魔咒(他比画手势),来增加效果。
苹果公司富媒体广告截图如图3-5所示。

图3-5 苹果公司富媒体广告截图

(图片来源:富媒体广告截图,http://iwebad.com/case/821.html)

案例解析:在互联网发展的初期,因为带宽的原因,网站的内容以文本和少量的低质量的GIF、JPG图片为主,我们通常所说的网络广告也主要是指Banner。随着技术的进步以及消费市场的成熟,出现了具备声音、图像、文字等多媒体组合的媒介形式,人们普遍把这些媒介形式的组合叫作富媒体(Rich Media),以此技术设计的广告叫作富媒体广告。TBWA为苹果公司创作的这逗笑二人组让人捧腹一笑的同时,也记住了MAC这个品牌。

第三节　消费者调查与分析

广告传播的主要目的就是有效地与消费者进行沟通，刺激消费者的购买动机，引导消费者采取购买行动。为了吸引和打动消费者，并以某种可行的方式将信息巧妙地传达给他们，企业在进行广告策划前，需要对消费者类型与角色、消费者购买行为模式、影响消费者购买行为的因素、消费者的购买决策过程进行细致的分析。

一、消费者类型与角色分析

（一）消费者类型分析

按照消费者购买态度与要求的不同，可以把消费者分为习惯型、理智型、经济型、冲动型、疑虑型、想象型和不定型七种类型。各类型消费者的购买行为特点如表3-2所示。

表3-2　不同类型的消费者

消费者类型	购买行为特点
习惯型消费者	出于习惯而购买，对所购商品熟悉、信任，购买迅速
理智型消费者	往往根据自己的经验和商品知识，积极搜集信息，经过周密思考后做出购买决定；主观性较强，受他人影响小，决策慎重理性
经济型消费者	对价格反应特别敏感，能发现别人不易发现的价格差异，既要求物美又要求价廉
冲动型消费者	易受商品的新奇特点或促销行为的刺激而冲动购买，以直观感受为主，个人兴趣和情绪是重要因素
疑虑型消费者	谨慎、多疑，购买缓慢，可能因犹豫而中断购买，购买后还会疑心上当受骗
想象型消费者	善于联想，对商品的外观、造型、颜色甚至命名都比较重视，以自己的想象力去衡量商品的意义，符合自己的理想则购买
不定型消费者	缺乏一定主见，没有固定偏好，如有态度好的服务员为其做产品介绍，则易产生购买行为

（二）消费者角色分析

不管是简单还是复杂的消费过程，消费者往往会扮演不同的购买角色。因而，广告的诉求策略针对消费者不同的购买角色也应当有所不同，否则广告的传播效果会大打折扣。

消费者角色一般有五种，即发起者、影响者、决策者、购买者和使用者。

1．发起者

发起者即消费行为的首先提出者，可能是本人有消费需要和愿望而提出，也可能是认为他人有消费的必要，或认为他人进行了某种消费之后可能产生所希望的消费效果，从而倡导别人进行消费。例如，在许多儿童产品的消费过程中，儿童就属于发起者角色。

2．影响者

影响者即以各种形式影响消费过程的一类人，包括家庭成员、邻居、同事、亲朋好友、购物场所的售货员、名人明星，甚至是素昧平生、萍水相逢的过路人等。影响者的影响力有大有小，因人而异，对于"追星族"来说，他们所钟爱的明星可能成为其购买产品的决定因素。使用广告代言人的目的，就是加强影响者的榜样作用，引起消费者的仿效或从众行为。

3．决策者

决策者即做出最终购买决定的人。广告中强调决策者的角色，有助于快速冲破购买阻力。例如，"我的地盘，我做主"(动感地带)、"听自己的，喝贝克"(贝克啤酒)，这样的宣传语直接命中消费角色中的决策者，通过强化消费者的决策意识，加速消费或购买过程。

4．购买者

购买者即直接购买产品的人。在大多数情况下，消费者为本人及家庭购买产品，因此，营销策略一般以产品的直接购买者为主要对象，并需要仔细研究购买者的心理活动及行为变化。POP广告的影响重点就在于产品的购买者。

5．使用者

使用者即最终使用、消费产品并得到产品使用价值的人。使用者是实现消费体验的最终角色，而消费体验(包括消费满意度)会对消费者本人的消费行为形成反馈，也会为其他人的消费行为树立榜样。广告常常以诉求消费的使用体验来刺激、吸引其他消费者来购买消费产品，例如，"味道好极了"(雀巢咖啡)就是如此。

案例3-8

旺旺碎冰冰广告主见篇

一到夏天，各少儿频道就播放一则旺旺碎冰冰的电视广告，如图3-6所示，其内容如下：

妈妈：宝宝，吃冰了。

男孩看了一眼，不是碎冰冰，把头一扭：我不要！

妈妈接着换其他的冰冰，但接连遭到男孩无情的"我不要！"。

最后一次妈妈拿出了旺旺碎冰冰，男孩疯狂的喊：我要，我要，我要！我就是要旺旺碎冰冰！这是我的选择。

妈妈：宝贝，你选择旺旺碎冰冰，我赞成。

男孩：嘿嘿，我是个有主见的人！

这则广告自出现就招来了众多非议和反感。一位妈妈在网上发帖称，三岁的女儿经常看了这个广告之后，每天都是像广告里的孩子一样，干什么都仰着脖子叫着喊着说"我不要，我不要"。许多家长都在谴责这则广告给孩子带来了不良示范效应，并称旺旺公司为无良公司。广告的最后一句，"我是个有主见的人"，也着实让人觉得可笑、可悲。

图3-6　旺旺碎冰冰电视广告截图

(资料来源：广告片视频截图，http://www.letv.com/ptv/vplay/20422429.html)

案例解析：在儿童食品的购买中，虽然孩子是消费者，有时也是发起者，或者是很重要的影响者，甚至是决策者，但实际的购买者却多数是家长，而且，家长对最终的购买决策有着不容忽视的、甚至是决定性的作用。旺旺碎冰冰的这则广告完全忽视了家长的感受，对孩子的观念和行为形成了错误的引导，违背了教育下一代的一般观念，与我国的社会文化相冲突，必然会严重损害该品牌和该公司在消费者心目中的形象。

二、消费者购买行为模式分析

消费者购买行为的形成是一个复杂的过程，是受一系列因素影响的连续行为。从其形成过程来看，购买行为是由于消费者首先受到了某种内部或外部的刺激而产生某种需要，由需要产生购买某种商品的动机，最终导致购买行为的发生，如图3-7所示。

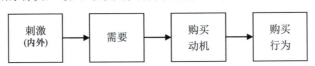

图3-7　购买行为形成过程

关于消费者的购买行为模式，如图3-8所示。市场营销学中普遍采用的是"刺激—反应"模式。刺激就是消费者在进行决策过程中，会受到多种外部因素的直接影响，包括环境因素和企业的营销活动；反应是指消费者经过刺激后，做出的关于产品、卖主、价格、数量、方式等的购买决策。

从接受刺激到做出反应，中间要经历一个内在的、看不见的、难以准确把握的心理过程，我们称之为"消费者黑箱"。这个"消费者黑箱"正是营销和广告人员要仔细分析的内容，因为只有它才能解释为何接受了同样的刺激，消费者却做出了不同的反应。

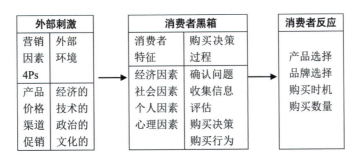

图3-8　消费者购买行为模式

三、影响消费者购买行为的因素分析

（一）社会因素

1．相关群体

对个人的态度和行为有直接或间接影响的所有群体即为相关群体。相关群体可以分为参与群体和非所属群体。

参与群体是某人所属的群体或与其有直接关系的群体，又可分为主要群体和次要群体。与个人直接、经常接触的群体，如家庭成员、亲朋、同事、邻居等，属于主要群体，一般为非正式群体；对其成员影响不是很经常，但又比较正式的群体，如宗教组织、职业协会、兴趣俱乐部等，属于次要群体。人们处于不同的社会团体之中，将受其制约而形成不同的消费观念和购买行为。

非所属群体是指个人虽不属于其成员但却对个人有影响的群体，又可以分为向往性群体和回避性群体。向往性群体是指个人希望成为其中的一员，如歌星、影星、体育明星、权威人士等。回避性群体是指个人不希望成为其中的一员，由于不认可、不接受甚至厌恶这些群体的观念和行为，个人往往在产品购买选择上也不希望与之一样。

相关群体能够在展示新的行为模式和生活方式上，对某些事物、某些产品的态度和看法等方面对消费者产生影响。相关群体还会形成对个人的压力，促使人们行为趋向一致化，在产品、品牌等的实际选择上发挥作用。因此，对消费者行为进行分析，要能准确地判断出目标消费者的相关群体，还要能够从中发现生活在社会各个阶层的、不同方面的观念指导者，有重点地与他们进行沟通和交流，以使相关群体能发挥更大的影响。

案例3-9

雪碧"透心凉、心飞扬"广告

一直以来，音乐是雪碧品牌与年轻人沟通的桥梁和纽带。2008年，周杰伦正式在雪碧"透心凉、心飞扬"广告中亮相；2009年，周杰伦携手张韶涵再度为雪碧拍摄最新广告片，如图3-9所示。

图3-9　雪碧广告《Spray》篇

《Spray篇》描绘了在酷暑难耐的夏天，雪碧让年轻人的激情与活力碰撞出了清凉的浪花，酷暑立刻变得"透心凉"。

(资料来源：饮品广告上演暑期黄金档．http://www.admangochina.com/2009/07/kfc-drinkad/)

案例解析：周杰伦是很多年轻人追崇的歌星，他的音乐受到众多"粉丝"喜爱的同时，他所代言的产品也成了这些"粉丝"们的首选。周杰伦即是其"粉丝"的向往性群体，他影响了"粉丝们"对产品的态度和看法，以年轻人作为目标群体的产品，用他代言都取得了不错的广告效果。

2．社会阶层

社会阶层是一个社会中按层次排列的、具有同质性和相对稳定性的社会群体。我国社会目前有"金领""白领""蓝领"的区分，在一定程度上反映的就是社会阶层。一般认为，所从事职业的威望、受教育水平、收入与财产状况，综合决定了一个人所处的社会阶层。显然，位于不同社会阶层的人，因收入水平、价值观取向、生活背景、受教育程度不同，其生活习惯、消费内容，对传播媒体、品牌、商店的选择和信息接收的方式都存在差别。

3．角色和地位

每一个人在社会中都有其角色和相应的地位，这也会对购买决策和行为产生影响。人们往往选择与自己的社会角色和地位相吻合的产品与服务。产品和品牌都可能成为地位的象征，如有人以得到一辆名牌轿车为骄傲，有人视披金戴银为富有。

(二) 心理因素

心理因素主要是指消费者的动机、知觉、学习以及信念和态度等心理状况对消费行为的影响。

1．动机

心理学上认为，每个人都因生理上或心理上的紧张状态而有许多需要，当需要升华到足够强度时就成为动机。动机能引导和驱使人们产生一定的行为来满足自己的需要。购买行为也不例外。

关于需要，用得最多的是马斯洛(Abraham Harold Maslow，1908—1970)的需要层次理论(Maslow Model)。马斯洛认为，人的需要是以层次的形式出现的，按其重要程度，由低级向高级发展，依次为生存需要、安全需要、社交需要、尊重需求和自我实现需要。低层次需要满足后，较高层次的需要才会出现并希望得到满足。广告则可以针对不同层次的需要进行诉求，从而激发消费热情。

案例3-10

马斯洛需要层次理论在微波炉广告宣传中的运用

人们对于微波炉的认识，最初是它的加热功能，能够快速地将食品加热，使人们能尽快安抚饥饿的肚子。显然，最初的微波炉宣传是从生存需要这个层次进行的。

如果从安全需要的层次看，微波炉要比明火安全得多。微波炉加热虽快速，但容易烫伤，因此，后来出现了人不易烫伤的光波微波炉。后来的微波炉广告多在宣传用它能做美味的佳肴，这就给众多不会做饭的"80后"们家宴亲朋带来了福音。这时的广告宣传就是从社交需要的层次切入的。

（资料来源：根据资料独立编辑）

案例解析：不同地区、不同时期的消费者有不同的需要层次。企业在进行广告宣传时，要针对不同目标消费者的需要层次来制定相应的宣传策略。同时，也要注意从不同需要层次来挖掘产品的宣传点。

2．注意

注意即意识的高度选择性，它限制进入人们头脑中信息的数量，以便人们能够有效地加工信息。引起人们对广告的注意，是任何一则广告成功的基础，若引不起注意，广告肯定要失败。注意分为有意注意和无意注意。

有意注意是指预先有一定的目的、需要意志努力、主动地对一定事物所产生的注意，其产生是主动的，主要是由人的内部因素所引起的。例如，一个要买洗衣机的人，看报纸时，会主动找洗衣机的广告；遇到电视节目中插播的洗衣机广告，也不会像通常那样马上换台或者闭目休息，这时洗衣机广告所引起的注意就是有意注意。

无意注意是指没有一定目的、无须意志努力、不由自主地对一定事物所产生的注意，其产生是被动的，是由外界刺激引起的。例如，人们在没有明确购买目的的情况下逛商店时，在左顾右盼中进入人们视线的东西所引起的注意，就是无意注意。

大多数商品对受众而言，一般只能引起无意注意。这就要求广告策划人员熟知能够引起无意注意的外界刺激特征，并在广告策划及活动中充分地运用它们。

引起无意注意发生的外界刺激的特征有以下三个。

(1) 刺激要有一定的强度。例如，上班高峰时间，我们在大街上骑车时，不会注意到马路对面有人按车铃，但如果汽车轮胎爆炸，就会引起我们的注意。

(2) 刺激要有一定的变化。例如，某些舞厅在天花板上安装的旋转激光灯，光线的方向和色彩不断变化，使我们能不断感觉到它的存在；而我们自家屋顶的灯，就不会被我们特别地注意到。

(3) 刺激要有新颖性。例如，一个阅报栏在某一天早上突然装上广告招贴画，就会引起每天从这里经过的行人的注意。

案例3-11

绝对吸引眼球的立邦漆户外广告

如图3-10所示，立邦漆的这则户外广告，用一些光屁股的婴儿作为其代言人，在婴儿的光屁股上涂上了色彩丰富的立邦漆，寓意是健康、可爱，且配合了立邦漆"处处放光彩"的宣传口号。

图3-10　立邦漆户外广告

(图片来源：http://www.cnuac.com.cn/rongyu/2009/5/09519150256950.html)
(资料来源：流菲嫣的石头斋. 立邦漆"屁股篇"——平面广告创意赏析. http://25363579.blog.163.com/blog/static/6840171320081280425987/)

案例解析：立邦漆的这则户外广告，使用在婴儿的光屁股上涂漆这种新颖的创意，不仅诠释了立邦漆环保健康的特点，更是利用丰富的色彩及可爱的光屁股婴儿构成了新颖的刺激，引起了经过广告牌的消费者的无意注意。

3．态度

消费者对某种商品态度的形成与消费者与该商品或服务的直接接触有关，同时还受别人的影响，受家庭教育及本人购买经历的影响。消费者的态度包含信念、情感、意向三个方面的内容。

信念是指人们认为确定的、真实的事物，来自知识、见解，或信任、崇拜，如品牌忠诚者对产品的信念。情感是指商品和服务在消费者情绪上的反映，受消费者心理特征和社会规范的影响，如新老顾客对同一企业的情感不同。意向是指态度的动作倾向，接受或者拒绝。广告策划时需要细致地分析目标受众或消费群体对产品的信念、对企业的情感等，用有效的广告策略促成消费者积极态度的形成，进而使其产生购买行为。

4．学习

学习是指购买者在购买和使用商品的实践中逐步获得和积累经验，并根据经验调整购买行为的过程。这一点提示广告策划人员，要去了解消费者的购买使用经历，从中发现消费者为何调整了自己的行为，从而使自己的广告更有针对性。

四、消费者购买决策过程分析

（一）消费者购买决策内容分析——5W2H

分析消费者购买决策的内容可从七个方面进行。

1．为何购买(Why)

消费者购买的目的和动机是什么，只有了解了消费者购买产品的目的，产品诉求才有针对性。

2．购买什么(What)

消费者的购买对象是什么，包括商品种类、商品名称、品牌、款式、规格、价格等。

3．谁来购买(Who)

购买决策的参与者、使用者，即本节前面所提到的消费者购买角色分析。

4．何处购买(Where)

消费者的购买地点在哪里，分析消费者对产品购买场所的要求，是制定销售渠道策略的立足点。

5．何时购买(When)

消费者的购买时间是什么时候，这与消费者需求的迫切性及市场行情变化等因素有关，当然也与消费者的作息时间以及商业、服务业的营业时间有关。

6．购买多少(How many)

消费者的购买数量是多少，取决于消费者的实际需要、支出能力以及市场的供应情况。

7．如何购买(How)

如何购买即消费者的购买方式及支付方式等。

(二) 消费者购买决策过程分析

消费者购买决策过程是由一系列相关联的活动构成的，它始于购买行为之前，一直延续到购买行为之后，包括五个基本环节，如图3-11所示。

图3-11　消费者购买决策过程

1．问题确认

问题确认即产生需要，在内外刺激下产生某种购买动机。消费者需要的产生，既可以是生理机制引发的，如饥饿、口渴等，也可以是外部条件刺激引发的，如面包店烤面包的香味、超市里某饮料的促销信息、电视广告中某品牌手机的形象广告等。当然，也可能是内外因同时作用的结果。

2．信息收集

信息收集是指消费者需要产生后，不能迅速得到满足，会积极主动地收集有关信息，为使需要得到更好的满足做准备。消费者信息的来源有许多种，如报纸、杂志、电视、口碑等。了解了这些，在做广告宣传时，对广告媒体的选择就有针对性了。例如，如果广告的目标受众是出租车司机，那么交通广播电台就是最佳的选择。

3．评价比较

评价比较就是消费者对收集的信息进行处理，并确定购买方案的过程。广告人员尤其要注意分析消费者的评价选择标准，让广告诉求切中消费者的选择标准，同时要注意创造新的产品属性，使其成为消费者的评价标准。如百事可乐公司曾经发明了一种新的产品属性——"新鲜"，后成为消费者选择碳酸饮料的一个新的选择标准，从而销售量显著增加。

4．购买决策

购买决策即消费者根据已掌握的商品信息，经过之前的评价比较后，做出买与不买、买哪种、买多少、何时买、在哪儿买、花多少钱来买的决策。

5．购后行为

对于购买来的商品，消费者使用后会产生不同的购后感受，如满意、基本满意或不满意等，这些感受会通过各种各样的行为表现出来，形成所谓的购后行为。满意的顾客会重复购买产品或向别人推荐该产品，不满意的消费者可能会通过放弃不用、退货、诉诸法律、四处抱怨等做法来发泄心中的不满。从消费者对某产品满意或不满意的原因中，经常会挖掘到广告宣传其他的诉求点。

第四节　广告产品调查与分析

产品是企业经营的最基本要素，也是广告策略制定的基础，产品分析可以帮助企业更容易地捕捉产品独特的销售卖点，准确地确定产品功能、市场机会、产品生命周期阶段，从而为广告策略的制定提供产品基础层面的决策依据。

一、对产品与产品整体概念的理解

（一）产品的概念

按照现代市场营销学对产品的理解，产品不仅仅是指一种物质实体，还包括无形的消费利益，如服务、观念和价值上的满足等顾客乐于接受的属性。例如，买一块劳力士的手表，除了能让消费者知道时间外，更重要的是能体现消费者的身份地位。购买海尔的空调，不仅能得到优质的产品，更能得到良好的服务。百事可乐被称为年轻人的可乐，所以消费者购买百事可乐来彰显其年轻、青春飞扬的个性。

产品是有形的物质属性与无形的消费利益的综合体，企业为消费者提供的不仅仅是产品本身，更是一种整体性的满足。只有从整体上去理解产品，才能找到消费者购买产品的利益所在，进而找到吸引消费者的广告诉求。

（二）产品整体概念的五个层次

如何更深入地去把握产品的整体概念呢？营销学体系奠基人菲利普·科特勒(Philip Kotler)首先提出了产品整体概念的三个层次，即核心产品、形式产品和附加产品(这个内容在本系列丛书《广告学概论》中有过详细介绍，在此不再赘述)。在此基础上，又对产品进行了更加细致的分析，提出了产品整体概念的五个层次，如图3-12所示。

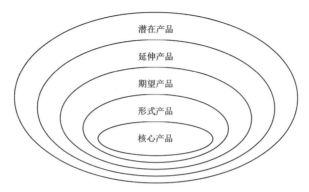

图3-12　产品整体概念的五个层次

1．核心产品

核心产品是产品整体概念中最核心、最基本的层次，是产品的灵魂，是消费者购买产品的真正目的之所在，即产品提供给消费者的基本效用或利益。消费者购买产品不是为了获得或占有产品本身，而是为了得到能满足其需要的某种利益。

例如，购买空调是为了让房间温度适宜，从而让人感觉舒适；购买化妆品是为了美，从而吸引别人的注意；购买30万元的手表，主要是为了炫耀，显示身份地位。广告策划人员必须关注和研究核心产品，从而保证广告策略的有效性及广告主题和广告诉求的正确性。

2．形式产品

形式产品是消费者可以通过自己的感觉器官感觉到的有形部分，包括形态、形状、质量、花色、价格、规格、品牌、包装、设计风格等。它使核心利益成为看得见、摸得着、叫得出、认得清的具体之物，也是核心利益得以实现的载体，是核心产品借以实现的形式。

如购买劳力士手表是为了炫耀、显示身份地位(核心利益)，因此它的价格就一定很高。广告策划人员应注意通过产品的差异性与多样化的策略表现，提高产品对特定人群需求的满足。

3．期望产品

期望产品是消费者购买产品时通常希望和默认的一整套属性和条件，换言之，就是消费者对产品最低限度的要求。如果产品不能达到这些要求，消费者会非常不满。一般来说，在这个层次上去挖掘产品卖点，很难使消费者形成品牌偏好。

但由于消费者的某些要求是很难感知的，这就给了企业发挥的余地，可以通过自己的广告宣传来加深感知。例如，1997年，乐百氏在行业内率先推出了"27层净化"的概念，成功地从众多饮用水品牌中脱颖而出。

4．延伸产品

延伸产品是顾客购买产品时得到的附加服务和利益，也叫附加产品、引申产品。一般来说，包括提供信贷、免费送货、维修、保证、安装、技术指导、售后服务等。这个层次与期望层相比，它是能让顾客获得意外惊喜的部分，是超出顾客期望的部分，也是容易使顾客形成品牌偏好的切入点。广告从业人员应正确认识附加产品在整个产品概念中的重要性，适当地在广告策略中表现，及时传递相应信息。

5．潜在产品

潜在产品是产品具有变化与改进潜质的部分，揭示了产品可能的发展前景。如果企业能时刻关注消费趋势的变化，挖掘到消费者的潜在需求，以此开发出适宜的产品，那么只需通过广告让消费者了解到产品满足其潜在需求的部分就能赢得消费者的青睐。

二、产品分析

（一）产品历史分析

产品历史分析包括产品的渊源、开发典故、生产历史、生产过程、生产设备、生产技术、新技术与新工艺的开发与应用、所使用的原材料等。目的在于掌握广告产品的工艺过程与质量情况。如动车专用的5100西藏冰川矿泉水，就是以其独特的水源而受到消费者青睐的。

（二）产品物理性质分析

产品物理性质包括产品的外形设计、规格、花色、款式、质感、包装、装潢、基本性能、基本用途、主要技术指标等。独特的外观、特色的味道都可能成为产品与众不同之处，从而成为广告的诉求点。

（三）产品属性利益分析

产品有哪些突出属性，能给予消费者哪些特殊利益，是确定广告宣传重点的主要依据。产品的属性利益如果从广告的角度来划分，可分为以下三种。

经济型产品——以满足消费者生理性需求和经济利益为重。

便利型产品——以能满足消费者方便使用为主。

情感型产品——以能满足消费者心理性需求为主。

广告宣传要依据不同类型利益的产品采用不同的诉求方法，即便是同一种产品，也要学会挖掘产品独特的利益。

案例3-12

感冒药的不同产品利益

感冒药是世界上最普遍、种类最多的药品之一，目前尚没有任何一种感冒药可以称之为特效药，各种产品的配方也大致相同。但是各个生产商却挖掘出了不同的产品利益。

杨森公司称自己的感冒药康泰克是"十二小时缓释胶囊"，意在宣传每12小时只需要服用一次，比较简单；"白加黑"产品推出黑色和白色两种片剂，声称"白天吃白片，晚上吃黑片"；丽珠感乐则自称是"不打瞌睡的感冒药"。

（资料来源：广告策略设定.ppt，http://www.docin.com/p-54646982.html.）

案例解析：案例中的感冒药就其产品利益类型来讲可以归为便利型产品，杨森公司的感冒药以"12小时只需服用一次"来体现其方便；丽珠感乐的感冒药则以"不打瞌睡"诉求其特点，解决了服用感冒药后犯困的不便；白加黑的感冒药为了解决服药后打瞌睡的不便，则以颜色来区分使用。可见，对于同一种产品，细细挖掘，总能找到其独特的产品利益。

(四) 产品附加信息分析

产品附加信息包括产品的商标、品牌、知名度、美誉度，价格、价位，目标市场，销售网络，适销时间，适销地区，促销手段，售后服务措施等信息。对这些信息的分析，可以保证广告策略符合广告主已经确立的市场地位和产品形象，符合目标消费者的消费特征，并可以从中挖掘新的广告诉求。

(五) 产品类别分析

产品的最基本分类是分为工业用品和消费品。一般来说，工业用品较少采用广告的促销方式。消费品又分为便利品、选购品、特殊品和非渴求品。认清产品类别，对广告设计制作、广告决策以及媒体选用都有重要的作用。

1. 便利品

便利品是指消费者经常或即刻购买、几乎不做比较的商品。便利品可以进一步分为日用品、冲动品和救急品三种。日用品是消费者经常购买的产品，比如牙膏、一般护肤品、洗衣粉等。冲动品是消费者没有经过计划或寻找而购买的产品，由于消费者一般不愿意专门为它们去做专门选购，所以这些产品应该到处都能见到。例如，口香糖、杂志、电池等，会被放置在结账处。救急品是消费者的需求十分紧迫时购买的产品。例如，下雨时购买的雨伞，降温时购买的厚衣物等。

2. 选购品

选购品是指消费者对产品的适用性、质量、价格和式样等基本方面要做有针对性的比较后才会决定购买的产品，如服装、家具、电器等。

选购品可以被划分为同质品和异质品。对于同质品来说，消费者认为它们的质量、特点均形同(相似)，所以就在价格方面进行比较，然后选购。消费者购买异质品时，通常需要在产品的特色方面进行比较和选购。服装就是典型的异质选购品。

3. 特殊品

特殊品是指具有独特特征或品牌标记的产品，对于这些产品，有相当多的消费者一般都愿意为这些特殊性而购买。例如摄影器材、高级音响、高级轿车、高档服装等。对于特殊品的购买，消费者不需要过多地进行商品或品牌之间的比较，因为消费者肯为了产品的某一项特殊性，而不惜排除所有其他的选择，不惜远道购买它。

4. 非渴求品

非渴求品是指消费者未曾听说过，或即使听说过，一般也不会主动去购买的产品。例如，人寿保险、墓地、百科全书等商品。非渴求品的特性决定了其推销员和广告必须做出大量的营销努力，才会使消费者可能产生购买的欲望。

(六) 产品生命周期分析

产品生命周期是指产品从进入市场到最后被淘汰退出市场的全过程，通常包括投入期、成长期、成熟期和衰退期这四个阶段。产品在市场上处于不同的生命周期阶段，消费需求特点不同，市场竞争情况也不同，其营销策略与广告策略重点也有所不同，如表3-3所示。

表3-3　产品生命周期的不同阶段营销策略及广告策略的重点

	市场特点	营销策略	广告策略
投入期	销量少且增长较慢；促销费用高；制造成本高；销售利润低或为负值；竞争者少	提供一个基本产品；建立选择性分销网络；在领先的采用者和经销商中建立产品的知名度；加强促销以吸引试用	开拓性广告宣传，诉求重点是介绍新产品特点，促使消费者形成初步需求
成长期	销量激增，利润迅速增长；生产规模扩大，成本降低；产品市场开始细分，渠道增加；新的竞争者不断加入	提高产品的扩展品，强调服务和担保；建立较为密集广泛的分销网；在大量市场中建立知名度	说服性广告宣传，重点宣传产品形象，树立品牌偏好，刺激选择性需求
成熟期	销量增长缓慢，逐步达到顶峰后缓慢下降；产品售价降低；竞争异常激烈，新产品或新的替代品出现	提供更加多样化和差别化的产品；建立更密集广泛的分销网；增强对品牌转换的鼓励	提醒性广告宣传，刺激重复购买，宣传企业信誉，培养忠诚度
衰退期	销量迅速下降；利润低甚至为零；大量竞争者退出市场	逐步淘汰疲软产品；淘汰无盈利的分销点；减少促销投入	广告资源集中于有价值市场，降低广告投入直至放弃

(七) 产品组合分析

(1) 产品组合是指一个企业在一定时期内生产经营的各种不同产品的有机构成方式，包括四个要素：宽度、长度、深度、关联性。

(2) 产品组合宽度是指企业的产品线总数，它代表企业经营范围的大小。产品线也叫产品大类，由一组密切相关的产品项目构成。如海尔公司有电视机、电脑、手机、洗衣机、空调、冰箱的产品线。

(3) 产品组合长度是指一个企业的产品项目总数。产品项目是指因规格、型号、品牌等不同而区别于其他产品的产品。如宝洁公司的洗发水产品线中，有飘柔、潘婷、海飞丝、沙宣等不同的产品项目。

(4) 产品组合深度是指每个产品项目中所包含的产品品种总数。如宝洁公司主打去屑功能的海飞丝牌洗发水中，又有植物净翠型、丝质柔滑型、水润滋养型、海洋活力型、轻柔呵护型、怡神冰凉型、深层洁净型等品种之分。

产品组合的关联性是指一个企业的各产品线在最终用途、生产条件、分销渠道等方面的相关联程度。较高的产品关联性能给企业带来规模效益和范围效益，提高企业在某一地区、行业的声誉。

广告策划人员关注产品组合有以下几个重要意义。

(1) 了解广告产品或品牌在企业中的位置和重要程度，从而为广告决策提供依据。

(2) 帮助确认产品在企业中的整体业绩表现，从而为广告费用分配提供决策支持。

(3) 帮助广告人员进一步了解企业产品家族成员直接的相互关联程度，据此为企业的整体产品广告在内容选择上提供一个诉求的角度。

三、对品牌的理解

产品更多的是通过品牌出现在市场上，与消费者进行沟通。品牌是产品的名称，是产品质量的标志。对产品进行分析，更重要的是要认识品牌，以便更好地运用品牌策略。

（一）品牌的含义

美国市场营销协会为品牌做出的定义是：品牌是一个名称、名词、符号或设计，或是它们的组合，其目的是识别某个销售者或某群销售者的产品或劳务，并使之同竞争对手的产品和劳务区别开来。

品牌包括名称，即可用语言称呼的部分；标志，即可被识别，但不能用言语称呼的部分，如符号、设计、特殊的颜色等；商标，指经过政府主管部门注册登记后获得使用某个品牌名称和标志的使用权，受法律保护。企业在经营过程中，实现产品的品牌化具有重要的意义。

对品牌的进一步理解，可以从属性、利益、价值、文化、个性、用户这六个方面来进行。

1．属性

对品牌的认识，人们首先可能想到的就是某种属性，如某个品牌的商品质量如何、性能如何、有哪些用途等。

2．利益

消费者购买的是商品的利益，而不是属性。因此，品牌的属性需要转化为功能性或情感性的利益。如制作精良的属性使消费者获得安全、可靠的利益，高档昂贵的属性可以使消费者得到自尊、气派的利益，使用寿命长的属性可以取得经久耐用的利益。因此要特别注意品牌可能带给消费者的特殊利益。

3．价值

品牌凝聚着生产者的价值，如声望、效率、用途等。"你购买××牌，就买到了健康"，这一广告诉求就抓住了品牌使购买者感兴趣的价值。

4．文化

品牌实际上也代表着一种文化，如可口可乐代表一种美国文化，奔驰牌汽车代表一种德国文化。

5. 个性

每一个品牌都代表着某种特性，反映出一定的个性。如动感地带"我的地盘我做主"的广告诉求就反映出年轻人张扬、不受约束的个性。

6. 用户

品牌也体现出购买或使用产品的消费者类型。如"娃哈哈"就反映了儿童这一消费群体。

从这六个方面把握品牌特性，有助于我们从深层次上制定产品策略和广告策略。经营者须重视品牌的准确定位。价值、文化和个性是品牌稳定的要素，构成品牌的实质，对如何进行定位意义重大。奔驰公司如果去推广生产廉价小汽车，广告如果强调可口可乐只是一种碳酸类饮料，那么就会忽视品牌的特性。

案例3-13

哈雷——文在消费者身上的品牌

哈雷是美国著名的摩托车品牌，美国有一句谚语：年轻时有辆哈雷·戴维森，年老时有辆凯迪拉克，则此生无憾了。可见，"哈雷·戴维森"的魅力是多么难以抗拒。哈雷标志，是当今世界上被其目标群文在身上的众多品牌之一，如图3-13所示。它的品牌忠诚度也是最高的。哈雷品牌的老鹰标志在消费者心目中的认知已经不是一个商标的意义，而是代表了某种生活方式、某种体验和特定的表现自我个性的工具。

单从技术层面来看，哈雷·戴维森摩托车的性能并不卓越超群，但哈雷的设计一贯采用高高的把手，宽宽的前叉，长长的前减震器，一百年永不变的圆形前照灯，V形发动机布局，单侧排气管，古老而朴实。一贯突出金属感、道劲线条、黑色喷漆与本色镀铬鲜明搭配，以及有意设计的震耳轰鸣，无不符合男人对力量和自由的追求。

图3-13 哈雷品牌的老鹰标志

这些设计营造了力量、激情、想象、自由、平等、竞争的"哈雷·戴维森"精神。它的品牌价值或它的品牌象征意义更大，代表了美国牛仔文化中的自由、豪爽、野性、雄性的神话。哈雷摩托车在1986年上市后至今，它的股票已经翻了150倍，这是哈雷摩托车图腾性品牌的奇迹。

(资料来源：亢晓昉. 品牌管理学.ppt. http://wenku.baidu.com/view/158eb0116c175f0e7cd13706.html(有删改).)

案例解析：品牌精神是品牌发展的最高境界，品牌精神实际上是扩展的、更加强大和稳固的品牌文化。对于消费者来说，这种品牌是一种必然的选择，是一种信仰，他们信赖它，并极不情愿去尝试该品牌精神所代表的同类产品中的其他产品。

"哈雷·戴维森"之所以历经百年而不衰,就在于它从制造第一辆摩托车开始,并不是一味地埋头于摩托车的设计制造,而是潜心致力于创造一种独具特色的"摩托文化"。哈雷品牌创造了一个将机器和人性融合为一体的精神象征,并深刻地影响了其目标消费群的生活方式、价值观,甚至衣着打扮。它从里到外改变着消费对象,并形成一个特定的社会群体,品牌从识别和指导消费的功能上提升到精神寄托和情感归宿的层面,这样的品牌才是深度品牌。

(二)广告策划与品牌

产品的象征将集中地表现为品牌形象。沃森·邓恩(Watson Dunn)称:品牌形象意味着人们从一个品牌所联系到一切情感的与美学的品质。品牌概念其实是一种组合的概念,这种概念被附加到消费者的认识中去,使消费者在遇到这一品牌时,会按照品牌形象的号召和暗示,指导自己的消费行动。

例如,在一定的历史时期,如中国的20世纪80年代,金利来品牌的领带、皮带就是一种新贵的象征。所以在研究品牌时,专家们发现,消费者购买的往往是品牌而不是产品本身。产品的品牌,是一笔巨大的财富,品牌形象影响的大小,常常与销售有密切关系。

品牌具有多方面的行销功能,它是广告传播的基础。在很大程度上,产品需要通过广告创立品牌形象和知名度。广告策划,说到底,就是策划品牌。广告诉求的主要内容是什么、怎样来表现这些内容、选择什么样的媒体、以何种方式推出广告、向什么人进行传播等,都是为推出品牌、树立品牌形象、扩大品牌的知名度服务的。而企业也要在创立品牌的过程中,借助广告等传播方式,加强与消费者的信息交流,加大品牌的影响,使品牌成为名牌,使企业经营越来越好。

从专业角度来看,品牌最根本的基础在于产品本身的质量。然而,在同等质量的情况下,品牌形象的创造、广告宣传手段、促销组合成为树立品牌的重要筹码,用以形成消费者的产品认识,诱导其消费。广告是品牌的一种外在表现,通过视觉、听觉等把品牌的内在表现诠释出来,是品牌传播的主要途径。如果企业的品牌无内在形态表现,那么就算广告再好,也无疑是"金玉其外,败絮其中"。

马丁·梅耶(Martin Mayer)的一本重要广告著作《麦迪逊大道》(Madison Avenue)中曾提出:广告能赋予产品"附加价值"。换句话说,一个生动而好记的广告,便能成为产品的利益点。借由赋予产品附加价值,出色的广告便能使食物更味美,车子行驶更平稳,啤酒也倍加香醇。

创造产品的品牌附加值,重要的是让消费者怎么看待企业的产品。也许以前消费者对某品牌没有印象,或印象不理想,那么,广告可以从外部给消费者以刺激、鲜明的印象,把原来品牌在消费者心目中的位置,推向更理想的状态。

哈雷品牌的广告宣传活动

头戴黑色头盔,身着黑色紧身皮夹克的"哈雷"摩托车队的彪汉们,个个穿着印花短袖

T恤，臂上多刺有一只飞鹰，牛仔裤，黑皮靴，长发如乱草，经常排起长长的蛇阵，风驰电掣般地穿行于美国各大城市和高速公路上，如图3-14所示。

在欧美国家，"哈雷"摩托车的车手，是当地年轻顾客和消费者心目中崇拜的偶像。这就是在长达百年的时间里，哈雷的车手们建立的一种生活方式，正是这种生活方式吸引着一批批的新人加入到哈雷的行列里来，同时也更加巩固了哈雷的品牌精神。

1969年上映的《逍遥骑士》是一部讲述美国20世纪60年代嬉皮士生活的电影，如图3-15所示。这部电影是好莱坞"公路片"的始祖，它不仅影响了维姆·文德斯等一大批电影导演，更引导了无数在迷惘中挣扎的年轻人的心灵。影片上映后，片中最著名的道具——哈雷摩托车更是声名鹊起，成功吸引了全世界前卫青年的目光。

图3-14　哈雷广告——打造独特生活方式

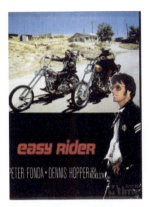

图3-15　电影《逍遥骑士》海报

(资料来源：亢晓昉．品牌管理学．ppt．http://wenku.baidu.com/view/158eb0116c175f0e7cd13706.html(有删改))

案例解析：企业品牌在消费者心目中形象的建立和品牌附加价值的体现都离不开适当的广告传播活动，品牌精神的体现需要合适的广告媒介及广告诉求内容来予以体现。哈雷正是通过黑色头盔、黑色紧身皮夹克、黑皮靴、臂上飞鹰文身等彪汉形象的塑造来给消费者传达其品牌所代表的精神，并将其独特的生活方式展示给了目标群体，引来了年轻人的加入。同时，哈雷摩托车通过在电影《逍遥骑士》中作为道具出现，吸引了众多前卫青年的目光，并将其品牌精神通过影视作品进行了更好的诠释。

第五节　竞争状况调查与分析

"知己知彼，百战不殆。"要想取得广告策划的成功，不仅要对宏观环境、消费者行为和广告产品进行分析，还要仔细地分析竞争状况，了解主要竞争对手的产品特征、市场定位、营销策略、促销方式及广告策略。只有在充分了解对手的前提下，才能制定出有效的广告竞争策略，从而在竞争对手的手中夺取更多的市场份额。

对于竞争状况的分析，可以从行业与竞争者两个层次进行分析。

一、行业分析

(一) 行业类型

同性质的卖者的集合构成行业。随着社会的进步，各种行业本身所处的发展阶段是不同的，而且还会产生新的行业。行业发展状况一般表现出三种类型。

1. 增长型行业

增长型行业，又称朝阳行业。这种行业依靠技术进步、新产品的投放、优质的服务以及消费需求的刺激，整个行业呈现向上增长的发展态势。例如，因消费需求刺激而发展的网络游戏行业、因技术进步而发展的"蓝光存储"行业等。因消费需求刺激而形成的行业，广告策略侧重于体验诉求，因技术进步而促成的增长型行业，广告策略偏重于理性诉求。

2. 周期性行业

周期性行业与经济发展周期、社会文化周期密切相关，当经济与社会文化处于高峰期，行业发展随之进入兴旺的周期；反之，行业发展走入低谷。例如，服装、首饰、美容、旅游等行业，受经济景气或社会潮流的影响很大。这类行业的广告投放策略相对复杂，从长远的角度看，品牌策略比产品策略更有利于抵御行业内周期性波动而带来的负面影响。

3. 防守型行业

防守型行业的需求相对稳定，总体供求关系不容易受经济景气状况的直接影响。例如，正常经济环境下的食品行业，虽然价格会有不同程度的波动，但是正常经济环境下的食品需求量相对稳定。这类行业的广告投放应当侧重于渠道策略，只能从竞争者市场争夺份额。

(二) 行业分析的内容

1. 宏观内容

行业分析的宏观内容，主要包括行业相关政策、行业运行基本状况、主要经济指标、产业走势分析、行业存在的主要问题、投资增长和发展趋势等。

2. 微观内容

行业分析的微观内容，主要包括市场需求、行业的区域结构、产品结构、市场需求结构与变动、行业内主要企业的竞争态势、营销策略和市场行为、竞争者进入或退出的因素等。

3. 行业背景

在行业背景分析方面，国家政府机关设立的信息统计部门或企业自行组织的行业协会，其数据分析的权威性和全面性是其他机构难以相比的，因此，广告策划人员进行行业分析时，可以较多地参考国家政府机关或行业协会的研究报告。

二、竞争者分析

竞争者一般是指与广告主产生竞争关系的组织、机构或个人。竞争者分析是综合性的、全面的分析，所涉及的信息包罗万象。对竞争者分析的主要内容与目的如表3-4所示。

表3-4 竞争者分析内容与目的

项　目	分析内容	分析目的
企业历史	企业发展历程、企业风格、历史上取得的成绩、历史上的重大事件等	这一分析有助于确定广告战略，以及各方面广告策略的决策
企业结构	资金、股东结构、分支机构、固定资产等	这一分析有助于了解竞争对手的竞争实力，为广告战略的确定提供依据
企业经营理念与战略意图	经营方针、经营宗旨、战略发展规划、战略定位等	这一分析有助于把握竞争对手的营销战略和广告策略，从而有针对性地选择自身的相对对策
企业核心竞争力	广告主与竞争对手各自所具有的其他企业暂时无法超越的竞争力和优势	这一信息分析经常用于广告定位决策
经营状况	总体业绩、年度或季度的盈利情况，企业的生产目标、销售目标、广告目标的执行情况，以及特定环境下经营战略的灵活性等	这一分析主要用于广告具体策略的确定与调整
市场规模与大小	整体销售额、市场区域、市场份额等	这一分析可以为确定广告规模提供依据
目标消费群	广告主与竞争对手的目标消费群、消费者的分布、消费者的背景资料	这一分析有助于确定广告主题及广告表现手法
营销渠道与策略	广告主与竞争对手各自的分销体系、营销渠道、分销商构成、分销商的合作关系及管理策略、营销技巧	这一分析有助于确定广告信息、广告投放渠道
广告理念与广告策略	广告主与竞争对手各自的高层管理人员对广告的态度、企业总体的广告策略、广告决策的机制等	这一分析有助于确定自身广告策略
广告投放效果	广告主与竞争对手各自过去的广告投放数量与执行情况，整体广告效果，各媒介、各地区、各产品系列的广告效果	这一分析主要用于广告效果评估，相关策略的调整等
广告经验教训	已经投放的广告对销售、利润、品牌建设以及相关方面的影响和成绩，广告曾经造成的不利影响以及广告失败的经验教训	这一分析主要用于自身广告效果评估，广告目标及规模的确定，相关策略的调整度
产品	广告主的广告产品与竞争对手的竞争产品之间的差异，包括在产品历史、产品物理性质、产品属性利益、产品附加信息、产品组合等方面的区别	这一分析对确定广告策略及诉求信息尤为重要

案例3-15

丰田对竞争对手的调查分析

丰田轿车制造公司在20世纪70年代第二次打进美国时，吸取了50年代其在美国市场出师不利的教训。他们首先开展周密的产品调研，摸清竞争对手的情况。当时联邦德国的大众轿车在美国小型汽车市场占有统治地位。

丰田公司就雇用美国的一个专门调研公司，同大众车的拥有者面谈，了解到消费者对大众车的暖气设备、后座空间和内部装饰不满意。于是，丰田就在其轿车的设计上取其长处、补其短处，设计出一种车型优于大众，而价格控制在低水平上的丰田车。丰田车的广告并不对两种车进行全面比较，而是突出宣传其优于大众车的特点，为产品树立起一个价廉物美的形象，结果很快被美国市场接受，成为取代大众、销量第一的小型汽车。

（资料来源：http://www.docin.com/p-68946514.html）

案例解析：通过与大众车的消费者面谈，丰田了解到其竞争对手的缺陷所在，取其长补其短，设计出优于大众轿车的产品，并且制定出了合适有效的广告策略。可见，对竞争对手产品的调查分析对于具体产品的广告决策非常重要。

三、竞争地位与广告战略及策略选择

（一）不同竞争地位下的企业分类

根据企业在市场上所处的竞争地位，可以把企业分为以下四种类型。

1. 市场领导者

市场领导者是市场占有率最高者，在产业创新、经销渠道的拥有、价格调整，以及广告促销活动等方面均居于行业、市场的领导地位，是同行模仿或挑战的焦点。市场领导者的竞争策略主要是扩大市场总需求、保护或扩大市场份额。

2. 市场挑战者

市场挑战者是市场占有率排名第二、第三、第四或第五名者，具有强劲的竞争潜力，可以打正规战。进可攻，退可守，运用自如，是市场领导者所忧虑的竞争对手。市场挑战者的竞争策略是向市场领导者发起进攻。

3. 市场追随者

市场追随者是在竞争中，无意愿或无能力对市场领导者采取进攻或反击策略的企业。它们追求与市场领导者的"和平共处"，采取"追随模仿"市场领导者的行为，尤其是在产品同质性高、顾客不易分辨产品差异时。

市场领导者主要以规模经济取得主宰地位，市场追随者如果盲目引发价格战，在价格敏感的市场中，容易引起市场领袖报复，或导致价格体系崩溃。所以，市场追随者一般采取模仿协调、偏安一方的策略。

4. 市场补遗者

市场补遗者一般是一些中小企业，它们为那些大公司不感兴趣的细分市场服务，虽然整体市场占有率不高，但这样能避开激烈的竞争，集中力量获得竞争优势，并能获得较高的利润率。市场补遗者的竞争策略是进行专业化的生产与经营。

（二）不同类型企业的广告战略及策略选择

1. 市场领导者的广告战略及策略选择

作为市场领导者，如果其目的是要扩大市场总需求，则其广告可能会针对现有的目标顾客进行理性的说服，使其更多地消费产品，或者吸引新的用户来消费产品，或者增加产品本身的用途或用法来使消费者更多地购买；如果其目的是要保护市场份额，则其广告会不断提醒消费者选择本公司产品的正确性，巩固产品在消费者心目中的良好形象；如果其目的是要扩大市场份额，则其广告会侧重于自己产品或企业优势的宣传，巩固自己行业第一的形象。

面对挑战者的进攻，市场领导者可能会采取低价的促销广告来击退竞争对手。一般来说，市场领导者在广告预算方面投入大、广告媒介选择多、广告播出频次高，而且十分注重广告形象。

2. 市场挑战者的广告战略及策略选择

作为市场挑战者，如果选择的是从正面进攻市场领导者，则其广告可能会宣传自己相对于竞争对手的优势；如果选择的是侧面进攻，则其广告可能会避开市场领导者的锋芒，从产品定位上与市场领导者相区分。例如，百事可乐定位为"年轻人的可乐"，七喜定位为"非可乐饮料"。一般来说，市场挑战者的广告要特别注意新颖性，个性要鲜明，诉求要准确贴合目标顾客的利益，从投放量和覆盖面上也要能够与市场领导者相抗衡。

3. 市场追随者的广告战略及策略选择

作为市场追随者，谋求的是"和平共处"的局面，而且特别不愿意引起市场领导者的注意，因此其广告从频次、覆盖面、内容等方面都不能太高调，要与市场领导者保持适当的距离，即便在广告中要强调自己的优势，也要选择市场领导者不关注的方面。

4. 市场补遗者的广告战略及策略选择

作为市场补遗者，其竞争策略就是专业化，因此，其广告策略重点就在于如何体现自己的专业化，挖掘好特殊群体的深层需求，使自己的产品真正符合这些群体的需要，并以新颖的创意将产品特色传递给特殊的目标顾客。

（1）广告调查与分析是对影响广告机会的营销环境、产品、消费者、竞争者等要素进行的调查、分析和研究，目的是把握广告机会，提出准确的广告战略与策略。

(2) 广告调查，就是围绕着某一广告活动，利用有关市场调查的方式和方法，对影响广告活动有关因素的状况及其发展进行相关信息的收集活动。

(3) 广告调查的主要内容包括营销环境调查、消费者调查、广告产品调查、竞争状况调查、广告媒介调查五个方面。

(4) 广告调查的常用方法有文献法、观察法、实验法、询问法。

(5) 营销环境调查与分析的内容主要包括政治法律环境、人口环境、经济环境、自然地理环境、社会文化环境。

(6) 为了吸引和打动消费者，并以某种可行的方式将信息巧妙地传达给他们，企业在进行广告策划前，需要对消费者类型与角色、消费者购买行为模式、影响消费者购买行为的因素、消费者的购买决策过程进行细致的分析。

(7) 按照消费者购买态度与要求的不同，可以把消费者分为习惯型、理智型、经济型、冲动型、疑虑型、想象型、不定型七种类型。

(8) 影响消费者购买行为的因素主要有社会因素、个人因素、心理因素三个方面。

(9) 消费者购买决策过程是由一系列相关联的活动构成的，包括问题确认、信息收集、评价比较、购买决策、购后行为五个基本环节。

(10) 产品整体概念包含五个层次，即核心层、形式层、期望层、延伸层、潜在层。

(11) 产品分析可从产品历史、产品物理性质、产品属性利益、产品附加信息、产品类别、产品生命周期、产品组合七个方面进行。

(12) 品牌的目的是识别某个销售者或某群销售者的产品或劳务，并使之同竞争对手的产品和劳务区别开来；对品牌的进一步理解，可从属性、利益、价值、文化、个性、用户这六个方面来进行。

(13) 竞争者分析就是要将收集到的竞争者信息与广告主的信息进行比较，从而找出广告主及竞争对手各自的优劣势，为广告决策提供依据。

(14) 按照企业在市场上所处的竞争地位，可以将企业分为市场领导者、市场挑战者、市场追随者、市场补遗者四种类型。处在不同竞争地位的企业，竞争策略不同，其广告战略及策略选择也不相同。

实训案例

广告环境分析与方便面广告定位和诉求点策划

某城市有一个A品牌的方便面，在上市之初，对行业状况、消费者购买习惯、竞争状况进行了细致的分析，通过分析最终找到了自己的广告定位和诉求点。

1. 方便面市场的现状

方便面已经成为该城市消费者经常食用的大众化食品；大包装、高档次包装材料、配料的方便面是产品发展的趋势；康师傅、统一、美厨等品牌在方便面市场的竞争日趋激烈。

(1) 康师傅：最早进入中国市场；代表性口味——红烧牛肉味；过去一年的食用率为

95%；提示前品牌知名度为55%，提示后品牌知名度为100%；产品有中华美食、料珍多、面霸120、珍品系列、家常味系列、康师傅系列、福满多；品牌形象：大众方便面的代名词。

(2) 美厨：代表性口味——黑胡椒牛肉味；过去一年的食用率为87%；提示前品牌知名度为20%，提示后品牌知名度为97%；产品有美厨特级、美厨；品牌形象：小康师傅(好吃、亲切、吃习惯)。

(3) 统一：统一100(大包装、铝真空镀敷包装)；过去一年的食用率为62%；提示前品牌知名度为62%，提示后品牌知名度为88%；面质好、商品有高级感；品牌形象：大包装、高档化、创造产品发展趋势。

2．当前消费者购买方便面的习惯

(1) 品牌转换率不高，相当部分的消费者已形成一定的品牌使用习惯，只食用一个品牌的消费者占23%，在2～3个熟悉的品牌间转换的消费者占67%。

(2) 更换品牌的原因主要在于：尝试新产品(58%)、试试新口味(63%)、促销优惠(38%)等因素，并不是对已有产品的不满。

(3) 方便面的形象：方便、好吃、吃习惯、大众化。

(4) 目前颇受欢迎的产品发展趋势：通过加大包装(面、配料)，提高产品档次(包装材料、配料)，将已有的品牌及品牌形象有效延伸，以满足目前的消费需求，例如，康师傅的面霸120、料真多、统一100、来一桶。

3．A品牌商品潜力分析

1) 商品特征

(1) 口味：有西洋风味，与以往方便面比较，香味、口味不同，有都市感，浓度恰好。

(2) 包装立型杯状，PP新材料，易揭开。包装的评价：时髦、新奇、欧美风格。

(3) 品牌名称评价：欢乐、好玩、愉快、幸运。

2) 消费者对商品的评价

(1) 喜欢包装的占83%。

(2) 看见包装后想吃的占89%。

(3) 看过包装评价后有购买意向的占82%。

(4) 吃过后有购买意向的占87%。

4．A品牌的目标消费者

1) 主要消费对象

第一消费对象：高中生、15～18岁的男女生；第二消费对象：白领阶层、女大学生。

2) 目标消费者的生活方式

(1) 休闲活动：网球、逛街、早冰、阅读、电子游戏、音乐。

(2) 喜欢的杂志：ELLE、时尚、读者、How、当代歌坛、风采。

(3) 喜欢的生日礼物：鲜花、衣服、装饰品、香水、点歌、CD片。

(4) 喜欢的食品：意大利面、比萨、KFC、海鲜、蔬菜。

(5) 尊重的人：周恩来、父母。

(6) 海外旅行地点：英国、澳大利亚、加拿大、意大利、美国、法国、香港、新加坡。

(7) 痛苦的事：考试；不愉快的事：朋友关系发生危机。

(8) 喜欢的海外品牌：ELLE，NIKE，Adidas，Coca-Cola，PEPSICO。

5．A品牌的产品定位

(1)是另类的方便面，如同MC，KFC，Coca-Cola一样，A品牌具有国际品牌的形象，并体现了一种海外文化。

(2)是体现新生代生活方式的品牌，有都市感、现代感、潮流感。

6．A品牌的广告诉求

通过A品牌新奇的商品特性，传递一种另类的方便面概念，进而体验一种崭新的生活方式。

(资料来源：郑宗成，陈进．市场研究实务[M]．广州：中山大学出版社，2002.)

案例点评：

上述案例可以说是广告环境分析的一个非常典型的案例，A品牌方便面正是由于在上市之初，对行业状况、消费者购买习惯、竞争状况进行了非常细致的分析，才最终找到了自己的广告定位和诉求点。

广告策划，说到底，就是策划品牌。建立品牌的目的就是要让自己的产品与竞争对手的产品区别开来，这有赖于品牌形象的建立，而要树立自己品牌的独特形象，并使消费者能够接受认可，就需要对竞争者品牌的形象和消费者到底为什么要消费这种产品以及怎样消费进行细致的分析。

只有这样，才能找到合适的品牌定位和广告诉求，从而树立自己品牌与众不同的形象。由此可见，对广告环境的调查分析是广告策划取得成功的关键，每个广告从业人员都要重视对广告环境的调查分析。

讨论题：

1．通过以上案例显示的分析结果，请你推测A品牌方便面的前期广告调查中可能用到了哪些方法？

2．请谈谈你对A品牌方便面最终的产品定位和广告诉求的看法。

一、选择题

1．企业请明星做自己产品的形象代言人，希望通过明星使用自己企业品牌的产品给广大消费者起到一定的示范作用，这是利用了(　　)对消费者购买行为的影响。

A．社会阶层　　B．相关群体　　C．文化　　D．心理因素

2．照相机的核心产品是(　　)。

A．胶卷　　B．镜头　　C．售后服务　　D．留下记忆

3．下列选项中属于个人可任意支配收入项下的开支的是(　　)。

A．蔬菜　　B．水电　　C．旅游　　D．交通

4．从消费者对某产品满意或不满意的原因中，经常会挖掘到广告宣传的诉求点，这说明消费者购买决策的(　　)阶段对广告策划人员的重要性。

A．问题确认　　B．评价比较　　C．信息收集　　D．购后评价

二、简答题

1. 广告宏观环境调查的内容主要包含哪些方面？举例说明这些因素如何影响广告策略的制定？
2. 影响消费者购买行为的心理因素有哪些？
3. 如何理解产品的整体概念？把握产品的整体概念对广告策划有何意义？
4. 简述处于不同竞争地位的企业类型及对应的广告战略及策略选择。

三、模拟现场

1. 牙膏也分男女了！2011年在央视和各地方卫视，纳爱斯掀起了一场"声势浩大"的广告运动。据纳爱斯市场策划中心负责人说："这是我们采取'跨性别品类延伸策略'，突破性地推出了纳爱斯男女系列牙膏。"……据媒体报道，纳爱斯男女牙膏首先选择社交媒体作为营销的前沿阵地，在一片讨论声中揭开悬念，例如：跟人人网的合作——"神马分男女？牙膏分男女！"活动。根据这则消息，试对纳爱斯男女牙膏的广告环境进行调查分析，并且对纳爱斯的广告定位及策略进行评价。

2. 近年来，天然矿泉水市场竞争非常激烈，有农夫山泉、百岁山、恒大冰泉、昆仑山、5100西藏冰川等诸多品牌，可谓群雄逐鹿。请搜集相关资料，对天然矿泉水市场的竞争状况进行分析，并评价各品牌的广告策略。

第四章

广告策略策划

学习要点及目标

- 了解广告目标市场策略的含义和策略类型。
- 了解影响广告目标市场策略选择的因素。
- 了解广告实体定位策略与观念定位策略的概念与相关方法。
- 了解广告产品在投入期、成长期、成熟期、衰退期不同阶段的广告策略。
- 了解广告市场策略中广告促销策略和名人广告策略的含义与相关方法。

核心概念

目标市场策略、定位策略、产品策略、促销策略、名人广告策略

引导案例

宝洁集团的广告策略

宝洁集团作为世界日化代表性企业，非常重视其全球性的广告传播策略。宝洁每种产品开发及上市都有系统的广告策略组合，在保证媒介传播效果的同时，也保证了营销效果。

宝洁集团是世界上品牌最多的公司之一，这源自宝洁的市场细分理念。宝洁旗下的洗发水有飘柔、潘婷、海飞丝等多个品牌，洗衣粉系列有汰渍、碧浪等，香皂市场有舒肤佳、玉兰油等。然而，宝洁并不担心各种品牌在同一货架上的相互竞争，因为宝洁的广告已经明确无误地告诉了消费者，该使用哪种品牌。

以洗发水为例，海飞丝的个性在于去头屑，"头屑去无踪，秀发更出众"，飘柔突出"飘逸柔顺"（见图4-1）；潘婷则强调"营养头发，更健康更亮泽"，三种品牌个性一目了然。消费者想去头屑自然选择海飞丝而不是飘柔，从而避开了二者的竞争。宝洁的差别市场广告策略，达到了争取更多市场份额的目的。

宝洁的电视广告惯用的策略是"专家法"和"比较法"。宝洁先指出你面临的一个问题，比如头痒和头屑多，接着便有一个权威的专家告诉你，头屑多这个问题可以解决，那就是使用海飞丝。用了海飞丝，头屑没了，秀发自然更出众，这就是"专家法"。

"比较法"是指宝洁将自己的产品与竞争者的产品相比，通过电视画面，消费者能够很清楚地看出宝洁产品的优越性。当然宝洁广告常常融合"专家法"和"比较法"，例如舒肤佳广告。舒肤佳先宣扬一种新的皮肤清洁观念，表示香皂既要去污，也要杀菌。它的电视广告，通过显微镜下的对比，表明使用舒肤佳比使用普通香皂，残留在皮肤上的细菌少得多，强调了它强有力的杀菌能力。它的说辞"唯一通过中华医学会认可"，再一次增强了其权威性。

图4-1　飘柔洗发水广告

宝洁的代言人通常使用符合宝洁产品个性、气质的平民化广告新人。这类广告让广大消费者耳目一新，给他们带来了平和、亲近的感受。此外，平民化广告也起到了很好的暗示作用，使消费者对号入座，不知不觉中成了宝洁产品的忠诚拥护者。如图4-1所示是飘柔洗发水的广告。飘柔洗发水广告的代言人，通常是公司白领的形象，而平常注重自身形象、愿意头发更柔顺的消费者也大多是受过教育的白领阶层，飘柔的广告自然深受他们的欢迎。

（资料来源：世界数据报告. 细数几大最佳品牌广告策略. 九一人才网，http://www.gz91.com/hrinfo/?info_id=246209）

案例解析：宝洁集团的广告策略有其他品牌不可比拟的精妙之处。首先，宝洁广告的定位与产品定位浑然一体；其次，宝洁广告极具说服力；再次，宝洁的形象代言人与众不同。宝洁几乎无懈可击的广告策略给宝洁带来了巨大的效益，已成为中国日用品市场上无人能敌的霸主。

第一节　广告目标市场策略

在市场细分化的基础上，企业根据自己的资源和目标，选择一个或者几个细分部分作为自己的目标市场，这样的营销活动，称为目标营销或者市场目标化。目标市场是企业决定要进入的市场，企业的一切活动都是围绕目标市场进行的。

如果一个广告主想让自己的产品遍布天下，把所有的人都变为自己产品的消费者，这是过于夸大和理想化的。事实上，只有正确地选择了目标市场，才能有针对性地根据消费者的心理需求，把商品信息通过不同的媒体传递给目标消费者。

一、广告目标市场策略的含义

广告目标市场策略是企业在细分市场的基础上，为进行广告营销活动而选择出一个或几个最有开发潜力的市场而采取的策略。在制定广告策略时，必须依据企业目标市场的特点，来确定广告对象、广告目标、媒介选择、诉求重点和诉求方式等。

二、广告目标市场策略的类型

企业选择的目标市场不同,所采取的广告宣传策略也不一样。广告目标市场策略的类型一般有无差别市场广告策略、差别市场广告策略和集中市场广告策略三种。

(一)无差别市场广告策略

无差别市场广告策略是企业在一定时间内,将一个大的目标市场作为自己的目标市场,只考虑市场需求的共性,而不考虑其差异性,运用各种媒介搭配组合,做同一主题的广告宣传,以尽可能多地吸引消费者。

闻名世界的肯德基连锁快餐机构,在全世界拥有众多分公司。在其企业发展的前期,都是通过同样的烹饪方法、同样的制作程序、同样的质量指标、同样的服务水平,采取无差别市场广告策略,因而获得了规模化的辉煌业绩。

可口可乐的"更改配方事件"

1886年,一名叫彭伯顿的药剂师发明了可口可乐的配方,并开始投入生产。一百多年以来,可口可乐奉行无差异化市场广告策略,保证其品质和口感始终如一,使之成为一个全球的超级品牌。可口可乐也因其始终是一种口味、一种配方、一种包装的产品而满足世界各个国家和地区的需要,被称作"世界性的清凉饮料"。

之后由于百事可乐等饮料的竞争,1985年4月,可口可乐公司宣布了要改变配方的决定,不料在美国市场掀起了轩然大波,许多客户致电公司,对改变可口可乐的配方表示不满和反对,可口可乐公司不得不继续大批量生产传统配方的可口可乐。

(资料来源:根据资料独立编辑)

案例解析:可口可乐采用无差别市场策略能够获得成功,源自其产品在内在质量和外在形态上都具有其独特风格,在消费者心中已经树立了独一无二的地位,得到了多数消费者的认可,从而能够保持相对的稳定性。

无差别市场广告策略的优点是有利于运用各种媒体宣传统一的广告内容,迅速提高产品的知名度。因为此时产品相对单一,容易保证质量,并且能大批量生产,降低生产和销售成本。无差别市场广告策略一般应用在产品供不应求、市场上没有竞争对手或者竞争不激烈的情况下,是一种经常采用的广告策略,但如果同类企业也采用这种策略时,必然会形成激烈的竞争。

(二)差别市场广告策略

差别市场广告策略是指在市场细分的基础上,企业根据不同的细分市场的特点,运用不同的媒体组合,做不同主题的广告。这种策略无论在满足消费者的需求上,还是在产品品质与外观特点的宣传上,或是在广告形式上都具有很强的针对性。比如,服装生产企业针对不同性别、不同收入水平的消费者推出不同品牌、不同价格的产品,并采用不同的广告主题来宣传这些产品,就是采用的差别市场广告策略。

案例4-2

"动感地带"的差别市场广告策略

"动感地带"是中国移动继"全球通""神州行"之后推出的第三个品牌,与前两个品牌对所有的消费者大包大揽不同,"动感地带"一推出就确定了自己的目标市场。它的目标市场是15～25岁年龄段的、崇尚新奇事物的年轻一代,通过提供时尚、好玩、探索的移动服务,拉近与消费者的距离,使自己成为消费者生活的一部分。

系列广告中周杰伦现身说法,展现出品牌新奇、时尚、好玩、探索的个性,吸引年轻的消费者融入"动感地带"的天地,开拓出属于自己的一片领地。

(资料来源:根据百度文库资料编辑.
http://wenku.baidu.com/view/660f1d00bed5b9f3f90f1c10.html)

案例解析:"动感地带"的差别市场广告策略特点在于:在低端市场竞争新用户,推出以客户为中心而非以产品为中心的新品牌,以更好地实现企业的战略目标。这一方面有利于贴近不同客户群体的需求重点,刺激客户消费,提升品牌忠诚度;另一方面有利于根据不同目标市场的差异化需求进行产品开发。

差别市场广告策略能够较好地满足不同消费者的需求,有利于企业提高产品的知名度,突出产品的优异性能,增强消费者对企业的信任感,从而达到提高销售的目的。

(三) 集中市场广告策略

集中市场广告策略是企业把广告宣传的力量集中在已细分的市场中一个或几个目标市场的策略。此时,企业的目标并不是在较大的市场中占有较小的份额,而是在较小的细分市场中占有较大的份额。

采用集中市场广告策略的企业一般对目标市场有较深的了解,这是大部分中小型企业经常采用的策略。采用集中性市场营销策略,能集中优势力量,有利于产品适销对路,降低成本,提高企业和产品的知名度。采用此策略也会有较大的经营风险,因为它的目标市场范围小,品种单一。如果目标市场的消费者需求和爱好发生变化,企业就可能因应变不及时而陷入困境。

案例4-3

"尿布大王"尼西奇

日本尼西奇公司起初是一个生产雨衣、尿布、游泳帽、卫生带等多种橡胶制品的小厂,由于订货不足,面临破产。总经理多川博在一个偶然的机会,从一份人口普查表中发现,日本每年约出生250万个婴儿，如果每个婴儿用两条尿布，一年则需要500万条。于是，他们决定放弃尿布以外的产品，实行尿布专业化生产。

一炮打响后，尼西奇又不断地研制新材料、开发新品种，不仅垄断了日本尿布市场，还远销世界70多个国家和地区，成为闻名于世的"尿布大王"。

(资料来源：企业管理资料库，http://www.operp.net/info/?p=mba&id=339(有删改))

案例解析：尼西奇公司在困境中选择了人们认为不起眼的"婴儿尿布"作为公司的发展方向而大获成功，其决策的基点便是"小商品也能做成大生意"。尼西奇的经验告诉我们，只要市场需要，再小的商品也有开发价值，而这些大企业不屑一顾的小商品，往往是商品竞争的"空白点"，特别是对于一些资金不足、技术力量薄弱的中小企业来说，如能针对市场需求，开发一些深受大众欢迎的小商品，就可能获得意想不到的成功。

三、影响广告目标市场策略选择的因素

上述三种广告目标市场策略类型各有利弊，企业在进行广告决策时要具体分析产品和市场状况以及企业本身的特点。影响企业广告目标市场策略选择的因素主要有以下四类。

（一）企业的资源特点

资源雄厚的企业，如拥有大规模的生产能力、广泛的分销渠道、程度很高的标准化产品、好的内在质量和品牌信誉等，可以考虑实行无差异市场营销策略；如果企业拥有雄厚的设计能力和优秀的管理素质，则可以考虑实行差异市场营销策略；而对实力较弱的中小企业来说，适于集中力量进行集中营销策略。

企业初次进入市场时，往往采用集中市场营销策略，在积累了一定的成功经验以后再采用差异市场营销策略或无差异市场营销策略，扩大市场份额。

（二）产品特点

产品的同质性表明了产品在性能、特点等方面的差异性的大小，是企业选择目标市场时必须考虑的因素之一。一般对于同质性高的产品如食盐等，宜实行无差异市场营销策略；对于同质性低或异质性产品，差异市场营销策略或集中市场营销策略是恰当的选择。

（三）市场特点

供与求是市场中的两大基本力量，它们的变化趋势往往是决定市场发展方向的根本原因。供不应求时，企业重在扩大供给，无暇考虑需求差异，所以采用无差异市场营销策略；供过于求时，企业为刺激需求、扩大市场份额殚精竭虑，多采用差异市场营销或集中市场营销策略。

从市场需求的角度来看，如果消费者对某产品的需求偏好、购买行为相似，则称之为同质市场，可采用无差异市场营销策略；反之，为异质市场，差异市场营销和集中市场营销策略更为合适。

（四）竞争者的策略

企业可与竞争对手选择不同的目标市场覆盖策略。例如，竞争者采用无差异市场营销策略时，你选用差异市场营销策略或集中市场营销策略更容易发挥出优势。

第四章 广告策略策划

企业的目标市场策略应慎重选择,一旦确定,应该具有一定的稳定性,不能朝令夕改,但灵活性也不容忽视,没有永恒正确的策略,一定要密切注意市场需求的变化和竞争动态。

第二节 广告定位策略

在广告运作中,广告定位策略的决策是一个关键环节,产品定位是否合理,直接关系到广告活动最终的效果,而广告定位的内容,则决定着广告的诉求重点。

一、广告定位策略的含义

广告定位策略,即根据顾客对于某种产品属性的重视程度,把本企业的产品予以明确的定位,规定它应于何时、何地,对哪一阶层的消费者出售,以利于与其他品牌的产品竞争。它的目的就是要在广告宣传中,树立独特的市场形象,以区别于竞争对手,从而满足目标消费者的某种需求和偏好。

例如,各种品牌的汽车都拿本产品对消费者有益之处的一两个特点作为自己的定位。丰田汽车强调"经济省油,质量可靠",大众自诩为"价值的体现",奔驰、凯迪拉克是富人、名流心目中的专车;而宝马、波士车则以性能卓越的跑车形象著称于世,菲亚特则渲染自己是"欧洲的工艺"且与日本车抗衡等。

欧莱雅公司的各品牌定位

欧莱雅公司一直将各个品牌定位于不同的目标受众,从而使得这些品牌之间不会互相竞争。为此,欧莱雅不仅从产品、价格和包装上对各种品牌进行区分,而且还利用渠道、促销和服务等来区分不同定位的品牌。例如,美宝莲、欧莱雅属于大众品牌,在一般的商店、连锁店和超市都能够买到。薇姿和理肤泉的定位是药妆系列,通过药店销售。兰蔻和赫莲娜等高档品牌在高档百货商场销售,在那里,欧莱雅不仅出售产品,还有美容顾问提供咨询服务。

欧莱雅(中国)提到过:我们的使命就是向不同层次的消费者提供相应的不同层次的产品。在欧莱雅内部,实行产品经理负责制,每一个品牌都有自己的营销策略。不同的品牌就相当于一个小公司,它们各自有一套广告、渠道、促销和定价的策略。

(资料来源:达思维品牌资料库.如何打造第一化妆品品牌市场.达维斯品牌设计网,http://www.dasvbrand.com/view1.asp?id=17)

案例解析:欧莱雅集团在中国的化妆品市场上,不放过任何一个定位,最大可能地攫取市场份额,使得集团的竞争策略能够顺利地进行,从而战胜其他对手。因此,没有恰到好处的品牌定位,就没有欧莱雅公司今天在中国大放异彩的成功。

二、广告定位策略的分类

广告的定位策略分为实体定位策略和观念定位策略两大类。

（一）实体定位策略

实体定位策略是指在广告宣传中，注重商品的新价值，强调广告商品与同类商品的不同之处和它能够给消费者带来的更大利益。在具体应用时又分为功效定位、品质定位、价格定位等几种。

1．功效定位

功效定位是在广告中突出广告商品的特别功效，使该商品在同类商品中有明显区别，以增强竞争力，它是以同类产品的定位为基准，选择有别于同类产品的优越性能为诉求重点。

从产品功效的角度入手来确定定位的方法一般包括：传达产品的功能和方法，告知产品的利益对消费者的好处，告知利益可以转化的结果等。如洗发水中飘柔的利益承诺是"柔顺"，海飞丝是"去头屑"，潘婷是"健康亮泽"。

案例4-5

"低糖高能"的伊利每益添

在其他活性乳酸菌饮料品牌大打"消化牌"之时，2015年3月，伊利每益添率先将低糖技术引入活性乳酸菌市场，伊利每益添的产品升级为低糖配方全新上市。新品降低糖分含量，让其糖含量明显低于同类竞品水平，是一款真正低糖活性乳酸菌饮料。在做到真正低糖的同时，300亿活性乳酸菌的数量依然不减，帮助肠道快消化。低糖成为新品伊利每益添的一大亮点。

（资料来源：微众圈.前方低糖"高能" 且看伊利每益添高调营销，http://www.v4.cc/News-258996.html）

案例解析：伊利每益添将"低糖""快消化"的传播诉求充分地与消费者进行沟通。成功地营造了"低糖更健康"的舆论环境，用其产品特点"低糖"引导人们关注健康，推广健康理念，其产品功效容易受消费者关注并对销售发挥积极的作用。

2．品质定位

品质定位，也叫质量定位。这个定位方式是通过强调产品的良好品质而对产品进行的定位。也就是通过消费者对商品品质的认识来启动他们的需求和购买欲望，并在其心目中确定商品的位置。在竞争激烈的市场中推销产品，产品质量的好坏最能够影响消费者的购买态度与行为。事实上，产品质量的好坏决定了企业在市场竞争中的成败。

品质定位在具体运用过程中应注意，不宜笼统地宣传质量高、品质好，而应对产品具有典型性的某些具体品质和优势加以描述。例如，康师傅"好吃看得见"这句广告词，重点定位在关于"料"的品质上。

3．价格定位

一个产品如果在品质、性能、功效和服务等方面与其他同类的产品很相似，没有什么特别的地方可以吸引消费者以激起他们的购买欲望时，价格定位的方法就值得考虑了。价格定位的主要策略是陈述产品价格的合理性、适应性以及和同类产品的可比性，并以此来激起消费者的购买欲望。价格定位一般有以下两种策略。

1) 价格高于同类产品

高价定位是以高位价格突出产品的档次，塑造高品质的产品形象，多运用于汽车、香水等奢侈品。高价定位的成功秘诀在于抢先在同类品中建立高价位的位置。当然，这个位置必须要有事实依据，而且是消费者能够接受的。

高价定位的产品不可能成为普遍适用的消费品，只能适合社会一部分收入高、追求高品位生活的消费者。

案例4-6

劳斯莱斯——超豪华的标志

劳斯莱斯汽车是富豪生活的象征，其最昂贵的车价近40万美元。据说该车的许多部件都是手工制作，精益求精，且出厂前要经过上万公里的无故障测试。拥有这种车的顾客都具有以下的特征：2/3的人拥有自己的公司，或者是公司的合伙人；几乎每个人都有几处房产；每个人都拥有一辆以上的高级轿车；50%的人有艺术收藏；40%的人拥有游艇；平均年龄在50岁以上。

(资料来源：产品定位策略——价格定位. 百度百科，http://baike.baidu.com/view/1366837.htm，2010-12-24)

案例解析：通过高价定位策略，劳斯莱斯体现了一种豪华的、社会地位显赫的生活方式。人们购买劳斯莱斯并不是在买车，而是在买一种超豪华的标签。

2) 价格低于同类产品

低价定位是以低位价格增加产品的竞争力，吸引更多的消费者，多适用于竞争激烈的产品和无品牌的日用品，如盐、糖、面粉等。作为理性的消费者，无论其富裕程度有多高，他们对商品的价格都是比较敏感的。如某电话机广告"旧机勿丢仍值50元"，空调广告"何止买得起，更能养得起"，录像机广告"用购买玩具的钱买一台高级录像机"等，类似广告的成功都在于价格的准确定位。

案例4-7

中国台湾雨伞低价开辟美国市场

中国台湾制造的雨伞在刚进入美国市场时备受冷落。台湾企业起初认为，美国是富裕国家，人们都很有钱，可能是因为自己的雨伞太低档了，美国的顾客看不起。于是，他们就下大力气在提高产品质量上下功夫，结果还是不尽如人意，美国人还是不喜欢。因为在美国人的心目中，亚洲，尤其是中国台湾这么小的地区，生产的东西，尤其是日用品，是很难与高质量、高档次扯在一起的。

明白这一点后，就有人建议，还是用低价，把这种伞的质量干脆定位在最低层次上，成为一次性产品。结果，一举奏效。现在中国台湾低档雨伞在美国已占据了主导地位。

(资料来源：产品定位策略——价格定位. 百度百科，http://baike.baidu.com/view/1366837.htm)

案例解析：作为日常用品，通过低价定位策略，可以起到事半功倍的作用，中国台湾雨伞成功占据美国市场就是一个很好的例子。不过仍须注意，低价定位要避免给人造成"便宜没好货"的印象，品质功效的铺垫也是很必要的。

(二) 观念定位策略

所谓观念定位，指突出商品的新意义，改变消费者的习惯心理，树立新的商品观念的广告策略。观念定位的具体运用主要有如下几种方法：逆向观念定位、是非观念定位和情感定位。

1. 逆向观念定位

逆向定位是针对现代人所特有的逆反心理而采用的广告宣传方式。逆反心理是公众在外界信息刺激下，有意识地摆脱习惯性思维的方式，而向相反的思维方式进行探索的一种心理取向。大多数企业广告的定位都是突出产品的优异之处的正向定位，而逆向定位反其道而行之，从而能够使广告获得成功。

案例4-8

宜家家居的逆向观念定位

长期以来，全球家具零售巨头宜家集团(IKEA)以营销创新和高速增长而频见诸报端。宜家取得成功的原因多种多样，其中较为重要的一点就是它的家具价格廉价、款式新潮。不过，宜家取得出色业绩的关键，还是它出色的逆向观念定位。

为了赢得竞争，大的家具零售店不断推出新的服务来吸引顾客，雇用了大量促销人员，帮助顾客测量家具尺寸，推荐备选家具；在顾客买了新家具后，大多数零售商会送货上门，甚至还负责把旧家具运走。另外，家具零销商们千方百计想让顾客接受这样一个观念——家具好坏的标准是是否结实与美观。

在这样一种行业背景下，宜家的成功出人意料。走进宜家，消费者会发现店内没有促销人员，顾客需要用宜家提供的一次性卷尺，自己动手测量家具尺寸；品种也不那么丰富，家具只有几种基本款式；并且不提供送货服务，顾客必须自己搬运笨重的家具，大部家具还要自己组装，而且别指望家具能够经久耐用，宜家大力宣扬家具应该经常更换。

通过实施逆向定位战略，宜家与中档家具店、低档仓储店和大型购物中心明显地区别开来，一跃成为美国第七大家具零售商，撼动了整个家具行业。

(资料来源：管理咨询. 战略管理. 产品再定位：开拓一个新市场. 广东培训网，http://www.gdpx.com.cn/news/200627610.shtm)

案例解析：宜家之所以能成功，在于它巧妙地实施了逆向观念定位：在坚持最基本的价值主张的同时，仅仅提供简化的产品和服务，并且家具的质量也不是那么严格，这与行业的传统竞争规则恰恰相反。事实上，通过这种逆向定位，实际上创造了一个全新的顾客细分市场，吸引了都市的年轻人士。

2．是非观念定位

所谓是非定位，是从观念上人为地把商品市场加以区分的定位策略。在广告中注入一种新的消费观念，并通过新旧观念的对比，让消费者接受新的消费观念。

是非观念定位是一种以守为攻、变被动为主动的定位方法，这样可以避开一二流企业的锋芒，另辟市场，从侧面与其展开竞争。

五谷道场"非油炸"方便面的广告定位策略

方便面普遍被认为是"垃圾食品"，具有油炸后营养损失大，蛋白、油脂比例失调，防腐剂过多和刺激胃等弊端。正是由于这种需求和供给的矛盾，为具备营养方便特性的食品提供了广阔的市场空间。北京五谷道场食品技术开发有限公司正是看准了这类市场空白，凭借自身强大的研发实力，开发了一系列"非油炸"的原粮方便健康食品，以弥补方便食品普遍营养缺失的不足。欲引领中国方便面行业进行一场"非油炸"革命。

五谷道场的"非油炸方便面"的定位正好适应了消费者追求新的产品、新的消费方式等消费价值观念的需要，其原因在于消费者需要概念，大家都渴望着更"神奇"的东西。而对于五谷道场食品有限公司来说，这种新概念——"非油炸"能很容易让消费者形成记忆，快速带动消费。

（资料来源：案例分析：从营销缺失分析五谷道场的衰落．百度文库，http://wenku.baidu.com/view/faf8328dcc22bcd126ff0c11.html）

案例解析：五谷道场大胆采用了是非定位策略，推翻一切，催生新品类，重新定义市场新规则。五谷道场在更新消费观念上大做文章，创造了一种全新的消费概念——非油炸方便面，人为地将方便面市场划分为油炸型和非油炸型。

3．情感定位

情感定位是运用产品直接或间接地冲击消费者的情感体验而进行定位。情感定位抓住的是消费者所看重的已不是产品的数量和质量，而是与自己关系的密切程度。或是为了得到某种情感上的渴求与满足，或是追求一种商品与理想、自我的吻合。

顺应消费者消费心理的变化，以恰当的情感定位唤起消费者心灵的共鸣，可以充实和加强产品的营销力量。百年润发电视广告堪称具有中国特色的经典之作。在京剧的音乐背景下，给观众讲述了一个青梅竹马、白头偕老的爱情故事。将时空的变换，浪漫的爱情，温馨的家庭生活加上一点淡淡的惆怅、淡淡的惊喜……融合在一起，而线索就是洗发这个主体产品，一系列完美的创意让人回味无穷，受众不但记住了品牌还对这个产品顿生好感。百年润发电视广告明确将一种情感形象的价值倾向作为其品牌定位的出发点，并以此获得了市场商机。

观念定位的方法不仅仅只有上面介绍的这几种。由于观念的流动性、可塑性，观念定位的方法也不拘一格，没有一个固定的模式，只要定位最终能够抓住消费者的心，有利于广告目的的实现，就是成功的定位。

广告定位策略的几个误区

企业在进行产品定位时，定位的高低应该恰如其分，并且定位概念应该尽量单一、明确。避免出现以下几个失误。

1. 定位过低

有一些企业为了迅速提高市场占有率、吸引更多的消费者，采取了过低的定位。这种定位虽然暂时可以收到一些实效，但是却限制了企业长久的发展和产品的改进。如果长期采用过低的定位，消费者就会认为企业只能生产非常一般化的产品，而企业如果推出更高级的产品，往往很难获得消费者的信任。

2. 定位过高

将自己的产品定位为高级产品是许多企业的愿望，但是有时会出现定位过高而企业的实际能力无法达到，或者过高的定位限制了市场占有率的提高，使定位较低的产品为消费者所忽视的现象。

3. 定位混乱

有些企业在进行产品定位时没有统一的概念，定位的内涵过多，传达给消费者的信息比较混乱，也难以使消费者对产品产生统一的印象。

第三节　广告产品策略

一种产品在市场上的销售情况和获利能力不是一成不变的，而是随着时间不断发生变化的，这种变化经历产品的诞生、成长、成熟和衰退的过程，就像生物的生命历程一样。产品生命周期就是产品从进入市场到退出市场所经历的过程，一般来说，一个典型的产品市场生命周期分为投入期、成长期、成熟期、衰退期四个阶段。

世界上的产品极其复杂，各种产品的生命周期各不相同。形成产品生命周期最本质的原因是科学技术的进步、世界范围内竞争的加剧以及受众需求的不断变化，从而推动产品不断创新。所以，企业应着眼于产品发展的规律和过程，根据产品的生命周期选择并且有计划地调整广告战略。

一、产品投入期的广告策略

（一）市场特点

产品投入期是新产品正式投放市场销售缓慢增长的时期，其特征表现为，新开发出来的产品性能质量不够稳定,需要逐步改进;消费者对新产品较陌生,缺乏全面的了解和信任,所以此阶段产品的市场需求量较小,销售额增长较缓慢;企业除了投入了大量产品的研发和生产费用外,还要投入巨额资金对这种全新的产品进行宣传,以培育产品的市场认知度及提升产品知名度。

此阶段产品的推广渠道和促销推广费用较昂贵,市场营销成本非常高,而企业获利很低以至没有利润甚至亏本。但是需要指出的是,新产品刚进入市场时,同类产品较少,市场竞争环境较宽松。产品投入期内由于风险大、花费多,持续时间应越短越好。

(二)广告策略

产品投入期的广告策略要注意以下两点。

1. 提高产品的知名度和认知度

在这一阶段,广告策略应采取全方位的密集传播,大力宣传产品的商标和品牌名称,不断扩大其知名度,促使消费者购买。发起强大的广告攻势,投入较高的广告费,运用各种媒介,配合宣传,加大刊播频率,以便使新产品迅速打开市场,使更多的潜在消费者指名购买本品牌产品,进一步扩大市场占有率。

2. 在广告传播的信息内容上求新求异

突出新旧产品的差异,向消费者介绍新产品的有关知识,使消费者对新产品有所认识,从而引起兴趣,产生信任感。可采取告知性广告策略,广告诉求偏重于理性,强调新产品带给消费者的具体利益。通过对产品性能、特点等介绍,培育出该产品的消费先驱,即前期购买者。

总之,在产品适合市场需求的前提下,准确的广告定位、正确的策略和良好的创意,再加上必需的广告费用,投入期广告在潜在消费者中建立产品的形象,能为市场的迅速拓宽打下牢固的基础。

案例4-10

哈药六厂在投入期的广告策略

目前,中国的保健品市场竞争可谓达到了白热化程度,名目繁多的保健药品充斥市场,大有中国的老百姓都缺钙、缺锌之势,这种推销"概念"的方式也确实产生了比较大的冲击波。巨人脑白金、巨能钙、盖中盖、葡萄糖三精口服液等各厂家为了扩大市场份额,击败自己的竞争对手,都使出了浑身解数。

作为哈药主打产品之一的"盖中盖"口服溶液为打响自己的品牌,在保健品市场中独占鳌头,在产品的投入期采用异乎寻常的广告宣传策略:2000年,哈药集团投入11亿元广告费,取得了80亿元的销售佳绩,获利达2000万元。而2001年,哈药集团又投入5个亿的公益广告费用,约占全年广告费用的一半。另外,请出濮存昕、巩俐等在观众心目中颇有好感的影视名人拍摄产品广告,并在电视频道的各时间段,主要是黄金段推出它们的名人广告片。

当时，这些广告策略确实使得其他厂家无法招架，中国的老百姓也很快便知道了"盖中盖"的品牌。

（资料来源：投入期广告. 百度文库, http://wenku.baidu.com/view/c3208b0f4a7302768e9939dc.html）

案例解析：哈药集团2000年的广告投放高达11亿元，这在当时的中国很难找到第二例，这个例子也说明了要打响一个品牌有高额的广告投放做后盾会更容易成功。哈药集团还利用消费者对大腕名人的崇拜及情感认同心理，提升产品的知名度，并巧用媒介时间，地毯式轮番轰炸，使得消费者无法回避，从而提高产品注目率，以最快的速度使产品达到高峰，打了一场漂亮的市场闪电战。

二、产品成长期的广告策略

（一）市场特点

产品成长期是产品销售快速增长和利润大量上升的时期，其特征表现为，产品逐渐或迅速被消费者了解并接受，早期购买者喜欢并乐于继续使用该产品，大多数消费者开始追随，产品销售量快速增长；为了进一步扩大市场，企业不断扩大生产规模，生产成本大幅下降，利润快速增长；由于大规模生产和利润吸引，新的竞争者进入市场，市场竞争开始激烈，产品价格降低。

（二）广告策略

产品成长期的广告策略要注意以下两点。

1．以品牌广告为主，并巩固产品概念

提高产品市场竞争能力，进一步扩大市场占有率，引导消费者认牌选购，提高指名购买率。采取说服性、竞争性广告策略，突出品牌，以品牌广告为主，并巩固产品概念。诉求重点放在本产品与竞争产品的差异上，特别是突出本产品的优异，刺激选择性需求，使更多的潜在消费者指名购买本品牌产品，进一步扩大市场占有率。

2．改变广告宣传的重点

广告内容从原先建立知名度出发转向说服消费者接受和采取购买行动上。因为竞争加剧，同时产品的定位也逐渐明确，信息不再仅仅满足于向消费者提供告知性的理性知识，而是加紧了品牌形象的塑造，以求在目标市场中建立长久牢固的地位。此阶段竞争性广告开始增多，形象上争取公众对本产品的正确、全面了解，提高产品美誉度，同时注重品牌，树立良好的品牌形象。

由于前期大规模的广告宣传使消费者已经熟悉该产品，所以广告费用有所降低。为了提升品牌地位及提高口碑效应，公关活动的投入稍有增加。由于品牌效应有所显现，消费者口碑发挥重要作用，新顾客在老顾客传递的口碑信息中不断加入购买者行列，产品需求保持增长趋势，各种促销手段的作用有所减弱，促销费用相对降低。

总之，这一阶段的广告创作以创建产品品牌，提高品牌知名度，开拓市场为目标，并采取以产品品牌形象与企业形象的广告宣传带动产品品牌发展为主的广告策略。

第四章 广告策略策划

诺基亚5110色彩随心换广告

"科技以人为本"是诺基亚的产品思想,诺基亚也是较早采用产品换彩壳技术的企业之一。诺基亚5110手机的"随心换"彩壳,共有7种颜色可供挑选,凭借时尚的外形,该款手机深受年轻人的喜爱。

诺基亚的成功源于在进行市场调研时,发现目标消费群注重实用和流行,追求时髦和个性,因此针对他们求新存异的心理,彩壳"随心换"活动全面展开,消费者可以根据自己的喜好选择银灰、果绿、蓝色、紫色等彩壳。在依据核心的广告口号下,诺基亚的宣传和做法强调个性,又紧扣主题。

(资料来源:根据资料独立编辑)

案例解析:由于市场的高速成长,产品概念已经不是单一的功能利益,为了给品牌赋予更多的内容,很多品牌产品都注重产品概念和品牌概念的结合。诺基亚5110手机广告的表现和诉求能让我们看出这一点。

"色彩随心换"说明这款手机更注重产品的时尚性,注重消费者的心理感受和消费者的时尚性。这些内容对品牌概念特征的丰富和塑造都是很有帮助的。该广告在产品的成长市场阶段表现还是很到位的。

三、产品成熟期的广告策略

(一)市场特点

产品成熟期是产品销售增长减慢,为对抗竞争、维持产品地位,营销费用日益增加,利润下降的时期。其特征是:产品在市场上已经被广泛了解接受,消费群体进一步扩大,产品销售量达到最高,市场占有率提高;市场进入相对饱和状态,潜在顾客已经很少,产品销售增长非常缓慢;市场上出现了更多的竞争对手,市场竞争更加激烈,产品销售价格相对以往来说略有降低,促销费用增加,利润下降。

(二)广告策略

产品成熟期的广告策略要注意以下两点。

1. 广告持续强化品牌核心形象

持续强化品牌核心形象,在进行广告宣传时要注意在强调追求品牌形象、个性的基础上,采取维持性、提醒性以及竞争性广告策略,增加消费者对产品的消费习惯和偏爱,广告宣传重点放在品牌和企业形象的宣传上,提高品牌和企业美誉度,培养品牌忠诚者,加深消费者对产品的好感和信心,刺激重复购买,建立品牌忠诚度,确保已有产品市场,并提高市场占有率。

2. 充实和发展品牌形象内涵

成熟期的广告策略要注意建立良好的企业形象,品牌广告保持长期性,注意维系企业、品牌和消费者之间的情感,为新产品开发、上市打下良好基础。广告宣传要注意凸显出企业各品牌之间的区别。

这一阶段还可利用各种社会公关、销售公关等推动产品品牌发展、提升企业形象,此阶段公关活动的形式及费用投入达到高潮。严格质量管理,以可靠优质的产品来赢得消费者的继续信赖。努力提高服务水平,完善服务网络。尽量延长产品成熟期的时间,避免产品提早进入衰退期。

总之,在产品的成熟期,消费者对产品功能、品牌价值已经完全认可,对产品的消费因素中的理性因素在减弱,感性因素在加强,消费者更加关注的是消费该产品所带来的感受。这个时候,企业广告或促销的目的是要加强消费者对产品的依赖和对品牌的忠诚度,这样既可以迅速扩大市场份额,又能树立品牌形象,为企业更多的产品上市打下坚实的基础。

案例4-12

百事可乐成熟期的广告策略

百事可乐是我们非常熟悉的一个饮料品牌,其目前正处于成熟期。因而我们几乎看不到百事可乐对产品功能诉求的广告,百事可乐的所有广告都是在诉求青春活力,与消费者充分进行情感沟通。

如图4-2所示,由贝克汉姆等超级球星一起代言拍摄的广告片,在欧洲冠军联赛曼联和皇马对决的第二回合比赛中首次播出,意在与广大年轻的球迷朋友进行情感沟通。百事可乐还邀集了港陆台三地巨星联合拍摄蓝色飓风广告片,进一步扩大宣传产品的品牌形象及活力动感的品牌个性。

同时,百事可乐还冠名中国甲A足球联赛,组织百事可乐三人街霸足球赛等,充分地体现了百事可乐在成熟期的诉求核心——将目标永远锁定在年轻一代,让他们对百事可乐产生依赖。让他们成为忠实消费者,随着年龄增长依旧保持消费习惯。

(资料来源:成熟期广告.百度百科,http://baike.baidu.com/view/4358570.htm)

图4-2　由贝克汉姆等超级球星一起代言拍摄百事广告片

案例解析：处于产品成熟期的百事广告，丝毫看不出推销的感觉，其广告是在用另外一种语言和受众交流，让你感受到百事个性的同时也感受到它的吸引力，各种系列的广告活动，都是百事在整合营销观念的指导下采取的大广告营销策略，以达到共同塑造百事——这个"年轻人的可乐"的形象。

四、产品衰退期的广告策略

（一）市场特点

产品衰退期是产品销售额下降趋势逐渐增强，利润不断下降最终趋于零，从而退出市场的时期。其特征为：产品在市场上已经非常饱和；产品处于老化状态，不能再满足消费者新的需要；随着科技不断发展和消费需求水平的提高，市场上出现了新产品或新的替代品，消费者的需求及兴趣迅速转移；产品销售由缓慢下降变为急剧下降，利润急剧下降，产品处于被淘汰退出市场的过程中；原有市场竞争者逐渐退出市场。

（二）广告策略

产品衰退期的广告策略要注意以下两点。

1．对产品的宣传重点转移到企业的形象和品牌上

成功的广告能够促进产品的销售，但仅靠广告"补药"支撑的销量是不能长久的。如哈药集团以其地毯式的广告轰炸，再赢得销量的持续增长情况就很令人担心。成功的广告应该达到两个目的：一是销量的增长，二是品牌形象的提升和品牌资产的积累，可口可乐、海尔等成功的品牌广告即是如此。

衰退期的广告更要注重品牌的提升，以备企业新产品的进入。部分企业将品牌误认为高知名度，认为品牌也是靠广告打出来的。两者有本质的区别：品牌是商标、名称、包装、价格、历史、声誉、符号、广告风格的无形资产的总和。相对于名牌而言，品牌是一个更综合、更深层次的概念。

2．采取积极或者收缩的广告策略

积极的广告策略并不是简单地对广告追加投入，而是先通过市场调研，再制定切合实际的策略，以维护企业形象。当企业的产品线延伸时，广告帮助消费者将原有的品质印象转移到新的产品上，广告建立的品质认知度将继续保持企业荣誉，维护老用户和吸引新用户，并为新产品投入市场打开一道难得的关口。菲利浦的广告说："让我们做得更好"，即着眼于强化消费者与品牌的关系，即使录像机、VCD产品衰退了，菲利浦的新产品依然会受到欢迎。

一些公司采取收缩策略，降低投资姿态，把广告预算集中到有利可图的顾客需求领域中。如果公司拥有高度的品牌忠诚度，可以选择收缩政策，把广告预算减到最低，销售仍可以维持一个较长时期。

总体来讲，衰退期的广告是一种战略上的调整，战术上的撤退，衰退时期的产品广告更多的还是提醒性广告，唤醒人们对品牌的怀旧意识；如果公司正致力于推出新一代产品，应

当利用它与老产品的关联，在广告信息上保持一种纵向的联系；如果公司转向的新产品与老产品的功用毫无关系或公司希望塑造全新的品牌个性，则应该彻底摒弃老产品广告的风格，以免顾客存有不利于新产品的偏见。

由此可见，产品在市场销售过程中的生命周期变化，决定着广告宣传战略的变化。但广告战略上的相应变化，不是消极被动的，在一定条件下，人们可以依据广告活动规律，改变产品周期的状况。在广告的这种反作用下，产品的宣传可以达到更好的效果。

案例4-13

商务通产品不同生命周期的广告策略

商务通被业界称为"商业神话"，它上市第一年销售额即突破7亿元，跃居行业第一。作为PDA(Personal Digital Assitant，意为个人数字助理，指个人手持式信息处理设备)产品的一种，商务通激活了这个沉寂了近10年的市场。

商务通广告策略的成功，首先在于它的行业通吃策略。在人们对PDA的概念还很模糊时，商务通率先打出了"手机、呼机、商务通，一个都不能少"这个概念王牌。这种"先入为主，行业通吃"的策略，对于其他品牌的PDA无异于致命一击，因为这种概念游戏引领着众多消费者对商务通进行了无条件的选择。

接着，商务通广告策略开始有条不紊地进行。1998年年底，商务通正式上市时，恒基伟业与中央戏剧学院学生陈好签约，这位年轻美丽、并不张扬的女孩于是成为商务通第一位形象代言人。陈好在随后的商务通电视广告中，对商务通进行了最基础的介绍，比如"商务通查电话，只点一下"，"这个电脑能手写"等。因为当时商务通处于投入期，广告的重点是传达信息，培育市场，这个阶段，商务通广告选择了不厌其烦、反复灌输的策略。

陈好广告篇收到的效果奇好，启动了PDA广阔的市场，不过这时众多的掌上电脑产品也开始搭上了商务通的"顺风车"。面对同类产品的竞争，商务通的广告策略在第二阶段做出了调整，诉求重点不再是产品功能，而是商务通独特的性能，此时恒基伟业签下了第二位形象代言人——李湘。李湘当时在《快乐大本营》口碑甚好，积累了不少人气，商务通借势用势，把产品的性能生动地进行了传播，并且广告语也撤换为"科技让你更轻松"，明白无误地告诉消费者，科技不仅人性化，还可以让你更方便。

商务通李湘篇广告相当不错，给当时沉闷的信息技术市场吹来了一股清新之风。然而此时的市场竞争也日趋激烈，竞争者开始模仿商务通的广告策略，所以此时恒基伟业有必要为商务通树立品牌形象，于是商务通的第三位形象大使濮存昕隆重登场了。濮存昕是国人公认的成功人士，他的形象符合商务通的要求。濮存昕广告克服了李湘广告快乐有余而商味不足的缺点，将目标市场锁定为"商务人士"。商务通的品牌形象就这样很自然地从"李湘的快乐使用时代"进入到"濮存昕的商务使用时代"，商务通的品牌形象得到了提升，真正达到了"手机、呼机、商务通，一个都不能少"的境界。

(资料来源：十大广告营销经典．第一营销网，http://www.cmmo.cn/article-40629-5.html)

案例解析：综观商务通的广告运作流程，它每一个阶段的广告策划都配合了产品在不同生命周期的不同特点，告知、说服、诱导各功能层次分明。从形象代言人来看，前后三位形象代言人均适应了商务通不同时期的品牌形象要求；从投放策略来看，第一阶段的长篇反复、耐心诉说吹熟了市场，而第二、第三阶段高成本、立体化的密集覆盖，打响了品牌，也树立了形象；从投入产出比来看，商务通高成本的广告投入，带来了巨额的销售业绩。

第四节　广告市场策略

当今市场的商品竞争已经十分激烈，企业为了开拓自己的市场，实现预定的市场目标，最重要的工作就是拟定和实施正确的广告策略，使广告活动能有计划有目的地展开，确保广告产生效力。广告市场策略在这里主要介绍广告促销策略和名人广告策略。

一、广告促销策略

广告促销策略是在一般营销策略的基础上，利用各种促销手段，在广告中突出消费者能在购买的商品之外得到其他利益，从而促进销售的广告方法和手段。它既要告知消费者购买商品所能得到的好处，又要给予消费者更多的附加利益，以激发消费者对商品的兴趣，在短时间内收到即效性广告的效果，从而推动商品销售。

广告促销策略的类型主要包括：馈赠型、直接型、示范型和集中型。

1. 馈赠型广告促销策略

馈赠型广告促销策略大致可分为赠券广告、赠品广告、免费试用广告等。

1) 赠券广告

赠券广告即利用报纸杂志向顾客赠送购物券。报刊登载商店赠券，赠券周围印有虚线，读者沿虚线将赠券剪下即可持券到商店购物。赠券一般优惠供应商品，赠券广告的作用可概括为三个方面：第一，薄利多销；第二，提高商店和品牌知名度；第三，赠券吸引顾客到商店来，从而带动其他商品的销售。

2) 赠品广告

赠品广告即将富有创新意识与促销商品相关的广告小礼品，选择时机在较大范围内，赠送给消费者，从而引起轰动效应，促进商品销售。如可口可乐公司制作了一种印有"Coca-Cola"字样的小型红色手摇广告扇，选择亚运会时机，赠送给观众，于是观众席上成了一片"Coca-Cola"的红色海洋，极大地促进了商品销售，且每把手摇扇的成本很低，只有0.2元人民币。

3) 免费试用广告

免费试用广告即将商品免费提供给消费者，一般让消费者在公众场合试用，以促进商品宣传。例如日本东京PI广告社，设计出一项新颖的试用广告，向车迷们免费出借全新名贵跑车。每辆跑车在不同部位按照所出广告费多少贴上企业的名称。车迷们在规定时间开着车子到事先指定地点亮相替企业做广告，产生了不同凡响的广告效应。

案例4-14

DHC免费试用广告策略

在化妆品搜索排行榜上DHC超越安利、欧莱雅、玫琳凯等国际知名品牌而稳坐冠军的宝座，其成功不是一天两天的努力，而是经过多个精心而又独特的广告策略的运用，依靠一步一步准确而踏实的脚步走出来的。对于一个不依靠庞大的广告宣传的化妆品，能够得到大家的认可，除了其可靠的质量外，还与其独特的广告策略有关。

DHC中国官方网站与很多小的网站合作，来免费获取其试用装，它的免费是真正的，用户不用花费其他费用，而非现在很多品牌也宣称免费，但都需要花费不少的邮寄费用。图4-3是DHC免费试用网络广告，注册或者发个短信即可马上获取试用装，所以大部分人都无法拒绝这样的活动。通过这样的活动让更多的人了解到了它，并加以口碑传播，使DHC迅速进入了人们的生活，也引来了大量的购买者。

图4-3　DHC免费试用网络广告

(资料来源：免费试用策略. 百度百科, 搜搜百科, http://baike.soso.com/v21514041.htm)

案例解析：DHC免费试用广告策略有利于提高其产品入市速度，能够有针对性地选择目标消费群体，吸引消费者购买，而且可以在消费者中形成传播效应，提高品牌知名度和品牌亲和力。一般来说，采取这种广告策略的产品的质量一定要好。只有高等的产品质量保证，才能在免费试用之后获得消费者的青睐。这对质量好的产品来说是一个很好的销售手段。

2．直接型广告促销策略

直接型广告促销策略大致可分为上门促销广告和邮递广告两种。

1) 上门促销广告

上门促销广告即促销人员不在大众媒体或商店做广告，而是把商品直接带到用户门口，当面向用户做产品宣传,并给用户一定的附加利益的一种促销方法。这种促销广告能及时回答顾客的问题,解除顾客的疑虑,直接推销产品。

2) 邮递促销广告

邮递促销广告即促销人员在促销期间将印有"某商品折价优惠"或"请君试用"等字样,并备有图案和价目表之类的印刷品广告,通过邮局直接寄到用户家中或工作单位的一种促销方法。为了减少邮递促销广告的盲目性,企业平时要做经常性的资料收集工作,掌握用户的姓名、地址和偏好,双方保持一定形式的联系,提高用户对企业的信任感。

案例4-15

宜家家居的直邮广告促销策略

对家居巨头宜家而言,向锁定的消费群散发目录手册,远比铺天盖地的广告廉价且有效得多。宜家的目录手册制作精美,融家居时尚、家居艺术为一体,可以说是宜家自我包装的巅峰之作。而对于无暇上街购物的忙碌人群来说也十分适合,他们不用往商店去挤,宜家可供选择的范围广泛,且能以最低的价格购物,因此受到很多新中产阶层的喜爱。

自1999年宜家试探性地印刷了一本32页的产品目录起,此种直接型广告促销策略方式就在其营销战略中占据了很重要的位置。为了与中国当地的竞争对手争夺以对价格敏感而闻名的中国消费者,宜家努力降低成本并不断扩展在中国的业务,于是宜家许多产品的全球最低价格都出现在了中国。图4-4所示的宜家的产品目录手册,可以理解为是一本降价促销手册。

(a)

(b)

图4-4 宜家的产品目录手册

(资料来源:中国营销传播网,http://www.emkt.com.cn/article/152/15218-2.html)

案例解析：宜家的邮递促销手册可以自主选择广告时间、区域，灵活性大，更加适应善变的市场，成为企业与消费者建立良好互动关系的桥梁。广告接受者也容易产生其他传统媒体无法比拟的优越感，使其更自主地关注产品。

3．示范型广告促销策略

示范型广告促销策略大致可分为名人示范广告和现场表演示范广告。

1) 名人示范广告

让社会名人替商品做广告。例如，上海蓓英时装店有一天挂出两条特大号牛仔裤，打出"欢迎试穿，合身者本店免费奉赠以作纪念"的广告词，消息传出，观者如潮。当天下午两位巨人光顾，试穿结果恰好合身，老板欣然奉赠。这两位巨人并非别人，乃是我国篮坛名将穆铁柱和郑海霞。这个精心设计的名人示范广告产生了轰动效应。

2) 现场表演示范广告

现场表演示范广告即选择特定的时间和地点，结合人们的生活习惯，突出商品的时尚功效，做公开场合示范表演。例如，日本索尼公司于1979年开发出带立体声耳机的超小型放音机的新产品，起名为"步行者"(Walkman)。当时日本盛行散步、穿旱冰鞋锻炼等室外健身活动。为了增强宣传效果，索尼公司利用这种流行的生活习惯，特地做现场表演。公司请来模特儿，每人发一台"步行者"。模特头戴耳机，脚蹬旱冰鞋，一边愉快地听着音乐，一边悠闲地在公园里往来穿行，模特儿的现场表演给公园里的游客留下了深刻的印象。此后"步行者"的销售量直线上升，起到了特殊的广告效应。

4．集中型广告促销策略

利用大型庆典活动、赞助公益事业、展销会、订货会、文娱活动等人群集中的场合进行广告宣传，就是集中型促销广告，其广告形式多种多样，复合性的传播方式综合了许多媒体的优点，具有鲜明、易懂、引人入胜的感染力，容易达到显著的销售效果或者品牌效应。

花园酒店母亲节活动

广州花园酒店曾在母亲节举办过一个以歌颂母爱为主题的活动，深受人们欢迎。他们第一次把西方的"母亲节"介绍到广州，并与广州市妇联共同举办"母亲节征文比赛和表扬模范母亲"活动。

这次从广州每个区选出5位母亲，给予表彰；向全市小学的高年级学生征集歌颂母爱的作文，从中选出30篇优秀作文，举办朗诵会；在朗诵会上，获奖者当众朗诵自己的作文，并回答新闻记者的提问；最后评出优胜者，颁发奖品和纪念品。花园酒店的这次活动收效显著，在很短时间里，花园酒店的名字在广州家喻户晓。由于当时"母亲节"活动是在广州及国内首次举办，以后出现类似活动人们就很容易把它与花园酒店联系在一起。

(资料来源：促销活动策划章．中国酒店招聘网，http://www.hoteljob.cn/a/20071205/5535242.shtml)

案例解析：花园酒店母亲节活动通过精心策划与设计，使其获得了很好的市场效益。这一活动使花园酒店在受众心中获得了好感，并为企业树立了鲜明的形象：即入住花园酒店，就像孩子进入母亲怀抱那样温暖和舒适，并且体现了花园酒店的社会责任感，它将酒店的发展同社会密切联系起来，为酒店赢得了良好的社会和文化形象。

二、名人广告策略

现代社会中，在产品有出色的质量和服务做保障的前提下，聘请名人进行广告宣传是产品走向市场的捷径，而且也只有名人的推波助澜，产品才能畅销于市场。只要对现代社会市场稍加观察，便可发现：世界级的著名产品，背后往往有一个世界级的名人。名人做宣传所特有的非凡感染力，是其他广告媒体所不可取代的。

（一）名人广告策略的含义

名人广告策略就是根据企业的市场定位、产品的公众定位、公众的名人崇拜情况等，聘请合适的体育名人、文艺名人、公众领袖等知名人士，通过广告来宣传企业形象的策略。因为名人对公众，尤其是对青少年公众具有巨大的感染力，所以利用名人进行广告宣传，在提高知名度、扩大影响范围、改变商品形象等方面具有重要的意义，而且往往能创造轰动效应。

（二）名人广告策略实施的要领

无数的广告实践证明，名人广告策略是一种较为直接、影响广泛、效果显著的广告创意策略。但由于名人广告策略执行中牵涉许多环节，如名人的甄选、名人的形象与产品和企业的关联等，任何一环处理不当或不到位，都有可能影响整个广告的效果。名人广告失败的案例也时有发生，所以，要从产品及企业的实际出发，科学、理智又富有创造性地利用名人广告策略。

1. 名人细分是名人甄选的前提

不同的类型的企业经营着不同特色的产品，在采用名人广告策略时，应选择与企业形象相适应的名人，而不是是名人就用。比如化妆品最大的消费群体是女性，广告主多选择受众欢迎程度高的女明星作形象代言，因为她们本身就是化妆品的消费者，同时她们的美貌与气质也是众多女性消费者梦寐以求的。

另外，广告受众对广告明星的偏好受区域、群体、文化的影响。因此，企业在实行名人广告策略前一定要看名人的影响范围是否和产品目标市场、目标消费群相吻合。

再者，由于不同年龄段的消费者在文化、生活习惯、心理上都存在着差异，因而他们对不同名人的接受程度和喜爱程度也不同。所以，企业对形象代言人应做充分的了解，例如代言人属于哪个年龄段及心理层次，从而进一步做好代言人细分，为选择与产品相适应的名人形象代言人，打下良好的基础。

2. 名人形象代言人的形象要与产品的定位相一致

名人的形象包括外在的形象类型和内在的气质魅力。他们的差别不只在知名度的不同，更在其扬名的领域的差别，以及在年龄、性别、外表、内在气质、性格、思想的综合形象差别。同样一个产品，由名影星、体育明星或科学界著名学者来做代言人，其效果肯定是不同的。反过来说，由于各种产品的特点、使用范围和消费群体也都各不相同，即使同一个名人，为不同类型的产品做代言人，其效果也大不相同。所以，采用名人形象代言人策略，要针对产品的定位，选择从外形到气质与产品最对位的名人，这样，两者才能相得益彰，事半而功倍。否则，后果将难以设想。

例如，李雪健为地奥银黄口含片做的广告，"没有声音，再好的戏也出不来"，李雪健的演员职业与商品的功效有了密切的关联性，不会令人感觉到生硬与牵强；周润发为100年润发洗发水做的广告，有效地把周润发的名字与商品名称联系起来。如果名人形象与产品个性不一致甚至相悖，就会弱化甚至损伤品牌形象，稀释已有的品牌个性。例如，长期扮演乡村角色、给人很重的乡土气息的明星，而代言某时尚产品，这种个性的冲突对该品牌形象将会产生较大的损坏。

 案例4-17

雅客V9形象代言人：周迅

福建雅客V9的形象代言人必须跟雅客V9有某些共通之处：健康、活力、明星特质。企业希望把雅客V9做成有一点运动感觉的产品。因为当时中国正在进入一个体育时代，企业希望从现在开始就把体育精神融到产品里面去，赋予它一种运动感、活力感。一轮搜索之后，雅客将目标锁定于周迅和徐静蕾。

又经过几轮测试，数据显示古怪精灵活力十足的周迅比邻家女孩徐静蕾更贴近雅客V9的感觉。最后雅客V9尊重大多数消费者的意见，形象代言人选择了周迅(见图4-5)。

图4-5 周迅代言雅克V9

如图4-5所示,由周迅演绎的雅客V9广告片创意非常单纯:新鲜而灿烂的阳光中,周迅奔跑在都市的大街小巷,吸引众多追随者,形成奔跑的奇观,而原因则由雅客V9引发。领跑的设计,领跑者周迅的明星特质,将雅客V9领跑维生素糖果市场的风范烘托得淋漓尽致。

周迅代言雅客V9的广告在中央电视台播出后,仅仅5天的时间,雅客V9的销售量急剧攀升,让人措手不及。经销商反映更加强烈,出现了雅客V9因供不应求、断货而被大型超市罚款的事件。

(资料来源:叶茂中营销策划机构.雅客V9:一匹黑马的传奇史.中国营销传播网,http://www.emkt.com.cn/article/152/15218-2.html)

案例解析:雅客的阶段性成功再次充分说明,小产品依然能够形成大市场,秘诀之一就是产品广告代言人周迅的形象与雅客V9的定位相一致,可以说,周迅做了这场胜仗的"助推器"。

3.产品与名人在广告中的地位主次分明

企业聘请形象代言人的目的是想借此让受众认知、接受自己的品牌或产品。形象代言人再有名也只是表现和沟通的手段,只能从属于品牌或产品,为品牌或产品宣传服务。这个关系如果处理不好,可能导致两者关系错位,忽略了品牌或产品的信息,反而使形象代言人更加出名,从而造成喧宾夺主的现象,削弱广告的传播效果。

在张卫健代言的今麦郎弹面中,广告用弹得亲嘴和被弹倒在地的点子,来演绎"弹得好,弹得妙,弹得味道呱呱叫"的点子,突出了明星的幽默表演,却没有把重心放在产品的独特点"弹性"和消费者味道之间关系的诉求上,广告虽然热闹好看,观众却不知所云,消费者自然会反应冷淡。

4.控制名人使用频率,掌握名人广告时机

名人通常都是曝光于社会媒体的公众人物,其广泛的知名度和公信度是一笔宝贵的广告资源。但选择名人为产品做广告,也要掌握好"度"和"时机"。

1)要控制名人的使用频率,避免与其他公司同一时期使用同一名人

调查表明,一个名人在一段时间里过多地为各种产品或品牌做代言人,不仅会使他所推荐的产品与品牌的信任度大打折扣,而且还会影响到消费者对形象代言人本身的喜爱度。品牌与品牌或产品与产品之间,在同一时期,要尽量避免使用同一形象代言人,以确保形象代言人与品牌或产品之间单一而纯粹的关系,尽可能地使某一品牌或产品与一相对固定的形象代言人在某一相对固定的时间段进行同步匹配,使消费者建立形象代言人与品牌或产品的相对固定联系,以增强受众的直接记忆力。

例如,曾任中国国家男子足球队主教练的米卢在世界杯期间分别为金六福酒、金正VCD及奥克斯空调做广告,而且这几个品牌有米卢出演的广告基本同时播出,造成了消费者的识记混乱,使广告的效果大打折扣。

2)巧选时机,最大限度地发挥名人广告效应

所谓巧选时机,在这里有两个意思,一是指当品牌或产品刚面市时就要选择形象代言人。这时候所选的代言人应选择正在走红或最受媒体关注的代言人。例如,体育明星在重大

比赛中取得好成绩，影星参演新片获得空前的社会反响，歌星新出唱片、新碟，引起社会广泛的关注，赞誉不断等。此时，选择此类代言人，很有希望利用社会对当红代言人的倍加关注，演绎品牌或产品的形象和个性，迅速提高其知名度并很快打开消费市场。

案例4-18

李娜代言伊利，打造最有温度品牌

从2011年开始，在伊利与世界冠军李娜合作的五年中，每个春节都会有无数人被李娜本色出演的伊利广告片所深深触动。李娜和丈夫姜山相视而笑时的温暖爱恋之情令人动容，尤其那句"你健康，我才能欺负你一辈子"将李娜温暖十足的居家小女人形象生动地展现在我们眼前，如图4-6所示。

伊利的品牌战略将其形象确定在了"接地气""更亲民"的层面上，更加注重与消费者进行温暖的沟通。在伊利眼中，李娜身上不只有运动员的拼搏精神，更有中国每一个平凡女性、妻子身上天然的闪光点，她不仅是赛场上飒爽的女汉子，更代表家庭中的互相扶持与温情相依的形象。诚然，运动精神固然震撼人心，但家庭与爱，确是细水长流，像牛奶一样的必需品，每每令人感动。而正是李娜与家人之间互相的支持，伴随李娜抵达赛场上的一座座巅峰。

回首伊利与李娜相携走过的5年，李娜夺冠、退役、产女，而伊利和李娜之间的关系，却日益升温，从未冰凉。他们再次用行动证明了一个品牌与一位代言人的坚守："执子之手，不离不弃。"

（资料来源：中国广告网，李娜与伊利五年坚守，打造最有温度品牌，http://news.cnad.com/html/Article/2015/0605/20150605144713550.shtml(有删改)）

图4-6　李娜代言伊利广告

案例解析：不同于当时其他品牌对于运动精神的塑造，伊利早早发掘到李娜这位世界冠军在赛场外感动中国的平凡瞬间，并持续几年，放大这种感动，开展一系列温情营销，塑造了今日伊利"最有温度品牌"的称号。

总之，名人广告策略是企业针对市场所采取的一种高风险性、高回报率的竞争策略。成功的形象代言人，可以对企业产生不同凡响的社会效应和经济效应，可以昭示企业的实力，可以增加消费者对品牌和产品的信任感和美誉度、忠诚度。但是，这种广告策略，同时也是一种高风险性投资策略。因为形象代言人由于政治、经济、文化、生活等各种复杂的原因，其知名度、美誉度经常处于变动之中。所以，在选择和使用名人形象代言人上，不仅需要广告创意人认真分析与选择，更需要广告主客观冷静的心态和实事求是的作风，同时也需要社会名人以良好的敬业精神来配合。

本章小结

(1) 广告目标市场策略是企业在细分市场的基础上,为进行广告营销活动而选择出一个或几个最具开发潜力的市场而采取的策略。广告目标市场策略的类型一般有无差别市场广告策略、差别市场广告策略和集中市场策略三种。

(2) 广告定位策略,即根据顾客对于某种产品属性的重视程度,把本企业的产品予以明确的定位,规定它应于何时、何地、对哪一阶层的消费者出售,以利于与其他品牌的产品竞争。

(3) 广告的定位策略分为实体定位策略和观念定位策略两大类。实体定位策略在具体应用时又分为功效定位、品质定位、价格定位等几种方法。观念定位的具体运用主要有如下几种方法:逆向观念定位、是非观念定位和情感定位。

(4) 产品生命周期就是产品从进入市场到退出市场所经历的过程,一般来说,一个典型的产品市场生命周期分为导入期、成长期、成熟期、衰退期等四个阶段。企业应着眼于产品发展的规律和过程,根据产品的生命周期选择、制定以及有计划地调整广告战略。

(5) 广告市场策略主要介绍了广告促销策略和广告名人策略。广告促销策略的类型主要包括:馈赠型、直接型、示范型和集中型。名人广告策略就是根据企业的市场定位、产品的公众定位、公众的名人崇拜情况等,聘请合适的体育名人、文艺名人、公众领袖等知名人士,通过广告来宣传企业形象的策略。要从产品及企业的实际出发,科学、理智又富有创造性地利用名人广告策略。

实训案例

箭牌口香糖的广告策略

100多年前,箭牌公司的创始人小威廉·莱格利在芝加哥开了家杂货店,主营肥皂和发酵粉,口香糖只不过是附带送给消费者的促销小礼品。没想到这在无意间成就了一个百年品牌。目前,箭牌口香糖全球销售额超过了30亿美元,全球建立了17家工厂,产品畅销140多个国家和地区。

1989年,箭牌公司登陆中国。当时人们对口香糖的了解一片空白。在这样的情况下,箭牌公司着重以概念为主,让顾客建立起对口香糖的认知,重在培育市场;在市场培育成功后,又着重以市场细分为主,推出系列箭牌产品。箭牌公司主推的4种箭牌产品巧妙地定位于不同的市场消费对象,并供应口味不同的消费者。

例如,绿箭是"清新之箭",以清新的口味,令人全身畅快,清新舒畅;红箭是"热情之箭",以独特的口味,使你热情似火,暗喻爱神丘比特的爱之箭;黄箭是"友谊之箭",可以使你与他人迅速缩短距离,打开双方的心扉;白箭则是"健康之箭",运动有益身心健康,每天嚼白箭口香糖,帮助脸部运动。

口香糖本来就不是生活的必需消费品,因而不大容易受经济形势、环境、季节变化的影响,更多的是消费者概念的深入与消费习惯的形成与培育,且一旦形成,也就很难改变。因而在广告上,箭牌公司的投入不遗余力,20多年来累计投入广告费达数十亿元。

20世纪90年代初期,箭牌公司销售一度徘徊不前,怎么办?是强调质量优势?贬低对手?还是降价促销?然而箭牌公司的对策却出人意料:把香烟作为自己的竞争对手,尽管两者看来风马牛不相及。

全球烟民数以亿万计,然而在很多场合却不能吸烟,箭牌口香糖便引导消费者在不能吸烟的场合用嚼口香糖来代替香烟。在禁止吸烟的场合,如公共区域、办公室、医院等,口香糖就可以像香烟一样满足某种类似的生理需要。因为吸香烟时有一套固定的动作套路:手伸向衣兜,掏出香烟,点燃,深吸一口。而嚼口香糖也有类似的动作模式,两者之间关系完全可以替代。这种突发奇想的替代广告策略一经推出,箭牌口香糖销量一路飙升,很快又回到辉煌的轨道上。

那么谁又能挑战箭牌呢?答案是箭牌自己。箭牌常把自己作为对手研究,并总是千方百计地"打败"自己。

"益达"口香糖和"劲浪"口香糖之争便是个例子。针对箭牌口香糖含糖多的特点,箭牌公司专门研制出了不含糖的"益达"口香糖;而针对绿箭薄荷清凉的特点,"劲浪"则以超凉的概念推向市场。两个不带"箭"字号的产品率先向"箭"牌口香糖处处发难,这本来应该是其他对手挑战箭牌口香糖的卖点,然而却被箭牌公司自己抓住,进行了一场壮观的"窝里斗"。

事实上,箭牌公司还生产了有洁齿功效的口香糖,还有在加拿大上市的缓解喉痛的口香糖,在欧洲市场上的疏通鼻腔的口香糖,几乎将口香糖的功能一网打尽。结果是其他对手只能袖手旁观,毫无插足之地。

(资料来源:品牌战略的重中之重——管理消费者的大脑.齐齐创业网,http://www.77cy.com/zhishi/pinpai/20101127/185596.html)

案例点评:

箭牌公司始终在明晰的品牌定位下,进行有效的广告策略策划和实施。从刚进入市场的以品牌概念为主,从而建立认知、培育市场,再到以产品为主,进行市场细分,从而推出系列箭牌产品,箭牌口香糖在其成长的每一阶段都有着不同的广告策略策划。

在产品成熟期,箭牌口香糖的"把香烟作为自己的竞争对手"、"用箭牌挑战箭牌"等出奇制胜的定位,使得小小的口香糖赢得了整个世界。

讨论题:

箭牌口香糖是如何进行广告策略策划而大获成功的?

一、单项选择题

1. 在市场细分的基础上,企业根据不同细分市场的特点,运用不同的媒体组合,做不同主题的广告,这种广告策略具体指的是( )。

A. 无差别市场广告策略　　　　　　　B. 差别市场广告策略
C. 集中市场广告策略　　　　　　　　D. 目标市场广告策略
2. 从观念上人为地把商品市场加以区分的定位策略为(　　)。
A. 逆向观念定位　　　　　　　　　　B. 互动观念定位
C. 情感定位　　　　　　　　　　　　D. 是非观念定位
3. 不属于产品成熟期的广告策略需要注意的要点为(　　)。
A. 广告持续强化品牌核心形象
B. 充实和发展品牌形象内涵
C. 利用各种社会公关、销售公关等推动产品品牌发展、提升企业形象
D. 采取积极或者收缩的广告策略
4. 馈赠型广告促销策略不包含(　　)。
A. 赠券广告　　B. 上门促销广告　　C. 赠品广告　　D. 免费试用广告

二、多项选择题

1. 广告目标市场策略的类型一般有(　　)。
A. 无差别市场广告策略　　　　　　　B. 差别市场广告策略
C. 集中市场广告策略　　　　　　　　D. 儿童市场广告策略
2. 影响企业广告目标市场策略的因素主要有(　　)。
A. 企业资源　　B. 产品特点　　C. 市场特点　　D. 竞争对手
3. 实体定位策略在具体应用时又分为(　　)。
A. 功效定位　　B. 品质定位　　C. 价格定位　　D. 情感定位
4. 一个典型的产品市场生命周期分为以下(　　)阶段。
A. 投入期　　B. 成长期　　C. 成熟期　　D. 衰退期
5. 广告促销策略的类型主要包括(　　)。
A. 馈赠型　　B. 直接型　　C. 示范型　　D. 集中型
6. 名人广告策略实施的要领包括(　　)。
A. 名人细分是名人甄选的前提
B. 名人形象代言人的形象要与产品的定位相一致
C. 产品与名人在广告中的地位主次分明
D. 控制名人使用频率，掌握名人广告时机

三、简答题

1. 简述广告策略策划的类型和方法。
2. 结合实际案例谈谈名人广告策略实施的要领。

四、模拟现场

美国RJR公司的帕米亚无烟香烟广告策略

1998年下半年，美国RJR公司的帕米亚无烟香烟在美国亚特兰大、圣路易斯、费尼克斯等城市试销，但是销售量并不理想，再购率很低。对于大多数人来说，帕米亚无烟香烟是个"新玩意儿"，它的一端有一个碳头和几个有趣的圆珠，香烟中的尼古丁来源于此，尼古丁被耐燃的铝薄纸包裹。这种烟很难点燃，一般要点三四次，原因是它不像一般香烟那样燃烧，并且不产生烟灰，吸过与没吸过在外表上无明显区别，价格比普通香烟高25%。

RJR公司为此烟的生产和促销投入3亿多美元，它没有采用以往"万宝路"香烟等比较成功的形象广告，而采用比较复杂的印刷广告(顾客买"帕米亚"时，会同时得到三页文字说明书)，还采取了买一送二的鼓励方式。公司营销人员认为：大多数吸烟者开始会对帕米亚不适应，但随着使用频率和使用时间的增加，最终会适应。

公司把"洁净者之烟"作为帕米亚的主题广告概念，宣传帕米亚是"一种全新的吸烟享受时代的开端"。但是，帕米亚的真正利益者非吸烟者个人，而是环境和他人。RJR公司对帕米亚香烟目标市场的定位极其广泛，包括：(1)25岁以上，受过良好教育的文雅的吸烟者；(2)试图戒烟和寻求替代品者；(3)吸烟成瘾者；(4)生活富裕者；(5)寻求低焦油含量者；(6)老年吸烟者。

来自《华尔街日报》的一个记者在亚特兰大机场对几十名吸烟者的一项调查表明：大多数人不喜欢帕米亚香烟，包括它的味道和太多的吸烟方式的改变。有人只吸了一两口就扔掉了。但一位广告公司的总裁说："我不喜欢帕米亚，但在家中为了摆脱太太喋喋不休的唠叨时，我会抽它。"一位长期在办公室工作的职员说："有时我感到疲劳，但办公室不准吸烟。此时，帕米亚可以帮助我解决问题。"一位正打算登机进行长途旅行的人说："一般情况下，我不会选择它。但长途旅行中为了打发时间，我可能会抽帕米亚。"

最后，调查的结果是：60%以上的人不喜欢帕米亚香烟，主要是对它的味道和吸烟行为方式的改变不适应；40%的人回答说，只有在那些不允许冒烟的地方，才把帕米亚作为选择。

(资料来源：徐盛华. 现代企业管理学[M]. 北京：清华大学出版社，2004.)

讨论题：

1. 从案例中看出，帕米亚无烟香烟是作为传统香烟的替代品上市的，具有环保和避免被动吸烟危害的显著优点，但却没有取得试销成功，试分析其原因。

2. 帕米亚香烟要想取得理想的营销效果，需要在广告策略上做何调整？

第五章

广告创意与表现策划

学习要点及目标

- 理解广告创意的概念，掌握广告创意的要求。
- 理解广告创意策划的基本理论，重点掌握USP理论、定位理论。
- 理解广告创意的过程以及广告创意、广告表现与广告策划的关系。
- 理解广告表现的概念，掌握理性诉求策略与感性诉求策略的内涵和常用的表现形式。

核心概念

广告创意、广告表现、USP理论、定位理论、理性诉求、感性诉求

引导案例

概念，用简洁而有力的创意来传达

随着21世纪的到来，我们突然发现自己"不再安全"：我们吃的鸡是打着激素长大的，我们喝的牛奶添加了工业原料，我们吃的油是地沟油，我们喝的水是自来水……人们对食品安全的担忧提升到了一个前所未有的高度。人们迫切需要健康、安全的产品形象出现。

在这样的背景下，"我们不生产水，我们只是大自然的搬运工"的农夫山泉广告应运而生。

如图5-1所示是农夫山泉影视广告的截图。

图5-1　农夫山泉影视广告

图5-1　农夫山泉影视广告(续)

极其简单的背景，一杯水，水的倒入与更换。

"身体中的水，每18天更换一次"

"水的质量决定生命的质量"

把真实的千岛湖风景印入农夫山泉瓶贴的画面中。

"我们不生产水，我们只是大自然的搬运工"

这一概念，出乎消费者的常规思维，简洁有力且富有内涵。

(资料来源：杭州博采广告．"农夫山泉《大自然搬运工程》"创意，http://www.adcase.org/html/case/chuangyilei/2009/1228/3296.html)

案例解析：本则广告与之前农夫山泉一直在传播的"水源地建厂，水源地灌装"的广告主题完美结合，并进行了新的阐释——农夫山泉是健康的天然水，不是生产加工出来的，不是后续添加人工矿物质生产出来的。

农夫山泉以与众不同的广告定位，把握了现代工业社会里人们向往自然的需求，以"天然、健康"为核心诉求，向消费大众宣传"真正"的"优质"水源，给人留下了自然、绿色的印象。广告诉求类型单一，视觉表现自然清新，尤其"我们是大自然的搬运工"的广告语，以感性的文笔突出农夫山泉天然的产品属性，出乎消费者的常规思维，但却能简洁而有力地俘获消费者的心。让消费者感知农夫山泉是大自然的搬运工，农夫山泉是把自然精华带到你身边的值得信赖的品牌。

第一节　广告创意策划

创意是广告的灵魂，广告创意是广告活动中最引人注目的环节，是"将广告赋予精神和生命"的环节。现代广告活动的核心在于创意，其魅力也在于创意。创意不仅决定了广告活动的品位及由此形成的市场吸引力,而且影响着企业形象的塑造。现代传播学和市场营销理论的发展,为广告创作注入了科学的内涵和新的活力,从而极大地发展了现代广告的创意策略。

一、广告创意的概念

广告创意是使广告传播达成广告目标的富有创造性的主意、意念,或新奇的点子。广告创意实质上是根据产品市场、目标消费者、竞争对手等情况,寻找一个说服目标消费者的理由。

大卫·奥格威指出:"要吸引消费者的注意力,同时让他们来买你的产品,非要有很好的特点不可,除非你的广告有很好的点子,不然它就像很快被黑夜吞噬的船只。"奥格威所说的"点子",就是我们所说的广告创意。

二、广告创意与广告策划

了解广告创意与广告策划的关系,对正确理解创意、摆正两者的位置,从而正确地科学地开展广告活动具有重要意义。

(一) 广告创意是广告策划活动的重要环节

现代广告活动是一个动态的相对复杂的运作过程。科学有效的广告策划活动以帮助广告主传播信息、实现销售为目标,其规划和实施过程主要包括:广告调查、广告策划、广告创意、广告表现、媒体发布及效果测定等多个环节。而广告创意是广告活动中的重要环节,广告活动的成功开展离不开优秀的创意。

(二) 广告策划为广告创意明确方向

科学的广告活动必须在保证正确策略的前提下发展有效的广告创意。广告活动的基础是广告策划,广告策划为广告创意明确了方向。

广告创意不是天马行空的任意想象,有效的广告创意必须在既定的策略框架和创意方向上进行,时刻受到广告目标、广告主题等策略的限制,在有限的空间施展创造力。任何背离广告策划的创意构思都毫无意义,无法真正实现创意的商业价值。

(三) 广告目标的实现有赖于广告策划与广告创意的完美配合

广告策划偏重于科学的理性思考,广告创意偏重于艺术的感人魅力。真正伟大的广告创意都蕴含着正确的策略,真正符合广告运动规律的策略同样包含着好的创意,或可合理推演出好的创意。

广告目标的实现,广告活动的成功有赖于广告策划与广告创意的完美配合。一旦策划出现失误,广告活动注定以失败告终,无论多么优秀的创意都无法挽救。同样,即便策划正确合理,但却遭遇平庸无华的创意,广告活动所耗费的时间和金钱也只能石沉大海。

三、广告创意的要求

美国最权威的广告杂志《广告时代》总结了许多广告专家的观点,对广告创意做出的结论是:"广告创意是一项控制工作,广告创意是为别人陪嫁,而非自己出嫁。优秀的广告人深谙此道,他们在熟悉商品、市场销售计划等多种信息的基础上,发展并赢得广告活动,这就是广告创意的真正内涵。"

对于广告创意的要求,我国广告学专家做了如下四点总结。

(一)意在简明

广告创意必须简单明了、纯真质朴、切中主题,才能使人过目不忘,印象深刻。最好的创意往往是最简单的创意。因为在信息爆炸的当代社会,受众被淹没在信息的海洋中,只有简单明快的广告才能够吸引他们。因此在广告创意时,主题要突出,信息要凝练,诉求重点要集中,无关紧要的枝蔓一定要斩钉截铁地剔除。

乐百氏纯净水的广告创意

"乐百氏"(ROBUST),是广东今日(集团)有限公司生产的饮料产品的品牌,是"ROBUST"的音译名。

乐百氏纯净水在其广告创意中提出其产品经过了27层严格标准的过滤和净化;矿物质水,保存人体所需要的有益矿物质;矿泉水,拥有地下清流的多种矿物质元素。灵感源自天然,但健康还得从一点一滴做起。

"灵感源自天然,点滴为您重现。"坚持健康第一的"乐百氏"从一点一滴做起,每一滴水,每一道加工工序,甚至每一个瓶子,都体现出来自天然的积累。唯其如此,才能让消费者在喝着健康的水时真正领悟到:"水,源来如此,乐百氏!"

(资料来源:根据资料独立编辑)

案例解析:当"乐百氏"响亮地提出"27层过滤"时,为什么那么多的人为之一震呢?大工业的发展造成对环境的破坏,使水质变差,成为威胁人类生存的重要因素。"乐百氏"纯净水的每一层过滤,都会除去水中无益健康的物质,剩下有益的物质,还原水的"纯真面目",这漫长的一点一滴的积累,体现着"乐百氏"对消费者的承诺。

乐百氏纯净水的电视广告《二十七层净化篇》,获得了2000年中国国际影视广告大奖。单纯而简明的诉求点直达消费者的心灵,抓住了消费者的关注点,省去了千言万语,使产品和品牌让消费者感到放心和信任。

(二)重在创新

作为一种创造性的思维活动,创意的魅力在于创新。因为只有创新才会有新意,才能体现出鲜明的个性,给人以新的感受。要做到这一点,就要突破常规,出人意料,与众不同。切忌因袭雷同,似曾相识。缺乏创新,广告就缺乏吸引力和生命力。当然,借鉴是允许的,但不能模仿照搬。

案例5-2

绝对伏特加的广告创意

绝对伏特加是一个梦幻般的产品，是工业与娱乐业、时尚业、传媒业相互融合的精品，也是人类智慧集中爆发的"灵光一闪"，其产品及广告都已经成为完美的商业传奇。

绝对伏特加广告(见图5-2)堪称世界广告史上最经典的广告作品之一。自1982年首次在纽约克里奥获奖之后，绝对伏特加已经在世界范围内不同的广告盛典上获得了300多个奖项，成为世界广告大奖的"常青树"，这一切都源于它创意表达的不断创新。

(a)

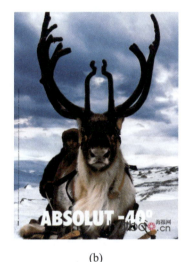
(b)

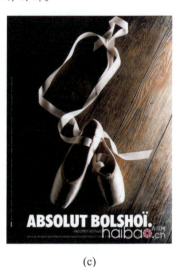
(c)

图5-2 绝对伏特加系列平面广告

(图片来源：海报时尚网，http://bbs.haibao.com/thread-22335-1-1.html)

(资料来源：根据资料独立编辑)

案例解析：在长期的广告创意中，绝对伏特加的观点始终如一，即酒瓶的形状成为所有广告创作的基础和源泉。这些系列广告不仅涉及服装、电影、音乐、建筑摄影、工业产品、文学、时事新闻等各个领域，而且将此造型元素与销售国的文化相联系，创造出了很多既突出这些国家具有地方特色的建筑、特产等特有的文化，又使绝对伏特加的酒瓶外形与其巧妙地融为一体的广告作品，如图5-2所示。正是这些既具有广度又具有深度的创意，让绝对伏特加品牌在世界尊享无尚荣耀，无论喝酒还是不喝酒的人，都认为它"绝对完美"。

(三) 贵在实效

广告作为一门商业艺术，其目的是建立在营销目标基础上的。最大可能地扩大销售、建立品牌形象、占领市场，尽可能地实现营销计划是每一则广告最直接的目标。因此广告创意不是单纯的艺术构思，其商业的实效性至关重要。

(四) 合法合宜

广告创意符合广告法规是基本的要求之一,并且要符合广告发布地的风俗信仰、伦理道德。如果与这些方面相悖,就会引发矛盾而带来麻烦。

案例5-3

日本索尼公司在印度的广告创意

日本索尼公司为了在印度推销收录机,煞费苦心地想出了一个高招:用释迦牟尼做广告。在电视广告中,这位佛祖安详侧卧,双目紧闭,进入物我两忘的境界。不一会儿,画面上的索尼收录机放出美妙的音乐。佛祖听了居然凡心萌动,全身随音乐不停摆动,最后睁开了双眼。

(资料来源:马青,徐科技. 广告创意设计[M]. 杭州:浙江大学出版社,2007.)

案例解析:这则广告的创意不可谓不新颖,但佛教是印度的国教,对释迦牟尼甚为崇敬,人们认为这个广告是对佛祖的莫大侮辱,是对印度的公然挑衅,不少人到日本大使馆游行抗议,以致印度当局最后通过外交途径向索尼公司提出抗议。索尼公司不得不立即停播这个广告,并公开道歉。

四、广告创意策划的基本理论

自20世纪以来,现代广告迅猛发展,广告创意策划理论也不断发展,并且随着时代的变革和营销、传播的发展又有所演变和超越。

(一) ROI理论

ROI理论,即是威廉·伯恩巴克用于恒美广告公司更好地进行广告创意而制定的一套独特的创意主张。其基本内容是:好的广告应具备三个基本特质——关联性(Relevance)、原创性(Originality)、震撼性(Impact)。

威廉·伯恩巴克

威廉·伯恩巴克(William Bernbach)是美国恒美广告公司(简称DDB)的创始人,曾被誉为20世纪60年代美国广告"创意革命时期"的三大旗手之一。面对20世纪60年代广告界过分追求科学调查而出现的广告千篇一律的状况,他提出了"广告不是科学,而是艺术"的创意观点,认为广告的技巧"怎么说"比"说什么"更重要。

关联性要求广告创意表现与广告主旨相吻合，有的放矢的创意才使广告具有意义；原创性要求广告创意突破陈规，避免因袭雷同，永葆吸引力和生命力；震撼性要求广告创意表现使消费者的心理及生理产生深刻印象。这三个基本特征简称"ROI"。

ROI的实施难点是，分别实现"关联""原创""震撼"并不难，而同时实现"关联""原创"和"震撼"则具有很大的难度。威廉·伯恩巴克认为要实现ROI必须明确解决以下五个问题。

(1) 广告的目的是什么？
(2) 广告做给谁看？
(3) 有什么竞争利益点可以做广告承诺？有什么支持点？
(4) 品牌有什么独特的个性？
(5) 选择什么媒体是适合的？受众的突破口或切入点在哪里？

案例5-4

"小"广告创造大市场——威廉·伯恩巴克与甲壳虫神话

图5-3 甲壳虫Think Small广告

20世纪60年代的美国汽车市场是大型车的天下，大众的甲壳虫刚进入美国时根本就没有市场。伯恩巴克通过调查发现了甲壳虫价格便宜、马力小、油耗低的优点，是与美国汽车相抗衡的完全不同的车型，就此提出了"Think Small"的主张，如图5-3所示。

他在广告中这样写道：我们的小车不再是个新奇事物了。不会再有一大群人试图挤进里边，不会再有加油生问汽油往哪儿加，不会再有人感到其形状古怪了。事实上，很多驾驶我们"廉价小汽车"的人已经认识到它的许多优点并非笑话，如1加仑汽油可跑32英里，可以节省一半汽油，用不着防冻装置，一副轮胎可跑4万英里。也许一旦你习惯了甲壳虫的节省，就不再认为小是缺点了。尤其当你停车找不到大的泊位，或为昂贵的保险费、修理费而烦恼，或为换不到一辆称心的车而烦恼时，请你考虑一下小甲壳虫车吧！

(资料来源：想想还是小的好——威廉《思巴克与甲壳虫神话》．http://site.douban.com/widget/notes/139937/note/91612806，2010-9-19)

案例解析：采用反传统的逆向手法，运用广告的力量，正话反说引出甲壳虫的优点，改变了美国人的观念，使美国人认识到小型车的优点。从此，大众的小型汽车的销量稳居全美之首。这则广告一直被视为经典之作，同时也成就了甲壳虫在世界汽车历史上的神话。

(二) USP理论

USP理论的全称是Unique Selling Proposition，一般译为独特的销售主张，是由美国"科学派"代表人物罗瑟·瑞夫斯在20世纪50年代提出的一种有广泛影响的广告理论。他认为广告创意必须遵循USP理论,广告成功的关键在于能否找出产品的独特销售主张。所谓独特的销售主张,是指同类产品的广告宣传中不曾提出和表现的。

USP理论的基本内容主要包含以下三点。

(1) 每一则广告都必须向消费者提出一个主张(Proposition),即让消费者明白,购买广告中的产品可以获得什么具体的利益。

(2) 所强调的主张必须是竞争对手做不到或无法提供的,必须说出其独特之处,在品牌和诉求方面是独一无二的。

(3) 所强调的主张必须是强有力的,必须聚集在一个点上,集中打动、感动和引导消费者来购买相应的产品。

USP指出,在消费者心目中,一旦将这种特有的主张或许诺同特定的品牌联系在一起,USP就会给该产品以持久受益的保证。

白加黑——"治疗感冒,黑白分明"的USP策略

1995年,"白加黑"上市仅180天销售额就突破1.6亿元,在拥挤的感冒药市场上分割了15%的份额,登上了行业第二品牌的地位,这一现象被称为"白加黑震撼",在中国内地营销传播史上,堪称奇迹。

一般而言,在同质化市场中,很难发掘出"独特的销售主张"(USP)。感冒药市场上同类药品甚多,市场已呈高度同质化状态,而且无论中药西药,都难以做出实质性的突破。康泰克、丽珠、三九等"大腕"凭借着强大的广告攻势,才各自占领了一块地盘,而盖天力这家实力并不十分雄厚的药厂,竟在短短半年时间里就后来者居上,其成功的关键在于崭新的产品概念。

(资料来源:天海川. 白加黑. 震撼策划案. 天津网,
http://www.tianjinwe.com/rollnews/gn/201012/t20101208_2771813.html)

案例解析:这是一个典型的运用USP创意策略的成功广告策划案。"白加黑"是个了不起的创意。它看似简单,只是把感冒药分成白片和黑片,并把感冒药中的镇静剂"氯苯那敏"放在黑片中,其他什么也没做;实则不简单,它不仅在品牌的外观上与竞争品牌形成很大的差别,更重要的是它与消费者的生活形态相符合,达到了引发共鸣的强烈传播效果。

在广告公司的协助下,"白加黑"确定了干脆简练的广告口号"治疗感冒,黑白分明",所有的广告传播的核心信息是"白天服白片,不瞌睡;晚上服黑片,睡得香"。产品名称和广告信息都在清晰地传达产品概念。

"王老吉"的USP策略

王老吉在市场洞察和消费者研究方面可谓下了苦功,摆脱了"凉茶"概念的纠缠,跳入海量的"饮料"市场中竞争,并在海量的"饮料"市场中区别出一个新品类——"预防上火

的饮料"!"怕上火,喝王老吉"成为核心诉求,使其通俗化和时尚化。

同样的产品,同样的功能,同样的包装,仅仅因为概念不同,不仅破解了凉茶概念的地域困局,更开创了一个凉茶的蓝海。在南方一些地区,打麻将熬夜喝一罐王老吉,运动后喝一罐王老吉,酒楼的饭局上要一罐王老吉已习以为常,在浙江某些地区甚至有婚宴上不可缺少"茅台酒、中华烟、王老吉"的习惯。图5-4、图5-5为王老吉影视广告和平面广告。

以此为策略的广告创意表现通过把王老吉与饮食、户外运动、熬夜等生活中常见且容易引起上火的情况紧密联系起来,让消费者轻松认识到原来生活中有这么多的情况都会引起上火。而有了王老吉,就可以尽享生活中的每一刻精彩,不用担心上火带来的痛苦。

(a)　　　　　　　　　　　　　　　(b)

图5-4　王老吉影视广告

 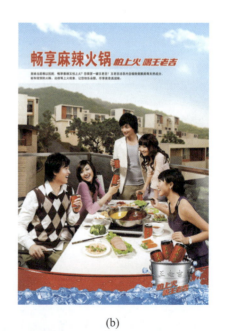

(a)　　　　　　　　　　　　　　　(b)

图5-5　王老吉系列平面广告

(c)　　　　　　　　　　　　　　　　　(d)

图5-5　王老吉系列平面广告(续)

(资料来源：李文龙，穆虹. 实战广告案例·第四辑·品牌[M]. 北京：企业管理出版社，2009.)

案例解析：我们要能透过表面的繁华，深入探究王老吉成功的背后原理，从过去的广告传播主题"健康家庭，永远相伴"到现在的"怕上火，喝王老吉"，王老吉开辟出了一条"凉茶"饮料的蔚蓝海洋。

当一个产品经历一个过程后，要经常回头总结整理，重新根据定位来调整，这是非常关键的，一定要不断地坚持。面对各类竞争，归根结底是心智资源之争，王老吉通过创新、广告、企业文化等方面的系统整合，在顾客心中完成注册，使其直逼世界第一品牌可口可乐而红遍中国。

(三) 品牌形象论

品牌形象论(Brand Image)是大卫·奥格威(David Ogilvy)在20世纪60年代中期提出的创意观念。品牌形象论是广告创意策略理论中的一个重要流派。在此策略理论的影响下，出现了大量优秀的、成功的广告。

品牌形象论的基本要点如下。

(1) 品牌形象即品牌个性，广告就是要力图表现出品牌的个性特点。

(2) 任何一个广告都是对品牌的长程投资，广告应该尽力去维护一个好的品牌形象，而不惜牺牲追求短期效益的诉求重点。

(3) 随着同类产品的差异性减小，品牌之间的同质性增大，消费者选择品牌时所运用的理性就越少，因此描绘品牌的形象要比强调产品的具体功能特性重要得多。

(4) 消费者购买时追求的是"实质利益+心理利益"，对某些消费群来说，广告尤其应该重视运用形象来满足其心理的需求。成功的典型案例是大家熟知的万宝路(Marlboro)和可口可乐品牌形象。美国的快餐品牌"麦当劳"和"肯德基"也分别以"麦当劳叔叔"和"肯德基上校"的形象来体现品牌特点，输入民族性格的符号。

与USP理论相比，品牌形象论更加强调对品牌的确认；USP较偏重于理性的诉求，而品牌形象论更强调情感因素，通过创造产品独特的品牌形象，塑造与其他品牌不同的性格和形象，从精神层面上满足消费者的心理需求。

 案例5-7

Just do it——耐克品牌形象策略

耐克通过以"Just do it"为主题的系列广告和篮球明星乔丹的名人效应，迅速成为体育用品的第一品牌，而这句广告语正符合青少年一代的心态，要做就做，只要与众不同，只要行动起来。

以下是两则耐克品牌形象的平面广告，如图5-6、图5-7所示。通过这两则平面广告，大家能感受到耐克是如何通过广告成功地塑造它的品牌神话的。

在第一则广告的画面中，一位身材矮小的男子以桀骜不驯的姿态占据了明星球队中的一席。他向人们宣告任何缺陷都不是问题，只要去做，就能超越自我，征服一切。

第二则广告是耐克世界杯期间的系列广告，主题为创造历史。画面中的每个精彩瞬间都被定格成一尊具有历史纪念意义的雕像，广告由衷地带着大家向这些足球英雄们致敬，也向我们心中共同的体育梦想致敬。

图5-6 耐克品牌形象广告

(图片来源：http://opus.arting365.com/poster/2010-06-08/1276008908d223080.html)

(资料来源：根据资料独立编辑)

(a)

(b)

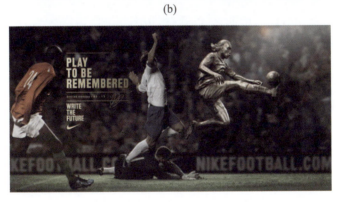

(c)

(d)

图5-7 耐克世界杯平面广告——创造历史

案例解析：在一个形象代表一切的世界里，耐克是全世界最多人认识的标志之一。耐克这个品牌不仅仅卖运动鞋，它所出售的是一种生活方式和精神追求，这是它成功的关键。这个品牌对于人心的激励，以及这一哲学背后的干劲与决心，是与每个人都有关的，不管你是不是运动员。

耐克运用一种励志式的语言来激发消费者。不管你是谁，你的头发或皮肤是什么颜色，你遭遇了身体上或社会生活中的什么困难，耐克说服消费者，你一定可以克服。它告诉人们要振作起来，抓紧人生的方向盘，并且采取行动。在"做就是了"的广告词背后，是一种非常美国式的意识形态；然而，随着全球化的进展，原来是美国意识形态的东西，变成了一种全世界共同的渴望，渴望能有一个公平的竞技场，可以让人们不只在运动方面，而是在人生的每一层面都一争长短。

耐克告诉它的消费者，如果你下定决心，奋斗不懈，你就会超越他人，征服一切。借用这样的方法，即利用人们对于成功的热切渴望，耐克也创造出了它自己的一种人格与态度。通过巧妙地运用一句非常简单的广告妙语，耐克成功地将一种生活态度融入其所出售的商品中。

耐克已经是一种被物化了的体育精神或人类征服自然、超越自我的象征。产品的功能早已被品牌所寓意的象征和情感所融化，这就是成功品牌的精髓所在。优秀的创意赋予了产品一种能满足目标消费者心理的、视觉美感和情感的附加值，结合产品卓越恒久的品质，二者兼容并蓄，共同构筑了耐克品牌的神话。

(四) 定位理论

定位理论是20世纪70年代由里斯和特劳特提出的，他们对定位下的定义为："定位并不是要您对产品做些什么，定位是您对未来的潜在顾客心智所下的工夫，也就是把产品定位在未来潜在顾客的心中。"定位理论强调在广告策略中运用一种新的沟通方法，创造更有效的传播效果。

定位理论的基本主张如下。

(1) 广告的目标是使某一品牌、公司或产品在消费者心目中获得一个据点，一个认定的区域位置，或者占有一席之地。

(2) 广告应将火力集中在一个狭窄的目标上，在消费者的心智上下工夫，要创造出一个心理的位置。

(3) 应该运用广告创造出独有的位置，特别是"第一说法、第一事件、第一位置"。因为创造第一，才能在消费者心中形成难以忘怀的、不易混淆的深刻印象。

(4) 广告呈现出的差异性，并不是指出产品的具体的特殊的功能利益，而是突出品牌之间的区别。

(5) 定位一旦建立，无论何时何地，只要消费者产生相关的需求，就会自动地、首先想到广告中的这种品牌、这家公司或产品，达到"先入为主"的效果。

"定位"，致力于在消费者心目中占据一个独特而有价值的位置，成为消费者心目中某品类或特性产品的代表品牌，从而迅速影响到消费者的购买选择，当消费者产生相关需求时，就会想到并选购本品牌。

目前，定位理论对营销的贡献超过了原来把它作为一种传播技巧的范畴，而演变为营销策略的一个基本步骤。

案例5-8

莎碧娜航空公司广告

莎碧娜航空公司主要经营由美国纽约直飞比利时首都布鲁塞尔的航线，尽管公司做了许多广告来宣传，突出强调其服务好、饮食美的优点，但乘坐率却依然很低。

里斯和特劳特经过多方调研，发现问题症结不在航空公司服务质量本身上，而是在当时比利时作为旅游地还没有为人们所了解的问题上，去欧洲旅游的北美乘客自然不会因为该公司服务好、饮食美而乘坐飞机。

据此，里斯和特劳特认为广告的目标受众应该是那些想欢度时光而未知此地旅游好处的旅客，于是他们从《米其林旅游指南》上找到了答案：比利时有五个特别值得一游的三星级城市，而北欧最大的观光胜地荷兰却只有一个阿姆斯特丹。由此，他们创作了"在美丽的比利时境内，有五个阿姆斯特丹"的广告，结果大获成功。

(资料来源：艾·里斯，杰·特劳特. 广告攻心战略——品牌定位[M]. 北京：中国友谊出版公司，1991.)

案例解析：莎碧娜航空公司广告是当年里斯和特劳特策划的一个经典定位理论案例之一。通过将比利时与旅客心目中固有的旅游胜地阿姆斯特丹发生关联，对莎碧娜广告做出了新的定位，这样就诞生了一个震撼人心的广告。

五、广告创意的过程

詹姆斯·韦伯·扬在《产生创意的方法》一书中提出了完整的产生创意的方法和过程，他认为：广告创意的产生如同生产福特汽车那么肯定，创意并非一刹那的灵光乍现，而是经过了一个复杂而曲折的过程。广告创意是靠广告人大脑中的各种知识和阅历累积而成的，是通过一连串看不见、摸不着的心理过程制造出来的。

韦伯·扬的创意五步法已获得广告界的广泛认可，下面我们具体介绍广告创意产生过程的五个步骤。

(一) 收集资料

收集资料是广告创意的第一阶段，即广告创意的前提准备阶段。这一阶段的核心是为广告创意收集并整理信息、事实和材料。按照韦伯·扬的观点，广告创意需要收集的资料有两部分：特定资料和一般资料。

1. 特定资料

特定资料是指那些与创意密切相关的产品、服务、消费者及竞争者等方面的资料。这是广告创意的主要依据，创意者必须对特定资料有全面而深刻的认识，才有可能发现产品或服务与目标消费者之间存在的某种特殊的关联性，这样才能导致创意的产生。

广告创意绝不是无中生有，而是对现有的特定资料进行重新组合的过程。不掌握特定资料，创意就成了无本之木，无源之水。

2. 一般资料

一般资料是指那些令人们感兴趣的日常琐事，也指创意者个人必须具备的知识和信息。这是人们进行创造的基本条件。不论进行什么创意，都绝不会超出创意者的知识范畴。广告创意的过程，实际上就是创意者运用个人的一切知识和信息，去重新组合和使用的过程。可以说广告创意者的知识结构和信息储备直接影响着广告创意的质量。

收集一般资料，用广告大师乔治·葛里宾的话说就是"广泛地分享人生"和"广泛地阅读"。说白了就是要做生活中的有心人，随时注意观察生活、体验生活，并把观察的新信息，体验到的新感觉，收集和记录下来，以备创意的厚积薄发之用。

李奥·贝纳的文件袋和档案簿

曾为万宝路香烟策划出牛仔形象的著名广告大师李奥·贝纳在谈到他的广告创意时说，创意的秘诀就在他的文件夹和资料剪贴簿内。他说："我有一个大夹子，我称之为'Corny Language'（不足称道的语言），无论何时何地，只要我听到使我感动的只言片语，特别是适合表现一个构思，或者能使此构思神龙活现、增色添香，或者表示任何种类的构想——我就把它收进文件夹内。"

"我另有一个档案簿，鼓鼓囊囊的一大包，里面都是值得保留的广告，我拥有它已经25年了。我每个星期都查阅杂志，每天早晨看《纽约时报》以及芝加哥的《华尔街时报》，我把吸引我的广告撕下来，因为他们都做了有效的传播，或是在表现的态度上，或者在标题上，或是其他的原因。"

"大约每年有两次，我会很快地将那个档案翻一遍，并不是有意要在上面抄任何东西，而是想激发出某种能够适用到我们现在做的工作上的东西来。"

（资料来源：根据资料独立编辑）

案例解析：从广告大师的亲身经历，我们不难看出，优秀的广告人不断地收集、积累信息，就如同为自己建造了一座创意的"水库"，源源不断的创意便从这里喷涌而出。

从备忘录里找到的灵感

罗杰·科里恩重新启用"百事的一代"这一广告策略的创意，就是受一份领带备忘录的启发而诞生的。

这份备忘录上记载着：男人们愿意投入较多的时间和精力选购领带的主要原因——领带并不重要，重要的是领带表达了买主的性格，它会使买主自己感到满意。备忘录得出的结论是：别吹捧你的产品有多好，而应赞扬选择了你的产品的消费者，弄清楚他是谁，然后称赞他这种人。

（资料来源：根据资料独立编辑）

案例解析：领带备忘录虽然与软饮料毫无关系，但它却使科里思茅塞顿开：何不赋予百事可乐一种人性化的、崭新的形象呢？

他根据可口可乐的保守、传统，百事可乐的创新及更有朝气的调查结果，决定选择青少年作为百事可乐的形象。年轻人充满斗志、令人振奋、富有创新精神，正是百事可乐生机勃勃、大胆挑战的写照。于是："百事可乐：新一代的选择"这个给可口可乐以沉重打击的广告主题就这样诞生了。

（二）分析资料

在广告创意的前期准备阶段，即资料搜集完成之后，便进入了广告创意的后期准备阶段——分析研究阶段。毛泽东同志曾经用"观察、体验、研究、分析"八个字，概括文学艺术家摄取和积累材料的创作准备过程，这八个字在广告界同样适用。

在这一阶段，主要是对收集来的资料进行归纳、整理和分析，从中找出商品或服务最有特色的地方，即找出广告的诉求点，然后再进一步找出最能吸引消费者的地方，以确定广告的诉求点，明确广告创意的主题和基本概念。

案例5-11

"帮宝适"的故事

美国宝洁公司有一种二十多年历史的用过即扔的方便尿布，可是在市场上却只有不足1%的市场占有率，于是他们委托著名的广告大师瓦特·哈布斯(Whit Hobbs)为其策划广告。哈布斯检查了这种尿布原来的广告策略构思——一种恩物，一种给予母亲的方便，他对此概念进行了分析、评判，发现这种广告概念会使母亲感觉到自己是一个懒惰的、浪费的、不肯花更多时间照顾儿女的妈妈。

于是，哈布斯否定了原来的构想，重新提出了广告构想——一种更好的照顾方式，一种使婴儿更舒服、更干燥的现代化尿布，使用这种尿布，不是对母亲更好，而是对婴儿更有益。同时他还给尿布重新取了一个富有吸引力的名称是"帮宝适"。当这种以满足母亲爱心的新广告推出之后，产品销路很快就打开了。

（资料来源：http://wenku.baidu.com/view/bb0fcd6aaf1ffc4ffe47ac3c.html）

案例解析：通过这一案例，我们可以看出创意的形成、变化和发展过程，实际上就是一系列的分析、判断、筛选的过程，准确地找出最能吸引消费者的地方，进而更深刻、更正确、更完全地反映广告构想和主题。

韦伯·扬把这一阶段称之为"信息咀嚼"阶段，创意者要用自己"心智的触角到处加以触试"，从人性需求和产品特质的关联处去寻求创意。如果能在看似毫无关联的事实之间，找出它们的相关性，并把它们进行新的组合，这样就能产生精彩的创意了。

（三）酝酿阶段

酝酿阶段即广告创意的潜伏阶段。经过长时间的绞尽脑汁的苦思冥想之后，还没有找到满意的创意，这时候不如丢开广告概念，松弛一下紧绷的神经，去做一些轻松愉快的事情，比如睡觉、听音乐、散步等。说不定什么时候，灵感就会突然闪现在脑际，从而产生创意。

（四）顿悟阶段

这是广告创意的产生阶段，即灵感闪现阶段。经过长期酝酿、思考之后，一旦得到某些事物的刺激或触发，脑子中建立的零乱的、间断的、暂时的联系，就会如同电路接通那样突然大放光明，使人恍然大悟、茅塞顿开。

创意的出现往往是"踏破铁鞋无觅处，得来全不费功夫"。灵感的一个显著特点就是从不"预约"和"打招呼"，说来就来，说走就走，稍纵即逝。灵感的这种突发性要求我们，当灵感突然降临时，应立即捕捉住，并记录在案。

（五）验证阶段

验证阶段就是发展广告创意的阶段。创意刚刚出现时，常常是模糊、粗糙和支离破碎的，它往往只是一种十分粗糙的雏形，一道十分微弱的"曙光"，其中往往含有不尽合理的部分，因此还需要下一番工夫仔细推敲和进行必要的调查和完善。验证时可以将新生的创意交予其他广告同仁审阅评论，使之不断完善，不断成熟。

通过对广告创意过程的学习，我们就可以把握创意的发展规律，从而创造出"确有效果"的广告创意。

第二节　广告表现策划

广告表现是整个广告活动的一个转折点，它前面的工作多为科学的调查、分析、提出方案、创意、构思，后面的工作是将这些在创作人员头脑中形成的创意转化成看得见、听得到的实实在在的广告作品，并将这个作品通过媒介传达给目标市场的消费者。因此，我们说广告表现在整个广告活动中处于承上启下的地位，是实现广告效果的中心环节。

一、广告表现的概念及载体

（一）广告表现的概念

广告创意策略确定后，如何根据具体媒体的传达特性，运用各种信息元素及其组合方式将创意转化成广告作品即为创意视觉化过程，这一过程构成了广告行业另一挑战性的工作环节——广告表现。

广告创意主要发掘与广告诉求相关的题材与元素，是广告传达的第一步即"What to say"，而决定用什么形式去传达，就是"How to say"，这是广告表现的任务。

将广告创意概念进行符合特定媒体语言的再创造，完成特定的信息编排与传达效果的创意执行过程，称为广告表现。

从实施角度看，广告表现是由具体的文案、图形图像、色彩、编排、画面剪辑、视听效果、特技等多维度的艺术创造所构成的。广告表现的水平，也就是广告创意策略的执行效果，直接关系到广告的传播效果和营销成效。

（二）广告表现的载体

广告表现的载体有语言文字和非语言文字两大系统。

1．语言文字系统

语言文字系统即广告作品中的语言文字部分，包括平面广告中的标题、正文、随文、标语口号，广播电视广告中的解说词以及商标、商品名称、价格、企业名称等。

广告表现中的语言文字系统有无声语言和有声语言之分。平面广告中，绝大部分的语言是无声的，广播电视广告中的语言大多是有声的。网络广告运用多媒体技术，广告语言更能有效地刺激受众的感官。

2．非语言文字系统

非语言文字系统即广告作品中语言之外的一切能够传递信息的手段，主要包括图像、色彩、构图、音乐、音响等要素。

1) 图像

图像是指平面广告中的插图，电视广告中的影像等。运用图像，可以直观地表现广告商品，增强注意力和说服力。注意图像的表现要具有真实感，能体现广告主题，与广告文字相配合使用。

2) 色彩

色彩是广告表现的一个重要因素，广告色彩的功能是向消费者传递某一种商品信息。因此，广告的色彩与消费者的生理和心理反应密切相关。色彩对广告环境、对人们的感情活动都具有深刻影响。广告色彩对商品具有象征意义，通过独具特色的色彩语言，使消费者对商品更易识别和产生亲近感。

色彩在广告宣传中独到的传达、识别与象征作用，已越来越多地受到设计师和企业家们的重视。国外一些大公司、大企业都精心选定某种颜色及多种颜色的组合搭配作为代表企业或品牌的形象色。

3) 构图

构图是在广告表现预定的规格、版面内，按美学原理将广告标题、插图、正文等构成要素，以符合信息传递规律和广告目标受众阅读习惯的方式加以布局组合，以展现最好的视觉效果。

4) 音乐、音响

在广播和电视等广告中，经常要运用音乐和音响。音乐要注意与广告主题相协调；音响有环境音响、产品音响、人物音响等，要清晰、悦耳、防止噪音。

各种艺术形式，如舞蹈、雕塑、建筑等，也是非语言文字手段，也可以运用到广告表现中来。另外，随着科学技术的发展，各种新的媒体技术使广告表现的形式和手段更加丰富，广告表现需要不断挖掘新的艺术形式，以更有效地刺激目标受众的感官，抓住受众的注意力，从而取得更理想的传达效果。

二、广告表现与广告策划

了解广告表现与广告创意、广告策划的关系，对正确理解广告表现，明确广告表现在广告活动中的地位和作用都具有重要意义。

(一)进行广告表现时必须时刻以广告目标为导向

在广告策划阶段设定的广告目标,是对大量客观的市场信息进行调研分析后得出的结论,是广告活动成败与否的评判标准。广告表现作为广告目标实现的实施阶段,必须明确广告目标的准确内涵,并以最为有效的创作手法表达出来。广告目标实现最关键的因素是广告定位是否准确,相比之下,广告表现的优劣对实现广告目标的作用不如前者明显,但不可否认的是成功的广告表现有助于实现广告目标,为产品增值并促进产品的销售。

在现实生活中,广告信息及广告的形式能否吸引消费者的关注,取决于广告作品的视觉冲击力和感染力。消费者接受了广告信息之后是否采取行动,更多的是要看广告的诉求是否形成了说服力和推动力。

(二)广告表现应是广告创意的完美呈现

有了巧妙的广告创意,核心问题就是什么样的形式才是最佳的广告表现方式,从而使广告创意产生最有感染力的广告效果,体现广告目标的诉求。虽然广告创意对广告表现具有核心的指导作用,但是广告创意也离不开广告表现形象化地阐述和体现。在这个过程中,不仅要为创意找到最佳的表现方式,还应该对艺术表现形式进行有针对性的选择,使得广告作品产生强大的视觉冲击力和感染力。

总之,失去优秀的广告表现,再精彩、再具创造性的创意也无法发挥其应有的价值。

(三)广告表现必须根据媒体特征有的放矢

不同的广告媒体其传播特点有所不同,这就要求广告表现明确媒体类别,结合具体的媒体特征展开表现思路,有的放矢地实现创意需求。

当同一广告创意被同时执行在不同媒体上时,具体的广告表现形式和技巧就必须进行符合媒体特征的再创作。一个广告如需投放在三种不同类别的媒体上,它们创意的表现深度和传达效果就会明显有区别。因此,成功的广告表现,必定是有效利用媒体特征的结果。

三、广告表现的要求

就像人有个性和共性一样,广告表现也有个性和共性。孤立地看一则优秀的广告,其必有独特的个性,众多成功广告的表现异彩纷呈、各具特色;但把成千上万的优秀广告作为总体研究对象,通过归纳和比较,则可以看出其表现都具有某些共同的特点和规律。从众多广告作品中我们不难看出,优秀的广告表现作品需要符合以下三个要求,或重点突出某一方面。

(一)表现形式新颖、视觉冲击力强

独特的广告主题,新颖的创意思路还需要以新颖的表现方式来进行呈现。表现方式雷同的广告很难引起消费者的注意,只有表现方式独特、精彩的广告,才有可能引起消费者的关注。

广告的表现方式必须突破常规、力求新颖。新颖是精彩的必要前提,只有那些出人意料的、有趣的甚至是惊人的表现方式,才能给人以强烈的视听刺激,产生强劲的冲击力。

案例 5-12

奇瑞QQ的系列平面广告表现

如图5-8所示是QQ汽车的系列平面广告。四款系列广告分别诉求了4个吸引年轻人的功能卖点,并用相关元素与QQ的汽车造型作创造性的组合,形象、生动地表现了广告主题。

音乐暴发户——超级I-Say车载数码音响,让音乐在路上爆发起来吧!

专爱冷心肠——超强空调,在盛夏由内而外冷酷到底!

宠坏粗心鬼——智能中央锁止系统,将粗心宠成生活习惯!

花心小色魔——十二款靓丽专有车色,装扮个性魅力!

(a)

(b)

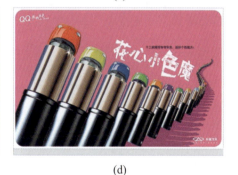
(c)   (d)

图5-8　QQ汽车系列平面广告

(图片来源:http://club.sohu.com/read_elite.php?b=qwjj00&a=1862257)

(资料来源:根据资料独立编辑)

案例解析:奇瑞QQ是国内第一款为年轻人打造的轿车,定位于"年轻人的第一辆车",其产品的设计原则就是"快乐"。奇瑞QQ的广告主题词是"梦想,触手可及",寓意此车面向年轻人和比较价廉的经济车市场。QQ时尚并具有个性的外观,受到了广大年轻族群的喜爱。

本组系列广告的创意和表现精准地体现了QQ这一产品定位。广告创意运用"二旧化一新"的创意方法,将与主题相关的元素:耳麦、冰棍、锁和口红等年轻人熟悉的事物与QQ的汽车造型进行了创造性的组合。广告表现运用插图这一个性十足的画面表现方式,活泼生动地呈现了广告主题。广告丰富鲜活的色彩及新颖时尚的表现方式最大限度地抓住了年轻人的视线,并传递了QQ汽车的产品功能和品牌特色。

（二）形象贴切、品牌联想度高

任何广告作品都要确立一种形象，包括文字的、声音的、图像的。广告形象包含着特定的信息和传播方式，是经过创造性的构想而确立的。一方面，广告形象必须是确定的容易让消费者识别和使竞争者无法或不便模仿的；另一方面，广告形象又必须与其宣传的品牌特征相吻合，广告形象应成为表现品牌个性的形象。

案例5-13

麦当劳广告"婴儿篇"

电视广告中，一位躺在摇篮里的很逗人喜欢的婴儿，一会儿哭丧着脸，一会儿笑逐颜开。当摇篮悠起来靠近窗口的时候，这位婴儿就高兴地露出笑脸；而当摇篮悠下来的时候该婴儿就哇哇大哭。这一过程反复持续了多次，这是怎么回事呢？当广告的镜头指向窗外的时候，我们才恍然大悟，忍俊不禁：原来婴儿也是麦当劳迷，因为看到金黄色的"M"标志而欢笑，因为看不到它而哭闹。

（资料来源：饶德江. 广告创意与表现[M]. 北京：中央广播电视大学出版社，2000.)

案例解析：麦当劳的品牌个性，体现在它那金黄色的双拱门标志。广告形象地强化了这个标志的诱惑力，理所当然地成为麦当劳与消费者沟通的重点。多年来，"M"标志已成为"世界通用的语言——麦当劳"。

（三）以情沟通、真情流露

要让情感广告获得以情动人的最佳效果，一定要使广告表现出情感效应，以及真情沟通、以心换心、真诚、亲切的广告感染力。牵强附会无法打动人心，矫揉造作则会失去视听众的信任，产生"虚情假意""故作姿态"等负效应。此类广告现在仍有不少，消费者厌倦此类广告也是合乎情理的。创制情感效应、构想自然的广告精品，是与消费者有效沟通的前提。

案例5-14

哈药六厂的公益广告——给妈妈洗脚

由哈药六厂精心制作的公益广告"给妈妈洗脚"通过自然、真切的情感流露，打动了无数消费者的心。

劳累了一天的年轻母亲，哄睡了自己的孩子，大汗淋漓地端着一盆洗脚水到妈妈的房间，用热水给母亲（或婆婆）洗脚。老人热在脚下，暖在心里。用理解关心的话语对女儿（或儿媳妇）说："忙了一天啦，歇息吧！" 女儿（或儿媳）深情地回答："不累！妈，烫烫脚，对您的腿有好处！"

妈妈为姥姥（或奶奶）洗脚的过程被站在房门外的几岁的儿子看在眼里，对话又被儿子记在了心里。于是，孩子幼小的心灵受到了强烈的震撼，扭头就跑！

儿子为什么跑？跑哪儿去了？给老人洗完脚的妈妈到儿子的房间找儿子，结果房间空无一人。此时，转身看到的却是儿子晃晃悠悠地端来了一脸盆热水，嘴里喊着："妈妈洗脚！妈妈我也给你讲小鸭子的故事！"此时母亲的脸上露出了欣慰甜美的笑容。这时话外音加配字幕："其实，父母就是孩子最好的老师！"

（资料来源：莫凡，王成文. 广告创意案例评析[M]. 武汉：武汉大学出版社，2009.）

案例解析：这则公益广告，相信每次看完都会让人心潮涌动，丝丝泪意涌上心头。广告场景真实，情感质朴，形式简洁，内容深刻。整个广告台词不多，语言精练，没一句豪言壮语，就这样非常自然、贴切、流畅地完成了，而留给观众的却是值得传承的中华民族传统美德。

四、广告表现策略

广告表现策略有时也称为"诉求策略"，表现策略的制定是从广告创意到广告制作的过渡阶段。制定有效的广告表现策略，不仅是广告科学化运作的基本要求，而且对广告策略的创意演绎也起着决定性的作用。常用的广告表现策略有理性诉求策略、感性诉求策略和情理结合策略。

（一）理性诉求策略

1．理性诉求的含义

理性诉求是指广告通过摆事实、讲道理的表现方式将产品的好处或优于同类产品的特点呈现给目标受众，然后提供给受众一个不能否认的购买理由。

2．理性诉求的特点

理性诉求型的广告表现手段常常被用来阐述消费者可能还不清楚的事实，或者用来创建一种新的消费观念。对于功能性很强或者技术含量非常高的商品，可以将它们的技术功能优势作为诉求重点加以表现。

理性诉求策略将广告诉求定位于受众的理智动机，通过真实、准确、公正地传达企业、产品、服务的客观情况，使受众经过概念、判断、推理等思维过程，理智地做出决策。它主要是在广告诉求中告诉受众如果购买某种产品或接受某种服务会获得什么样的利益，或者是告诉受众不购买产品或不接受服务会对自己产生什么样的影响。

3．理性诉求策略常用的表现形式

1）信息展示

把广告商品或服务的实质性信息进行归纳，选取最有说服力的真实内容向受众传达。

2）实证演示

通过现实的表演示范画面，向广告受众展现商品的功能和使用方法，是消费者最容易理解和接受的方法。

3）比较

通过与竞争品牌比较自己的特性，展示自己能够满足消费者需求的优势。

比较式广告可以作为有效的沟通手段，以清晰、有趣的方式向消费者传递大量的信息。比较式广告历来是洗衣粉、清洁剂等日化产品生产商的广告武器。

4) 证言式

借助知名人士推荐商品，证言式广告的价值在于代言人对品牌个性和利益的权威性代表。证言式广告策略有以下三种基本做法。

(1) 名人证言。广告主相信，名人证言可以提高广告的吸引力，使受众产生效仿自己崇拜的名人的欲望。但采用名人也时刻要冒名人失宠的风险。如果发生这样的事情，他曾经推荐过的品牌的声誉就可能会遭到伤害。

(2) 专家证言。目标受众通常认为，品牌的代言人应具有专业产品知识，有时广告主会将代言人刻画成医生、律师、科学家、园艺师，或其他任何与品牌相关的专家，其目的都是为了提高广告的可信度。

(3) 普通用户证言。在这类产品中，代言人既不是名人，也不被刻画成专家，而是替品牌代言的普通用户。运用这类广告的目的，是因为目标市场可以将自己与这位代言人联系起来。此外，参照人群理论也为这种证言法提供了坚实的理论基础。参照人群理论认为消费者会相信参照人群的观点或证言，而不相信客观的产品信息。

简而言之，这个时候消费者的逻辑推理变成了"那人和我差不多，他喜欢那个品牌，因此，我也会喜欢那个品牌"。按照这种理论，此种逻辑推理会使消费者不再仔细考察详细的产品信息，而只是简单地用参照人群的观点做判断。当然，在实际运作中，这种战略实施起来并不那么容易，消费者非常精明，马上就会发现广告主的劝服企图。

案例5-15

采乐去屑，理性诠释产品卖点

在漫漫10年的时间里，以营养、柔顺、去屑为代表的宝洁三剑客潘婷、飘柔、海飞丝几乎垄断了中国洗发水市场的绝对份额。想在洗发水领域有所发展的企业无不被这"三座大山"压得喘不过气来，无不生存在宝洁的阴影里难以重见天日。后来的"舒蕾""风影""夏士莲""力士"等更让诸多的洗发水品牌难以突破。"采乐"出山之际，国内去屑洗发水市场已经相当成熟，从产品的诉求点看，似乎已无缝隙可钻。

而西安杨森生产的"采乐"在广告中主打去头屑特效药，上市之初便顺利切入市场，销售量节节攀升。

(资料来源：中国十大经典广告营销案例解析. 慧聪网HC360，http://info.biz.hc360.com/2009/08/21083089342-4.shtml)

案例解析："采乐"的突破口便是治病。它的成功主要来自广告表现的理性诉求策略，把洗发水当药来卖。同时，别出心裁的营销渠道"各大药店有售"也是功不可没。

去头屑特效药，在药品行业里找不到强大的竞争对手，在洗发水的领域里更如入无人之境！"采乐"找到了一个极好的市场空白地带，并以独特的产品品质，成功地占领了市场。

广告一语中的："头屑由头皮上的真菌过度繁殖引起，清除头屑应杀灭真菌，普通洗发只能洗掉头发上头屑，我们的方法，杀灭头发上的真菌，使用8次，针对根本。"

以上独特的产品功能诉求，有力地抓住了目标消费者的心理需求，使消费者要解决头屑根本时，忘记了去屑洗发水，想起了"采乐"。

我们生活中大量的日化产品在广告表现时经常使用理性诉求策略，例如洗衣粉、牙膏、洗发水、香皂等。这些产品通过广告不断地重复各自有效的USP概念，一次又一次地说服消费者认真考虑自己的利益。将消费产品的理由和产品给人的好处清楚地表述出来，这便是理性诉求型广告表现形式的最大特点和最具攻击力的手段。理性诉求通过用实实在在的理由帮助消费者做出购买决策。

（二）感性诉求策略

1．感性诉求的含义

感性诉求是广告将诉求重点以情感沟通的方式进行表现，突出广告内容在格调、意境、心理情绪感受等方面的优势，从情感和外在形式上打动消费者的一种广告创意表现方式。

2．感性诉求的特点

感性诉求型的广告表现，不注重商品的具体功能以及价格优势，而是直接诉诸消费者的情感、情绪，如喜悦、恐惧、爱、悲伤等，形成或者改变消费者的品牌态度。在这类广告中，消费者首先得到的是一种情绪、情感的体验，是对产品的一种感性认识，且得到的只是产品的软信息，但这种软信息能够在无形中把产品的形象注入消费者的意识中，潜移默化地改变消费者对产品的态度。感性诉求型的广告以消费者的情感或社会需要为基础，宣传的是广告品牌的附加价值。

无论是企业形象广告、商品广告还是公益广告，采取感性诉求手段的成功作品都很多。当然，在表现上对于情绪因素的过分渲染，也会使广告的创意个性被减弱，过度煽情的结果可能会使受众产生逆反心理。

3．感性诉求中的情感类型

感性诉求试图激发起某种否定情感(如害怕、内疚或羞愧)或肯定感情(如幽默、热爱、骄傲或高兴)以引起目标受众对产品和品牌的共鸣。具体来讲，感性诉求所传达的情感通常有以下几种。

(1) 爱情——包括爱情的真挚、坚定、永恒和爱情所赋予人们的幸福、快乐、忧伤等。如"铁达时"手表的广告语："不在乎天长地久，只在乎曾经拥有。"

(2) 亲情——包括家庭之爱、亲人之爱以及由此而来的幸福、快乐、思念、牵挂等。

案例5-16

美国贝尔电话公司广告——用电话传递你的爱吧！

美国贝尔电话公司曾设计了这样一则广告来打动消费者：一天傍晚，一对老夫妇正在进餐，电话铃响了，老妇去另一个房间接电话，回来后，老先生问："谁的电话？"老妇回答:"是女儿打来的。"又问:"有什么事?"回答:"没有。"老先生惊讶地问:"没事?几千里地打来电话?"老妇呜咽道:"她说她爱我们。"两人顿时相对无言,激动不已。这时出现旁白:"用电话传递你的爱吧!"

(资料来源:马青,徐科.广告创意设计[M].杭州:浙江大学出版社,2007.)

案例解析:这则广告以最易引起人们共鸣的亲情入手,通过远在千里之遥的子女用电话向年迈的父母传达爱心而赋予电话以强烈的感情色彩,营造了一种浓浓的亲情氛围,最后则水到渠成地推出要宣传的企业——贝尔电话公司。整个过程自然得体、情真意切,有很强的感染力。

(3) 乡情——包括与此相联系的对故乡往事的怀念,对故乡景物的热爱等。

(4) 同情——主要是对弱者和不幸者的同情。如一家慈善机构希望人们捐献骨髓的一则广告:"……救人一命,无损己身,那个人可能就是你。台湾地区每年有急切需要骨髓捐赠的血癌病患,你是他们唯一生存的希望。"

(5) 生活情趣——利用日常生活中大部分人都有切身感受的生活情趣体验进行诉求,包括悠闲、乐趣、幽默等。如轩尼诗的广告语:"世上无绝对,只有真情趣。"

(6) 个人的其他心理感受——包括满足感、成就感、自豪感、归属感等。如桑塔纳2000的系列广告:"并非所有的人都能赢得这样热烈的欢呼。"

4. 感性诉求策略常用的表现形式

1) 故事

这种类型的广告创意是借助传说、神话等故事内容的展开,在其中贯穿有关品牌产品的特征或信息,借以加深受众的印象。由于故事本身就具有自我说明的特性,易于让受众了解,使受众与广告内容发生连带关系。

在采用这种类型的广告创意时对于人物择定、事件起始、情节跌宕都要做全面的统筹,以便在短暂的时间和特定的故事中,宣传出有效的广告主题。

 案例5-17

滴滴快车用"50元"讲了一个美好的故事,解决了两个产品诉求

由于城市高速发展,人们的精神世界也跟着高速运转,这些年大都市的人们都觉得特别忙碌,一到休假就忙着全世界找地方洗涤心灵,享受美好。而对于自己生活的城市,我们有着太多的抱怨、堵车、雾霾等。

滴滴快车发现了人们的心理需求,改变了以往单纯强调产品技术,抢优惠券等宣传方式,提升到倡导"让出行更美好"的精神关怀,激发人们去发现及感受生活之美。

在此策略下,广告从感性层面讲述一个"生活可以更美好"的故事。为了更能引起大众的共鸣,于是以北京二环作为故事的起点。二环的北京不管是白天还是夜里都十分繁忙,这里有成千上万,为生活忙碌,为梦想,为家庭打拼的人,滴滴快车没有选择在某一天进行全城滴滴快车免费这样的活动,而是在某一天帮助忙碌族,好好看一眼所生活的城市。

他们找到了阿根廷摄影师Esteban，如图5-9所示，乘坐特别定制版滴滴快车梅赛德斯-奔驰GLA SUV，如图5-10所示，以50元快车价格，走完32.8公里北京二环全程，完成了一幅全长79.37米的二环风景胶片，创造了新的世界吉尼斯纪录。

图5-9　阿根廷摄影师Esteban

图5-10　定制版滴滴快车梅赛德斯-奔驰GLA SUV

也许你的家就在二环边上，也许他的公司在二环附近，也许她天天堵在这里，但这一段路的美景或许从没有感受过。

为了让更多的网友参与进来，广告公司为这个项目打造了一个微信H5手机移动网站，他们从所拍摄的照片中精心挑选出图片，组成一幅全景二环。在这里用户可以了解二环上热门景点背后的故事，并分享给好友。可能你每天都从这里走过，但从不知道它们背后的故事。这个H5就是希望触动用户"走出去"的欲望。而幸运的网友，将有幸可以得到世界纪录最长胶片的其中一段作为永久珍藏。如图5-11所示是滴滴快车网络广告的截图画面。

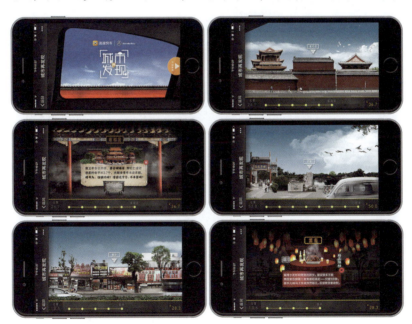
图5-11　滴滴快车网络广告

(资料来源：网络广告人社区，http://iwebad.com/news/863.html)

案例解析：该广告用故事的表现方式成功地传递了两个诉求。第一个诉求：出行是一种享受！但对于大部分消费者而言，美好必伴随着"真的很划算"。"乘坐特别定制版滴滴快车梅赛德斯-奔驰GLA SUV，以50元快车价格，走完32.8公里二环全程"。舒适的车，仅50元，32.8公里的出行费用。这将滴滴快车的另一诉求"快捷经济，高效公益"崭露无疑。滴滴快车想说的是：用吉尼斯世界纪录见证了二环之美，城市给人们带来的应当是舒适与享受，多出去走走，高效又经济的滴滴快车绝对是你最好的选择。

2) 夸张

夸张是一种为了表达上的需要，故意言过其实，对客观的人、事物尽力做扩大或缩小的描述方式。夸张型广告创意是基于客观真实的基础，对商品或劳务的特征加以合情合理的渲染，以达到突出商品或劳务本质与特征的目的。采用夸张型的手法，不仅可以吸引受众的注意，还可以取得较好的艺术效果。

案例5-18

雪铁龙汽车广告，小创意承载大空间

如图5-12所示是雪铁龙汽车Jumper车型的户外广告。动态广告视频请参见如下网址：http://v.youku.com/v_show/id_XMTMwNzUwMzg2OA==.html。

图5-12 雪铁龙汽车户外广告

(图片来源：http://www.iwebad.com/case/4288.html)

(资料来源：根据资料独立编辑)

案例解析：该广告打破了户外广告常规的静态模式，为体现该车型超大的运载能力，广告运用了夸张的表现手法，打造了一个动态的运送带，把一个个沙发、衣柜、鞋柜、洗衣机、抽油烟机、轮胎、储物箱源源不断地运送到车厢里。夸张的手法恰到好处，简练易懂，高效地传递了广告信息。

3) 幽默

不同文化背景的人对幽默的故事会有不同的反映。幽默式广告表现需要从目标受众的文化层面以及价值观念入手，去寻找最能引起特定受众群体共鸣的幽默内容。

案例5-19

幽默的保险广告，是否让你过目不忘

如图5-13所示是美国安泰人寿保险公司(ING Life Insurance Company)意外险的系列平面广告。

"如果阿基米德不是意外地在浴缸发现浮力定律，而是意外地滑倒……"

"如果落在牛顿头上的不是苹果，而是陨石……"

"如果哥伦布不是意外地遇到新大陆，而是意外地遇到礁石……"

人生旅途中的意外也许会带来灵感、也许会带来启发、也许会带来新的天地，但，也许只是个意外。

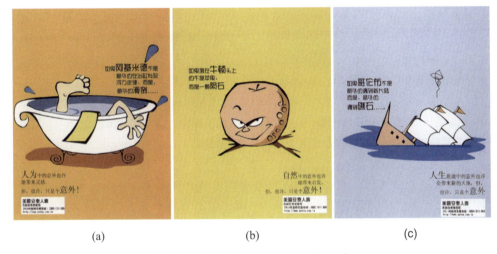

图5-13　安泰人寿意外险系列平面广告

(图片来源：http://tu.chinavisual.com/all/all/5)

(资料来源：根据资料独立编辑)

案例解析：保险公司的广告表现模式不外乎三种：理性诉求、感情"拉拢"、恐惧"震撼"，其实后面两种均属于感性诉求。受传统观念的影响，由于保险业关乎人们生命财产安全的特殊性，许多人对保险有所忌讳，对保险业务员较为反感，对保险广告的接受意愿也较弱。

行业背景使得保险的广告在创意和表现上都很难突破。而这组安泰人寿的意外险产品广告避开了这一点，采取幽默的感性诉求表现策略，用生动诙谐的插图诠释了"意外"给人类社会带来的惊喜，也暗喻意外可能带来的危机。广告用趣味的表现方式讲述和呈现"意外"的危害，引起受众对"意外"的关注，进而引发对"意外险"产品的需求。

4) 悬念

悬念方式的广告表现常常是把主信息藏在广告的正文中或是放在电视广告的结尾，目的是吸引观众进一步关注广告信息。制造悬念是要让受众有"念"的欲望，而不是单纯地追求"悬"。

(三) 情理结合策略

感性诉求和理性诉求各有优势，也各有劣势。理性诉求策略在完整、准确地传达商品信息方面非常有利，但由于其注重事实的传达和道理的阐述，往往会使文案显得枯燥，进而降低受众对广告信息的兴趣。感性诉求贴近受众的切身感受，易引起受众的兴趣，但由于其过于注重对情绪和情感的描述，往往会削弱对商品信息的传达。

因此，在实际的广告表现策划中，广告策划人员往往需要将两种诉求策略结合起来，以求得最佳的说服效果。这就要求在恰当的时机对消费者"见机行事"，是以"晓之以理"为主，还是以"动之以情"为主，要具体情况具体分析。

本章小结

(1) 广告创意是使广告传播达到广告目的的富有创造性的主意、意念或新奇的点子。广告创意实质上是根据产品市场、目标消费者、竞争对手等情况，寻找一个说服目标消费者的理由。

(2) 广告创意有四个基本要求：意在简明、重在新颖、贵在原创、合法合宜。

(3) ROI理论，是威廉·伯恩巴克经典的广告创意策略观，其基本内容是：好的广告应具备三个基本特质——关联性(Relevance)、原创性(Originality)、震撼性(Impact)。

(4) USP理论是广告创意策划最重要的理论之一。USP的全称是Unique Selling Proposition，一般译为独特的销售主张。USP理论认为广告成功的关键在于能否找出产品的独特销售主张，所谓独特销售主张是同类产品的广告宣传中不曾提出和表现的。在消费者心目中，一旦将这种特有的主张或许诺同特定的品牌联系在一起，USP就会给该产品以持久受益的保证。

(5) 将广告创意概念进行符合特定媒体语言的再创造，完成特定的信息编排与传达效果的创意执行过程，称为广告表现。

(6) 广告表现策略有时也称为"诉求策略"，表现策略制定是从广告创意到广告制作的过渡阶段。制定有效的广告表现策略，不仅是广告科学化运作的基本要求，对广告策略的创意演绎也起着决定性的作用。

(7) 常用的广告表现策略有理性诉求策略、感性诉求策略和情理结合策略。

(8) 理性诉求是指广告通过摆事实、讲道理的表现方式将产品的好处或优于同类产品的特点呈现给目标受众，然后提供给受众一个不能否认的购买理由。理性诉求策略将广告诉求定位于受众的理智动机，通过真实、准确、公正地传达企业、产品、服务的客观情况，使受众经过概念、判断、推理等思维过程，理智地做出决策。理性诉求常用的表现形式有：信息展示、实证演示、比较、证言式。

(9) 感性诉求是广告将诉求重点以情绪沟通的方式进行表现，突出广告内容在格调、意境、心理情绪感受等方面的优势，从情感和外在形式上打动消费者的一种广告创意表现方式。感性诉求型的广告表现，不注重商品的具体功能以及价格优势，而是直接诉诸消费者的情感、情绪，如喜悦、恐惧、爱、悲伤等，形成或者改变消费者的品牌态度。感性诉求常用的表现形式有故事、夸张、幽默、悬念。

(10) 感性诉求和理性诉求各有优势，也各有劣势。因此，在实际的广告表现策划中，广告策划人员往往需要将两种诉求策略结合起来，以求得最佳的说服效果。

 实训案例

情感引爆市场——养生堂天然VE《呵护篇》创意及表现策略

广告主：海南养生堂保健品有限公司。

实施时间：2007年。

实施范围：全国。

核心策略：情感诉求，引起女性共鸣。

创新点：以情感为钥匙开启消费者的心灵，用温暖、平和，并充满了女性情怀的细腻感的基调打动目标人群。

养生堂天然维生素E是养生堂保健品体系下的一个隐形冠军，作为单一品牌保健品，2006年的销售就已超过2亿元，2007年更达到3亿元的规模。

从品牌发展之初，养生堂就设定了扎实的品牌基础，然后再思考品牌传播这一思路。

最开始的宣传是针对目标对象的杂志软广告，结合消费者需求，多角度地讲述VE的功能和天然VE的优点。软文的投放几乎涵盖所有女性相关杂志，用近两年的持续性，同时配合坚实的终端及区域推广，养生堂天然VE在同品类产品中站稳了脚跟，取得了领先地位。

2007年，养生堂提出了新的要求，目标就是扩大领先优势，成为领导品牌和品类代言。两年的积累，终于让养生堂天然VE从功能宣传走到品牌形象宣传这一步。培育了两年的维生素E或者说天然VE市场，终于到了可以引爆的时候。

在产品功能已经清晰的基础上，养生堂的目标定为通过与消费者的情感沟通，在消费者心中建立起与她们有共鸣的品牌形象。

VE的目标消费者为25岁以上的女性，重点人群定义为35～45岁之间的女性。什么是能开启这些成熟女性心灵的金钥匙呢？

在所有女性节目或者女性杂志上，最重头、最受欢迎的内容都是情感故事或对于情感问题的讨论。情感，对于任何人来说都是可以引起共鸣，拉近距离的话题，对于既感性又细腻的成熟女人来说，更是她们心中最柔软的所在。

在锁定了以情感为钥匙开启消费者心灵之后，选择什么样的情感方式来打动她们，使传播和沟通更有力度呢？

成熟女性大多已经进入了婚姻生活，或者已经有了稳定的爱情基础。她们对于感情的追求，早已不再是年轻时的青涩和刺激，而是一种平和、温暖、家庭式的美好。对于伴侣，她们也有着一种期许，倒不是求他给自己带来多奢华的生活，要的只是永远陪着自己到老的那一份不离不弃。不求惊天动地，只求长长久久、和和美美，这样的感情，对于她们来说，才是最大的幸福。这也正契合了养生堂天然VE持续两年多的广告语：美丽自己，爱施家人。

养生堂天然维生素E的这则形象广告取得了巨大的成功，养生堂天然维生素E不仅从产品功能上关怀与呵护女性，更从情感上与女性产生共鸣，加深了养生堂天然维生素E与消费者

图5-14 养生堂天然维生素E《呵护篇》影视广告

之间的联系，在消费者心目中确立了充满家人情感关怀的温暖形象。

养生堂天然维生素E形象广告的成功，有赖于一直坚持了解目标消费者，从消费者的角度寻找沟通方式。只有真正理解了消费者，才能打动他们，从而进一步培养出忠实的消费人群。

"看到他们恩爱的样子，我在想，他们年轻时是否和我们一样！"一位美丽雅致的女性望向远处互相扶持而行的年迈夫妇，发出了感慨。"我在左，给你天使的浪漫；你在右，许我温暖的未来。"当画外音响起，画面闪过夫妇紧紧相扣的十指，如图5-14所示。

(资料来源：李文龙，穆虹. 实战广告案例·第四辑·品牌[M]. 北京：企业管理出版社，2009.)

案例点评：

平和、温暖的创意思路虽不惊天动地，但收效是有目共睹的。情感诉求是众多广告所要表现的，但要把情感发挥得淋漓尽致，让消费者产生共鸣实属不易。在众多保健品广告中，创意的潮水从来没有停息过，然而能触动人心的却寥寥无几。在纷繁中返璞归真，从消费者的角度出发，对消费群体进行细分，有针对性地触动人心，进行情感的沟通，无疑是这则广告成功的秘诀。

讨论题：

一个出色的情感诉求广告，应当如何做好与受众的情感沟通，以引起目标受众对产品和品牌的共鸣？

实训课堂

一、单项选择题

1. 认为广告成功的关键在于能否找出产品的独特销售主张，所谓独特的销售主张是同类产品的广告宣传中不曾提出和表现的广告创意策略是（　　）。

A. 定位理论　　B. 品牌形象论　　C. USP理论　　D. CI理论

2．广告通过摆事实、讲道理的表现方式将产品的好处或优于同类产品的特点呈现给目标受众，然后提供给受众一个不能否认的购买理由，这种广告表现策略称为(　　)。

A．理性诉求策略　　　　　　　　B．感性诉求策略

C．情理结合策略　　　　　　　　D．实证演示策略

3．广告确定品牌代言人时选择具有专业产品知识，将代言人刻画成医生、律师、科学家、园艺师，或其他任何与品牌相关的人物形象，以提高信息的可信度，这种证言方式属于(　　)。

A．名人证言　　B．专家证言　　C．普通用户证言　　D．明星证言

二、多项选择题

1．伯恩巴克的ROI理论认为好的广告应具备的基本特质包括(　　)。

A．关联性　　B．合规性　　C．原创性

D．震撼性　　E．简洁性

2．优秀的广告创意作品需要符合的要求有(　　)。

A．意在简明　　B．重在新颖　　C．贵在原创

D．合法合宜　　E．视觉冲击力强

3．理性诉求常用的表现形式有(　　)。

A．信息展示　　B．比较　　C．实证演示

D．故事　　　　E．证言式

4．感性诉求常用的表现形式有(　　)。

A．故事　　B．比较　　C．夸张

D．幽默　　E．悬念

三、简答题

1．简述广告创意策略中定位理论的基本观点。

2．简述广告表现策略中理性诉求和感性诉求各自的特点。

四、模拟现场

1．请同学们根据本章所学内容，为以下广告主题制定广告创意策略和表现策略，可参考文字和草图呈现给你的广告创意和表现思路。

广告主：华硕计算机。

主题：华硕M2400系列笔记本。

【公司理念】

培育、珍惜、关怀员工，让华硕人尽情地发挥最高潜力；坚守正直、勤俭、崇本、务实的正道；永无无止境地追求世界第一的质量、速度、服务、创新、成本；跻身世界级的高科技领导群，对人类社会做出真正的贡献。

【产品优势及属性】

轻薄型光软互换型(主流商务笔记本电脑)

M2400系列：

在舒适中感受流畅，在优雅中绽放力道，在掌握中体会纤巧华硕M2400系列笔记本电脑，是内功与外功俱臻入化境的结晶，精心打造而成的电脑计算机精品，也是一部为E世代新社会精英所定做的高科技精品，不仅运用新一代材料、半导体、信息系统设计、散热架

构、省电技巧等新技术来锤炼笔记本电脑的内涵，更以简约与纯粹的新工艺美学思维打造笔记本电脑的外在，巧妙的对比与和谐、谦逊与华丽融合，彰显了信息时代社会精英崇尚简朴自然、专业舒适的价值与嬉皮、雅痞的双重魅力特质。

M2400特色：

［简约美学思维设计］

［最轻薄的移动式英特尔奔腾四处理器——M 2400笔记本电脑］

［"一机五碟"充分满足周边存储需求］

［多功能模块抽换槽］

［Power4 Gear省电模式切换技术］

［行动多媒体娱乐平台］

【广告目的】营造华硕笔记本电脑技术卓越，值得信赖的产品形象。

【广告目标市场】企业级用户、商务人士。

【使用方式/场合/时机】移动办公、商务应用。

【主要竞争者】我们从来不设定竞争者，我们最大的潜在竞争者就是我们自己，不断地挑战自我，不断提高自身就是我们的竞争。

【商品定位】主流移动办公和商务笔记本电脑。

【品牌形象/个性】质量卓越、技术领先、值得信赖。

（资料来源：十二届台湾时报广告金犊奖广告策略单）

2. 完成你的广告创意策略和表现策略后，请参看以下三组广告创意表现，如图5-15～图5-17所示，分析它们各自的创意和表现策略，讨论它们之间的差异和优劣。

图5-15　华硕M2400笔记本平面广告设计方案1

(a)

(b)

图5-16　华硕M2400笔记本平面广告设计方案2

(a)

(b)

图5-17　华硕M2400笔记本平面广告设计方案3

(图片来源：刘书言，林芝，莫紫荆，秦丹. 十二届台湾时报广告金犊奖的获奖作品)

第六章

广告媒介策划

学习要点及目标

- 了解广告媒介的含义及其作用，掌握广告媒介的分类及其优劣势。
- 理解广告媒介评估的含义，量化评估与质化评估的指标。
- 理解广告媒介选择的含义、原则及影响广告媒介选择的选择因素。
- 理解广告媒介组合的含义、作用，以及广告媒介组合需要注意的要点。
- 掌握广告媒介组合的步骤与常用组合策略。

核心概念

广告媒介、媒介评估、媒介选择、媒介组合

引导案例

"好记星"英语学习机媒介策划

"好记星"所面对的消费者市场是2.55亿的英语学习者，其广告传播经历了三个主要阶段，相应地，品牌发展也随之"三级跳"，尤其是到最后一个阶段，在投放央视招标段广告数月之后，无论是从销售量还是从品牌认知度、美誉度，都实现了"鲤鱼跃龙门"的突破性效果。

第一阶段：地方报纸整版广告——启动市场，建立功能认知。

"好记星"在济南试点市场把各种方案的报纸整版广告都试验了一遍，从中总结出了一套比较完善的报纸广告创意与投放方案。选择当地影响力最大的报纸媒体，通过使用者的语言评价讲述"好记星"对他们记忆单词、迅速提高英语学习能力的神奇帮助。

"好记星"在武汉总共投放了150个报纸整版广告，采取高度密集式的广告攻势，成功地刺激了消费者，也强烈地震动了经销商和竞争对手。

第二阶段：地方卫视电视直销广告——区域渗透，巩固品牌认知。

"好记星"选择在各家省级卫视的"边缘时段"播放电视直销广告，进一步扩大在区域市场的渗透。在这个阶段，"好记星"借鉴了保健品的营销传播模式，整合省级卫视的"边缘时段"，使区域消费者对"好记星"产品功能和品牌定位的认知得到了进一步巩固，销量也稳步提升。

第三阶段：央视招标段强势投放——全面覆盖，实现品牌升级。

"好记星"的形象广告在央视一套黄金时段频频亮相。选择著名的外籍明星大山作为品牌代言人，用背着沉重单词包袱缓慢爬行的蜗牛来形象地比喻学习单词的沉重压力和采用错误学习方法的结果。凭借央视强大的覆盖力和影响力,"好记星"独特的品牌定位迅速地在消费者中传播。图6-1所示是大山代言"好记星"的平面广告,生动、直接,具有说服力。

(资料来源:好记星:两年做到25亿. 中国广告网, http://www.cnad.com/html/Article/2006/0626/20060626155232454.shtml)

案例解析:"好记星"通过地方报纸广告启动市场,建立功能认知,再用电视直销进行区域渗透,最后用央视招标段实现品牌升级,其销售结果证明了这种跳跃式的媒介策略引导着"好记星"一步一个台阶,实现了品牌发展的"三级跳"。

随着"好记星"发展的步步推进,媒介策略的运用也是从低端走到高端、从地方走到中央。这种把媒介当作战略性资源来运用的做法,使"好记星"建立了权威、值得信赖的品牌形象。

图6-1 外籍明星大山代言"好记星"平面广告

第一节 广告媒介概述

广告活动与传播密切相关,传播活动是通过媒介来实现的,所以广告要达到预期的效果,就要通过媒介传送信息来实现。广告媒介策划是广告策划中重要的组成部分,它既与广告总体策划有关系,又可作为独立部分进行策划。

对于企业而言,在广告预算中,有80%以上的费用投入到了媒介。广告活动的一个重要方面,就是要运用广告媒介策略,充分发挥各种广告媒介的传播优势,并及时、准确、巧妙地把有关信息传递给目标消费者。

一、广告媒介的含义及其作用

(一)广告媒介的含义

广告媒介是指能够借以实现广告主与广告对象之间信息传播的物质工具。随着科学技术的日新月异,广告主有了更多的选择,除了上述各种媒介之外,iPad、互动电视、银行ATM自动取款机屏幕(主要用于银行自身企业和产品宣传)、数字信息亭、黄页广告、电话提示音广告等都可以列入媒介考虑的对象。

（二）广告媒介的作用

1．广告媒介策略是企业营销策略能否成功的关键因素之一

广告媒介策略是现代广告的主要策略之一，它与定位分析策略、创意策略、文案策略一起构成了广告活动的主体。

2．广告媒介的选用直接决定广告目标能否实现

企业广告目标是塑造企业与商品形象，促进并扩大商品销售。在广告媒介的选择和组合上，版面大小、时段长短、刊播的次数、媒介传播时机等，都对广告有一定的影响。

延长广告时间包括广告时间的绝对延长和相对延长。一般而言，时间长比时间短更容易引人注意，但是绝对延长时间会让人感觉内容枯燥乏味，反而会降低人们的注意力。相对延长时间即广告反复重现，增加广告的频率也易引人注意，但是，反复出现广告也有一定界限，过分长久地反复，会使受众感到厌烦甚至产生对抗心理。因此，在广告媒介的选用上，采用媒介空间的大小和时间的长短，会直接影响广告目标的实现。

3．广告媒介决定广告是否能够有的放矢

任何一则广告，其目标对象只能是一定数量或一定范围内的社会公众。广告目标对象是广告信息传播的"终端"，也是信息的"接收端"，社会公众或消费者又称为"受者""受众"。撇开"受者"也就无所谓传播，广告也就无效。在广告活动中，虽然对广告目标对象把握住了，但是如果媒介把握不当，那么整个广告活动也就会前功尽弃。

4．广播媒介决定广告内容与采用的形式

在任何广告中都包含有"说什么"的问题，在不同的传播媒介上，"说的内容"和"说的形式"有着很大的不同，这是由不同的广告媒介的特点所决定的。对于某些广告活动，在其广告内容上要注意分析和把握其不同传媒的价值功效，以相适应的传播媒介去完成特定广告信息传播。

5．广告媒介决定广告效果

任何一个企业做广告都希望以尽可能少的广告费用取得最好的效果，或者以同样的广告费用取得最好的效果。由于广告费用中的绝大部分用于媒介，从这个角度来分析，与其说是广告效果的大小，倒不如说媒介费用决定广告效果的大小。按照国际惯例，在一种正常的经济运行状态中，用于广告媒介的费用占企业广告费用的80%以上。

二、广告媒介的类别及其优劣势

广告策划人要想充分发挥广告媒介的作用，必须首先认识广告媒介的类型及其传播特点。当今世界，传播媒介种类繁多，广告媒介千姿百态，对广告媒介从不同的视角可以做不同的分类。

（一）大众传播媒介

大众传播媒介主要是指报纸、杂志、广播、电视、电影等媒介，特别是前四种，是广告传播活动中最常用的媒介，通常被称为四大广告媒介。

1．报纸

报纸是传统的三大新闻传播媒介之一。报纸是运用文字、图像等印刷符号，定期、连续地向公众传递新闻、时事评论等信息，同时传播知识，提供娱乐或生活服务，一般以散页的形式发行。报纸是最早面向公众(消费者)传播广告信息的载体，现在也仍是被经常运用的广告媒介之一。随着读者的需求和传媒的发展，当代报纸的版面越来越多，信息服务的质和量都有了较大的提高。

1) 报纸作为广告媒介的优势

(1) 地理针对性较强。

地区的日报、晚报都可以使广告到达地理范围明确的目标受众。许多报纸试图通过为广告开发特殊版本的做法提高自己的目标针对性。

(2) 适时性。

报纸是主流媒介中最及时的媒介之一，由于制作标准报纸广告和日常出版内容所需的时间较短，因而报纸可以使广告及时地到达自己的目标受众。报纸广告还可以配合社会特殊事件。

(3) 创意机会较广泛。

虽然报纸版面的创意空间不如电视那么大，但报纸却可以给广告主提供重要的创意机会。由于版面较大，相对较便宜，因而可以用比较低的成本向目标受众传递大量的信息，对于那些需要详细文案才能表达清楚的产品或服务来讲，这一点很有优势。

(4) 信誉良好。

迄今，仍然可以利用人们对报纸的看法："登在报纸上的，一定是事实。"人们的这种观点，加上大多数报纸的社会形象，为广告创造了一个有利的环境。

(5) 受众兴趣高。

坚持看报纸的读者都是一些对报纸感兴趣的忠实读者，这为地方性经销商创造了一个理想的宣传环境。

(6) 成本较低。

从制作和版面两方面来讲，报纸都属于低成本的媒介。报纸的单位接触成本也许比电视和广播要高，但即使广告预算比较小，也足以负担发布黑白广告的成本。

2) 报纸作为广告媒介的劣势

(1) 寿命短暂。

由于大多数报纸是日报，发行频繁，许多报纸第二天就不会再被读者关注，很容易被废弃，所以与杂志媒介相比，报纸广告被反复阅读的可能性较小，提醒作用也比较小。

(2) 创意局限性。

报纸缺乏电视广告的生动，难以全面展示商品的形体特征和动感，因而感染力和吸引力比较小。报纸多采用新闻纸印刷，印刷效果不够精美，所以不适合展示精美豪华、色彩鲜艳的产品广告。

(3) 读者选择影响性大。

由于读者的选择性，读者很可能选择不阅读广告。由于受到读者文化水平和报纸发行渠道的限制，报纸的农村读者非常有限，很多报纸不适合刊登面向广大农村的广告。

(4) 重复性差。

同一期报纸上往往只能刊登同一企业的一个广告，与广播和电视相比，广告无法在一天之内有效重复，提醒作用不如广播、电视媒介。

(5) 细分局限性。

虽然报纸具有较好的地理针对性，但它瞄准特定受众的能力不足。报纸发行量过于笼统，包含了各种经济状况、社会阶层和人口统计特征的受众，无法从中分离出具体的目标。在有些版面上投放广告很难瞄准受众的特性，而即使做出了这样的努力，也不会有什么结果。

(6) 广告环境比较杂乱。

在同一份报纸的同一版面上往往会刊登多个广告，同一类产品的广告主们总想利用同样的版面到达目标受众，因此广告能否被阅读受其他广告影响较大。而且，广告面临着一个极为杂乱的环境，报纸内容丰富，分版编排，充满了标题、副标题、图片、公告、新闻报道，广告若被安排在次要的版面，读者关注度就会降低，容易被忽视。

2．杂志

杂志，又称期刊，是一种以固定的时间周期发行的，刊登某一门类的知识性或娱乐性文章、图片等供读者研究或消遣的小册子形式的平面印刷读物。1710年，世界上第一个杂志广告刊登在英国《观察家》上。在我国，1853年香港的《遐迩贯珍》中文杂志开刊登广告之先河。发展至今，杂志已经成为人们社会生活中不可缺少的文化消费品。

1) 杂志作为广告媒介的优势

(1) 受众针对性强。

与印刷或广播、电视媒介相比，杂志具有更为固定的编辑方向，读者较为固定且有一定的特质。它可以为广告主提供明确的选择方向，进而瞄准高度细分的受众。这种细分以人口统计特征、生活方式或特殊兴趣为依据。受众细分可以细到非常狭小的范围，也可以宽泛到跨越了多种兴趣群体。

(2) 受众兴趣强。

和其他媒介相比，杂志更是因为自己的内容而吸引受众，杂志的受众会自愿阅读广告。读者阅读专注认真，广告的说服力较强。杂志需要读者花费较多的金钱来购买，这也促成他们比较认真地阅读。

(3) 创意空间高。

杂志给广告主提供了广阔的创意空间。杂志可以通过调整广告面积、色彩、空白以维持受众的兴趣。由于大多数杂志的纸张质量非常好，因而色彩还原的效果非常出色，适合高关注度商品和精美商品广告。为了进一步扩大杂志的创意空间，还可尝试各种创意技巧，例如自动弹出式广告、摩擦散味式广告、带香水条的广告，甚至还有带微小电脑芯片，可以闪烁亮光或演奏音乐的广告。

(4) 阅读寿命长。

有些杂志读者会把杂志一期期地保存起来，这就意味着其与报纸不同，杂志可以长期重复阅读。杂志的长寿命除了能增加读者本人的接触机会外，还可以提高二手读者的人数。

(5) 干扰少。

由于杂志版面较小，很少安排多个广告，因而广告不容易受到其他广告的影响。

(6) 详细说明。

杂志作为解释性媒介，可以对广告信息进行充分的说明和解释，因而适合刊登复杂的广告信息。

(7) 读者购买力强。

杂志读者受教育程度较高，购买力较强。

(8) 诉求准确。

杂志读者特性集中、明确，适合做诉求对象非常集中的广告。

2) 杂志作为广告媒介的劣势

(1) 传播环境杂乱。

杂志虽然不像报纸那么杂乱拥挤，但它的传播环境也不佳。有些专业杂志的广告含量居然高达80%，这自然会使群体狭小的受众面对品牌之间的直接竞争。另外，杂志还要面对另一种杂乱：一旦发现一个新的市场，马上就会有"仿效"杂志出现，直接降低广告及其载体的价值。而且，杂志页数很多，广告还可能被忽略。

(2) 广告效果不均。

封底、封二、封三的广告和特殊插页的广告容易引起注意，其他版面的广告就很容易被忽略，加在彩色广告中的黑白广告页面也很容易被忽略。

(3) 准备时间长。

杂志稿件准备周期长，通常要一个月或半个月。一旦广告送交杂志社，即使发生了重大事件，传播环境已经改变了，广告稿也不能改动。

(4) 成本高。

虽然杂志的单位接触成本不像有些媒介(尤其是直邮)那么高，但却比大多数报纸高，也比广播、电视高许多倍。而且，由于杂志发行量有限，传阅率高，直接订户比较少，尤其是一些专业性杂志，很难把握读者的情况，相对地加大了广告的千人成本。

(5) 重复性差。

同一期杂志上往往只能刊登同一企业的一个广告。与广播和电视相比，广告无法在一天之内有效重复，因而提醒作用不如广播电视媒介。

3．广播

广播是比电视更早一些的电波媒介，通过无线电波或金属导线，用电信号向听众提供信息服务。广播媒介作为世界上最早的电子媒介，在其黄金时期发挥了核心媒介作用。当电视兴起后，广播媒介成功转型为一种贴身的伴随媒介，成为一种不可替代的媒介。

1) 广播作为广告媒介的优势

(1) 成本低。

无论按单位接触成本，还是按绝对成本计算，广播往往都是最合算的媒介。另外，广播广告的制作成本非常低，如果在电台直播广告，广告主往往不需要花任何制作费。

(2) 到达率和频次高。

在各种媒介中，广播的到达范围最广，可以在受众的家里、车里、办公室里、后院里，甚至在他们忙碌的时候传送信息。广播所具备的无线和移动特点使信息到达的受众人数超过了任何其他媒介。广播的低成本给广告主提供了以较低的成本频繁重复信息的机会。

(3) 目标受众针对性强。

广播可以按目标受众的地理范围、人口统计特征和消费心理，有针对性地选择他们。地方电台的传输范围比较狭窄，这反而给广告主到达小范围地域内的受众提供了最佳条件。

(4) 灵活性和适时性。

广播是最灵活的媒介，因为广告主可以在离截稿期非常近的时候交稿，有了这种灵活性的优势，广告主便可以不失时机地利用特殊事件或特定竞争机会，制作时效性强的广告。

(5) 创意机会宽广。

虽然广播在感官刺激上比较单一，但它仍然具有强大的创意效果，广播就像想象的剧场。广播广告可令人难忘，极大地影响消费者对品牌的态度。另外，如果某种音乐形式能够吸引受众收听某家电台，那么他们通常也愿意收听采用他们熟悉的音乐制作的广告。

2) 广播作为广告媒介的劣势

(1) 受众专心程度差。

广播几乎可以到达处于任何位置上的受众，但这并不等于每一个收听者都在专心致志地听。听众会把广播描绘成背景声音，然后一边干其他事情一边听着舒服的背景声音，因而这时听众的专注程度很难达到广告传播所要求的那种水平。

(2) 创意局限性。

虽然想象剧场给创意提供了一个绝妙的机会，然而这种机会却很难利用。广播只有声音，缺少形象的支持，这必将严重影响创意的表现手段。如果广告主要向听众展示商品的包装和外观，或要依靠演示才能实现传播效果，那么采用广播肯定不合适。广播信息也是转瞬即逝，因此不适合传播复杂的解释说明性信息和深度诉求。

(3) 受众分流。

为数众多的电台频道都想吸引市场中的同一群受众，这在无形中造成了受众的严重分流。想象当地的广播市场，也许有四五家电台都在播放你喜欢的音乐，多家电台在播送谈话节目。受众分流意味着收听任何一家电台的听众数目都会很小。

4．电视

电视是运用电波把声音、图像(包括文字符号)同时传送和接收的视听结合的传播工具，是一种具有多种功能的大众传播媒介。

1) 电视作为广告媒介的优势

(1) 创意机会多。

与其他媒介相比，电视最突出的优势在于它能用图像和声音传送信息。作为视听合一的媒介，电视媒介适合再现形象、现场、过程，且现场感强、形象真实、可信度高，给观众一种面对面交流的亲切感。电视能够直观展示产品、产品的使用过程和使用效果，具有很强的说服力和感染力。随着清晰度和立体声基数大发展，电视广告的效果也得到了提高。

(2) 覆盖范围广。

电视普及率在全世界范围内都很高。因此，没有哪种媒介可以像电视这样让广告主如此频繁地重复自己的信息。

(3) 单位接触成本低。

如果广告主针对的大众市场比较宽泛,那么,对于这种广告主来说,电视到达数百万目标受众的成本比较合算。黄金时段和收视率高的节目可以到达无数家庭,这使得广告主的单位接触成本降到了极低的水平,任何其他媒介都无法与之相比。

(4) 受众针对性强。

电视节目编排者们正在努力开发吸引小范围目标受众的节目。窄播指针对小范围目标受众制作并传送专门节目的做法。有线电视显然是最有针对性的电视媒介,有线电视不仅播出针对小范围的节目,而且也播出为吸引小部分受众而开办的电视台,如新闻台和旅游台。

2) 电视作为广告媒介的劣势

(1) 信息短暂。

与印刷广告恰恰相反,电视广告的图像和声音转瞬即逝,无法让信息接收者反复琢磨,这使得信息难以产生作用。为了克服这个缺陷,一些广告主不得不耗费巨额资金来反复播放广告。

(2) 绝对成本高。

虽然电视广告的单位接触成本在所有媒介中最低,但绝对成本却有可能最高,这限制了一些企业的使用。当然,对于大型全国性消费者用品生产企业来说,为了电视广告的覆盖范围、到达率和重复率,电视广告的绝对成本是可以接受的。

(3) 地理针对性差。

虽然电视台可以让节目吸引特定的受众,但节目传输却无法那么准确地瞄准地理目标。如果某个当地客户只想到达某个城市市场,而电视却传输全国、全省,到达范围就显得太宽了。这无疑将增加广告主的费用,却吸引不了更多顾客。

(4) 受众专注程度差。

自从电视广告诞生以来,消费者们一直对广告的入侵表示不满。广告对电视节目频繁的干扰,破坏了消费者对广告的好感。为此,消费者经常寻找回避广告的方法,如:频道搜索、去洗手间、到冰箱取东西,或者与人交谈等。

(5) 广告环境杂乱拥挤。

30秒、15秒、5秒标版等长度,大大增加了受众面对的广告信息数量,同时也使传播和劝服环境变得更加拥挤不堪。

(二) 小众传播媒介

相对于大众传播媒介,还有很多用来传播广告信息的媒介,传播范围小些,受众群体少些,故称之为小众传播媒介。这些媒介可以进行促销,直接影响消费者的购买行为,且能够弥补和配合大众传播媒介的传播活动,满足消费者的整体需要,有时也可统称为促销媒介。

1. 户外广告媒介

户外广告媒介主要是指在城市的交通要道两边,主要建筑物的楼顶或者商业区的门前、路边等户外场地设置的发布广告信息的媒介。户外广告以其形式多样、表现手法丰富、色彩鲜明、时效性长、可选择性强、价格低廉等特点深受广告主的青睐。

1) 户外广告媒介的分类

户外广告媒介的分类如表6-1所示。

表6-1　户外广告媒介的分类

分　类	内　容
电子类	电视墙、电子快播板(Q板)、电脑显示屏(LED)、DAV广告车
绘制类	招贴、条幅、路牌、墙体
光源类	霓虹灯、灯箱、大型户外投影
空中类	烟雾、激光、气球、飞艇、降落伞、火箭
其他	赛场、雕塑、自动售卖机、立体充气模型

2) 户外广告媒介的优势

(1) 时效性强。

户外广告媒介的使用周期一般较长，几周、几个月甚至一年以上。因此可以连续不断地传播广告信息，增加广告信息重复出现的次数，不断提高广告发布的知名度和到达率。

(2) 价格低廉。

户外广告媒介制作成本低廉，费用也比较便宜。就国内而言，一块普通户外路牌广告一年的全部费用只相当于几秒钟的电视广告。

(3) 选择性强。

广告主可以根据自身产品的特性，选择目标消费者所在区域的户外广告媒介进行广告投放。如目标消费者为北京市大学生的广告主，就可以围绕北京市高校聚集区和大学城的户外媒介设施进行广告投放。

(4) 视觉冲击力强。

户外广告媒介可以融合多种表现手段，图文并茂，引人注目，特别是电子类、光源类、空中类等色彩华丽、表现手段独特的户外广告媒介，不但为城市增添亮色，同时也达到了广告传播的目的。

案例6-1

麦当劳的户外广告媒介创意

如图6-2所示的广告牌，是芝加哥李奥·贝纳广告公司在2008年夏季为麦当劳设计的一个惊世巨作——新鲜煎蛋的户外广告。

(a)

(b)

(c)

图6-2　麦当劳"新鲜煎蛋"户外广告

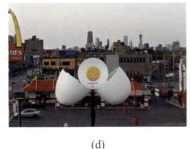  

| (d) | (e) | (f) |

图6-2 麦当劳"新鲜煎蛋"的户外广告(续)

(资料来源：李明合. 麦当劳的户外媒体创意策略分析. 中国广告人网，http://www.chinaadren.com/html/file/2009-5-20/2009520153102.html)

案例解析：麦当劳"新鲜煎蛋"户外广告牌的造型是一只巨型"鸡蛋"。每天凌晨六点起，"鸡蛋"就开始慢慢开裂，直到完全展开露出一个新鲜煎蛋，蛋黄上写着乳白色广告语："Fresh Eggs Daily"(每日鲜蛋)，一直到十点半早餐时间结束，一直保持敞开状态，提醒人们该时段有新鲜煎蛋供应，而后又封闭起来，直到第二天早上六点重新裂开。正如业界人士所惊叹的："这样创意绝佳的广告牌胜过千言万语"，不但能有效吸引受众注意，而且还有着极佳的提示作用，诱使人们走进店里去品尝一番。

3) 户外广告媒介的劣势

(1) 广告信息量有限。

由于行人一般是在运动中看户外广告的，加上广告与行人之间相隔一定距离，因此户外广告字体要增大，信息容量要相应减少，力求简明扼要。根据测算，行人至少要花5秒钟的时间读完广告信息，才能产生良好的广告效果，而一般来说5秒钟最多只能看20～30个汉字，由此可见户外广告信息量的局限性。因此，户外广告媒介最主要的功能是树立品牌形象，其次才是发布产品信息。

(2) 媒介传播效果的评估难度大。

由于户外广告受众具有很强的流动性，因此没有固定的样本，媒介监测数据难以让人信服，评估传播效果难度较大。

2．售点广告媒介

凡在商店、建筑物内外能够促进销售的广告物，或其他提供有关商品信息、服务、指示、引导的标志等，如店内的悬挂物，橱窗和柜台的设计、陈列，在店内外设立能标示产品特征的立体物，或散发单张的海报等，都称为售点广告或销售现场广告(Point of Purchase Advertise)，简称POP广告。

1) 售点广告媒介优势

(1) 吸引顾客眼球。

内容简洁明快，大多是将实物产品衬以相应的装饰，有助于顾客近距离仔细观看和接触商品。

(2) 创造即时购买与消费的气氛。

巧妙、灵活的售点广告既可以将购物场所装点得舒适、美观，又能使之显得生意兴隆，从而提高顾客的购买兴趣，以促成现场最终交易。

2) 售点广告媒介劣势

(1) 设计要求与成本相对较高。

售点广告要吸引消费者、促进销售，就要在商品陈列和设计方面新颖独到，对设计有较高的要求，同时要有一定的宣传物质保障，因而成本相对较高。

(2) 清洁度要求较高。

由于商店客流量大，灰尘多，如果不经常清洁，就会影响销售点广告的社会和经济效果，也会影响到企业形象。因此要求有一定的人力物力来清洁广告牌。

3) 售点广告媒介的类型

因销售服务环境与经营内容方式的差异，售点广告大致有以下六种类型。

(1) 手绘广告。

手绘广告是我国20世纪90年代前应用最广泛的售点广告形式。一般适合销售服务现场，及时告知最新消息。具有灵活、多变、即时的特点，因此这种广告多属于短期广告。

(2) POP包装。

POP包装是最经济有效的现场广告手段，借助商品销售包装媒介作售点广告。利用商品包装盒盖或者盒身部分进行特定结构设计，可开启或悬挂展示具有突出商品信息的助销广告。

(3) 货架广告。

在货架上与售货柜台上，通过现场广告方式突显商品，引人注意，引导和激发人们的购买冲动。

(4) 橱窗广告。

在商场临街或商店内部橱窗中，配合典型的商品陈列展示所进行的图片、文字、灯光烘托等的推销宣传手段。

(5) 悬挂广告。

利用空中的空间悬挂附有商品信息的吊旗、吊牌、彩条广告等，传达商品与服务信息，进而增强销售与消费氛围。

(6) 离子电视广告。

高频次地播放广告，在顾客浏览商品或犹豫不决的时候，恰当地说明商品内容、特征、优点等，引起顾客兴趣，并担当起售货员的角色。

3．直邮广告媒介

直邮广告(Direct Mail Advertise，简称DM广告)是将广告信息通过信件用直接邮寄的方法传达给广告主所选定的对象，介绍产品或服务，引发消费者的兴趣。也可以寄优惠卡或附送样品、折价券等。

1) 直邮广告媒介优势

(1) 针对性强。

直邮覆盖集中、到达广泛。人人都设有信箱，因此，广告主可以利用直邮百分之百地到达指定地区内的家庭。直邮电脑的邮寄名单可以将人们按职业、地区、收入或其他特征进行分类，有助于广告主直接与最有购物动机的消费者进行交流。

(2) 灵活。

直邮广告的创意空间独一无二，只受广告主的才能、预算和邮政法规的约束。直邮的制作与发行速度都非常快。

(3) 便于控制。

预先印制的直邮邮件能够使广告主控制发行量和复制质量。

(4) 人性化冲击力。

广告主可根据特定受众的个人需求、欲望和希望设计直邮，而又不冒犯其他潜在消费者或现有顾客。

(5) 反应率高。

在所有广告媒介中，直邮的反应率最高，约15%的反应在第一周内出现，因此，广告主能够迅速判断广告是否成功。

(6) 可证实性。

直邮有利于测试收件人对产品的接受程度，以及对定价、优惠、文案、销售说明等的反映状况。

2) 直邮广告媒介劣势

(1) 成本高。

直邮广告媒介的单位成本约为一般杂志和报纸广告的14倍。

(2) 投递问题。

大众媒介有精确的发布时间，但邮政服务对三类邮件不保证投递时间和准确程度。

(3) 缺少内容支持。

直邮广告必须在没有评论内容和娱乐内容的情况下抓住并保持读者的注意力。

(4) 针对性问题。

直邮广告是否有效取决于目标受众是否准确、名录是否正确，有些对象群，比如医生，收到的直邮信件太多了，反而使他们对直邮广告不予理会。

(5) 态度不利。

很多消费者把直邮广告看成垃圾，自然而然地把它们弃之一旁，而且他们还认为通过邮购的商品退货太难。

(6) 环保意识。

有些消费者认为直邮广告不过是在制造垃圾。于是，有些直接营销的公司把自己的目录印制在再生纸上。

3) 直邮广告媒介的主要种类

(1) 销售信函。

这是最常见的直邮形式，通常随手册、价目表或回执卡、回邮信封一同邮寄给收件人。

(2) 明信片。

多用于公布减价信息、折扣信息或用于增加流量。有些广告主采用两折式明信片，既可以传递广告信息也可以让收件人自由做出反应。如果收件人希望得到产品或服务，只需撕下回执部分寄回广告主便可。为了促使收件人作出反应，有些广告主还采用商业回邮件，以便收件人在不付邮资的情况下做出反应，此时，广告主必须得到专门的邮政许可，在收到回件时，广告主支付邮资和手续费。这种邮资减免邮件一般都能提高潜在消费者的反应率。

(3) 折页和手册。

一般都采用多色印刷，带照片或插图，纸张比较高级，图片或其他插图的还原效果较好。手册比折页更大，有时可当作商店的橱窗陈列或招贴，手册一般用邮袋寄送。

(4) 内部刊物。

由某家协会或商业机构出版的内部出版物，如利益相关者报告、消费者杂志和经销商出版物等。

(5) 目录。

一般登录或描述某生产厂家、批发商、零售商所售的产品，往往还配有相应的照片。

4．交通广告媒介

在日常生活中，交通是不可缺少的。交通广告媒介被称为最大的户外移动媒介，与户外广告有着不可分割的关系。交通广告媒介是指利用公交车、地铁、航空、船舶等交通工具及其周围的场所等媒介做广告发布载体的媒介。

1) 交通广告媒介优势

(1) 接触率高。

由于乘坐某一交通工具往来特定线路的人群一般比较固定，交通媒介是高接触频率的媒介，而且接触对象比较稳定，具有不断强化和提醒广告信息的作用。

(2) 时效性强。

许多消费者都会乘坐公共交通工具前去商场购物，所以某个特殊购物区的交通工具促销广告能够将产品信息非常及时地传播给受众。

(3) 地区定位方便。

对地方广告主而言，交通广告的一个优势在于它能够将信息传递给某个地区的受众。具有某种伦理背景、人口特点等特性的消费者就会受到某地区卖点交通广告的影响。

(4) 成本较低。

交通广告媒介费用低廉。比如在公交汽车车厢两侧进行广告宣传的千人成本就比较低。

2) 交通广告媒介劣势

(1) 传播对象的针对性不够。

使用公共交通工具的乘(旅)客流动性大，成分复杂，较难进行市场细分，传播对象的针对性不够，容易流于平泛。

(2) 不适于篇幅较长的广告。

在紧张嘈杂的城市环境中，要想引起忙碌的乘车者的注意，挑战是巨大的。交通广告在画面设计上应该醒目、简洁，图案不宜过分复杂。

3) 交通广告媒介的主要种类

(1) 交通工具外部媒介：如公共汽车的车身、出租车顶灯等。

(2) 交通工具内部媒介：如火车车厢内的电子显示牌、地铁车厢内线路示意图、出租车内部广告、安全提示板等。

(3) 交通工具站点媒介：如公共汽车站的灯箱、火车站内外的电视墙、座椅、灯箱、机场内外的广告牌、灯箱等。

(4) 交通工具车票媒介：如火车票、地铁车票、飞机票等。

(5) 交通路线媒介：如高速公路旁的大型路牌、铁路沿线的墙壁等。

第六章　广告媒介策划

对折卡话费打对折的车身广告媒介创意

图6-3所示的车身媒介创意广告是昆明风驰传媒有限公司获得"中国优秀户外广告创意作品"交通类银奖的广告作品，广告主是中国联通昆明分公司。

(资料来源：昆明风驰传媒有限公司. 对折卡话费打对折. 媒体资源网，http://www.allchina.cn/communication/showtopic-12534.html)

案例解析：这是一个低成本的广告，广告诉求点是联通公司对折卡话费打对折，其中公交车上货币的符号和公交车对半开的车门，与打半折的主题很贴切。公交车车门作为广告媒介很好地诠释了广告诉求点。

(三) 新媒介

随着现代科学技术的进步，近些年出现了一些新的传播媒介，成为广告媒介的新家族，主要有网络广告媒介、手机媒介等。这些新媒介扩大了传播广告信息的领域，增强了信息传递的时效，增进了与目标消费者的沟通，发挥的作用将越来越大。

图6-3　对折卡话费打对折的车身广告媒介创意

1. 网络广告媒介

随着计算机国际互联网络的发展，网络已经成为诉诸视觉和听觉符号，能够传播文字、声音、图片、运动图像的一种新的传播媒介，而且其影响正在逐步扩大。

1) 网络广告的类型

互联网络这种新兴媒介已经逐步步入成熟，它的广告类型比传统媒介丰富得多，目前经常被使用的主要有以下几种：电子邮件(E-mail)广告、Web站点广告、横幅广告(Banner AD)、插播广告(Interstitial AD)、按钮广告(Button AD)、赞助广告(Sponsored AD)、分类广告(Classified AD)、关键字广告(Keyword AD)、目录广告(Category AD)等。

2) 网络作为广告媒介的优势

作为广告活动的一种形式，网络广告媒介具有传统媒介广告的所有属性。但是互联网络与传统媒介相比，具有更高的技术内涵、更独特的传播特性、更多样的传播手段。所以，网络广告媒介有以下几个方面的优势。

(1) 覆盖地域广。

网络广告的传播范围广泛，可以通过国际互联网络把广告信息24小时不间断地传播到世界各地，不受时间和空间的限制。

(2) 制作成本低，周期短，投放灵活。

互联网广告制作周期短，投放周期可以根据客户需要灵活调整，传统媒介则不具备这种优势。在网络上投放的广告能按照客户需要及时变更广告内容，因而，经营策略可以及时调整和实施，客户可以获得完备可靠的数据报告。

(3) 主动接收传送信息。

网络广告属于按需广告，具有报纸分类广告的性质却不需要彻底浏览，它可让受众自由查询，将要找的资讯集中呈现。

(4) 交互传播效果好。

网络广告不仅可以利用多媒介技术带来视听震撼效果，还可以锁定目标用户进行广告投放。如能将虚拟现实等新技术应用到网络广告，让顾客如身临其境般感受商品或服务，并能在网上预订、交易与结算，便大大增强了广告的实效。

(5) 广告投放准确。

网络广告的准确性包括两个方面。一方面是广告主投放广告的目标市场的准确性。网站可根据自己的网站定位建立起一定的用户群，这些用户往往具有大致相同的需求，无形中形成了市场细分后的目标顾客群。广告主可以将特定的商品广告投放到有相应消费者的站点上去，目标市场明确，从而做到有的放矢。而信息受众也会因广告信息与自己专业相关而更加关注此类信息。另一方面体现在广告受众的准确性上，网络广告信息到达受众方的准确性很高。

(6) 广告效果统计准确。

网络广告无论是对广告在用户眼前曝光的次数，还是对用户产生兴趣后进一步点击广告，以及对这些用户查阅的时间分布和地域分布，都可以进行精确的统计，从而有助于客户正确评估广告效果，审定广告投放效果和策略。

3) 网络作为广告媒介的劣势

(1) 广告面积较小。

网络广告中常见的旗帜广告最大也不过是报纸广告的九分之一，还有更小的旗帜广告和图标广告，因而，广告信息量有限。

(2) 受硬件环境的限制。

性能优越的计算机是使用网络媒介必须具备的硬件条件，同时，网络自身的基础建设目前还存在稳定性、安全性、线路宽窄和畅通与否、数据传输过度等问题，这在一定程度上制约了网络广告媒介的发展。

案例6-3

阿迪达斯网络广告

阿迪达斯在2007年年末推出一辑网络广告，囊括了足球、跳水、篮球、排球四个运动项目。阿迪达斯网络广告如图6-4所示。

在排球项目的网络广告中，打开网页，页面两边的对联第一时间进入用户眼帘，两名女排选手振臂扣球，你来我挡，趣味多多。鼠标轻轻滑过，对联中间主画面瞬间呈现，女排选手们争先跳起拦网，而身后是无数的手臂、无数的人。这样的场面只能用一个词来形容，无数人与运动员一起，众志成城，这样的防守有谁能突破呢？

广告主画面里有统一的"没有不可能，一起2008"的广告语。在对联画面上有显眼的阿迪达斯LOGO与北京奥运LOGO并列的北京2008年的奥运会合作伙伴大标志。整则广告以比赛形式展现，互动性强，表现出不一样的视觉冲击力，有效突出了阿迪达斯的品牌内涵。

(资料来源：阿迪达斯网络广告案例分析.五星网资讯，http://works.5sw.com.cn/html/s2/w13/2943.html)

案例解析：广告的最亮眼之处就是对联与主画面之间的巧妙互动，让人身临其境，乐趣无穷，这正是网络广告的精髓及富媒体魅力所在。"没有不可能，一起2008"口号在模拟场景中分外夺目，将用户眼球充分聚焦。广告场景的精妙布局，人物动作设计的逼真，对联与主画面的完美互动……都充分加深了受众对品牌的认知度。

2．手机

手机媒介是一种以手机为载体的媒介，是继报纸、广播、电视、网络四大媒介之后出现的，有人称之为"第五媒介"。手机媒介作为新时代高科技的产物，是在电信网与计算机网融合的基础上发展起来的。它是最新移动增值业务与传统媒介的结晶，与不同的传统媒介结合形成了不同的手机媒介类型，如手机报纸、手机电视、手机音乐、手机游戏等。

图6-4　阿迪达斯网络广告

1) 手机广告的类型

(1) 短信广告。

目前而言，短信传播仍然具有不可替代性，是因为它的费用低廉并且潜在广告对象群体巨大。手机媒介就是促销媒介，而短信促销商机是无限的。

(2) 品牌彩铃。

彩铃广告是以手机用户的手机为载体，以手机用户的主叫方为受众的一种广告传播方式。比如华旗资讯公司已经开始这样的尝试，凡是上班时间拨打该公司员工手机，都将听到一段有关公司的广告。

(3) 游戏广告。

广告内容与游戏有机结合，玩家在游戏过程中与广告产品直接进行互动。据了解，现在已经出现了在玩家玩足球游戏的时候，足球场四周的广告位也是通过厂商竞价买来的，和现实中的足球比赛场的赞助商广告如出一辙。另外，玩家虚拟角色穿的衣服、球鞋、喝的饮料等都可以拉来赞助商。

(4) 手机视频广告。

比如在手机网站上置入主流媒介商业广告，通过短信告知用户去点击，可以获得一份小礼品。还有视频点播、移动视频聊天等。

案例6-4

优衣库涂鸦T恤手机互动广告

你只需要摇一摇，图案就完成了！优衣库推出的互动营销方案总会令人眼前一亮。这一次，优衣库让消费者通过手机自行设计T恤，并提供了三种方式：拍照、字体编辑，以及自行绘画。三种方式可以进行组合，设计过程中通过"摇一摇"可以获得诸如切割、混合等效果。等图案设计完毕上传至网站，便可以进行购买。优衣库涂鸦T恤手机互动广告如图6-5所示。

DIY图案的创意并不新鲜，但通过手机移动媒体的方式执行还比较少见。更重要的是，优衣库涂鸦T恤的设计方法适用于普通大众，而不仅限于专业人士，即使闭着眼睛摇手机，最终的图案效果都不会差。这就大大降低了DIY的门槛，让更多用户参与，即使不购买T恤，也是一次表现个性的机会，人们都乐此不疲。

(资料来源：人人都是产品经理.红极一时的移动经典营销案例分析，
http://www.woshipm.com/operate/102396.html)

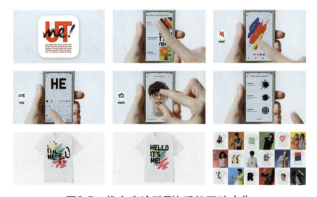

图6-5 优衣库涂鸦T恤手机互动广告

案例解析：DIY给了消费者一个表现自己的机会。这两个概念被不少商家用过，但用的方法不同，达到的效果也大相径庭。操作要简单才能容纳更多的受众，形式要有趣才能夺人眼球，当然视觉设计也一定要有冲击力。优衣库涂鸦T恤手机互动广告就是这样，围绕产品想出一个好玩的概念，配合有趣的操作方式，不但形式新颖并且紧紧围绕产品展开，丰富了品牌内涵，拔高了品牌调性。

2) 手机作为广告媒介的优势

(1) 定向：手机广告的最大特点就是能够以用户数据库为基础开展精确定向营销，准确地筛选出目标用户并施以有针对性的营销策略。而且，从运营商的数据运行后台，可以精准地掌握每一个用户对广告的浏览阅读情况。

(2) 互动：在广告传递过程中，广告主与广告用户可进行双向交流。用户在点击广告之后，只需在相关手机广告页面中轻轻一点客服电话处，无须烦琐输入，就能直接连通客户的客服电话，了解产品与服务的详情。而此时的通话都会被广告主统计记录，准确地获知广告投放的效果。

(3) 及时：手机广告的及时传播可从时间、方便、速度等方面体现出来。由于手机的小巧，并已经成为用户日常出门必不可少的随身物品，用户可以随时随地收看广告，并且广告商发出广告信息或者用户通过手机点击后，只要有网络传输质量的保证，广告信息就可以片刻抵达用户眼前。特别是PUSH类广告，瞬间可以将广告信息"推送"到用户面前，及时到达受众，克服了传播在时间上的推迟性。

3) 手机作为广告媒介的劣势

(1) 个人隐私的法律担忧。

手机广告的发布是在广告运营商对手机用户资料掌握的基础上进行的，但这涉及对用户个人隐私保护的问题。因此手机作为广告传播载体，也需要政府部门的规范和引导。

(2) 广告费用的困扰。

用户接收手机广告，目前大多数的运行方式还是需要用户买单的。特别是手机WAP方式访问浏览广告信息，用户需要支付价格不菲的流量费用。

(3) 传输网络条件的制约。

手机广告的优势之一就是及时，但是由于传输网络存在弱点，用户接收信息还是常有断续和滞后的现象，目前还不能充分利用手机传播广告信息。

(4) 传播信息量的瓶颈。

手机可视屏幕小，限制了图片和视频广告的精确表达和创意诉求。在信息爆炸时代，手机广告的传输信息量小使其处于劣势。

第二节 广告媒介评估策略

广告媒介评估是指通过评估工具的运用，比较媒介类别中各载体的效率与效果，提供媒介人员在媒介载体选择上的客观依据。广告媒介评估一般来说有客观(或量化)和主观(或质化)两种标准。客观的标准主要是指媒介的覆盖面、接触人数、千人成本等可以根据已知或推算的数据算出具体数字，看重的是媒介书面上的投资效率；主观的标准侧重的则是媒介具体的效果，它是由一系列不能量化的质量指数构成的，主要有媒介的权威性、受众介入媒介的介入度、编辑环境、相关性和广告环境等。

一、广告媒介量化评估的基本指标

广告媒介量化评估的指标，主要是指能够通过统计调查而得到的媒介使用效果的数量化指标。由量的指标结合费用可以计算出成本效益指标。

对电波媒介而言，主要指标有：收视率、收视人口、观众的组成情况、覆盖区域等。广播与电视基本类似，其指标含义也基本一致，只是以收听取代收视。

印刷媒介的主要数量指标有：发行量、阅读率、传阅率、阅读人口、阅读人口组成情况、刊物地区分布等。报纸和杂志基本类似，其指标含义也基本一致。

户外媒介种类繁多，其指标也不完全一致。对于常见的路牌等来说，其主要的数量指标有：受众人数、高度指数、尺寸指数、能见指数、材质指数等。户外媒介本身能否被注意，可以从高度、尺寸、能见角度、材质等项目上进行检视。上述这些指数指标有的缺乏统一的量化处理方法，一般需要结合一些测量或调查数据进行相对比较求得。

网络媒介的主要数量指标包括：网站(或网页)的访问次数和访问者人口组成分析。其中访问人次可以通过网站的统计软件进行准确统计，人口组成分析则可以通过在网上向访问者附带发布的调查表来获取。

综合来看，广告媒介量化评估的指标一般可以从调查公司或者媒介单位获取。

从传统上来说，媒介被量化评估的基础主要是通过到达率、收视率、接触频次和千人成本等这些基本参数指标来实现的。

(一) 到达率

到达率是指特定对象在特定时期内看到某一广告的人数占总人数的比率即百分比。到达率为非重复性计算数值，因为它表达的是究竟有多大百分比的目标受众至少有一次机会收看到该广告。在期间的定义上可以根据需要定为一周、四周或几个月等。

(二) 收视(听)率

收视(听)率，指在一定时段内收看某一节目的人数(或家户数)占观众总人数(或总家户数)的百分比，即收视(听)率=收看(听)某一节目的人数(或家户数)/受众总人数(或总家户数)。当然，除了节目的收视率，还有时段收视率等相关的统计指标。

(三) 开机率

开机率是指在一天中的某一特定时间内，拥有电视机的家庭中收看节目的户数占总户数的比例。开机率的高低，因季节、一天中的时段、地理区域和目标市场的不同而不同，这些变化反映了消费者的生活习惯和工作状态，如早晨因人们去工作而降低，傍晚随着人们回家而升高，深夜时人们入睡再降低。开机率是从整体的角度去了解家庭与个人或对象阶层的总和收视情况，主要的意义在于对不同市场、不同时期收视状况的了解。

(四) 节目视听众占有率

节目视听众占有率是指收看某一特定节目开机率的百分数。节目视听众占有率说明某一节目或电台在总收视或收听视听众中有多少百分数，指在某一特定时间那些在看电视的家户数。

(五) 总视听率

总视听率又被称为毛收视率、总收视点、毛评点，指某一段时间的收视听率之和。由于总收视率不考虑观众是否重复的叠加性，所以它可以大于100%。

总视听率是媒介决策的一个重要部分，被用来衡量某个目标市场上一定的媒介努力所产生的总影响力。媒介努力既可能是只在某一个媒介上播出一个商务广告，也可能是整个活动项目期间在多个媒介组合上播出若干个商务广告。

(六) 视听众暴露度

视听众暴露度是指在特定时期内收看、收听所有媒介、某一媒介或某一媒介特定节目人数的总和，即全部广告暴露度的总和。视听众暴露度与毛评点相同，但以个人数目(或家庭数目)来表示，而不是用百分数来表示。

视听众暴露度有以下两种计算方式。

(1) 以目标市场中的广告接触人数与总视听率计算，计算公式为：

$$视听总暴露度=广告接触人数×总视听率$$

(2) 将广告插播计划表中的每一插播(或杂志刊出的)广告所送达的视听总人数累计加总。

(七) 暴露频次

暴露频次是指在一定时期内，每个人(或家庭)暴露于同一广告的平均次数。计算公式为：

$$暴露频次=个人(或家庭)累计暴露于同一广告的总次数/$$
$$暴露于同一广告的个人(或家庭)的总数$$

如在电视台将一广告片放在四个节目中插播。在调查的100户家庭中有40个家庭都看过这四个节目，其中17户只看了一次，11户看了两次，7户看了三次，5户看了四次。把各家所看的节目次数依次相加，40户总计看了80次，平均每户看了两次，即暴露频次为2。

另外需要注意的是，到达率、暴露频次和总视听率三个指标通常一起使用，常用百分数表示(但没有百分数的记号)，都用以衡量一则广告计划送达的人数或家庭数。"到达率"表示广告策划者希望多少媒介受众一次或多次接触到该广告信息；暴露频次说明该广告信息将达到媒介受众的"平均次数"；总视听率是到达率和暴露频次的产物，表示该广告信息将达到媒介受众的重叠百分数"毛额"。

(八) 有效到达率

有效到达率，也称有效暴露频次，是指在一定时间内同一广告通过媒介到达同一个人(户)的数量界限。这是揭示广告效果的一个重要指标。人们研究有效到达率时，一般都参照著名学者米歇尔·J.纳普勒斯的研究结论。在一定时期内只对广告对象进行一次广告，除了在极少数情况下，一般影响甚少或毫无价值；在一个购买周期，或4~8周内，至少要2次暴露频次才可能产生一点效果；一般来说，在一个购买周期内要取得最佳效果，至少需要有3次暴露频次；达到一定频次后，其后的暴露所产生的价值是递减的；达到一定频次后，传播会变得毫无价值，并可能产生副作用。有学者认为，超过8次就可能产生负效应，最佳频次应为6次；暴露频次的有效性与在不同媒介上所进行的广告无关，只要暴露频次相等其效果就相等。

(九) 每千人成本

每千人成本是指某一媒介发布的广告接触1000个受众所需要的费用。

一般的计算公式是：

$$千人成本=(广告费用/媒介的受众总量)×1000$$

这个尺度可以明确地显示出在某一媒介发布广告的直接效益，因此常常作为评估媒介的重要量化标准。从理论上说，媒介的每千人成本低，企业宣传费用自然降低。例如，在甲报投放一次广告需要10 000元，其有效受众数是200 000，则甲报的千人成本为50元；在乙报投放需要6000元，其有效受众数是100 000人，则乙报的千人成本为60元。很明显，企业选择甲报投放广告比选乙报获得的效益要高。

二、广告媒介质化评估的基本指标

所谓媒介的质,是指以目前的测定技术而言,对各广告媒介不易根据统计直接量化测定,即使能够测定也特别困难,但它却是媒介选择的主要标准。

媒介质的因素和量的因素最大的差异是:量的因素计算的是广度及成本效率,而质的因素指的是说服的深度以及效果。质的分析着重的是针对个别品牌及其活动,媒介载体所能提供的价值,所以在分析项目上因个别性较高而较为主观和不固定,一般需要从业人员结合经验判断。一般较常用的分析项目有:接触关注度;干扰度;编辑环境;广告环境;相关性等。

(一) 接触关注度

所谓接触关注度,是指受众接触媒介时的质量,即消费者接触媒介时的专注程度。

基本的假设是:受众专注接触媒介时的广告效果比漫不经心接触时要高。这里的广告效果,是指广告被理解及记忆的程度。澳门、伦敦公司的一项研究报告指出,关注度较高的节目相较于一般节目,消费者收看广告的意愿提高49%,广告记忆度则提高30%,证实了媒介接触质量对广告效果的影响。

不同人群对于同一栏目的接触关注度是不一样的,男士对新闻、体育节目的接触关注度要比女士高;女士对娱乐、餐饮节目的接触关注度要比男士高。

新闻节目通常拥有较高的关注度,戏剧栏目次之,综艺节目则较不固定。一天中的不同时间段,受众对媒介的接触关注度也是不一样的,比如电视,白天时间的接触关注度要低,而深夜的接触关注度要高。

(二) 干扰度

干扰度是指消费者在接触媒介时受广告干扰的程度。消费者收看电视的目的是电视节目,并非电视广告,因此广告占有媒介载体的时间或版面的比率将影响广告效果。广告所占比例越高,观众在观看或阅读时受干扰的程度就越高,广告效果也就越低。

在计算干扰度时,同类竞争品牌的干扰对广告影响较其他品类广告高。例如,轿车广告如果刊登在《汽车杂志》之类的专业媒介上,那么品牌之间的干扰度必然很大。因为这本杂志上的轿车广告实在太多了。如果把轿车广告刊登在经济类如《财经》或一些成功人士经常阅读的杂志如《中国企业家》《IT经理世界》等上则干扰程度会相互降低。

(三) 编辑环境

编辑环境是指媒介所提供的编辑内容对品牌及广告创意的匹配性。这种匹配性体现在媒介自身的形象与地位两方面。

1. 媒介形象

媒介本身在市场上存在一段时间后,在受众心目中会形成一定的形象。媒介本身的形象将吸引具有相同心理倾向的受众,对于具有类似形象的品牌或创意风格,能提供较为匹配的媒介舞台,因此具有较高的媒介价值。反之,品牌或创意表现如果呈现在互不匹配的媒介舞台上，尽管在接触人数上差异不大，但所获取的媒介价值就会相对降低。例如，以前卫诉求的品牌广告刊登在传统保守形象的杂志上，其媒介价值将大打折扣。

2．媒介地位

媒介地位是指特定媒介在其类别中所占有的地位，如妇女类杂志、体育类报纸或新闻类电视节目在其同类中的地位排名。媒介地位对广告效果的意义是：领导地位的媒介对其受众具有较大的影响力，因而在该媒介出现的广告也具有较强的说服效果。

CCTV的广告价值：以统一润滑油为标本

统一润滑油广告是第一则投放中央电视台黄金时段的润滑油电视广告。与强势媒介携手，造就强势品牌，成为统一润滑油品牌突围的突破点，并快速成长为中国车用润滑油的领先品牌，连年保持快速增长。这一现象也引起了业界的广泛关注，被称为"统一润滑油现象"。

在统一润滑油投放央视广告以后，其他品牌的润滑油马上跟进，迅速加大了品牌宣传的力度，做了大量的路牌和广播，以及报纸的宣传，组织了很多活动，但是和央视黄金时段的广告效果根本无法相比。

(资料来源：荣昌传播媒介研究.透析CCTV的广告价值：以统一润滑油为标本.广告大观综合版.2005(10))

案例解析：分析统一润滑油成长的每一个步伐，都可以发现中央电视台的广告效应在其身上得到了淋漓尽致的展现，无论是高覆盖率、高收视率所形成的对全国市场的渗透力，还是全国统一网络对时间成本的节省，以及中央电视台的权威性、可靠性给品牌的附加价值，央视的各种广告效应在统一润滑油广告身上都可以找到。

(四) 广告环境

广告环境是指媒介承载其他广告所呈现的媒介环境。它与干扰指数不同，干扰度是计算媒介内广告的量，而广告环境则是指媒介内广告的质。对广告环境进行调查的意义在于：如果媒介所承载的其他广告都是形象较佳的品牌或品类，那么，本品牌也会被受众归类为同等形象的品牌。反之，如果媒介内其他广告皆为吹嘘不实、制作粗劣的广告，则本品牌广告也将会受其拖累，被归为此类。

(五) 相关性

相关性是指产品类别或创意内容与媒介本身在主题上的相关性。例如，运动类商品刊登在体育类刊物上、婴儿用品出现在教育母亲如何育婴的节目上、股票分析软件广告刊登在股票版上、以高科技为创意诉求的商品出现在介绍科技新知的媒介上。受众对某类型的媒介有较高的兴趣，他们接触该媒介的频率就高，因而在此媒介上做广告，比在毫不相干的媒介上效果要好。

第三节　广告媒介选择策略

现代广告中，媒介的选择余地越来越大。不同媒介具有不同的特性，为了达到预期的广告效果或者营销目标，在进行广告策划时，应该在众多媒介中选择最符合市场策略、产品定位策略、诉求策略的媒介，之后再进行合理配置、整合。

媒介选择，即根据广告的目标市场策略、诉求策略的要求，对可供选择的媒介进行评估，从而选择出最符合要求的媒介。

一、媒介选择的原则

媒介的选择是技术也是艺术，成功的媒介策略就是在分析目标顾客特点、产品特点和媒介特点的基础上求得三者的统一，进而实现目标顾客的针对性、表达力、适宜性和广告开支的经济性这一广告媒介选择的目标。媒介的选择原则主要有以下四个方面。

（一）目标原则

现代广告媒介策划的根本原则，就是必须使选择的广告媒介同广告目标、广告战略协调一致，不能背离相违，广告目标和广告战略是影响媒介选择的首要因素。

（二）适应性原则

适应性原则包括两个方面的内容。一方面，广告媒介的选择要与广告产品的特性、消费者的特性以及广告信息的特性相适应。另一方面，广告媒介的选择要与外部环境相适应。如广告管理、广告法规、经济发展、市场竞争、宗教文化以及媒介经营单位等。外部环境不断发展变化，媒介选择也要做出相应的调整。

（三）优化原则

在众多广告传播媒介中，对广告信息的传播上也会"尺有所短，寸有所长"，传播的效果也不尽相同。正因为如此，我们就应该认真分析了解各种媒介的性能与特征，做出最优的选择。优化原则对于单一媒介策略来讲，就是要选择传播效果最好的广告媒介；对于多种媒介策略来讲，就是要选择最佳的媒介组合。

（四）效益原则

无论选择何种广告媒介都会将广告效益放在重要的位置。在广告主费用投入能力的范围之内，尽力争取获得理想效益的广告媒介。从同一份报纸来看，广告版面的大小、版位的划定不同；从同一家电视台来看，播放时间的长短、占据的是一般时段还是"黄金时段"的不同，这些都会涉及成本的高低与效益好坏的问题。这就要求广告媒介策划应该始终围绕选择成本较低而又能够达到广告宣传预期目标的广告媒介这个重心来进行。

案例 6-6

地球之友环保组织阻止二氧化碳排放户外广告媒介创新

如图6-6所示是德国地球之友环保组织从2006年就开始进行的一项阻止二氧化碳排放的公益广告活动，该活动巧妙地运用汽车尾气排放管进行了户外广告媒介的创新。志愿者穿着地球之友的蓝色外套，在不同的地点、不同车的排气管套上一个画着地球形态上面写着"The world can't take anymore CO_2."（世界不能再承受二氧化碳了）广告文案的气球。当车开动不断排放出尾气时，气球逐渐膨胀，最后爆炸。

图6-6　地球之友环保组织阻止二氧化碳排放户外广告

（资料来源：根据资料独立编辑）

案例解析：在公益广告的操作上，其本身受资金制约难以在电视等大众媒介做广告宣传，如果不能创造性地积极开发符合主题表现的广告媒介，那就只会停滞不前。在此则广告中，媒介的互动性得到了充分体现，整个动态过程完成了"减少二氧化碳排放对地球的污染"这个公益主题的宣传。

志愿者穿着专门的服装也作为媒介载体增强了广告主的识别性。低成本、灵活性、多样性这些公益广告的特点，使其更需要在广告媒介的创新上进行拓展。

二、影响广告媒介选择的因素

广告作为一种传播行为，面对现阶段纷繁复杂的广告媒介，必须考虑到媒介具体特性的差异，以获得最大的广告效果。影响广告媒介选择的因素主要有以下七个方面。

(一) 品类关心度

对于品类关心度较低的品类，由于消费者对品类的不关心，连带对该品类广告所投入的注意力也会相对较低，如果广告安排在低强制性媒介上，将因消费者对信息接收的主动过滤，而使广告效果大为降低。品类关心度较高的商品，购买决定所需行程较长，消费形态偏向为慎虑型购买，因此消费者通常会主动寻找与收集商品信息。同时由于品类关心度高，消费者做出购买决定所需的信息量较大，因此媒介类别选择也偏向以印刷媒介为主。

(二) 广告创意活动类型

媒介本身对创意所表现的声音与画面的传播能力的不同，将造成不同媒介类别对广告创意承载能力的差异，因此对各类广告活动所提供的价值也将有高低限制。

例如，以表现色彩为主的彩妆化妆品(如眼影、口红、腮红等)本身在媒介类别选择上，即已限制不能使用没有画面承载能力的广告媒介、黑白印刷或未能提供精致色彩的印刷媒介。在实际策划中，必须针对特定的创意策略，就不同媒介类别对该创意的承载能力和对该创意的信息传达的价值，确定选择哪种类型的媒介；否则就可能造成广告效果的损失与媒介资源的浪费。

(三) 品类相关性

广告载体内容与商品品类的相关性越高，在广告信息传播上就越具有价值。例如，书籍广告刊登在杂志媒介上，因受众本身具有良好的阅读习惯，因此接受广告诉求的可能性也较大。同样，书籍广告出现在以介绍新书为内容的电视栏目中，观众对书籍的购买兴趣也较高，销售机会也较大。除了从商品的表面归类直接判断媒介与品类的相关性外，还必须深入了解消费者需求与媒介接触的相关性。

(四) 品牌形象与个性

广告载体的编辑环境、广告环境与品牌形象和个性的切合性，也将影响广告的投放效果。编辑或广告环境与品牌形象、个性相辅相成或相容的载体对广告说服力具有加分效果。例如，温馨的家庭剧适合形象传统的品牌，介绍科技新知的媒介载体适合以创新为形象的品牌。编辑或广告环境与品牌不相干，甚至不相容，则将有减分效果。例如，以家庭温馨和谐为形象的品牌出现在以外遇为内容的电视剧中，以科技为诉求的品牌出现在鬼怪片里等。

(五) 消费习惯

消费习惯与媒介选择的关系在于购买行为与媒介接触时空的关联。以保险为例，有参加保险可能的消费群多为辛勤拼搏的中、壮年上班族，辛勤工作的目的是为家庭争取生活环境的提升。由于他们工作压力大、经常晚归，因此媒介接触时间偏向后边缘时段，同时在后边缘的夜深人静的时段里，消费者的心境由白天的浮动转而较为深沉，且容易思考自身的将来，保险广告以感性诉求在此时空下播出，对消费者的说服效果将会大有提高。

(六) 竞争态势

竞争态势对媒介选择的意义是，面对竞争所应该采取的应付策略。根据评估品牌和竞争品牌在市场上竞争态势的状况,确定本品牌的营销态势是采取积极进攻,还是采取保守维持;相应的媒介选择也应该由此出发,要么采用各种类型媒介广泛覆盖以与竞争品牌直接对抗,要么选用某类媒介强化投放量,以使本品牌占据优势。

(七)国家法律法规

绝大多数国家和地区,都有一定的广告法律与法规,了解这些法律法规在选择广告媒介的时候是极为重要的。因为在某些国家和地区,广播、电视等直接进入家庭的电子媒介,是不允许做广告的;而有些国家和地区则规定某些媒介不准发布某些商品的广告。我国的《广告法》第十八条规定:"禁止利用广播、电影、电视、报纸、期刊发布烟草广告。禁止在各类等候室、影剧院、会议厅堂、体育比赛场馆等公共场所设置烟草广告。"

第四节 广告媒介组合策略

在制定广告媒介策略时,策划人员必须首先决定是使用单一媒介还是多种媒介。如果使用超过一种以上的媒介,就称之为一个媒介组合,即广告方案混合了多种媒介来到达特定的目标受众。媒介组合是大中型企业常用的媒介策略,它比运用单一媒介的广告效果要大得多。

一、广告媒介组合的作用

(一)能够增加总效果和到达率

单个媒介对目标市场的到达率是不高的,即使是覆盖范围较大的媒介,也不可能将广告信息送达到目标市场的每一个人。所以,运用单个媒介,会导致目标市场内的许多消费者未能接触到广告信息。

如果运用媒介组合,同时利用两个或两个以上的媒介,就能把不同媒介的受众组合起来,使广告能影响更多的目标受众,使广告影响的广度增加。

(二)能够弥补单一媒介传播频度的不足

有些媒介的传播寿命较长,有些媒介的传播寿命较短,这就影响到受众对媒介广告的接触程度。只有增加传播的频度,使目标消费者能够多次接触到广告信息,才能取得较好的传播效果。有些媒介因广告的费用太高,难以重复使用。而选择多种媒介进行组合运用,就会使受众在不同媒介上接触到同一广告内容,增加了频度,强化了重复效应,保证广告能在花费不多的条件下,仍然获得较好的效果。

(三)能够整合不同媒介的传播优势

某些媒介具有一些特性,如电视具有形象性和直观性,报纸具有时效性和说明性,广播具有灵活性和价格便宜性,杂志具有选择性,直邮广告具有直接性和直观性,销售点广告具有现场性等。但同时也有一些不足和缺陷,如费用高、时间慢、选择性差等。

通过组合，使媒介所具有的特性有机地结合起来，既使媒介特长得到发挥，又可弥补单一媒介的缺陷。如电视和报纸组合，电视收视率一般比较高，影响较大，能够获得较理想的认知效果，报纸可以详细地介绍有关商品或劳务的信息，帮助目标消费者加深理解。这样，就使认知促进和理解促进有机地结合在一起，增加了广告的重复率累积度。

"野马"汽车促销所开展的媒介组合策略

1964年，福特汽车公司生产了取名为野马的轿车，公司总经理亚科卡亲自设计了营销策划方案，他所采取的"野马"汽车促销广告媒介组合策略为以下几个方面。

第一步：邀请国内外各大报社的部分编辑，并借给每人一辆野马车，组织他们参加从纽约到迪尔伯恩的野马车大赛，同时还邀请了100名记者随行采访。这实际上是一次广告宣传活动。事后，数百家报纸、杂志报道了野马车大赛的盛况。

第二步：在野马汽车上市的前一天，根据媒介选择计划，在260家报纸包括非常有影响的《时代周刊》和《新闻周刊》杂志上用整版篇幅刊登了野马车的广告。广告的画面是：一部白色的野马车在奔驰，大标题是："真想不到"，副标题是："售价2368美元"。

第三步：从野马车上市开始，在各大电视网每天不断地播放野马车的广告，其广告内容是：一个渴望成为赛车手的年轻人，驾驶着漂亮的野马车在奔驰。其目的是扩大宣传的覆盖面，提高产品的知名度。

第四步：选择最引人注目的停车场，竖立巨型广告牌，上面写着"野马栏"，既引起停车者的注意又引起了社会公众的关注。

第五步：在美国各地客流量最大、最繁忙的15个飞机场和空港以及200多家度假饭店的门厅里展示野马车，通过这种实物广告形式，进一步激发消费者的兴趣和购买欲。

第六步：采用直邮形式向全国各地几百万小汽车用户寄送广告宣传品，直接与消费者建立联系。此举是为了达到直接促销的目的，同时也表示出公司忠诚地为顾客服务的态度和决心。

通过这一系列媒介广告活动，原来年销5000辆的计划，被远远超出，实际年销418812辆。在野马汽车开始销售之后的前两年，公司就获得纯利11亿美元。

(资料来源：广告媒介的选择与组合策略. 设计知识资源网，
http://www.idea168.cn/article/brand/Media/hwmt/info_2008052302040489.html)

案例解析：亚科卡由于野马的显赫成绩被视为传奇式人物，被誉为"野马车之父"，而给亚科卡带来奇迹的正是媒介组合策略。在资讯泛滥、注意力匮乏的现代社会，多元化整合过的信息传播方式更容易取得预想的效果。这种显赫的成就，离开了广告媒介组合，单靠单一媒介传播，是无法达到的。

(四) 减少成本增加效益

媒介组合不是对媒介的简单排列，而是经过有机整合，发挥各自媒介特长，弥补不足的过程。组合后能够发挥整体效益，许多企业就可利用媒介组合的整体优势，在资金不足的情况下，组合多种费用低、效果一般的媒介，仍可形成一定广告阵势。如电视虽然有较强的传播效果，但广告制作费用大，播出费用昂贵，一般企业难以承受，这时就可运用多种类型的小广告，配合促销活动，花钱不多，也能做到有声有色，达到一定的效果。

二、广告媒介组合的步骤

（一）准确选择并确定几种广告媒介

这里包含两层意思：一是从广告内容出发，看这些媒介能否反映出广告的最佳内容；二是从广告费用出发，在有限的资金下，能否最佳地反映出广告的内容。

（二）确定广告媒介使用的重点

其重点可以是一种，也可以是两种或者更多。面向一般消费者的商品，在一般情况下，应当以大众传播媒介为主，如电视、报纸、广播、杂志等，而户外广告、交通广告、POP广告、直邮广告则是辅助性的媒介。特殊的商品，则应当根据商品的特点来选择广告媒介。

（三）科学合理地进行组合

这是广告媒介组合成功的关键，即要根据媒介的特点和媒介的重点，确定广告投放的时间；确定投放时间的长短；另外，还要确定是同步出击还是层层递进，或是交叉进行。

总之，进行广告媒介组合时，应该综合考虑各种因素，总原则是广告效益的最大化。

三、广告媒介组合的常用策略

（一）视觉媒介与听觉媒介的组合

视觉媒介指借助于视觉要素表现的媒介，如报纸、杂志、户外广告、招贴、公共汽车广告等。听觉媒介主要是指借用听觉要素表现的媒介，如广播、音响广告，电视可以说是视听完美结合的媒介。视觉媒介更为直观，给人一种真实感，听觉媒介更抽象，可以给人丰富的想象。

（二）瞬间媒介与长效媒介的组合

瞬间媒介指广告信息瞬时消失的媒介，如广播、电视等电波、电子媒介，由于广告一闪而过，信息不易保留，因而要与能长期保留信息，可供反复查阅的长效媒介配合使用。长效媒介一般是指那些可以较长时间传播同一广告的印刷品、路牌、霓虹灯、公共汽车等媒介。

（三）大众媒介与促销媒介的组合

大众媒介指报纸、电视、广播、杂志等传播面广、声势大的广告媒介，其传播优势在于"面"。但这些媒介与销售现场相脱离，只能起到间接的促销作用。促销媒介主要指邮寄、招贴、展销、户外广告等传播面小、传播范围固定，具有直接促销作用的广告。它的优势在于"点"，若在采用大众媒介的同时又配合使用促销媒介则能使点面结合，达到直接促销的效果。

（四）媒介覆盖空间组合

媒介有各自的覆盖空间，在进行媒介组合时要考虑到空间上的互补，例如，有的广告活动要做全国范围的覆盖，一种方式是选择面向全国发行的报刊或覆盖全国的电子媒介；另一种方式是选择多个区域媒介进行地理上的组合覆盖。

（五）"跟随环绕"媒介组合策略

消费者每天在不同的时间会接触到不同的媒介，例如，清晨听广播、看电视；上班时浏览网站、看报纸；下班时看电视、上网等，消费者在接触媒介上的这种流动性使得一些细心的媒介策划人员考虑采用一种"跟随环绕"的媒介组合方式，即随着消费者从早到晚的媒介接触，安排各种媒介以跟随的方式进行随时的说服。

常用的广告媒介类别组合形式

广告媒介类别组合形式如表6-2所示。

表6-2 常见的广告媒介类别组合形式

序号	常用组合形式	特点	效果
1	电视＋报纸	电视传播速度快、冲击力强；报纸信息量大、目标消费者集中	使品牌认知和产品功能得到同步发展，有利于整体形象的突出和提升
2	电视＋广播	电视传播速度快、冲击力强、影响力大；广播收听群体集中	提高品牌认知和消费者的兴趣，强化产品特性，吸引注意力
3	电视＋户外媒介	电视传播速度快、视觉冲击力强；户外媒介具有醒目、强化效果	使电视媒介效果得到延伸，增强销售上的提醒、强化功能
4	电视＋杂志	电视传播速度快、形象好；杂志目标消费者集中	树立品牌形象，全面说明产品功能，影响潜在消费群，延续产品生命力
5	电视或报纸＋POP	电视传播速度快、形象好；POP广告具有较强的直观性，可激发消费者的购买欲望	营造销售气氛，提醒消费者购买已有印象或已有购买欲望的产品
6	电视或报纸＋直邮	以直邮广告为开路先锋，做试探性的广告宣传，再利用电视或报纸广告做强力推销	先弱后强、分步推出广告，可以取得大面积的成效
7	报纸＋广播	使各种不同文化程度的消费者都能接受广告信息传播	扩大目标消费群体，提升受众购买兴趣和欲望
8	报纸＋杂志	利用报纸的影响力，配合杂志稳定市场；或利用报纸进行地区性信息传播，借助杂志广告做全国性信息传播	直接推动销售，形成相对稳定的目标群体，影响潜在消费群体

四、不同广告媒介组合时应注意的问题

运用多种媒介推出广告时，要善于筹划，深入分析媒介组合所产生的效果，进行优化，使组合的媒介能够发挥整体效应。因此，要注意以下三个方面的问题。

（一）要能覆盖所有的目标消费者

把选中的媒介组合在一起，将覆盖地域相加，看能否把大多数目标消费者纳入广告影响的范围之内，即媒介能否有效地触及广告的目标对象。

还可以用另一指标来衡量，即将媒介的针对性相加，看广告目标消费者是否能接收到广告。如果这两种形式的累加组合，还不能够保证所有的目标消费者接收到广告，就说明媒介组合中还存在着问题，需要重新调整。但也要注意，媒介覆盖的范围不能过多地大于目标市场的消费者，以免造成浪费。

（二）选取媒介影响力的集中点

媒介的影响力主要体现在两个方面：一是量的方面，指的是媒介覆盖面的广度，即广告被接触的人数越多，影响力越大；二是质的方面，指的是针对目标消费者进行深度的说服，即媒介在说服力方面的效果。组合后的媒介，其影响力会有重合。重合的地方，应该是企业的重点目标消费者，这样才能增加广告效益。如果媒介影响力重合在非重点目标消费者上，甚至是非目标对象上，这样就会造成广告经费的浪费。因此，要以增加对重点目标消费者的影响力为着眼点，确定媒介购买的投入方向，避免浪费。

（三）与企业整体信息交流的联系

企业要实现营销目标，也要运用营销策略，进行多种营销策略手段的组合。广告的媒介组合要与营销策略组合保持一致，要符合整体营销传播的要求。还要注意与企业的公共关系战略相互配合。策划人员要善于运用各种媒介，发挥整体效用。

本章小结

(1) 广告媒介是指能够借以实现广告主与广告对象之间信息传播的物质工具。按照不同的划分标准，可以将广告媒介划分为不同的类别，每种类别都具备区别于其他媒介的特点。

(2) 广告媒介评估是指通过评估工具的运用，比较媒介类别中各载体的效率与效果，提供媒介人员在媒介载体选择上的客观依据。广告媒介评估一般来说有客观(或量化)和主观(或量化)两种标准。量化的标准主要是指媒介的覆盖面、接触人数、千人成本等。质化的标准是由一系列不能量化的质量指数构成的，主要有媒介的权威性、受众介入媒介的介入度、编辑环境、相关性和广告环境等。

(3) 媒介选择即根据广告的目标市场策略、诉求策略的要求，对可供选择的媒介进行评估，从而选择出最符合要求的媒介。应该遵循目标原则、适应性原则、优化原则、效益原则。影响广告媒介选择的因素是多方面的，必须综合考虑。

(4) 媒介组合即广告方案混合了多种媒介来到达特定的目标受众。运用媒介组合策略能够增加总效果和到达率、弥补单一媒介传播频度的不足、整合不同媒介的传播优势、减少成本并增加效益。广告媒介组合的步骤包括准确选择并确定几种广告媒介、确定广告媒介使用的重点、科学合理地进行组合。广告媒介组合常用策略包括视觉媒介与听觉媒介的组合、瞬间媒介与长效媒介的组合、大众媒介与促销媒介的组合、媒介覆盖空间组合、"跟随环绕"媒介组合策略。

实训案例

雀巢咖啡广告媒介策略

雀巢咖啡在中国的广告策略一直没有改变，就是在保证产品质量的同时，让消费者记得雀巢的广告，记住雀巢咖啡。雀巢如何做到这点呢？答案就是让产品更加贴近消费者的生活。

2005年雀巢在电视媒介有众多受众，以华哥的形象把众多消费者的注意力吸引到其品牌上。在广告中突出其咖啡的功能——增加活力，为你的生活添活力！

网络媒介上，利用网络强大的互动性与强大的兼容性，在其网站开设"雀巢咖啡音乐时间"，这个节目整整影响了一代人，在节目中穿插着雀巢咖啡的优美广告，与音乐节目这种主流电台媒介的配合，加强其品牌的亲切感。

平面媒介系列广告以其亲切的广告语，将雀巢品牌除"活力""时尚"外的"亲切体贴"悄然表达出来。完整地配合其他媒介将"雀巢"品牌性格在消费者面前充分地表达出来。

2006年雀巢在电视、网络、平面媒介上更加重视女性消费者，意在说明喝咖啡不是男性的专利。

电视上以女性Shopping形象强调雀巢咖啡能给人活力，以能为Shopping充电这种具体的生活感觉为诉求，除了加深消费者记忆外，更能开拓女性消费者市场。

2006年是开拓女性市场的好时机，雀巢在网络广告上也以"品位"为诉求，填补电视广告没有顾及的高端消费者。

平面媒介以简洁和清新的风格巧妙配合电视和网络广告，并且提出一个新的诉求——雀巢咖啡的吸引力。

2007年是雀巢广告面对年轻市场开发最显著的一年，现在社会上最有影响力的消费群体就是年青一代。

电视媒介上雀巢用了男和女两个不同性别的主人公，分别重新诉说了雀巢咖啡的经典广告语"味道好极了"和其增添活力的特点。背景都是日常生活的场所，让消费者有很强的代入感，正应了雀巢的广告策略——贴近生活。

网络媒介方面，除了之前的项目继续运营之外，还与网络游戏合作，在年轻人中极大的开发出一群消费者——那些不受"味道好极了"和"添活力"所动但为游戏和奖品所动的孩子们。

（资料来源：雀巢咖啡-广告战略. 百度文库，http://wenku.baidu.com/view/6f22131ca300a6c30c229f4f.html）

案例点评：

雀巢公司的很多广告，在使用广告的媒介方面，都以最能直接接触消费者的媒介为首选，为了让雀巢咖啡成为速溶咖啡的代名词，同时让消费者对雀巢咖啡有更加深刻的理解，其所做的广告都从日常生活中取材来突出产品特点。以电视画面或者平面广告表达咖啡暖暖的手感，突出其温暖体贴；以网络的互动性和受众广泛性推出音乐电台，与网络游戏合作、Flash游戏等吸引年青一代，使人不会觉得喝咖啡有年龄的顾忌；雀巢公司深知单一的广告媒介并不能完全表达听觉、视觉、触觉、知觉，要成功打动消费者就要充分调动消费者所有的感官去感受商品。

因此，雀巢公司每年所运用的广告媒介组合起来后都能兼顾消费者的各种感觉，充分利用不同媒介去互补，从而使雀巢咖啡的信息能全面进入消费者记忆中。并且每年针对不同的市场目标进行广告，使雀巢咖啡形象不断完善，不断丰满起来。

在许多消费者眼中，雀巢咖啡已经不仅仅是一包咖啡，它能让人添活力，又能像朋友一样体贴与温暖人，已经是一种温馨感觉的代名词。

讨论题：

分析雀巢是如何巧妙组合不同媒介，从而使其品牌立于不败之地的。

一、单项选择题

1. 暴露于一个媒介执行方案的人口或家庭占总人口或家庭的百分比是（　　）。
   A. 到达率　　　　B. 收视(听)率　　　　C. 概率　　　　D. 视听暴露度
2. 手机作为广告媒介的优势不包括（　　）。
   A. 定向　　　　　B. 互动　　　　　　　C. 及时　　　　D. 信息量大
3. 媒介的覆盖面、接触人数、千人成本等可以根据已知或推算的数据算出具体数字指的是（　　）。
   A. 广告媒介评估质的标准　　　　　　B. 广告媒介组合的标准
   C. 广告媒介评估量的标准　　　　　　D. 广告媒介选择的标准
4. 某一媒介发布的广告接触1000个受众所需要的费用指的是（　　）。
   A. 每千人成本　　B. 有效到达率　　　　C. 总视听率　　D. 暴露频次

二、多项选择题

1. 大众传播媒介主要包括（　　）。
   A. 报纸　　　　　B. 杂志　　　　　　　C. 广播
   D. 电视　　　　　E. 电影
2. 电视作为广告媒介的优势包括（　　）。
   A. 创意机会多　　B. 覆盖范围广　　　　C. 单位接触成本低
   D. 受众针对性强　E. 价格低廉
3. 广告媒介评估质化的基本指标包含（　　）。
   A. 接触关注度　　B. 干扰度　　　　　　C. 编辑环境
   D. 相关性　　　　E. 广告环境
4. 媒介选择的原则是（　　）。
   A. 目标原则　　　B. 适应性原则　　　　C. 优化原则
   D. 效益原则　　　E. 竞争原则

5. 运用广告媒介组合策略，具体来说，主要有以下（　　）作用。
A. 能够增加总效果和到达率
B. 能够弥补单一媒介传播频度的不足
C. 能够整合不同媒介的传播优势
D. 能够减少成本
E. 能够增加效益

6. 广告媒介组合的常用策略有（　　）。
A. 视觉媒介与听觉媒介的组合
B. 瞬间媒介与长效媒介的组合
C. 大众媒介与促销媒介的组合
D. 媒介覆盖空间组合
E. "跟随环绕"媒介组合

三、简答题

1. 广告媒介选择的方法有哪些？
2. 不同广告媒介组合时注意的问题有哪些？

四、模拟现场

战略为王：金六福中秋节广告媒介投放策略。

2005年中秋节前，在机场安检处，旅客们惊奇地发现，金六福在利用一种创新的媒介——过安检时存放物品的安检篮，在安检篮里，被贴上了"中秋团圆·金六福酒"的平面广告。与此同时，在高速公路两旁的户外广告牌、全国主要城市的公交灯箱，也都有金六福气势夺人的"中秋团圆·金六福酒"的平面广告。CCTV一套、湖南卫视的重要时段，也有"中秋团圆·金六福酒"的电视广告投放。

那么，是什么力量在决定着金六福此次广告投放的媒介选择呢？

在中秋节这场品牌运动中，金六福的媒介投放，就是要通过"中秋团圆·金六福酒"的主题，继续加强消费者对金六福的"福"文化情感认同，扩展金六福品牌"福"文化的外延，使传统的"福"文化继续嫁接到金六福的品牌中来。

选择什么样的媒介通道，能把金六福所要表达的战略意图传达给消费者呢？也就是说，在中秋这个时节，是一个团圆的时节，时节有了，在何地以什么样的方式能触发游子思念家乡，盼望亲人团聚的那颗敏感的心呢？金六福公司选择了上述的媒介通道，与消费者进行沟通。

因此，我们可以想象到这样的场景，在高速公路奔驰的汽车里，游子猛一抬头，看到"中秋团圆·金六福酒"的口号时；在空中飞来飞去忙碌劳累的商人旅客，在机场穿过安检时猛然看到"中秋团圆·金六福酒"口号那一刻时，游子和商人旅客心灵的震颤……

因为正确的媒介选择，加上品牌运动策略得当，金六福酒的"福"文化品牌内涵一次又一次地随着中秋传统佳节的气氛，植入消费者大脑，金六福的品牌资产得以累加。金六福酒的销售额也在品牌的驱动下，不断地得以提高。

（资料来源：陈亮. 企业媒介战略背后的决定力量. 中国营销传播网，http://manage.org.cn/Article/200612/41794.html）

问题：

请结合上述案例，用媒介选择及组合的相关理论，谈谈金六福广告媒介投放获得成功的原因。

第七章

广告预算策划

学习要点及目标

- 了解广告预算的影响因素，掌握广告预算的内容。
- 理解并掌握广告预算分配策略。

核心概念

广告预算、广告预算分配策略、广告预算方法

引导案例

加多宝为"中国好声音"投了多少钱

对于中国好声音而言，也许最重要的一笔"天使投资"就来自第一季好声音加多宝投下的6000万元。而加多宝也真的在以"天使投资人"的方式创新着自己的娱乐营销方式，如图7-1所示。

图7-1　加多宝为中国好声音冠名投资

普通投资可以在跟风短期套利后迅速抽身以规避风险。而天使投资无疑是一种战略投资，一锤子买卖，一旦入驻，便无法中途变卦。如果不能实现和投资对象的共赢共生，就很难独善其身躲在背后数钞票。

在两季好声音成为最火爆娱乐节目的过程中，独家冠名商加多宝也实现了从去年品牌成功转换到如今市场占有率逾八成，二者相互捆绑、相互成就，使两大品牌捆绑溢价做到了极致，在消费者心中留下深刻的"好声音+红罐"印象，好声音和加多宝的完美"联姻"可谓坚不可破。

做天使投资，必须具有发现金子的能力。去年，面对彼时名不见经传的中国好声音，一向在营销上把脉精准的加多宝，不仅洞悉了这一档集高质量、大明星与众草根于一体的国外原版引进节目在移动互联网时代对选秀节目的颠覆气质，更挖掘到"正版节目"与"正宗凉茶"在品牌共生上的大有可为，以6000万元冠名费投资下注。加多宝集团品牌管理部副总经理王月贵在不同的场合都说：加多宝是投资方也是合伙人。

通过加多宝的及时雨，中国好声音摆脱了节目制作上的资金掣肘顺利开播，一路收视狂奔破7，成为继青歌会、超女之后，又一个开辟娱乐节目新纪元的里程碑式栏目，并带动浙江卫视成为卫视的佼佼者。

与此同时，加多宝的品牌转化之路亦如火如荼地进行着。正宗好凉茶，正宗好声音，加多宝的广告与好声音栏目本身完美融合。彼时距加多宝经历品牌地震不足数月，可以说好声音是加多宝将"正宗"资产化的一个主力发酵场，通过好声音的广而告之，"正宗"成为耳熟能详的加多宝代名词，帮助加多宝成功突破，继续以八成份额领跑市场。而随着发酵的深入，"正宗"亦成为好声音的一个有力的诠释标签，让好声音在传播上更具记忆力量。一笔投资，孕育出了两个"正宗"品牌双生花，每一朵都开得漂亮。

"加多宝中国好声音"品牌深入人心

不同于资本泡沫，圈完钱就撤，来得快去得更快，天使投资讲究对投资对象的深入参与投入，在形成可持续的盈利模式之后，实现长线获利。

去年，加多宝在好声音上的大获成功，拉高了好声音的市盈率，关注好声音的品牌多了起来，但加多宝无疑站在更高的起点。在此基础上，今年加多宝坚持"正宗+红罐"的政策不动摇，多线出击，推动两个"正宗"品牌的持续融合，并最终让加多宝中国好声音这个二者共同孕育出的独立品牌深入人心。无论是好声音节目镜头上或多或少打到的红罐身影与加多宝LOGO，还是结合节目正能量发起的"向正宗致敬"系列海报，随时随地可以唱两句的微信好声音，或者是遍布大街小巷的"唱饮加多宝直通中国好声音"，从视觉上、听觉上、体验上全面固化加多宝与好声音的品牌关联。尽管营销攻势无处不在，但在很多观众心目中，加多宝赞助商的身份似乎不那么"抢眼"，因为"加多宝中国好声音"已经融合成了一个品牌，大家已经忘记了需要把这二者分开对待。

"加多宝愿意投出巨资继续冠名，是看到了其将产生的网络溢价。"王月贵表示，第二季好声音给加多宝带来的是品牌巩固以及对品牌影响力的拉动，价值要远大于为此付出的2亿元。经过第一季的宣传和强化，"中国好声音"与"加多宝"这两个品牌已经成为一个不可分割的共同体。加多宝方面表示，第二季《中国好声音》播出至今，加多宝凉茶的销量与去年同期相比大幅度提升，红罐凉茶的市场份额更是达到80%以上。

事实上，细心的人还注意到，两季好声音，加多宝在核心立意上都没有大的变化，永远是红罐、正宗的口号。但恰好是这种专注战略，让加多宝的正宗效益不断发散，并与节目实现深度捆绑。无论是每期节目后以学员为对象的"向正宗致敬"系列视觉微海报，还是无处不在的红色正能量"后续加工"，都及时地将观众对舞台上的未了情绪发酵，将对学员的爱转化为对加多宝的支持，也使得"正宗"的话题不断深入人心。

"看好声音，喝加多宝"消费文化的弥漫，使加多宝和好声音的合作关系迈入新层次，粉丝们如果看好声音时不来罐加多宝，都会觉得别扭。而加多宝将音乐发烧友支持原创与自己支持正宗的品牌诉求完美结合，又让更多主流消费人群在正能量影响下主动加入喝凉茶的队伍中。

随着两季节目的播出，这种消费文化不断深入教育，在消费者中逐渐形成了一种根深蒂固的消费习惯。据第三方机构零点公司和AC尼尔森调研显示：好声音带动加多宝的认知度达到了99.6%，并已占据罐装凉茶市场八成份额，"中国饮料第一罐"当仁不让，受到行业瞩目。有网友感叹，这既是一个疯狂音乐季，又是一个疯狂凉茶季。

此外，相比第一季，今年还在节目中露出加多宝红罐标识、不断滚动出现商标标志、不断响起的"正宗好声音、正宗好凉茶"广告语。在第二季好声音中，加多宝通过多平台合作，强化线上线下的互动营销，在提升品牌影响力的同时，直接带动终端销售。

从观众支持节目收视节节攀升，到消费者在市场上不断为加多宝用货币投票，节目效应和产品本身必然形成一种良性循环，一条无形的消费产业链出现。正如王月贵所说，市场有多大不在于生产能力，而在消费者的脑子里。占领了消费者的脑子，心有多大舞台就有多大，品牌的发挥空间就是无限的。

品牌战略专家李光斗称，第一季好声音已经成为一种现象，第二季则已成为一个可以估价的品牌，而这个品牌里也包含了加多宝的产品元素，"你想到'好声音'，就会想到红色，而红色是加多宝外包装的主色调。"社会学研究专家汪玉凯则表示，私人终端媒体是"一个人的孤单"，而大众社交媒体则是"一群人的狂欢"，介于两者之间的是"家"，《中国好声音》正是抓住了这个机会，通过线上线下做家庭主题的氛围，很适合一家人围坐在一起来观看，第二季节目无论是节目剧情的发展、故事的安排、贯穿的线索都无处不有家庭的气氛和痕迹。

"无论是节目的正宗定位，还是以娱乐正能量攻陷观众心智、培养凉茶消费文化，都使加多宝与好声音的完美'联姻'难拆。"资深营销人士指出，畅想第三季中国好声音，若加多宝不再赞助好声音，那么后续接力者将面临如何从这种已然形成的正宗定位中获益的难题。而中国的娱乐营销也将面临一个新问题，即当品牌赞助不再是简单借势而是深度融合后，已被定义的娱乐事件本身要怎么接着玩？

《定位》中提出，消费者对品牌的印象不会轻易改变，品牌形象一旦在消费者脑海沉淀下来，就会根深蒂固。这也让其他的品牌厂商陷入一种困境：假如有一个新品牌重金赞助明年的中国好声音，是不是会变相地为加多宝打广告做嫁衣？

（资料来源：http://paper.people.com.cn/gjjrb/html/2013-10/14/content_1309175.htm）

案例解析：对于企业而言，是否愿意拿出资金用于广告投入，往往不是最关键的问题。企业更关心的是能不能获得广告效果以及应该安排多少经费的问题。现实中企业愿意投资做广告，但投资的效果却大不相同。怎样以最少的广告花费，取得最好的广告效果？加多宝做的是非常成功的。广告预算对广告策划人员来说，既是一种保障，也是一种限制。理想的广告宣传活动，应该是以最小的投入取得最大的广告效果，当广告达到一定效果时，追加的广告投入就是一种浪费。合理进行广告预算，是广告策划的重要内容之一，它不仅影响到广告活动的效果，而且也影响到企业整体的经济效益。

第一节 广告预算的内容

在广告策划中,广告预算限制广告策划人员能做什么,要求以尽可能少的经费达到尽可能好的广告效果。确定广告预算,不仅直接影响到广告活动的效益,而且还影响到企业整体效益。

一、广告预算的概念

(一)广告预算的含义

广告预算是企业和广告部门对广告活动所需费用的计划和匡算,它规定了广告计划期内广告活动所需的费用总额、使用范围和使用方法,是企业经营活动能够顺利进行的保证。

编制广告预算,可以合理地解决广告费用与企业利益的关系。对一个企业而言,广告活动的规模和广告费用的大小,应与企业的生产和流通规模相适应。在正常的情况下,商品的销售量与广告的相对费用是成反比的。

(二)广告预算的特点

广告预算不同于企业的一般财政预算,因为广告预算在分配和计算时受到诸多因素的影响和控制。具体体现在以下三个方面。

1. 相对完整性

广告预算并不能非常准确地确定所有费用的收支。广告预算可以通过事先的广告效果测评进行预期的广告收入的衡量,而不能很精准地测算出广告带来的实际收入,准确的广告收入要通过广告实际发生之后才能得以测评。所以广告预算并不能将收支总额全部反映出来,只是具备相对的完整性。

2. 灵活性

一般的财政预算是按照年度来编制完成的,但是广告预算相对灵活,可以是以年度为单位进行广告预算,可以是针对某一个固定时期的广告目标进行广告预算,也可以是根据某个具体的广告活动而编制的广告预算。

3. 可变性

一般的财政预算一旦确定,应该严格按照预算的分配完成,但是广告预算中有一部分是可变动的广告费用,这部分费用是要随着其影响因素,例如媒体的增减而有所变动的,并且受到目标消费群体和时间变化的影响,所以广告预算可以随时根据广告目标、目标受众以及广告媒体等因素进行调整,以便达到较好的广告效果。

(三)广告预算的分类

广告预算可以按不同的标准进行分类。按广告计划期长短可分为长期广告预算和短期广告预算；按广告计划期限范围大小可以分为总的广告预算和单一商品的预算；按产品所处生命周期阶段，可以分为新产品广告预算和成熟产品广告预算；另外，按不同广告媒体、不同广告地区，还可以划分为多种不同种类的广告预算。

（四）广告预算与广告计划的关系

广告预算是广告计划的核心组成部分，广告计划的实施要以广告预算来支持，很多企业是根据广告预算来确定和制订广告计划的。但目前流行根据广告计划来确定广告预算，即在预计广告活动的规模之后，依据广告活动的费用要求来编制广告预算，可使企业能够主动地发动广告攻势，强有力地开拓市场与维持市场，进行产品的强有力推销。但在实际中，只有少数大型企业才会这么做。

编制广告预算时应该从以下四个方面予以考虑。

1．预测

通过对市场变化趋势的预测、消费者需求预测、市场竞争性发展预测和市场环境的变化预测，对广告任务和目标提出具体的要求，制定相应的策略，从而较合理地确定广告预算总额。

2．协调

把广告活动和市场营销活动结合起来，以取得更好的广告效果。同时，完善广告计划，实施媒介搭配组合，使各种广告活动紧密结合，有主有次，合理地分配广告费用。

3．控制

根据广告计划的要求，合理地有控制地使用广告费用，及时检查广告活动的进度，如果发现问题，及时调整广告计划。

4．讲究效益

广告直接为商品销售服务，因此，要讲究广告效益，及时研究广告费的使用是否得当，从而及时调整广告预算计划。

（五）广告预算的限度

美国广告学专家肯尼思·朗曼(Kenneth Longman)经过长期研究，于1971年曾经提出了一个广告投资模式，如图7-2所示。朗曼认为，理想的广告宣传活动应该是以最小的投入取得最大的广告效果，当广告效果达到一定程度时，追加的广告投入就是一种资源的浪费。

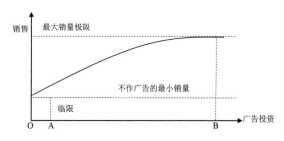

图7-2　广告投资模式

根据西方经济学中的边际效用递减规律：最后投入的一个单位的广告费用所产生的效用总是小于前一个单位投入的效用。因此，广告投入的总效用一定有一个最高点，到达这个最高点以后，更多的广告投入也只能使广告总效用下降。朗曼认为，没有任何广告投入也会产生一定程度的销售。广告投入在A点以前几乎不能产生什么影响，这是因为广告的力度太小的原因。当广告投入到达B点以后，销售量也不会再增加。因此，朗曼建议在AB两点之间，广告会产生正比例的效果。

二、广告预算的项目

（一）广告预算的作用

广告预算作为对广告活动所需要费用的匡算，对广告活动具有计划上和控制上的作用。作为计划手段，广告预算是以经费形式说明广告计划；作为控制手段，广告预算在财务上决定广告计划执行的规模和进程。因此，广告预算在企业广告策划中具有以下的重要的意义和作用。

1．控制广告活动

广告成本及费用的规模决定了广告活动的范围及深度。成本制约是任何一项商业活动都摆不脱的规律，广告也是如此，有多大的成本才有多大的活动规模，而活动规模也常常为成本预算提供依据。在实践中，广告主常常根据广告的计划来进行广告预算从而获得成本总额。这种制约关系是广告预算最主要的实践功效。

2．评估广告效果

任何一项广告都需要进行效果测评，否则，企业是无法对广告活动予以科学化使用的。在检测一项广告时，常用的方法是将广告带来的销售额上升幅度与广告投入进行比较，广告投入就充当了广告效果检测的基数，只有明确了一项广告的投入情况，广告效果的评估才有意义。

3．规划经费使用

在广告成本的基础上进行的广告预算，其主要目的在于有计划地、宏观地对广告费用、广告经费进行分配，使有限的广告经费能够满足广告计划的每一环节。这种预算的实际意义就在于对广告实施中的每一环节、每一个时间安排，每一媒体上的分配做到互相权衡，合理分配，这有助于广告经费的节省和每一项活动的顺利实施。

4．提高广告效率

广告成本及预算能提高广告投入的效率。一种商业投入的起码要求是提高使用要素的效率，广告投入更是如此。因此，广告费用使用效率的提高对公司的整体运作、成本的降低具有举足轻重的作用。

（二）广告预算项目构成

1983年国家工商行政管理局和财政部在《关于企业广告费用开支问题的若干规定》中，明确将广告费用列入企业的销售成本中。

财务费用中,一般可以列入广告预算的费用有以下几类。

1. 广告媒体费

广告媒体费主要指购买媒体的时间和空间的费用,占广告费用总额的80%~85%。

2. 广告设计制作费

广告设计制作费主要包括广告设计人员的报酬、广告设计制作的材料费用、工艺费用、运输费用等,占广告费用总额的5%~15%。

3. 广告调查研究费

广告调查研究费包括广告调研、咨询费用,购买统计部门和调研机构的资料所支付的费用,广告效果检测费用等,这一部分经费约占广告费用总额的5%。

4. 广告部门行政费用

广告部门行政费用包括广告人员的工资费、办公费、广告活动业务费、公关费,以及其他营销活动的协调费用等,占广告费用总额的2%~7%。

依据其用途,还可以把广告费划分为直接广告费和间接广告费、自营广告费与他营广告费、固定广告费和变动广告费。

(1) 直接广告费是指直接用于广告活动的设计制作费用和媒介费用。间接广告费是企业广告部门的行政费用。在管理上,应当尽量压缩间接广告费,增加直接广告费的比例。

(2) 自营广告费是指广告主本身所用的广告费,包括本企业的直接与间接广告费。他营广告费则是委托其他广告专业部门代理广告活动的一切费用。一般而言,他营广告费在财务上比自营广告费要节约,使用效益也更好。

(3) 固定广告费是自营广告的人员的组织费用及其他管理费,这些费用开支在一定的时期内是相对固定的。变动广告费是因广告实施量的大小而起变化的费用,如随着数量、距离、面积、时间等各种因素的影响而变化的费用。变动广告费又因广告媒介不同,可分为递增变动和递减变动。比例广告费是随同广告实施量的增加而递增,递减广告费则相反,是反比例变化的,广告费用随广告实施量的增加而递减。

三、广告预算书的基本格式

广告预算书一般以图表的形式将广告预算的列支、计划和分配详尽地表示出来。广告预算书的格式及内容视不同业务需要所涉及的项目具体拟定。一般直栏分为项目、开支内容、费用、执行时间和备注等;横栏为项目的明细分类,如市场调研费、广告设计费、广告制作费、广告媒体租金、服务费、促销与公关费等。广告预算书后一般还附加一段说明文字,对预算书的内容进行解释。

广告预算书的格式和内容不可能千篇一律,要视具体的业务项目而定。有的项目也可具体化,如其他杂费开支一栏可具体分为:邮电、运输、差旅、劳务等费用,有的也可增加项目,如广告机构办公费或管理费、人员工资或者服务费等。总之,广告预算书的形式和内容一定要结合每一个具体的广告项目而定。广告预算书的基本格式,请参考表7-1。

表7-1　广告预算书的基本格式

广告预算书				
预算委托单位：			负责人：	
预算单位：			负责人：	
广告预算项目：			期　限：	
广告预算总额：			预算员：	
广告预算时间：			预算书编号：	
项　目	开支内容	费　用	执行时间	备　注
市场调研费 1．文献检索 2．实地调查 3．研究分析 其他				
广告设计费 1．报纸 2．杂志 3．电视 其他				
广告制作费 1．印刷 2．摄制 其他				
媒体租金 1．报纸 2．杂志 其他				
公关促销费 1．公关 2．促销 其他				
服务费				
管理费				
其他杂费				
机动费用				
总　　计				

 案例7-1

某早餐奶2010年12月广告预算书(见表7-2)

表7-2　某早餐奶2010年12月广告预算书

广告预算书				
广告预算时间：2010年9月				
广告执行时间：2010年12月—2011年12月				
广告预算总额：1.2亿元				
开支内容	形式	费用(元)	执行时间	备注
市场调研费	委托公司	1 000 000	2010年9月—10月	
广告设计与制作费	电视	36 515 000	2010年10月—11月	
	网络	6 400 000		
	杂志	50 000		
	报纸	9 790 000		
媒体费用	中央一套15秒广告	32 175 000	11:55；19:55；22:30	前3月每天三次，以后每天一次
	中央二套15秒广告	4 340 000	A时段	200次
	腾讯网络	6 400 000	首页	100天
	《家庭》杂志	50 000	封三	1月6日至2月6日
	扬子晚报	9 790 000	周末整版	50次
管理费用		10 000 000		2名营销经理带领4名执行人员
其他		1 000 000		日常开支等
总计		117 510 000		

(资料来源：朱海洋．××早餐奶广告预算书．百度文库，http://wenku.baidu.com/view/8cf031c708a1284ac850432d.html)

案例解析：该早餐奶的广告预算书主要介绍了广告的市场调查、设计与制作，以及媒体的主要费用分配，同时也对广告执行时涉及的其他费用进行了考虑，例如考虑了执行时期所需的人员管理费用，这也是一笔不能忽视的重要费用。在做广告预算书时要尽量考虑充分，把广告费用支出的项目详细列举，对于变动的广告费用应留出适量资金，随着媒体的变动、增幅而做相应调整，以免出现执行阶段广告费用不足的情况。

第二节　制定广告预算经费的方法

一、影响广告预算的因素

编制广告预算时，除了确定广告费用的范围，明确广告预算的内容以外，还必须了解有哪些影响因素。一般影响广告预算的因素主要有商品生命周期、销售量与利润、竞争对手、企业实力、消费者、媒体等因素。

（一）商品生命周期因素

产品在市场上都要经过投入期、成长期、成熟期和衰退期四个阶段，处于不同阶段的同一产品，其广告预算有很大的差别。企业要在市场上推出一种新的产品，广告预算无疑要大一些，以使产品被大众所接受。当产品进入成熟期，广告预算的费用则应稳定在一定的水平上，以保持产品的畅销状态。而一旦产品进入衰退期，广告费用将大幅削减。

例如，凡客诚品公司于2007年成立网站，选择自有服装品牌网上销售的商业模式。发展初期产品本身价格较低，加之有针对性地向凡客会员用户投放杂志广告，使凡客在消费者心中有了一定的认知。随着凡客品牌形象从发展期逐渐走向品牌成熟期，广告费用分配也进行了相应的调整。与发展期相比，广告费用投入总额较为稳定并且直接广告费用投入较多，媒体上选择了费用支配相对较低的户外候车亭广告、地铁广告和网络广告。凡客在代言人方面选择了目标受众心中个性率真、代言又相对较少的公众人物，网络红人韩寒、王珞丹作为代言人，契合了网民的认知和网络文化。正是凡客及时地将广告预算分配随着时下正在流行的媒体进行了分配调整，才使得凡客的品牌不断得以发展。

（二）销售量与利润因素

企业为了增加销售量，往往会采取增加广告投入的方式。一般情况下，广告费增加了，企业的销售量和利润也相应地增加和提高。反之，如果增加广告投入，销售量和利润却上不去，那么肯定要挫伤企业的积极性而减少广告投入，削减广告预算。因此，广告产品的销售量与利润因素也是影响广告预算的一个方面。

（三）竞争对手因素

广告是企业进行市场竞争的一个手段，广告预算也因而受到竞争对手的影响。竞争对手之间进行市场竞争，往往以广告宣传的形式表现出来，在一定程度上，广告的竞争就变为广告预算的竞争。即竞争对手增加微弱的广告预算，企业为与其抗衡，也会迅速做出反应。

例如，中国快餐市场的两大竞争品牌麦当劳与肯德基的竞争从未间断，最直接的竞争可以通过广告的形式展现，这种竞争无疑又依靠背后的广告费用来支持。

2009年肯德基在中国市场不断开发中西结合口味的产品，从以往的汉堡开发出"油条""烧饼""粥"等适合中国人口味的早餐,广告投入基本都放到了所有的店面进行产品更换的广告和常规的电视广告上。并在2009年9月针对新品"至珍七虾堡"推出时,在北京闹市区盖起了玻璃房子,让七个人打扮成大虾的样子玩起了"虾米族"真人秀。

而麦当劳推出了"麦咖啡"新品,试图通过改变中国人的生活方式,使麦当劳餐厅变成同事交流、工作沟通的中转站。2009年麦当劳的广告费用主要投放在塑造新品牌形象上,重点放在店面装修和改造上,餐厅设有麦咖啡休闲区,提供无线上网服务。同时除了常规广告以外,重点关注网络,在2009年2月与淘宝网联合,建立"麦当劳天天超值店",暑期又与人人网进行合作,发起"见面吧"主题活动。

显然,广告费用的投入和分配,不仅仅是由品牌自身的发展要求所决定的,竞争对手的市场策略也会在很大程度上影响品牌的广告费用的投入和分配方向。

(四) 企业实力因素

广告预算的高低,受企业的财力状况、技术水平、生产能力和人员素质的影响。企业规模大,实力强,产量高,资金雄厚,当然可以制定较大规模的广告预算。反之,如果企业的资金,产品规模都比较小,则在编制广告预算时,应该量力而行。

(五) 消费者因素

消费者是市场的主体,也是广告宣传的受众,消费者的行为不仅影响市场的走向,也影响广告预算的制定。当消费者对某种广告商品反映较为冷淡时,企业应该加大广告宣传的力度,刺激消费,使消费者逐渐认识商品;当广告商品已经被消费者认同,在消费者心目中有较高的地位时,企业可以适当地控制或减少广告预算的规模。

(六) 媒体因素

不同的传播媒体有不同的广告受众、不同的广告效果和不同的媒体价格。一般来说,电视广告的费用最高,其次是报纸、广播和杂志,因特网上的广告费用相对较低;而电视和广播节目覆盖范围的大小,收视率的高低,报纸杂志发行量的大小,以及这些媒体的权威性,最佳播出时间和最佳版面等不同,其广告的价格费用也有明显的差别。因此,在制定广告预算时,必然要考虑媒体因素的影响。

例如,预算多时可以采用多种媒体相结合的方法,并且可以拉长广告时间。许多资金雄厚的大公司往往每年的广告预算数以百万或千万计或更多,在各种媒体上做广告并且广告期间也很长,几乎一年四季都在做广告。预算少时,选择最适当的一两种媒体,并且只在一段时间里集中刊播。一些中小企业,每年的广告预算费用不多,应该集中自己的财力,在一两种最适合自己的媒体上下工夫,并且在一段时间内集中宣传,这样在短时间内就能提高企业的知名度。

即使是同一媒体,由于不同栏目的设置,栏目特性的不同和播出时段的不同,媒体的费用也不尽相同,下面以中央电视台不同栏目和时段的广告价格为例来进行介绍。如表7-3、表7-4所示。

表7-3 央视品牌栏目目标定位

频道名称	节目的主要内容	受众特征
CCTV1 综合频道	央视主频道,影响力强。集中了央视电子出版物优秀栏目,将新闻、电视剧和综艺节目优化整合播出	受众广泛,25岁以上居多
CCTV2 财经频道	频道定位经济,以财经、资讯、生活服务节目为主	偏男性,中年群体集中度高。受众收入高,农村人收看少
CCTV3 综艺频道	大众化综艺,以音乐及歌舞综艺节目为主	中青年女性偏多,收视人口广泛
CCTV4 国际频道	主要覆盖海外以新闻类节目为主导,以文化类为支撑,以台湾报道为重点	偏男性,年龄在40岁以上居多,收入一般
CCTV5 体育频道	唯一国际级体育频道,拥有多项国际顶级赛事独家转播权	偏男性,中青年居多
CCTV6 电影频道	主要播放电影,每天播出8部不同风格的电影纪录片等	观众细分不明显男性偏多,中青年居多。收入水平中下
CCTV7 军事农业频道	面向农村,唯一专业传播农业科技信息的频道	整体观众学历、职位、收入等较低。中高年龄群居多,中等文化程度
CCTV8 电视剧频道	以优秀电视剧、热播电视剧为主要播出内容	以中年以上家庭女性收看为主
CCTV10 科教频道	面向文化传播领域,开办有二十多个科教栏目	男性偏多,年龄偏大,其他观众群分布相对平均
CCTV11 戏曲频道	汇集各地戏曲种类200多个,播出新戏和传统戏	以中老年观众为主
CCTV12 社会与法频道	各类法制节目、影视剧,是中国最具影响力的法制专业频道,以普法、讲法为主要宗旨	受众广泛,偏男性。受众学历、收入偏低
CCTV13 新闻频道	专业化新闻定位,以时效性为核心宗旨,第一时间报道重大新闻事件	高端男性偏好强
CCTV14 少儿频道	播放各类卡通、少儿节目	观众以青少年为主

表7-4 2011年CCTV各主要频道时段广告刊播价格表

频道	时段名称	播出时间	5秒	10秒	15秒	20秒	25秒	30秒
CCTV1	新闻30分前	约11:57	42300	63500	79400	108000	127000	142900
	黄金档剧场贴片一	约19:55	88500	132800	166000	225800	265600	298800
CCTV新闻	上午直播时段	周一至周日 9:00~12:00内	12400	18600	23300	31700	37300	42000
CCTV新闻	东方时空前	周一至周日约 19:55	26700	40000	50000	68000	80000	90000
	新闻1+1后	周一至周五约 21:55	28200	42200	52800	71800	84500	95000
CCTV4	11点直播新闻前	周一至周五约 10:57	10700	16000	20000	27200	32000	36000
	午间精品节目前	周一至周日约 11:27	12100	18200	22700	30900	36300	40900

正如表7-4所示，不同的媒体在每个时段和栏目设置的广告媒介费用是不同的，所以企业在制定广告预算时应该既针对目标受众，又要考虑媒体成本，使之达到最优化效果。

当然，影响广告预算的因素还有很多，诸如广告的制作水平，企业的声誉和形象，企业领导者的决策水平以及社会经济发展水平等，它们对广告预算的影响程度不一，在此不再列出。

二、制定广告预算经费的方法

制定广告预算经费的方法主要有目标达成法、销售额百分比法、利润百分比法、销售单位法、竞争对抗法、支出可能额法、淡旺季区隔法等几种。

（一）目标达成法

目标达成法是根据企业的营销战略和营销目标，具体确定广告规划和广告目标，再根据广告目标编制广告计划，确定企业的广告预算总额。其计算公式为：

$$广告费=目标人数×平均每人每次广告到达费用×广告次数$$

目标任务法是在广告调研的基础上确定的广告预算总额，它的科学性较强，但比较烦琐。在计算过程中，如果有一步计算不准确，最后得出的广告预算总额就会有较大的偏差。

例如，美的现在正在进军小家电。小家电是其品牌扩张的重点战略市场，从某种程度来看，对于小家电的广告费用预算，它的单位广告成本可以远远超过行业平均成本，它可以不考虑其成本，而重点考虑其战略意义。因为小家电对于美的来说，它是战略市场和占位产品，美的不会依靠它来直接赚钱。小家电的最重要的意义在于它能给美的带来品牌的意义，丰富美的品牌的内涵，利用它来间接赚钱。这才是美的真正目的。做好了小家电，给美的带来的各种间接利益和利润不是小家电本身的直接利润所能比的，更远非那点广告投入所能比的。

这种预算方法往往是强势品牌用来进行产品扩张或者专业品牌进军某重点区域市场或收复某区域市场等。它的背后是一种不计成本而只考虑战略意义的投入。

广告预算的决策模型——沟通阶段模型

沟通阶段模型是借助广告预算对连续广告支出与最终销售的中间变数的影响来决定广告预算的一种模型。美国学者马克斯韦尔·尤尔帝举例说明一家企业对其生产的新型过滤嘴香烟编制广告预算的过程，其步骤如下所述。

(1) 确定市场占有率。假设企业想要获得8%的市场占有率，而全国吸烟的人数共有5000万人，则企业必须吸引400万人经常吸本企业所生产的香烟。

(2) 确定本企业广告所要接触到的市场的百分比。假设企业希望其广告能接触80%的市场对象，即4000万吸烟者。

(3) 确定在知道该品牌的吸烟者中可能被说服试用本企业品牌香烟者应占的百分比。假如企业希望在知道该品牌的顾客中有25%试用本企业香烟，这是因为，企业估计所有试用者中的40%(400万人)可能成为忠诚的使用者，而这正是企业的目标市场。

(4) 决定每1%试用率所需要的广告次数。该企业估计大约对每1%的人口做40次广告，就会带来25%的试用率。

(5) 决定必须购买的总评分数(Gross Rating Point, GRP)。1分是对每1%目标人口的一次广告展露。既然该企业期望对目标市场人口的80%进行40次展露，那么该企业就必须购买3200总评分。

(6) 根据购买每一总评分的平均成本，决定所需要的广告预算：假设1总评分的平均成本为3277元，在产品上市的第一年总共需要3200总评分，共需花费10486400元(3277×3200(元))。

实际上，上述沟通阶段模型是目标任务法的一种执行方式。其优点在于企业高层管理者必须明确说明有关广告费用支出、广告展露水平、试用率和经常使用者之间的关系的假设。

(资料来源：郭国庆.市场营销管理——理论与模型[M].北京：中国人民大学出版社，1995.)

(二) 销售额百分比法

销售额百分比法是以一定期限内的销售额的一定比率，预算广告费的方法。由于执行标准不同，又可细分为计划销售额百分比法、上年度销售额百分比法、平均销售额百分比法及计划销售增加额百分比法四种。其计算公式为：

$$广告费用=销售总额 \times 广告费用与销售总额的百分比$$

这种方法简单易行，其优点是：计算简单，广告支出与产品销售状况直接挂钩，销售状况越好，广告费用也越高，企业不至于有较大的财务压力。

因此，这也是最容易让管理高层通过的方法。当然，这个比率，不同的企业有不同的考虑，这要视企业所在的行业及其成熟程度来确定，而且还要参考企业的战略目标定位。一般来说，食品行业、保健品行业、饮料行业等快速消费品行业，相对来说比率较高；家电、房产、汽车等耐用消费品等相对较低。当然，这也不排除行业的成熟与否。

但该方法也有很大缺陷，即因果倒置。广告活动目的是要创造消费，提高销售额，而不是以销售来决定广告。

(三) 利润百分比法

利润百分比法是根据一定期限内的利润总额比率，预算广告费的方法。根据利润额的不同含义又分为净利润百分比法和毛利润百分比法，其广告费用的计算公式与销售额百分比法相同。

利润率百分比法把广告费用和利润直接挂钩，适合于不同产品之间的广告分配。但该方法不是以广告促进销售作为出发点的，而是首先考虑利润多少。利润多，便多支出一些广告费；利润少，便少支出一些广告费。如果企业没有利润，停止广告宣传，则显然是不适合的。如新产品上市初期，尽管利润尚未实现，却仍需支出大量的广告费，以宣传和推销新产品。所以，利润额百分比法是一种比较被动的方法，应慎重采用。

(四) 销售单位法

销售单位法是按每一销售单位投入的广告费进行广告预算的方法。其计算公式为：

$$\text{广告费用} = \text{单位产品分摊广告费} \times \text{本年度计划产品销售数量}$$

销售单位法对于经营产品比较单一，或专业化程度比较高的企业来说，非常简单易行。但这种方法的缺陷也比较明显，如对于那些生产、经营多元化的企业，这种方法计算手续繁杂，且灵活性较差。

（五）竞争对抗法

竞争对抗法是根据广告产品的竞争对手的广告费开支来确定本企业的广告预算。在这里，广告主明确地把广告当成了进行市场竞争的工具。其具体的计算方法又有两种，一是市场占有率法；二是增减百分比法。

市场占有率法的计算公式如下：

$$\text{广告预算} = (\text{对手广告费用}/\text{对手市场占有率}) \times \text{本企业预期市场占有率}$$

增减百分比法的计算公式如下：

$$\text{广告预算} = (1 \pm \text{竞争者广告费增减率}) \times \text{上年广告费}$$

比如，非常可乐在确定广告费用预算时，就参照了可口可乐和百事可乐的广告投入。先确知"两乐"的年度销售目标，再明确其广告投入，两者对比可以确定其比率，然后非常可乐根据企业自身的战略发展目标和销售目标，按此比率进行初步预算，然后在此基础上，适当地增加一定的比率，同时，在全国的个别市场区域和个别月份，适当地错开"两乐"的锋芒，避实就虚。这样制定费用预算和进行广告投入，就非常有针对性和打击力。

运用竞争对抗法确定广告预算，其主要缺点是广告费用大，容易造成浪费，并且由于竞争对手对其广告费用情况的封锁，使信息不实，容易造成失误。资金不足的中小企业在采用这种方法时要特别慎重，如果企业的资金雄厚，企业为了在市场上建立强有力的地位，则运用这种方法是行之有效的。

（六）支出可能额法

支出可能额法是指企业根据自己的经济实力，即财务承受能力来确定广告费用总额的方法。这种方法也称"量体裁衣法"，许多中小企业都采用这种方法。"量力而行"是指企业将所有不可避免的投资和开支除去之后，再根据剩余资金来确定广告预算的规模。

（七）淡旺季区隔法

对于淡旺季区隔，目前业界有两种比较有争论的观点。一种认为：应该在旺季多投入，加大投入的力度、广度和深度，以求大量走货；在淡季时做好基础的工作，比如服务、回访、调研、新品研发和储备等。而另一种则认为：在旺季没有必要多投入，只要保持一定的广告投入力度，表明"我也有"就行了，没有必要把过多的资源淹没在"你死我活"的"眼球"抢占中，最后的结果往往是相互的传播效果和作用被抵消了；在淡季时加大投入，因为在这种情况下，大多数对手都"沉默是金"，消费者的眼球都处于一种无人争抢的状态中，你只要适当地冒一下尖，比对手多那么一点点资源，就能够吸引旺季3～4倍的资源所抢不到的"眼球"。

两种方法，仁者见仁，智者见智。关键是根据企业自身的资源和产品特性，做有针对性的投放，能够吸引目标范围内的一定量的"眼球"就够了。

运用淡旺季法比较成功的就是空调企业。如：海尔、格力和美的，这三个品牌的崛起都曾先后运用过这种方法。而以"微波炉"起家的"格兰仕"在进军空调市场时，也运用了这一概念，不过，稍微不同的是，前三大品牌是在旺季之前的淡季玩这种概念，而格兰仕则是在旺季之后的淡季运用这种概念。这可能是两者所处的环境不一样，也可能与企业的自身资源有关。

第三节　广告预算分配策略

在框定广告预算之后，要针对广告计划的各项细目的要求，将广告预算总额摊分到各个广告活动的项目。这是通过广告预算对广告活动进行组织、协调和控制广告计划实施的手段。一般来说，广告预算的分配，主要有以下五种方法。

一、按广告时间分配

按广告时间分配是指按照广告各项活动的时间安排，有所侧重地分配广告经费。它又可以分为两种情况。

（一）按广告活动期限进行经费分配

不同的广告活动，对时间长短有不同的要求。长期的广告活动，有年度广告经费分配，中短期的广告活动，则有季度、月度的广告经费分配。

（二）按广告信息传播时机进行经费分配

许多产品的销售经常随着时间和季节的变化而变化，尤其是服装、空调、冰箱、冷饮等季节性产品。对这类产品合理地把握广告时机是抢占市场制高点的关键。

服务、饮料等，在企业营销过程中，不可能总是旺季，所以企业应该根据销售季节及销售机遇的不同，有针对性地进行广告分配。广告主应该在销售旺季集中大部分的费用，尽可能多地选择各种适当的媒体展开广告宣传攻势。而在销售淡季则减少广告预算，减少媒体数量，从而使广告宣传有重点性和针对性，以避免广告费用的浪费。

例如，可口可乐公司卖广告，一般都在夏季投入的预算最多，并选择各大电视台和各大媒体展开广告宣传攻势，而在冬季其广告预算则大大降低，减少了在电视与其他媒体的广告费用，做相对较少的广告以起到维持作用。

二、按市场区域分配

按市场区域分配是指企业将整个目标市场分解成若干部分，而后按各个区域来分配广告经费。一般来说，广告经费在产品销售有基础的地区要比在新开发地区少，在人口密度大的地区要比在密度小的地区多，全国性市场的广告经费要大于地方性市场的广告经费。当然，由于各地区情况不同，企业在每一地区的广告目标也有所区别。

三、按产品类别分配

按产品类别分配是指在对其生产的产品组合进行评价分析之后，针对不同类型的产品分别确定相应的广告预算。不同的产品，由于其行业发展前景不同、市场占有率不同、市场竞争状况不同及产品所处生命周期不同，其销售潜力、利润水平和产品在企业产品体系中所处的地位也是不一样的，这就使得企业在分配广告经费时，应该有所侧重。一般来说，广告预算的这种分配方法对企业的发展具有战略意义。

现在各种各样的商品数以千万计，各种产品的特征也是千差万别的。在做广告时，常常出现这样的情况，把一些在这种媒体中不能很好表现产品特征的广告，拿到另一种媒体上去做，效果可能出奇的好。因此，做广告时必须考虑所宣传的产品的特点。

对于产品功能多，特别是功能复杂，而且不为人们所熟悉的新产品，在做广告时，必须详细地将产品特点和功能向消费者介绍，这时可以考虑费用相对较低的平面媒体为主。而一些功能单纯的日常用品，如食物、服装、简单消费品等，不需要用大段的文字向消费者说明产品的功能，可以通过给消费者带来利益和享受作为诉求点，这时可以考虑费用相对高、效果较为直观的电视等媒体。

四、按广告对象分配

按广告对象分配是指企业按照广告计划中的不同广告对象，即广告产品的消费者，分别确定相应的广告预算。一般来说，以工商企业、社会团体用户为对象的广告，可以少使用广告费；而以最终消费者为对象的广告，所占广告预算费用比重较大。

广告是针对目标消费群体的，因此在进行广告费用分配时，要充分考虑这些因素，找出自己的目标对象接触最多的媒体，从而使他们之中更多的人看到或听到自己的广告。

例如，菲利浦公司在为其音响产品做广告时，就是根据其目标对象大部分都是音响发烧友的情况，在他们阅读最多的专业音响杂志上大做广告，而且在各种大的音响商场做精美的POP广告，从而取得了良好的宣传效果。

五、按传播媒体分配

按传播媒体分配就是根据广告计划所选择的广告媒体以及媒体刊播频次计划，分配广告经费的方法。分配方法一般有两种形式：其一，传播媒体之间的分配。即根据广告计划所选定的各种媒体进行广告费用的分配；其二，是传播媒体之内的分配，即根据对同一媒体不同时期的广告需求来分配广告经费。

按传播媒体分配广告费用，要根据产品的种类和定位、产品的销售区域、媒体的使用价格等综合考虑，在广告预算中，首先应该保证的是广告媒体的使用经费。

 案例7-2

一个房地产项目的媒体广告预算分配

"天之韵"项目占地面积50亩(其中净用地40.9亩)，主体建筑为小高层电梯公寓。总建筑面积11000平方米，层数11～15层，结构上采用框架剪刀墙结构。主打户型面积为130平方米(70%)，100平方米(15%)，层面设计小跃式，停车面积约10000平方米。广告总体预算额度控制在总销售额的2%以内。各媒体分配比例为：报版占70%，报版以《成都商报》为主，结合《华西都市报》等辅助报纸，版幅以大版幅为主体，结合"购房超市"栏目；电视占20%；夹报占10%(说明：60%的本区域客户经常阅读商报，65%的本区域客户非常喜爱收看电视)。

(资料来源：金文姬.广告学[M].北京：中国人民大学出版社，2011.)

案例解析：由于广告受众的媒体接触习惯和媒体接触时间不同，在广告策划中，策划人员为了使广告达到更大的覆盖面，会提出媒体组合方案。按媒体对广告预算进行分配就适合于广告传播中采用多种媒体的情况。

(1) 广告预算是企业和广告部门对广告活动所需费用的计划和匡算，它规定了广告计划期内广告活动所需的费用总额、使用范围和使用方法，是企业经营活动能够顺利进行的保证。

(2) 广告预算可以按不同的标准进行分类。按广告计划期长短可以分为长期广告预算和短期广告预算；按广告计划期限范围大小可以分为总的广告预算和单一商品的预算；按产品所处生命周期阶段，可以分为新产品广告预算和成熟产品广告预算；另外，按不同广告媒体、不同广告地区，还可以划分多种不同种类的广告预算。

(3) 广告预算项目构成主要包括：广告媒体费、广告设计制作费、广告调查研究费和广告部门行政费用。

(4) 影响广告预算分配的因素主要有：商品生命周期因素；销售量与利润率因素；竞争对手因素；企业实力因素；消费者因素和媒体因素。

(5) 广告预算分配策略主要是指：按广告时间分配；按市场区域分配；按产品类别分配；按广告对象分配；按传播媒体分配。

 实训案例

飞龙铁画广告预算策划

"飞龙铁画"介绍

芜湖市飞龙铁画工艺品有限公司成立于1999年，公司以"追求品质，真诚服务"为生产经营和用户服务的理念；产品质量过硬，价格合理。

铁画历史悠久，由清朝康熙年间著名艺人汤天池所创，是我国工艺美术中的一枝奇葩，被誉为"中华一绝"。铁画兼国画、雕塑、剪纸等多种艺术手法于一体，以锤代笔，以铁为墨，经过"冶""锻""钻""锉"等技巧，锻铁成画。

铁画题材广泛，内涵丰富，它包括花鸟虫草，苍松翠柏，山水风光，风景名胜，各种动物，吉祥如意，古色古香，情趣盎然。

金画融合了铁画和金银首饰之精华，采用24K和18K金精工制作而成。金画具有很高的欣赏价值和收藏价值。

1. 飞龙铁画广告预算目的

规划广告经费的使用，提高广告投放的效率，控制广告活动和广告效果，通过此次预算提高飞龙的知名度和影响力。

2. 广告费用

飞龙铁画年销售额为1000万元，本次广告预算占总销售额的12%，即120万元。预算分配如下。

(1) 广告行政管理费：主要包括办公、出差、管理费、服务费、发放传单及相关人员的工资等合计3万元。

(2) 广告媒介费：广告选择的媒体是电视、户外、车体和传单等进行宣传，合计总费用为60万元。

(3) 广告制作费：主要包括所选择媒介的广告制作费用，具体如表7-5所示。

表7-5 各媒介广告制作费

项 目	开支内容	费 用	时 间
户外广告牌制作	新百大厦一块	1.5万元	2013年5月1日至2013年5月20日
公交站牌广告海报制作	火车站、融汇中江广场、赭山公园、方特5个地方的海报	0.3万元	
传单制作	制作传单共2万张	0.6万元	

(4) 市场调研费：调研是做预算的基础，在调研中进行资料搜集、数据分析与研究。具体费用如表7-6所示。

表7-6 市场调研费

项 目	开支内容	费 用	时 间
文献检索	三人参与调查共10天完成	调查人员的工资100元/天，交通费500元，伙食费30元/天	2013年5月1日至2013年5月10日
实地调查			
问卷印刷	0.1×1000份	100元	
问卷调查礼品	2×1000份	2000元	

(5) 媒体广告费：总计27万元。具体分配如下。

① 电视。所选媒体及相关费用如表7-7所示。

表7-7 电视媒体广告费用

媒 体	芜湖新闻频道
版本	15秒
播出时间	芜湖新闻联播(20:05左右)
频次	次/天 (2013年5月1日至2013年8月1日)
金额	27万元

② 户外广告。公交站台张贴海报。主要包括火车站、融汇中江广场、赭山公园、方特5个地方张贴海报。从2013年5月1日至2014年5月1日。费用总计：8万元。

③广告牌。在新百大厦悬挂一张大的飞龙铁画宣传牌。从2013年5月1日至2014年5月1日。费用总计：20万元。

④车体广告。公交车：1路(共27站过市中心)、4路(共32站过市中心、旅游景点)、32路(过市中心、旅游景点)、32路(过火车站、市中心、旅游景点)。从2013年5月1日—2014年5月1日。费用总计：4.5万元。

(6) 特殊宣传形式。主要进行传单发送，共发送2万份传单，主要在市中心、火车站、旅游景点等。从2013年5月1日至2014年5月1日。每隔三个月发1次，共发4次。累计20天完成。每次每天雇佣5人，每次5天发放5000份，每天50元/人。费用总计：0.5万元。

3. 预算效果预测

本次的广告预算是按照飞龙铁画年销售额1000万中的12%来分配的。本次共使用广告预算费用66.15万元。预测这次广告投入可以提高飞龙铁画的品牌知名度和品牌竞争力，使其销售量有所增加。

(资料来源：http://www.haihongyuan.com/guanggaochuanmei/304334.html(有修改))

案例点评：有限的广告预算在各媒体之间如何分配与媒体选择有直接的关系。企业在进行决策时，一般会根据广告效果选择投放媒体的侧重，并据此分配广告预算。本案例是一个常见的广告预算分配方案。通过此案例我们可以看到，广告预算除了要决定广告经费在各媒体上的投放比例以外，还要决定在媒体的不同时段和不同地点的预算分配。只有进行合理的预算分配，才能达到广告主所期望的"花钱少，回报大"的经济效果。

讨论题：

1. 企业进行广告预算分配时应该考虑哪些因素？

2. 该企业在电视媒体上选择了地方电视台，并组合了其他户外媒体，这样的组合是否能有利于达到"投资少，见效大"的广告目标？

一、选择题

1. 企业在决定下一年度预算时，统筹可以有多少资金作为广告费用的方法称为(　　)。

　A. 支出可能法　　　　　　　　B. 任意支出法

　C. 销售单位法　　　　　　　　D. 实验法

2. 以下不属于广告费用预算的项目是(　　)。

　A. 广告部门人员的差旅费用　　B. 各种购买户外广告媒介的费用

　C. 广告工作人员的工资　　　　D. 电视广告的录制费用

3. 某企业其竞争对手在某地的市场占有率为20%，广告费用为100万元，本企业如果希望自己的市场占有率达到30%，那么其广告预算为(　　)。

　A. 150万元　　　　　　　　　　B. 300万元

　C. 200万元　　　　　　　　　　D. 600万元

二、简答题

1. 确定广告诉求策略需要具体考虑的因素有哪些？
2. 广告预算分配的依据是什么？

三、模拟现场

百事可乐广告策划案

一、概述

长期以来，百事可乐始终致力于建立以"百事可乐基金"为切入点的良好公共关系体系，热心赞助体育赛事以及其他公益事业。百事可乐不惜巨资赞助"八运会"，取得了八运会饮料的指定产品的称号，大张旗鼓地掀起了一场沟通高潮，出尽了风头，造成了一个虽在总体上不及、但在特定时期和特定环境中气势大大超过可口可乐公司的局面，不但在当时取得了明显的效益，而且还为其在中国的进一步发展打下了坚实基础。

二、百事可乐的营销形势

(1) 以可口可乐为代表的国际品牌的营销特征：有品牌效应，有人员促销，促销手段非常丰富；形成了以某个地区为主而向外映射的优势，并建立了全国性的营销渠道，生产管理先进，企业资本雄厚，有实力成为全国的强势品牌。

可口可乐公司旗下产品，在中国市场有绝对的优势，可口可乐比百事可乐早12年进入中国，在中国受众心目中有着不可磨灭的印象。它是百事可乐的头号竞争对手。所以可口可乐推出的夏日清凉饮品和百事可乐的同类产品在低热量的市场上所占份额相当。

(2) 以第五季可乐和非常可乐为代表的国内品牌的营销特征是：有较好的品牌效应，较多的人员促销；形成了以某个地区为主而向外映射的优势，并建立了大范围的营销渠道，生产管理较先进，已经成为区域性强势品牌，并有实力向全国进军。

(3) 城市内小型企业生产的产品没有品牌效应，以较低的市场价格吸引顾客，生产管理落后，主要面对的是农村市场。

三、百事可乐应对策略

百事可乐洞悉青年消费者在可乐市场上占有重要地位，于是采用"明星"策略赢取了青年消费者对百事品牌较高忠诚度；为了进一步开发青年消费者市场，本次广告以大学生及青年人为主，将百事可乐打造为夏日清凉首选的饮品。

1. 目标市场描述

由于当前饮品市场品牌众多，覆盖面广，导致目标市场细分愈发重要，本次策划的目标受众为以大学生为主的青年人群体，他们充满活力和激情，富于创造性，这都与百事可乐轻松活泼、动感的产品定位不谋而合，这更有利于产品的进一步推广。

2. 营销目标

针对最大的对手可口可乐"无处不在"的竞争战略，百事可乐将人力、物力、财力集中在几个重点城市进行立体式广告宣传进攻。百事可乐的独到之处在于所选择的重点城市基本上都是可乐类饮料市场潜力巨大、发展成熟的城市，如上海、武汉、成都、广州、长春等。在这些城市中，又针对重点的分销渠道采取不同的分销策略。例如，针对高校这一类年轻一代消费集中度高的渠道，采取设立自动售货机，出资建设公共设施等方式以提升销售机会并增加品牌的亲和力。

3．广告目标

(1) 力求成为中高档的饮料产品，提高百事可乐在人们心目中的知名度。

(2) 提高百事可乐中、低频率饮用者的饮用频率。

(3) 通过广告促销活动，在夏季到来时，威海市百事可乐的销量提升30%。

(4) 使消费者对百事可乐的忠诚度超过其他饮料(以可口可乐为主)。

4．广告地区

威海市及地级县。

5．目标市场策略

本次广告展开以大学生及青年人为主，将百事可乐打造为夏日清凉首选的饮品。

6．广告表现策略

以平面广告与电视广告为主。

7．创意策略

(1) 产品概念。碳酸饮料，主要成分包括：碳酸水、柠檬酸等酸性物质、白糖、香料，有些含有咖啡因等。百事可乐有着强大的理念及创新的精神，为全球第四大食品和饮料公司。百事可乐清凉解渴，能为人体提供能量，在炎炎夏日为您带来一丝清爽。

(2) 目标受众描述及排序。百事可乐首要的目标受众是16～26岁的年轻人，他们多处于上学期间，由父母提供花销，喜欢尝试新鲜事物，会较多地购买饮料，属活力无限型；

其次是26岁以上34岁以下的都市白领，他们年轻，工作比较忙，收入不错，但积蓄不多，会偶尔发泄一下自身的激情，属走向成熟型；

再次是16岁以下的少年儿童，他们多在小学或初中，有着对长大的渴望，属渴望成长型；

最后是35岁以上的成熟人群，他们多工作稳定，生活安稳，对代表新奇的事物不是很感兴趣，对饮料的消费也只限于聚会，属安稳淡定型。

8．媒介策略

(1) 媒体目标表达。通过广告，使受众在潜移默化中接受百事可乐，并逐渐对产品产生忠诚，使百事可乐的品牌忠诚度超过其他碳酸饮料。

(2) 媒体种类选择。主媒介：电视、报纸、网络、杂志等。深入日常生活，大众媒介。次媒介：户外广告媒介，车体内外、公交站牌、网吧电脑墙纸、垃圾箱身、娱乐城门口反光地贴、学生食堂内POP挂旗、自行车停靠点、电梯内门、墙体广告等。户外视觉效果好，到达率高，价格相对低廉。

(3) 成本因素。

① 电视媒体虽然传播范围广，受众面积大，但是其广告费用也相当可观，尤其是在黄金时段。此外，电视广告的拍摄也需要很大的成本，如拍摄设备和模特的广告费以及后期的制作费用。

② 户外广告媒介，成本低廉很多。

(4) 媒体计划范围。

① 威海日报，做30天持续性广告。

② 户外广告媒介，侧重在12路公交等客流量较大的公交车，其他户外媒介则应侧重在人流量大的地带长期宣传。

③ 威海电视台，30天，每天10～15次。

④ 网络广告，长期。

问题：请结合媒体特征及百事可乐此次的广告目标，为其做出短期的广告预算分配方案。

第八章

广告效果的测定

学习要点及目标

- 熟悉并掌握广告效果的含义、特征与类别。
- 了解广告效果测定的特性与意义，掌握广告效果测定的内容。
- 了解并掌握广告效果测定的方法。

广告效果、广告效果测定、广告效果测定的内容、广告效果测定的方法

黄金搭档广告的变革和广告效果

"黄金搭档"是老百姓熟知的保健品，当你打开电视机，只要你不急于更换频道就一定能看到"黄金搭档"的广告。而"黄金搭档"从名不见经传到被大家认可经历了很长一段时间，其中电视广告中的广告语起到了很重要的作用。

2001年版电视广告：

一个小孩子捧着礼盒喃喃说着，一群人站在一起喊着"乖乖，礼品真棒！"的口号。

2003年版电视广告：

一位名演员穿着朴素，不慌不忙念出如下台词："维生素，它保健康，吃之前，要看配方。中国人磷、铜已超标，铜吃多了它伤肝脏。安全可靠是黄金搭档。黄金搭档，不含磷、铜。"

2005版黄金搭档广告词：

黄金搭档送长辈，腰好腿好精神好；

黄金搭档送女士，细腻红润有光泽；

黄金搭档送孩子，个子长高学习好。

2005年版的黄金搭档广告一经推出，黄金搭档销售量较之前几年就得到了很大的提高，以至于人们在送礼前就会想到要购买黄金搭档，如图8-1、图8-2所示。

（资料来源：史玉柱，峰回路转在征途. 金融界网，http://finance.jrj.com.cn/opinion/2011/06/080 71010147114.shtml）

案例解析： 同样的产品，用不同的广告语就会产生不同的广告效果，黄金搭档的横空出世正是沿用产品诉求这一最本质的广告策略，因为黄金搭档需要的是用最简单的产品功能诉求引起注意，同时，又将产品的功能诉求在传播的时候融入情感诉求。黄金搭档的广告词"黄金搭档送长辈,腰好腿好身体好;黄金搭档送女士,细腻红润有光泽;黄金搭档送孩子,个子长高学习好",打的是送礼的情感诉求概念,传达的却是产品的功能。长辈健康精神好,女士美丽气色好,孩子长个学习好,这已经说明黄金搭档看起来像是产品的功能诉求,但实际上是将产品的功能诉求与产品情感诉求相结合,这种双重诉求既把握住了产品的功能,又融入了情感,且又处在新产品的市场形势下,自然而然地将市场教育期缩短了。

图8-1　黄金搭档外包装

图8-2　黄金搭档电视广告

因为从传达产品的功能开始,广告就已经开始对市场进行产品的功能性教育,广告使得市场教育期大大缩短,产品功能清楚明了,送礼情感现实客观,广告获得成功也属产品诉求的必然,这主要得益于广告主对广告效果的不断改良。所以,在广告的推行、发展过程中,要始终贯彻一个要点,那就是广告是为产品的销售服务的,是为市场服务的,广告效果的好坏直接影响产品在市场上的销售与发展,而广告效果的测定与评估则成为广告效果是否符合市场需求的最好方法。

第一节　广告效果概述

一、广告效果的含义

广告效果是广告活动或广告作品对消费者所产生的影响。任何一项广告活动都需要一定的物力、财力和人力的投入,并希望实现既定的广告目标。而广告目标的实现,是由广告作品通过广告传播媒体,在与广告受众进行信息沟通过程中完成的。广告作品被广告受众接触,会产生各种各样的直接的或间接的影响,并带来相应的变化。这种影响和变化,就是广告效果。

通常人们会简单地认为广告效果就是指经济效益,其实广告效果包含诸多因素,广告效果有狭义和广义的区别。狭义的广告效果是指广告所获得的经济效益,达到既定目标的程度,也就是广告带来的传播效果和销售效果。广义的广告效果则是指广告活动的目的的实现程度,广告信息在传播过程中所引起的直接或间接的变化的总和,除了包括经济效益,还包括心理效果和社会效果等。

心理效果是广告对受众心理认知、情感和意志的影响程度，是广告的传播功能、经济功能、教育功能、社会功能等的集中体现。广告的社会效果是广告对社会道德、文化教育、伦理、环境的影响。良好的社会效果也能给企业带来良好的经济效果。

但是，无论是心理效果还是社会效果，最终还是为广告能否带来经济效果而服务的，即广告主开展广告活动的目的各不相同，他们希望得到的广告效果也会有所不同，但要求通过广告活动能够获取经济效益的愿望是一样的。所以，广告效果的测定一般是指广告经济效果的测定。

二、广告效果的特征

（一）迟效性

广告活动的效果通常在广告活动进行后的一段时间内才能充分地表现出来。在通常情况下，大多数人在接触广告信息后，并不会立即产生相应的购买力，这主要是因为：消费者正在使用的某种品牌的商品还可以继续使用；消费者通常要确认使用广告商品能够给他带来更多的利益，而当真需要购买某类商品时，对广告商品可能已忘诸脑后了。

时间迟效性使广告效果的表现不够明显。了解这一特点，有助于我们认清广告效果可能是即时的，更多的是延缓的，具有迟效性。因此，评估广告效果首先要把握广告产生作用的周期，确定广告效果发生的时间间隔，这样才能准确地评估广告活动的效果。

（二）累积性

大多数广告通常不能立竿见影，广告信息被消费者接触，形成刺激和反映，最后产生效果，实际上有一个积累的过程。这种积累，一是时间接触的累加，通过一段时间持续不断的多次刺激，才可能产生影响，出现反映。二是媒体接触的累加，通过多种媒体对同一广告的反复宣传，就能加深印象，产生效应。好的广告会在相当长一段时间内起到提醒购买的促销作用，广告效果的这一特性表明企业不能过于急功近利。

（三）间接性

广告信息在消费者中有"梯形传递"的特点，即消费者在接受某些广告信息后，有的采取了购买行动，在使用或消费了某种商品(服务)后，感觉比较满意，往往会向身边或亲近的人推荐，激发他人的购买欲望；有的虽然没有去购买，但被广告所打动，而劝说亲朋好友采取购买行动。这就是由广告引起的连锁反应，产生了连续购买的效果。广告所具有的这种间接效果性，要求广告策划时应注意诉求对象在购买行为中扮演的不同角色，有针对性地展开信息传递，扩大广告的间接效果。

（四）复合性

由于广告效果受到各种因素的制约和影响，因此往往呈现出复合的现象。从内容上说，广告不仅会产生经济效益，促进销售，还会产生心理效果和社会效果，需要综合地统一地理解和评价。从传播方式说，广告是进行信息沟通的一种有效手段，但在企业整合传播所产生的效果中，这一手段只不过是一个方面，还要看其他传播方式相互配合的复合效果，与公共关系活动等联系起来评价。

从广告自身来看，由于产品的生命周期不同，广告在不同的市场条件下所产生的效果也不一样，既有促进销售、增加销售量的作用，在市场不景气、生产处于衰退期时，也有延缓商品销售量下降的作用。因而也不能简单地从是否提高销售量来测定广告效果。

（五）竞争性

广告效果也有强烈的竞争性。广告的竞争性强、影响力大，就能提升广告商品和企业在消费者心目中的形象，争取到消费者，扩大市场份额。同行业其他竞争企业所进行的同类产品的广告或其他营销活动也会对本企业产品的广告活动效果带来影响。因此，仅把广告看作是一种信息传递，没有竞争意识，是不够的。由于广告的激烈竞争，同类产品的广告大战，也会使广告效果相互抵消。因而，也要多方面地考虑、判断某一广告竞争力的大小。

认识了解广告效果的这几个特性，可以帮助我们更加准确地制定广告战略和策略；以争取理想的广告效果；也可以使我们能够更加科学、合理地测评广告效果，保证广告活动持续有效地开展下去。

三、广告效果的类别

作为一种信息传播活动，广告所产生的影响和变化(效果)是广泛的、多种多样的，可以从不同的角度把广告效果分成很多种类。对广告效果进行分类，有利于对广告效果的更深入的认识，便于根据不同类型的广告效果，采取不同的测定方法，以取得较为理想的测定结果。

（一）按广告效果涵盖的内容和影响范围划分

从广告效果涵盖的内容和影响范围来看，广告效果可分为销售效果、传播(心理)效果和社会效果等三类。

1. 广告的销售效果

广告的销售效果也称为经济效果，是指广告活动促进产品或者劳务的销售，增加企业利润的程度。广告主委托有关的广告代理公司运用相关传播媒体，把产品、劳务以及观念等信息向目标消费者传达，其根本目的就是刺激消费者采取行动，购买广告商品或劳务，以扩大销售，增加利润，达到其营利的目的。广告的经济效果是企业广告活动最基本、最重要的效果，也是测评广告效果的主要内容。

2. 广告的传播效果

广告的传播效果也称为广告本身效果或心理效果，是指广告传播活动在消费者心理上的反映程度，表现为对消费者的认知、态度和行为等方面的影响。广告活动能够激发消费者的心理需要和动机，培养消费者对某些品牌的信任和好感，树立品牌良好形象，起到加深消费者内心购买欲望的作用。广告的心理效果是一种内在的并能够产生长远影响的效果，主要是由广告自身产生的效果。

3. 广告的社会效果

广告的社会效果是指广告在社会道德、文化教育等方面的影响和作用。商业广告能够传播商品知识，可以影响人们的消费观念，但在其传播过程中，必然蕴含着社会价值和文化价值，会被作为一种文化而流行推广。如公益广告、政治广告等，会直接对人们的道德情操、精神文明产生影响。由于广告所具有的特性就是无处不在，所以广告对社会所产生的效果是深远的，需要重视和引导。

（二）按广告产生效果的时间关系来划分

一项广告活动展开后，从时间长短和关系上看，产生的影响和变化会有多种情况。

1. 即时效果

广告发布后，很快就能产生效果。如商场里的POP促销广告，会促使顾客立即采取购买行动。这种促销广告又可以称为直接广告，能使目标消费者在很短的时间内做出消费反应。

2. 近期效果

广告发布后在较短的时间内产生效果。通常是在一个月、一个季度或一年之内，广告商品的销售额有了较大幅度的增长，品牌知名度、理解度等有了一定的扩展和提高等。近期效果是衡量一则广告活动是否取得成功的重要指标，大部分广告活动都追求这种近期效果。

3. 长期效果

长期效果指广告在消费者心目中所产生的长远影响。消费者接受一定的广告信息后，由于诸多因素，一般并不是立即采取购买行为，而是把有关的信息存储在脑海中，在需要进行消费的时候产生效应，广告的影响是长期的、潜在的，也是逐步积累起来的。

从时间上分析广告效果的这几种类型，可以看出，不同类别的广告，对其产生效果的时间有不同的要求，检测广告效果，要根据所选用的广告类型来判断，不能仅从一时所产生的效果来评判广告活动的好坏，而要从长远的眼光来看广告所发挥的作用。

广告主在广告活动中，不仅要注意追求广告的即时效果和近期效果，而且应该重视广告的长期效果。在市场竞争加剧，需要运用整合传播的现代营销战略中，广告的长期效果更为重要。

（三）按广告对消费者的影响程度和表现来划分

广告经由媒体与消费者接触，会对消费者产生各种影响，并引起消费者的各种变化，按其影响程度和表现形式，主要可分为到达效果、认知效果、心理变化效果和促进购买效果。

1. 到达效果

到达效果是指广告能否被消费者接触，要看有关广告媒体的"覆盖率"如何。如目标消费者是否订阅刊载广告的报纸，是否收视(听)带有广告的广播、电视节目。这要注意广告媒体覆盖率的有关指标(如印刷媒体的发行量、电子媒体的视听率等)的测评，为选择广告媒体指出方向。但这种效果，只能表明消费者日常接触广告媒体的表层形态。

2. 认知效果

认知效果是指消费者在接触广告媒体的基础上，对广告有所关心并能够记忆的程度，主要测定和分析广告实施后给予消费者的印象深浅、记忆程度等，反映广告受众在多大程度上"听过或看过"广告。一般通过事后调查获取有关结果，是衡量广告是否取得效果的重要尺度之一。

3. 心理变化效果

心理变化效果是指消费者通过对广告的接触和认知,对商品或劳务产生好感以及消费欲望的变化程度,一般经过知晓—理解—信赖(喜爱)等阶段,最后形成购买行动。这些态度的变化,是消费者欲采取购买行动的酝酿和准备。因此,测评消费者的心理变化过程中的各项指标(如知晓率、理解率、喜爱度、购买欲望率等)备受关注。消费者接触广告时所产生的心理变化,往往只能通过调查、实验室测试等方法间接得到。

4. 促进购买效果

促进购买效果是指消费者购买商品、接受服务或响应广告的诉求所采取的有关行为。这是一种外在的、可以把握的广告效果。一般可以采取"事前事后测定法"得到有关的数据。但是消费者采取购买行动,可能有多种因素,对这类效果的评价分析,也要注意广告之外的其他因素的影响。

广告对消费者的影响程度和表现是一个累积和层层递进的过程,从而最终达到促成消费者购买的效果,如表8-1所示。

表8-1 广告对消费者的影响程度和表现

广告传播阶段	消费者的表现
到达效果	消费者知晓品牌名称
认知效果	了解获悉该产品的功能、特色,予以理解
心理变化效果	建立选择这一品牌的信念
促进购买效果	产生希望得到产品说明书等有关资料,愿意参观本产品的展览会,到商品经销店考察等行动

案例8-1

可口可乐积极融合中国文化,实施广告本土化策略

可口可乐是中国改革开放后第一个进入中国的外企,也是第一个在中国做广告的国外品牌。2001年《商业周刊》公布的全球100个最具价值品牌名单中,可口可乐以高达725亿美元高居榜首。可口可乐公司的前老板伍德拉夫有一句名言:"可口可乐99.61%是碳酸、糖浆和水。如果不进行广告宣传,那还有谁会喝它呢?"从历史上看,可口可乐公司是以巨大的广告投入而取胜的。如今,可口可乐在全球每年广告费超过6亿美元。中国市场也不例外,可口可乐在中国每年广告投入高达几千万元。起初,可口可乐是以国际化形象出现在中国消费者面前的,凭最典型化的美国风格和美国个性来打动消费者,所用广告也是美国亚特兰大版本。临近20世纪末时,可口可乐意识到,要当中国饮料市场的领导者,品牌融合中国文化才是长久之路。于是在1997年,可口可乐的广告营销策略发生了显著的变化,其在中国推出的电视广告,第一次选择在中国拍摄,第一次请中国广告公司设计,第一次邀请中国演员拍摄

广告。可口可乐开始大踏步实施广告本土化的策略。

可口可乐广告本土化策略，首先体现在其广告与中国文化的结合。中国人喜欢热闹，尤其是春节这个合家团聚的日子，而可口可乐广告的贺岁片选择了典型的中国情境拍摄，运用对联、木偶、剪纸等中国传统艺术，通过贴春联、放烟花等民俗活动，来表现中国浓厚的乡土味。可口可乐俨然成了中国本地产品，而这种乡土形象，确实达到了与中国消费者沟通的效果，如图8-3所示。

其次，可口可乐积极选择华人新生代偶像做形象代言人。可口可乐一贯采用无差异市场涵盖策略，目标客户显得比较广泛。后来，可口可乐广告策略把受众集中到年轻人身上，广告画面以活力充沛的健康青年形象为主体，如图8-4所示。起用华人新生代偶像做宣传之后，可口可乐在中国的销售增长了24%。

(资料来源：http://wenku.baidu.com/link?url=1kU6iubwTjjHoc17U6K0tUiWP9drblG6lj6aJpV91b_mKGFQ6mJCjhOVo7jtnQQ7rvWG5KD6W8URukXEVRcEVhTEJrfsZK-SoEIViLHvBMa)

图8-3　可口可乐广告与中国文化的结合

图8-4　可口可乐广告选择活力充沛的健康青年形象做形象代言人

案例解析： 可口可乐不愧为世界第一品牌，具有长期的战略眼光。懂得广告效果的累积性和复合性，投入大量的广告资金以达到加深印象、产生效能的作用。并且为了长期保持在中国软饮料市场的霸主地位，它的广告策略可以放弃美国思维，而主动融合中国本土观念。这种本土化策略，受到了每一位中国民众的欢迎。这将广告的销售效果、传播效果和社会效果巧妙地融合在一起。据中央电视台调查咨询中心数据，可口可乐已连续7年在市场占有率、最佳品牌认同比例和品牌知名度上名列第一，中国现在有90%的消费者认识可口可乐。可口可乐的广告本土化策略值得其他外国品牌借鉴。

第二节　广告效果测定概述与意义

一、广告效果测定概述

随着广告功能的日益完善，现代广告已由过去单纯的设计制作和发布，逐步发展为对一系列广告环节的整体策划。广告上的竞争不仅体现在数量上，更主要地体现在质量上。

因此，广告效果测评就成为衡量现代广告活动质量的一个重要手段，日益受到广告界的重视。

在20世纪50年代以前，由于受当时各方面条件的限制，人们只是凭借经验和直觉来评价广告效果，很难进行科学和准确的测评，也许是受畏难情绪的影响，广告效果测评一直没有得到真正的重视。随着现代科学技术的迅速发展，尤其是现代统计理论与方法以及电子计算机技术的发展，为广告效果的测评提供了技术上的保障。越来越多的广告主在决定做一项广告投资时，都希望运用科学的广告效果测评方法来进行预测或验证，自此广告效果的测评工作才真正受到重视，并得到广泛的应用。

二、广告效果测定的意义

广告效果测定具有以下三个方面的意义。

（一）有利于加强广告目标管理

广告活动是企业最终争取一定的经济效益的传播活动，有大量的投入，必然希望得到理想的产出。要实现既定的目标，就要加强管理。通过对广告活动的各个过程、每个阶段所产生的效果进行评估，与广告策划方案中的目标进行对照比较，衡量其实现的程度，全面而准确地掌握广告活动的现状，能够及时发现问题，总结经验，控制和调整广告活动的发展方向，确保广告活动能始终按照预定的目标运行。

例如，当调查研究结果表明某一正在运行的广告效果不理想时，就可以采取相应的措施，如重新设计或制作一则广告投入刊播。此外广告主也可以广告效果的测定结果来衡量广告的目标是否实现，评估广告公司的水平、业绩。

（二）有利于广告策略的创新

测定广告所取得的效果，既是对已经开展的广告活动的总结评价，又要检验广告各要素如广告目标、广告主题的确定、广告媒体的选择实施等是否得当，以及与企业目标和营销目标、营销组合策略等是否配合，从而使广告筹划建立在符合客观规律的基础之上。

无论是成功，还是失败的广告活动，广告效果测定的反馈信息都可以作为广告经营机构的借鉴，便于制订正确的广告计划，避免重犯同样的错误。在这一点上，广告效果测定的意义尤为重大。因为一个广告计划的成功与否往往会影响到产品的销售以至于企业的命运。成功的广告活动可以帮助企业扩大产品市场，而失败的或无效的广告计划可能使之失去应有的消费市场。

（三）有利于增强企业广告意识

对广告效果进行正确的评价测定，一方面摒弃了单凭经验、感觉，主观地判断效果大小的做法，使企业广告活动规范化、严密化、精细化，做到心中有数，科学决策；另一方面通过具体实在的数据资料，使企业切实感受到广告所带来的效益，从而增强运用广告传播手段促进企业发展的信心，促进整个广告业的进步和繁荣。

例如，当研究发现某一要素严重影响到广告效果时，如某一镜头观众很反感，那么在广告发布前就应该把它删除调换上别的镜头，在今后的广告设计制作时加以注意。如果调查研究结果具有普遍意义，还可以把它作为广告创作的基本要求或事实依据。

第三节　广告效果测定的内容

广告效果的测定主要包括三个方面的内容：首先是对广告传播效果的测定；其次是对广告销售效果的测定；再次是对广告社会效果的测定。

一、广告传播效果测定

广告传播效果是衡量广告有效性的重要指标，对它的测定有着非常重要的意义。广告传播效果的测定，主要由广告本身传播效果测定和广告受众心理效果测定两大部分构成。

(一) 广告本身传播效果测定

1. 广告作品测定

广告作品测定是对构成广告作品的各要素进行检验和测定。例如，广告定位是否准确，广告主题是否鲜明，广告创意是否引人入胜，广告完成稿是否体现创意等。通过测定，使广告作品更趋完善，更具有冲击力和艺术感染力。广告作品测定具体又包括以下三个内容。

1) 广告主题测定

广告主题是贯穿于广告作品中的红线，要求鲜明、突出，诉求有力、针对性强。测评广告主题，主要围绕广告主题是否明确、能否被认可，诉求重点是否突出，与目标消费者的关注点是否一致，能否引起注意，能否满足消费者的需求等问题来展开。

2) 广告创意测定

广告创意测定主要是对表现广告主题的构思进行检测。看创意有无新意，能否准确、生动地表现、突出广告主题，是否引人入胜，感染力如何。不同类型的广告测评也不一样，如电视广告可对其创意进行评价，平面广告则通过对其设计草图进行测试。对广告创意进行测评，便于充分了解目标受众的有关意见和建议，以便能随时调整、修正已有的创意，选择最佳的创意方案，减少广告创作过程中的风险和成本。

3) 广告完成稿测定

广告完成稿是指已经设计制作完成，但还未进入媒体投放阶段的广告样品，如电视广告样片、报纸杂志广告样稿等。测试广告完成稿，是对广告主题、创意、制作、表现手法等的进一步检测，有利于最后的修补和完善，以保证广告作品能够完美地与目标消费者接触。

2. 广告媒体组合测定

在广告活动中，广告媒体是一个非常特殊的角色，它既是连接商品和消费者的桥梁，又是广告主和广告公司之间的纽带。一般来说，80%的广告费用都用在购买播放时间和刊登版面上，如果媒体选择不当，或组合不合理，不仅会影响广告效果的实现，而且会造成广告费用的极大浪费。所以对广告媒体组合的测评就显得极为重要。

广告媒体组合测定主要是根据广告媒体的运作程序和一般规律来评价广告媒体组合是否

针对目标市场进行有效的劝说。评价内容主要包括以下八个方面。

(1) 广告媒体选择是否正确。

(2) 重点媒体和辅助媒体的确定是否合理。

(3) 媒体组合是否合理有效，成本费是否较低。

(4) 所选媒体的阅读率、视听率怎样？近期是否有所变化。

(5) 是否考虑到竞争对手的媒体组合情况，该媒体组合是否有竞争力。

(6) 所选媒体是否适合消费者的使用习惯，在其心目中地位如何。

(7) 广告发布的时间、频率是否得当。广告发布时机分为有利时机和不利时机两种，有利还是不利，与商品和服务的种类有关；广告发布频率也是重要因素，量少自不必说，量多同样使边际效用下降。

(8) 广告节目的空间位置是否适宜。

（二）广告受众心理效果测定

在广告效果测定的三大内容中，从对消费者的影响看，广告传播效果是对消费者浅层次的影响，广告心理效果是对消费者深层次的影响，广告销售效果是这种影响的具体反映。

广告心理效果测定主要是测评广告对消费者的影响程度，这种影响程度除了体现在销售额上，更主要地体现在对消费者的认识、情感、意志等心理因素的影响程度上。因此，广告心理效果测定主要就是对消费者因广告作用而引起的一系列心理反应的测定和评价，具体内容包括以下四个方面。

1．感知程度的测定

感知程度的测定主要是测定广告到达效果，即对广告受众的媒体接触情况的调查。调查的内容包括对电子媒体的收视率调查和对印刷媒体的读者调查，具体内容包括以下六个方面。

(1) 广告到达地区的消费者家庭电视机普及率是多少。

(2) 每天收看电视节目的时间是多少。

(3) 哪一个电视节目最受欢迎。

(4) 广告到达地区的报纸杂志的地区发行量有多大。

(5) 报纸杂志的阅读状况如何。

(6) 读者的构成情况如何，如图8-5所示。

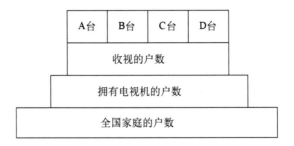

图8-5 收视率调查总览

这些问题是测定消费者对广告内容感知程度的重要内容，是衡量广告活动是否有效的重要标准之一。

2. 认知程度的测定

认知程度的测定主要是测评广告的知名度、受注意度，即消费者对企业、商品、商标等的认知程度。企业或广告公司选择平面媒体的依据主要有两条：一是发行量数据，二是阅读率数据。由于中国缺乏像国外ABC行业协会那样的监督管理，各媒体宣称的发行量数据一直被广告界认为是失真的，阅读率便显得更为重要。

1) 阅读率

阅读率是指大概知道企业、商品、商标，但对具体广告内容不了解的读者百分比；报纸阅读率可以反映某份报纸有多少人在读，他们是谁、怎么读、在哪儿读、关心哪些版面、平时注意哪些广告，他们的生活习惯如何。它是反映报纸读者规模和构成的客观依据，它不同于报纸发行量数据。

报纸广告的广告主关心的是能说明广告投放效果的数据，即阅读率数据和发行量数据。阅读率的数据是通过对城市人口的抽样调查得到的，它能帮助广告主了解媒体的特色，包括平均每期阅读率、到达率、读者的个人特征、家庭特征、阅读环境、报纸来源、版面关注度等。

平均每期阅读率是报纸广告调查的常用指标，它表明对于每期报纸(对于日报是每天，对于周报是每周)的阅读人数占总人口的比率。报纸的广告发布一般都要经历购买版面(时段)、了解阅读率及特定的读者群发展。实际上，广告主购买的不是报纸的版面，而是阅读该报纸的与其商品目标消费者群一致的读者。

千人成本是指1000个读者看到广告所需要花费的广告费用，它是衡量每份报纸的成本高低，选择最优的广告投放方案的指标。

例如，某家用小轿车厂商决定在某地开拓市场，目标消费群是月收入在5500元以上的男性高收入人群。某地的两份地方报纸中，A报的平均阅读率较高，为48%；而B报只有30%，两份报纸的平均广告价格相差不多，那么投放在A报的广告的千人成本就低于B报。

进一步分析数据，高收入男性对B报的阅读率是35%，对A报的阅读率是20%，计算目标消费者的广告千人成本，B报就低于A报。对于此种家用轿车，选择B报投放广告，可以用较少的费用更多地到达目标消费群。

2) 精读率

精读率是指认真阅读50%以上广告内容的读者百分比。在此基础上，可以计算出广告阅读效率。

$$广告阅读效率 = \frac{杂志(报纸)广告的销量 \times 每类读者的百分比}{所付的广告费用}$$

每类读者百分比，是指注目率、阅读率、精读率。

例如，某报纸的广告的日销售量是80万份，其中汽车广告的读者的百分比为30%，房地产广告的读者百分比为40%，假设汽车广告和房地产广告所付的广告费用均为100万元，那么，根据上述"广告阅读效率"的公式可以得出，汽车广告的广告阅读效率为24%，而房地产广告的广告阅读效率为32%。

3. 态度变化测定

接触广告、注意广告的结果是引起消费者态度的变化，而态度变化的效果又直接影响着购买行为的发生，因此态度变化测定是广告心理测评的一项重要内容。

广告信息对消费者的心理影响一般要经历认知——理解——确信——行动四个发展阶段，态度变化测定主要是在认知度测评的基础上，进一步测评消费者对广告观念的理解喜好程度，即理解度和喜好度的测评。

理解度测定主要是了解消费者是否全面准确地认识商品的特征。在广告的不同诉求点中，哪些诉求点理解度高，哪些理解度低，例如，可对消费者层层提问：意思是什么——为什么会这样——结果会怎么样，由此掌握消费者对广告的理解程度。

喜好度测定主要是了解有多少人建立了对广告商品的信赖度和偏好度，这是消费者购买商品的重要原因。

一个人的态度变化很难直接观察到，一般只能从其表现出的言辞和行动去推测。因此，态度变化测评一般是通过深入交谈和投射法来进行的。

4．行动购买测定

行动购买测定主要是对购买人数、销售额、零售额的测评。

当消费者接触广告、注意广告后，消费者态度会有某种变化，态度的变化影响着购买行为，则自然会形成一定的购买人群，进而形成某种产品的销售额和零售额，对购买人群、销售额和零售额的统计数据可以通过销售终端的调研获得。

二、广告销售效果测定

广告销售效果测定，主要是在广告发布一段时间后进行。由于广告效果具有迟效性的特点，在测定销售效果时，应该把握好时机，太早或太迟都会影响测评的准确性。

广告销售效果测定，主要是通过广告活动实施前后销售额的比较，检验和测定商品销售的变化情况，商品销售额是增加还是维持？销售增长率是多少？广告增销率是多少？广告占销率是多少？市场占有率是多少等。各衡量指标的计算公式如下：

$$销售增长率 = \frac{广告实施后销售额 - 广告实施前销售额}{广告实施前销售额} \times 100\%$$

例如，某企业在华北地区某中型城市开拓市场，第一年在市场上投入产品但并未投入广告，其销售额为80万元；第二年，企业总结经验教训，积极地投入广告支出，并取得了良好收益，其销售额为120万元。从上述例子计算得出，企业销售增长率为50%。销售增长率反映出广告对促进商品销售所发挥的作用。

$$广告增销率 = \frac{销售增长率}{广告费增长率} \times 100\%$$

例如，某企业为配合旺季销售，第三季度的广告费增长率为50%，而该销售额增长率为20%，由此得出广告增销比例为40%。广告增销比率法证明：广告费增销率越小，则广告效果比率越大，广告效果越好；广告费增销率越大，广告效果比率越小，广告效果越差。

$$广告占销率 = \frac{广告费支出}{同期销售额} \times 100\%$$

例如，某企业某年第三季度广告费1万元，某商品销售50万元，计算得出广告费比率为2%，比上一季度广告费比率的2.5%，下降0.5%。广告占销率反映出一定时间内企业广告费支出占同期销售额的比例。广告占销率越小,广告效果越大。

$$市场占有率 = \frac{本企业产品销售量}{同行业同类产品的销售总量} \times 100\%$$

例如,某电器企业在某年的销售量为100万台,而同类商品在这一年的销售总量为1000万台,计算得出,该企业在这个行业的市场占有率为10%。企业产品销售量越高,市场占有率越大。

三、广告社会效果测定

广告主要是通过大众传播媒体将有关信息传达给广大公众的,由于大众传媒的特性,广告信息的传播具有社会性。广告在为广告主企业带来效益的同时,也会对社会产生影响,与社会公众利益密切相连。广告活动应该是社会制度、政策法规、经济、思想文化、艺术风格、民族特征以及社会风尚等的统一。

测定广告所产生的社会效果,应进行综合考察评估。其基本依据是一定社会意识条件下的政治观点、法律规范、伦理道德和文化艺术标准。不同的社会意识形态,调整、制约的标准也是不一样的。同时,测定广告社会效果,往往不能量化。因为社会效果不可能用简单的一些指标数字来标示、衡量。这既要通过一些已经确定的或约定俗成的基本法则来测定和评价,又要结合其他的社会因素来综合考评。广告社会效果测定的依据主要有以下四个方面。

(一)真实性

广告所传达的信息内容必须真实,这是测定广告社会效果的首要方面,广告发挥影响和作用,应该建立在真实的基础上,向目标消费者实事求是地诉求企业和产品(劳务)的有关信息,企业的经营状况、产品(劳务)的功效性能等,都要符合事实的原貌,不能有虚假,误导消费者。

广告诉求的内容如果造假,其所形成的社会影响将是非常恶劣的。这不仅是对消费者利益的侵害,而且反映了社会伦理道德和精神文明的水平。真实的广告,既是经济发展、社会进步的再现,也体现了高尚的社会风尚和道德情操。所以,检测广告的真实性,是考察广告社会效果的最重要的内容。

(二)法规政策

广告必须符合国家和政府的各项法规政策的规定和要求。以广告法规来加强对广告活动的管理,确保广告活动在正常有序的轨道上运行,是世界各国通行的做法。法规管理和制约,具有权威性、规范性、概括性和强制性的特点。

一般来说,各个国家的广告法规只适用于特定的国家范畴,如我国于1995年2月1日开始施行的《中华人民共和国广告法》,就是适用于我国疆域(大陆)内的一切广告活动的最具权威的专门法律。而有一些属于国际公约性质的规则条令等,则可国际通行,如《国际商业广告从业准则》就是世界各个国家和地区都要遵从的。

(三)伦理道德

在一定时期、一定社会意识形态和经济基础之下,人们要受到相应的伦理道德规范方面的约束。广告传递的内容以及所采用的形式，也要符合伦理道德标准。符合社会规范的广告也应是符合道德规范的广告。一则广告即使合法属实，但如果给社会带来负面的影响，给消费者造成这样或那样的、包括心理和生理上的损害，就不符合道德规范的要求。如暗示消费者盲目追求物质享受、误导儿童撒娇摆阔等。因此要从建设社会精神文明的高度，从有利于净化社会环境、有益于人们的身心健康的标准来衡量广告效果。

（四）文化艺术

广告活动也是一种创作活动，广告作品实际上是文化和艺术的结晶。由于各种因素的影响，不同的地区、民族所体现的文化特征，风俗习惯、风土人情、价值观念等会有差异，因而从这方面对广告进行测评，也有着不同的评判标准。

总的来看，广告应该对社会文化产生积极的促进作用，推动艺术创新。一方面要根据人类共同遵从的一些艺术标准，另一方面要从本地区、本民族的实际出发，考虑其特殊性，进行衡量评估。

在我国，对广告社会效果的测定要看广告诉求内容和表现形式能否有机统一；要看能否继承和弘扬民族文化、体现民族特色、尊重民族习惯等；要看所运用的艺术手段和方法是否有助于文化建设，如语言、画面、图像、文字等表现要素是否健康、高雅，摒弃一切低俗的东西。同时也要看能否科学、合理地吸收、借鉴国外先进的创作方法和表现形式。

第四节　广告效果测定的方法

一、广告效果事前评估

广告的目的在于传达有关信息，从而使消费者认识商品、改变态度，最终产生购买行为。一个广告能否达到其目的，如果要等到广告活动真正实施后才知道，难免会让广告主在投入大笔资金时顾虑重重。广告效果事前评估就是在制定了广告草案，但在广告战役实际展开之前对其进行检验、评定。这种测验主要在实验室中进行，也可以在自然情景中进行。

事前评估是在广告实施前选取部分目标市场顾客，根据他们的反映，研究广告目标实现的程度。也就是说，事前评估是在研究消费者，促使广告策划人员产生更有效的广告构想，保证实现广告目标的更大可能性。广告效果的事前测评，可以提前发现广告作品和媒体组合中存在的问题，及时提出修改广告原本、调整广告媒体组合的意见，以保证广告正式发布之后，能产生最佳的传播效应。

事前评估可以对广告毛片效果进行测评，如对于印刷广告，采用草图，大致绘出图样、标题，并写出文案内容；广播广告则采用毛带，将声音录在磁带上，并配音乐，如果实际完成广告时将用整个乐队，此时只用钢琴奏出基本旋律即可；电视广告则采用故事板形式，即用一系列草图告诉受测者他们将会在电视上看到什么，并说明他们将听到什么，有时还将声音录在胶片上，将声音与故事板合成。但是，不用完成形式，往往不能把广告效果完整地表现出来，也就较难得到消费者的真实反映。在广告完稿或正片做出前测试，虽然费用昂贵，但对于较大的广告活动是十分必要的。

(一)广告效果事前评估的内容

1. 测试

测试广告的文字、图案、声像、人物、表达方式等对目标消费者的视觉、听觉、心理的影响以及受访者对广告的理解,从而测试广告中的关键信息是否能被目标消费者准确理解。

2. 分析

通过分析广告片的冲击力,了解自己的广告在诸多广告中被留意的程度,预测广告所要播放的频率,结合目标消费者对广告的记忆率和理解度,来调整广告的表达方式。

3. 比较

当同一种广告存在几种表达方式时,事先对它们进行比较,从中选择最佳方案。

(二)广告效果事前评估的方法

1. 专家意见综合法

将设计好的广告文本和媒体组合计划,交给若干位有经验的广告专家、社会学家、心理学家、推销专家,从各个角度、各个层次,预测出将会产生的广告效果。这种方法简便易行,效果好、费用低,但在选择专家时,一定要注意其权威性,而且各位专家要能代表不同的创意风格,以保证专家评价的全面性、准确性。

2. 消费者意见法

消费者意见法,就是让消费者给广告文本和媒体组合方式打分。一般有两种方式:积分计算法和配对比较法。

1) 积分计算法

积分计算法是让消费者在选定的态度量表上划上自己对广告的态度,然后再将这些态度汇总统计,进行量化分析。态度量表如图8-6所示。

评分内容	评分
◆ 本广告吸引消费者注意力的能力如何?……………………( )	
◆ 本广告使消费者继续关注的能力如何?……………………( )	
◆ 本广告主要的信息或利益的鲜明度如何?…………………( )	
◆ 本广告特有的诉求效能如何?………………………………( )	
◆ 本广告建议激起实际购买行动的可能性如何?……………( )	

差	中等	一般	好	优秀
0~20	20~40	40~60	60~80	80~100

图8-6 消费者态度调查表

这种方法简便易行，但必须注意所选择的消费者应该有一定的代表性，他们对广告的态度能够真实地反映出消费者的实际心态。

2) 配对比较法

配对比较法就是每次只测试两个广告方案，让消费者两两对比，选择出最喜欢的一个，再将第一轮选出的广告方案两两一组，让消费者再次选择，经过一轮一轮的对比筛选，直到消费者选定一份最满意的广告方案为止，最后将每位消费者的选择结果综合起来分析，就可以预测出正式推出广告方案时的情况。这种方法成功的关键与积分计算法相同，被调查的消费者一定要有代表性，能反映出消费者的真实心态。

3．投射法

投射法就是用引导的手段，诱使调查对象在看了广告资料后，自由发表意见。例如，将一幅广告作品做短暂的展示，让消费者立刻讲出或写出几个他当时想到的台词，以此判断出消费者在看到广告作品后的心理反应。

投射法具体包括以下两种方法。

1) 自由联想法

根据调查需要，向调查对象揭示联想方向，然后让其自由想象。例如，心情联想(干净、肮脏、好坏……)；叙述联想(小鸟——会唱歌……)；状态联想(冬天——很冷……)；动作联想(化妆品——擦、抹……)；因果联想(打斗——受伤……)；要素联想(手表——发条……)等(摘自吴予敏《现代广告营销》)，通过调查对象联想出来的这些词组，可推测出消费者的态度。

2) 语句完成法

语句完成法即填空，先给出9个不完整的句子，让调查对象填充完成。例如，我认为××电视节目是_____的节目。""很多人认为××电视节目是_____的节目。"要买彩电就买_____牌；要喝果汁就喝_____。"

另外还可以采用看图说话的方法进行调查。

在句子中，主语可以是第一人称，也可以是第三人称，调查对象往往容易以第三人称来表达自己的态度。

4．机械测试法

运用若干种心理、生理测定仪器，来测定消费者看到或听到广告作品后的心理、生理反应。这种方法可以更真实、更细致地了解消费者对广告作品的态度。

1)"生理电流计"

"生理电流计"又叫"皮肤电气反映测验器"，即让被检测者看或听广告作品，与此同时通过监视仪，观察被检测者的不同情绪反应而引起的不同电流变化，以此为根据来检测广告作品的优劣。

2)"瞳孔照相机"

"瞳孔照相机"是一种记录眼球活动的装置，此法是根据被调查者注视广告作品时，瞳孔扩张程度的大小来判定广告作品的吸引力。

3)"瞳孔照相机"

"瞳孔照相机"可以记录被检测者注视广告作品时，眼球移动的时间长短和顺序，检测广告作品引人注目的程度，使消费者感兴趣的部分以及视觉流程路线的轨迹。

4)"瞬间显露器"

"瞬间显露器"是通过广告作品的瞬间闪现，让测定对象予以辨认，借以判定广告作品的辨认度和记忆度。

机械测试法可以更真实细致地了解消费者对广告作品的反映，以此判断出其真实想法和口头表述之间的差距，为修改广告作品提供充分的依据。

(三)广告效果事前评估的优点

1．避免大的错误

有的广告创意从一开始就是绝对的错误，例如，诉求的重点根本不是消费者的关心所在；或者广告说辞会使消费者产生反感并赶走他们。事前测试虽然只能给出少量的信息，但足以将这种酿成大错的祸根及早清除。

2．对几种方案择优录用

广告要宣传产品或服务能提供给消费者的利益，对于同一种利益可以有多种广告说辞，而哪种更好、更有效，这得问问消费者才知道，仅凭创意者的自我感觉往往会有失偏颇。

3．初步测试广告达到目标的程度

通过事前测试，可以对日后广告活动的效果做一个初步的估测，使广告发起者心中有数，如果效果不够理想，就要尽早采取行动加以改变。

4．节约广告主的费用支出

表面上事前测试要投入费用，但它能在正式制作或投放广告之前将未能预见的缺点加以改正，从而避免浪费大笔的费用。对于一个大规模的广告活动来说，不做事前测试，造成的风险会很大，这也正是谨慎的广告主或广告代理公司要做事前测试的原因所在。

(四)广告效果事前评估的局限性

事前评估会存在因受测者的一些心理因素而影响测试的效果。例如，人们往往把第一印象最好的广告评为最佳，此谓"光环效应"；再如，有些人不愿承认自己会受到广告的影响，娱乐性强、轻松幽默的广告在测试时比在正式播映时会受到更多好评；否定诉求广告在事前测验中往往分数不佳，而其实际效果可能颇为成功。因此，对广告事前测定的结果还要加以分析，千万不能教条地、机械地运用。

1．在被测广告中选出最佳方案

事前评估只能在被测广告中选出最佳的那个方案，不要希望事前测试为你提供最妙的良方，事实上，它只能在你设定的几个方案中帮助你进行挑选。

2．事前评估仅测试个别广告

因为一切事前测试都是在特定情况下对个别广告的测试，而不是对整个广告活动的测试。广告事前测定大都是在受测者看了一次广告后进行的，无法测出他们接触多次广告后或

在其他营销活动配合情况下的广告反映。因此,所测的是个别广告的效果,而不是广告战役的效果。

3. 受测者被"强制阅读"

在很多事前测试的方法中,受测者被置于"强制阅读"或"强制观看"广告的情境之中,这与广告实际接触目标顾客的环境显然不同。因此,事前测试存在着测试效果与实际情况大有出入的危险。

(五)广告效果事前评估应遵循的原则

对于事前测试必须制订计划、编制预算,并且将其包括在广告运动的整体计划中。除此之外还应注意以下四个方面的问题。

1. 确定主要评估目标

评估目标应该根据广告运动的整体目标来决定,要明白需要测试的是:广告中是否提供了足够的利益承诺而使消费者跃跃欲试,是要测定广告说辞的可信度还是消费者对品牌名称和销售信息的接受程度,等等。总之,要紧紧围绕目标来评估广告的效果。

2. 评估结果必须为广告目的服务

广告是传播商品信息的工具,其娱乐性、观赏性、幽默感都只是手段而不是目的。不能以多少人"喜欢"某个广告来作为测试的基础。我们应确立与销售信息的传播有关的测试目标,如商品信息的记忆程度、可信度、说服力、态度的改变等。

宝洁公司在评判,断定一个有效的电视广告时,相信以下三个特点。

(1) 回忆。即消费者看完广告一段时间后,仍还记得这个品牌。

(2) 有没有试用潜力。所有的广告、促销都是要让消费者蠢蠢欲动,移情别恋。例如,现在喝"娃哈哈""康师傅",看了广告是否就想去喝"乐百氏"。

(3) 有没有说服力和独特性。

以上三个特点是宝洁公司在全球要求代理商必须达到的三个效应。宝洁相信调研,如果在调研过程中,消费者在这三个方面达到非常高的分数,宝洁公司就认为这是一个很有效的广告作品。

3. 对目标市场进行测试

事前测试的受访者或受试者应该是广告运动的目标市场。对于广告的效果,即使专家、权威也没有目标顾客的反映更有发言权,同样,孩子的父母也不会知道他们的子女对一个广告或产品的感觉,因此测试时,绝不能用目标顾客以外的人来代劳。

4. 避免受测者的偏见

如果受测者知道他们在为某个广告做事前评估,他们就会觉得这个广告一定有什么不对的地方,因而急于挑出毛病。这种现象被称为"广告专家"现象。与此相对的是某些受测者存在"迎合心理",他们在潜意识里想讨好调查人员,因而给出一些他们认为"理应如此"的答案,但是在实际生活中他们并不那样做。

事实上这些问题是难以避免的,但有以下几点可以尝试一下。

(1) 不要在所给的答案上引导受测者。

(2) 问直接的问题,如"这个广告会使你想买某产品吗"。

(3) 问受测者有能力回答的问题,否则他们会编一个答案而不承认自己无知。

(4) 对一些问题要有进一步的探究,例如要问:"你为什么那样说?"这样受测者在给出答案时会慎重一些。

(六) 如何进行广告效果事前评估

1. 印刷广告的事前测试

1) 内部审核表

广告主或广告代理所做的内部评估。一些广告公司开发出了复杂的内部审核表,详细列出各项指标,如"品牌名称在布局中是否能被一眼看到""广告文案中'你'字的使用次数"等。这种机械的方法目的在于确保广告所有要素、产品主要特色都包含在内,保证广告的完整,无明显错误,但对于了解广告对消费者的效果没有什么帮助。

2) 亲身访问

对受测者进行当面访谈。首先要肯定被访者是目标市场的对象,若事先不能过滤,则需收集人口统计资料。

3) 焦点小组

请8~12人组成讨论小组,在训练有素的引导者引导下自由讨论。谈话被录音后加以分析,也有用单面反光透镜(即一面看起来是平面镜、一面是透明玻璃的特制光学玻璃)进行现场监测。一般通过组织3~5组讨论,就可以发现消费者的关心焦点所在,发现广告中的明显失误。这种讨论方式也可为大范围的问卷调查提供基本思路。

4) 评定等级法

请受访者按照广告说服力的强弱来排列次序。例如,"哪个标题使你最想读下去?"这时最好再问一个为什么,这样有助于调查者获取更多的信息,也促使受测者经过一些考虑再排列顺序。

5) 评分量尺

请受测者在两极化的形容词之间做选择,再通过对各个受测者的答案的总结,得到一个量化的数字,便于不同方案的比较。

6) 成对比较法

请受测者将一组中的每一个广告与另一个广告相比,这种方法通常最多限于8个广告,即需要28次比较,超过此数会使受测者厌烦。

7) 搭配测试法

将受测广告同其他的广告、编辑内容放在一个文件夹内,展示给接受测试的消费者,允许他们花任意时间来看。之后询问他们记住了哪些广告,都有些什么内容,最喜欢哪个及为什么等。

8) 仿真杂志法

将上述文件夹换成一本真正的杂志,将受测广告插入杂志的广告版位。这种方法需用完稿做测试,并且需要取得特制的杂志。

2. 广播电视广告的事前测试

除了可使用印刷广告测试的一些技术外，适合广播电视广告的特殊方法有以下四种。

1) 购物中心播映

在购物中心播放被测广告，播放前后分别向消费者提问，以考察被测者对品牌认知度的影响，以发现广告中的缺点。

2) 剧场测试

请受测者到一个剧场中，节目开始前请受测者从不同类别中选择一些品牌，然后放映一些娱乐片或电视样片，接着放映一系列广告片及更多的娱乐片。放映之后，再请受测者选择，前后对照，看广告对消费者的影响。

3) 活动房屋法

在购物中心搭建一间活动房屋，提供模拟的购物环境，发给受测者优惠券，让他们对一系列品牌进行选择。请这些人观看广告影片后，再发给他们优惠券，让他们在实际购物中使用。对比前后两次收回优惠券的情况，可推断广告对购买行为的影响程度。

4) 电视播映测试

通过闭路或有线电视播放广告，再利用电话访问受测者，也可通过考察放映地区的销售业绩来评估广告。

还有一种不太常用的测试方法就是仪器测试，因为，往往人们所说并非其所想，仪器测试则试图直接获取人们的心声。它假定人的心理活动与生理现象有密切联系，因而通过测定受测者的生理变化来推知其对广告的实际感受。

二、广告效果事中评估

广告效果事中测评的内容与事前测评相同，也是对广告作品和广告媒体组合方式的测定。广告效果事中评估就是在广告战役进行的同时，对广告效果进行测量。主要目的是测量广告事前测定中未能发现或确定的问题，以便尽早发现并及时加以解决，这种测试大多是在实际情景中进行的。

当今媒体费用昂贵，营销状况不断变化，市场竞争日益激烈，在广告战役的进行过程中常常会发生一些意想不到的情况，从而影响原定的广告方案。因此，越来越多的广告主十分重视在广告战役进行中对其广告的效果进行测量、评估，以便及时调整广告策略，对市场变化尽早做出反应，使测评的结果更加准确可靠。其缺点是很难再对广告作品和媒体组合做出修改。

（一）广告效果事中评估的内容

广告效果事中评估的内容包括：广告的知名度、回忆度、理解度、接受度、美誉度等；品牌的知名度、美誉度、忠诚度等；广告目标群体的行为特征。

（二）广告效果事中评估的方法

1. 市场试验法

先选择一两个试验地区推出广告，然后同时观察试验地区和未推出的一般地区的消费者反映、销售反映，比较二者的差别，以此测检广告活动的效果。这种方法简便易行，能比较直接、客观地了解消费者的反映和实际销售情况；可以及时、有效地调整整个广告活动的方向，特别适用于周转率很高的商品，如节令商品、流行商品等。

市场试验法的缺点在于，受广告效果滞后性的影响，广告效果的检测时间不易确定，过早或过晚都会影响广告效果的真实性、准确性。另外，试验地区的选择一定要有代表性，最好能够代表整个销售区的情况。

2．回条法

在报纸、杂志、商品包装等印刷广告上设一特定的回条，让受众在阅读广告后将其剪下寄回，以此来了解广告的接收情况。

这种测评法一般是将同一则广告作品，在各种印刷媒体上同时推出，通过统计各媒体的回条回收情况，来判断哪一种或几种广告媒体更加有效，为广告公司确定媒体组合提供依据。这种方法可以有效地了解消费者阅读广告情况，但运用这一方法必须经过周密的策划和安排，同时要给寄"回条"的消费者提供一定的优惠条件。比如凭回条优惠购物或摇奖开奖等。

3．分割测定法

这种方法是回条法的变形，它比回条法更复杂和严格，具体操作是将两种广告文本分别在同一期的广告媒体公开刊出。一半份数刊登一种广告文本，另一半份数刊登另一种文本，通过回条的回收情况，来测定哪一种广告文本效果更好。此法在国外很常见，但在国内则几乎没有使用过，关键在于印刷排版比较困难，广告媒体拒绝接受这种做法。

4．直邮测试

将供选广告分别寄给不同顾客，以取得最大订单数量的广告为最佳。

5．扫描器

在受测者的电视中装上自动记录装置，但这种方法的局限性很大，必须征得受测者的同意才能实施，并涉及隐私方面的问题，实施起来也不太容易。

（三）广告效果事中评估的优点

与广告效果的事后评估相比，事中评估能及时收集反馈信息，依据这些信息能发现广告沟通中的各种问题，并能迅速有效地加以纠正。而与广告事前评估相比，事前评估往往是在人为的情境中、在较小范围内进行的，而广告效果事中评估是在实际市场中进行的，因而所得的结果更真实，更具有参考价值。

（四）广告效果事中评估的局限性

由于广告前期投入较多的精力和财力，在广告中期很难再对广告作品和媒体组合做出修改，并且在进行评估的过程中会遇到命令和执行不同步的现象等。

三、广告效果事后评估

广告效果的事后评估主要是在广告活动结束后进行测评，这是最常采用的一种方法，这虽然不能像事前、事中评价那样可以直接指导广告运作，但却可以评价出广告公司的工作业绩，为今后的广告运作提供参考依据。在美国，广告效果的事后测定几乎成为广告主和广告公司的惯例。如同广告事中评估，广告效果的事后评估也是在自然情景中进行的。

（一）广告效果事后评估的内容

1．选择好测验样本（即受测者）

首先，测验样本中的受测者必须是该广告产品的目标消费者。如果以非目标市场中的消费者为测验对象，测验结果对广告主就是毫无价值的。例如，用成人受测者来评估儿童产品的广告，或以工薪阶层的消费者为受测者来测试高档服装广告的效果，这些测试都是不合适的。其次，受测者必须达到一定的数量。如果参加测验的人数太少，测验结果就很难反映出真实的情况。

2．制定恰当的测量指标

一个广告是不是有效，在很大程度上取决于所使用的测量指标，而测量指标又取决于广告目标或测量目的。广告目标不同，所选定的评估标准也不同。如果广告的目标是让消费者知道这种新产品，那么，评估标准就是目标消费者对所做广告的品牌的知晓度。如果广告的目标是提高目标消费者对广告品牌的好感，那么，评估标准就是消费者对这个广告品牌的态度。

3．做好广告活动前和广告活动后的测试

在广告正式刊播前对市场进行必要的调查，了解目标消费者在开展广告战役之前对广告品牌的了解程度与所持的态度。在广告战役结束之后，再进行广告调查，并将广告活动后的结果与广告活动前的结果相比较，两个结果之差便是整个广告战役的效果。

如果没有广告活动前的调查了解，就无法确定广告活动后的评估结果是早已存在的还是广告战役带来的效果，也无法确定广告战役的效果到底有多大。事前、事后测验的比较，能较好地解决这一问题。

例如，一个广告战役结束后的测验结果表明，目标市场中广告品牌的知晓度达到80%，如果事前测验表明，在广告战役前，广告品牌在目标市场中的知晓度是16%，则可以认为这个广告战役是非常成功的。如果没有在广告活动正式推广前的调查，就无法确定这一广告战役是不是成功，以及取得了多大的成功。

（二）广告效果事后评估的方法

1．回忆法

回忆法是在广告活动结束后，选择一部分广告受众对广告内容进行回忆，以了解消费者对商品、品牌、创意等内容的理解度和联想能力。

回忆法有自由回忆和引导回忆两种。自由回忆就是不对消费者做任何提示，只是如实记录其回忆情况。引导回忆是指调查人员给予一步步的提示，引导消费者回忆出尽可能多的广告内容。引导回忆法比自由回忆法更能反映真实情况。

 案例8-2

某可乐电视广告的注意率调查

(1) 确定调查题目：关于A可乐电视广告的注意率调查。
(2) 从电视机拥有者中抽样。
(3) 记录下样本的地址或电话号码。
(4) 用电话或直接询问的方式，了解调查对象的电视收视情况，从中选出A可乐的消费者。
(5) 直接派调查员访问A可乐的消费者，将对方的年龄、学历、职业及消费特点做记录。
(6) 根据调查需要，将调查对象进行各种分组，并确定实施调查的时间。
(7) 确定调查所用的A可乐饮料的电视广告。
(8) 调查当天，用电话或直接访问，提示昨日的A可乐饮料广告，询问观众对有关广告的观看情况。比如问："昨天的电视看了没有？"对做肯定回答的对象，可继续提问："A可乐广告看了吗？请在调查卡上选择合适的项目打钩。"调查卡一般宜设计三个项目的选择：a．确实看到过；b．似乎看到过；c．看到过，但没有记住。
(9) 回收调查问卷，做统计并写出调查报告书。

(资料来源：根据资料独立编辑)

案例解析：从上述案例中可以看出，在这个"可乐电视广告的注意率调查"中，采用了广告效果事后评估的方法中的"回忆法"。即在广告受众尚未购买该产品前，由商家进行的评估测定方法，其目的是了解消费者对广告及其品牌的认知程度。

其中"昨天的电视看了没有？"属于"自由回忆"，其目的是引导消费者按照调查者的想法和心理往下进行。而"A可乐广告看了吗？请在调查卡上选择合适的项目打钩。"则属于"引导回忆"，其方法和目的是调查人员给予消费者提示，引导消费者回忆出尽可能多的广告内容，以便向下进行。最后，"请在调查卡上选择合适的项目打钩。"

调查卡一般宜设计三个项目的选择：a．确实看到过；b．似乎看到过；c．看到过，但没有记住。这个环节是对上两个环节的有益补充和总结，一是有利于更准确地捕捉消费者的心理，二是为了做出数据统计。

2．识别法

将已推出过的广告文本与其他广告文本混合起来，再向接受调查的消费者一一展示。看有多少消费者能够识别出已推出过的广告文本，根据识别程度，可把广告效果划分为初级、中级和高级三种。

初级广告效果是消费者能够大致识别出某广告文本；中级广告效果是消费者不但能识别，而且能大致复述广告文本的内容；高级广告效果是消费者还可进一步分辨出广告中的细微之处，可以准确地讲出广告内容。

通过识别法，可以测评出消费者对广告文本的印象度。

3. 销售反映法

这是最直接了解广告对商品销售产生什么影响的方法。一般是分派调查人员到各实际销售点，直接同购买者交谈，了解其购买原因，最后统计出有多少消费者是在广告的直接影响下，采取购买行为的。这种方法可以为分析广告直接影响销售效果的比率提供第一手材料。但此法费时费力，覆盖面窄。

美国斯塔齐创设广告销售效果测定法

美国斯塔齐始创广告销售效果测定法，简称NETAPPS法，将广告接触与购买行为之间的关系分为：

(1) 看到广告后购买。

(2) 未看到广告即购买。

(3) 看到过广告，并非因广告刺激而购买。

(4) 看到过广告，因广告直接刺激而购买。

假定未看到广告即购买的人数与看到过广告，并非因广告刺激而购买的人数相等。

计算的第一个步骤是：先统计出各类人占多少比例。假设：

① 广告刊载后，与该媒体接触的人中有30%的人阅读过这条广告。

② 在阅读这条广告的人中，有15%的人购买了商品。

③ 在广告刊载后，与该媒体接触的人中有70%的人未阅读这条广告。

④ 未阅读这条广告的人中，有10%的人购买了商品。

于是，采取第二个步骤：

① × ②(30% × 15%)=4.5%(阅读过广告而购买的)

③ × ④(70% × 10%)=7.0%(未阅读广告而购买的)

两式相加：4.5% + 7.0%=11.5%

再采取第三个步骤：

① × ②(30% × 15%)=4.5%

① × ④(30% × 10%)=3.0%(非因广告刺激而购买的)

两式相减：4.5% − 3.0%=1.5%(实质的广告的销售效果)

第四个步骤：

(1.5% ÷ 11.5%) × 100%=13%

此13%即为NETAPPS分数，即纯粹受广告刺激而购买商品的消费者之百分比。

4. 购买者拦截询问法

1) 时机

广告信息发布最密集时或广告发布结束后马上进行，频率为2~4次。

2) 诊断方案确定

询问问题应尽可能少与简单，一般以不超过5个问题为宜。例如：

您为何购买××产品而不购买其他牌子的同类产品？

您是怎样知道××牌产品的？(如回答不出时，可以问"看过该产品的哪种广告？"是广告吸引您来购买的吗？广告留给您最深的印象或记忆是什么？)

您觉得广告上说得对吗？

您是在何日何时何地接触到该广告信息的？

3) 操作人员培训准备

操作人员一般为企业市场部或公关部人员，也可选择在校2～3年级大学生，培训内容如下。

熟悉及诊断广告的内容，至少能熟练复述CF及平面广告内容。

模拟提问，练好开头语和询问的语调表情等。

把提问的问题细分为尽可能多的选择答案，受访者回答后马上在标号前打"√"即可记录，以便尽快缩短记录时间。

事先准备好小礼品和记录用笔与拦截询问问卷。

现场询问购买者与记录要注意尽量缩短时间，尽量不影响商场营业。

4) 统计、分析、诊断、对比分析询问结果

写出广告促销效果诊断报告，报告要尽可能地写得真实、客观。

5. 销售实验对比法

1) 纵向对比法

把今年的广告效果与去年的广告效果比较，具体方法可比较去年销售量与今年销售量，扣除销售量自然增长率，即可得出广告对促销的作用有多大。

自然增长率可以从公布的统计数据中查得，也可以通过调查广告力度较小或不做广告的一个竞争对手的销售增长率来判断自然增长率的大小。

2) 横向实验对比法

选择两个规模、容量、人口、铺货率、居民收入水平基本相当的城市作为试点城市，一个做广告，另一个不做广告，对比其效果。

某冰箱厂的广告对比实验

如表8-3所示是广告前后销售情况对比。

表8-3 广告前后销售情况对比

项目 \ 城市类别	投放广告城市	不投放广告城市
广告前销售量	A=3000台	C=2950台
广告后销售量	B=4000台	D=3650台

广告效果(E)：(B-A)-A×(D-c)÷c=(4000-3000)-3000×(3650-2950)÷2950≈288.1台。相对广告效果(RE)：E÷A×100%=288.1÷3000×100%≈9.60%，即投入广告后销售量比未投广告增加9.60%。

(资料来源：诸葛谋．你的广告费哪一半浪费了——广告效果诊断的原则与方法．销售与市场．http://www.emkt.com.cn/article/6/648.html)

案例解析：以上案例使用测定方法是"销售实验对比法"，实验分类比较细，其中包括"城市类别"、广告前销售量、广告后销售量等内容，分别横向和纵向对冰箱厂的冰箱销量进行对比和分析。首先从城市类别这个横向比较来看，在广告前和广告后，投放广告城市的销量都要比不投放广告城市的冰箱销量要高，但我们还要注意纵向比较，都是"高"，但高的比例和数量却有变化，从表8-3可以清楚地看出，在投放广告前，A只比B多了50台的销量，而投放广告后C比D多了350台的销量，即投入广告后销售量比未投广告增加9.60%。销售量由于广告的投入而大大提高。

(三) 广告效果事后评估的作用

1．评价广告战役是否达到了预定的目标

广告的事后测定虽然不能直接对已经完成的广告宣传进行修改或补充，却可以全面、准确地对已做的广告活动的效果进行评估，可以用来衡量本次广告促销活动的业绩。

2．为今后的广告战役提供借鉴

广告效果事后评估还可以用来评价企业广告策划的得失，积累经验，总结教训，以指导以后的广告策划。

3．对不同广告方案的效果进行测试比较

一般广告方案都会有几种，如一则广告刊播过程一结束，就立刻对其效果进行测定；或者一则广告宣传活动结束后过一段时间，再对其心理效果进行测试。通过不同广告方案的效果进行测试比较找到最适合企业和品牌定位的广告方案。

前面介绍了广告的事前评估、事中评估和事后评估，不论哪种评估方式，其主要目的还是吸引消费者，实现广告效益。但值得注意的是，最广泛的消费者不一定是最有潜力的消费者，覆盖面最广的媒介不一定是对诉求对象最有效的媒介，最高频率的广告发布不一定给受众留下最深刻的印象。

因此，单纯通过加大广告投入来提高广告效果，对广告主来说并不是明智的办法。最有购买产品潜力的消费者群体才是企业最值得追求的目标市场，目标消费群体才是广告的诉求对象；对这部分受众最有说服力的诉求策略才是最有效的诉求策略；最符合诉求策略的广告创意，才是最有效的广告创意；最能够覆盖广告诉求对象而千人广告成本最低的媒介，才是最经济有效的媒介；不同媒介的传播效果互为补充的媒介组合才是最合理的媒介组合。其中任何一个环节有问题，都会削弱广告效果。企业的广告活动应当通过最佳组合来实现广告效益的最大化。

(1) 广告效果的评估和测定是广告策划中的重要内容之一。

(2) 广告效果有广义和狭义之分，狭义的广告效果是指广告的经济效果，通常包括广告的传播效果和销售效果，广义的广告效果还包含了心理效果和社会效果。

(3) 广告效果具有迟效性、累积性、间接性、复合性和竞争性五大特点，它的主要测定方向通常是广告传播效果的测定和广告销售效果的测定，只有取得良好的社会效果，广告的经济效果才能长久持续。

(4) 广告作品的效果测定是对广告作品的主题、创意、完稿等方面的内容进行测定；广告媒体效果测定主要是测定受众对广告媒体的接触效果，主要通过阅读率调查和视听率调查来进行；广告心理效果测定是指广告对消费者的心理变化的影响程度。

(5) 广告销售效果的测定通常要准确设计，广告社会效果的测定一般要把握三个主要方向，即是否有利于树立正确的社会道德规范；是否有利于培养正确的消费观念；是否有利于社会市场环境的良性竞争。

(6) 广告测定的方法分为广告效果事前评估、广告效果事中评估和广告效果事后评估。

 实训案例

消费者小组日记记录资料统计分析

我国的央视调查咨询中心的消费者固定小组，由5100个样本户构成，覆盖全国六大行政区的10大城市：沈阳、北京、天津、上海、南京、济南、广州、武汉、西安、成都。消费者小组成员所要记录的内容包括每天购买的产品类型、品牌名称、产品型号、购买数量、价格、包装容量或重量、购买金额以及购买者等。

调查记录的产品类别通常是日常消费品，包括：食用植物油、饼干、方便面、奶粉、豆奶粉、乳酸制品、白酒、啤酒、汽水、功能性饮料、果菜汁、包装水、胶卷、香皂、肥皂、洗衣粉、卫生巾、牙膏、洗发水、护发素、沐浴液、摩丝、发胶、护肤品、干电池等。

美国市场研究联合体(MRCA)从遍布美国各地的大约7000个家庭中收集资料。该公司让每个被调查的家庭对自己每天购买的商品按其价格与包装等项目记日记，其中包括每个家庭成员所购买的商品。然后于每星期六晚间或星期一上午从邮局寄回。由此公司可以了解家庭中哪些成员购买了哪些品牌的产品，其购买频率如何。此外，还可以根据不同的年龄、家庭的大小、收入情况及其他因素对受调查者的购买活动进行研究。

(资料来源：厦门大学——广告心理学讲义．心理无忧网，http://www.psy51.com/Article/xljy/xlxxkfz/200805/1268_2.html)

案例点评：

通过以上两段文字可以看出对消费者小组日记记录资料的统计分析，研究者可以了解消费者的购买频率、每次购买数量、每次购买金额、品牌忠诚度、品牌转换情况以及各竞争品牌的市场占有率,进而分析产品类别的市场容量,竞争对手的状况,品牌的市场地位,以及品牌的目标消费群体、潜在消费者等方面的要素,这对于企业评价广告策略、销售策略、价格策略、包装策略具有相当重要的价值。只有全面分析和测定产品在市场上所占的份额以及广告效果在市场上的作用,才能使广告更好地为市场服务。

讨论题:

结合本章所学知识点和上述实训案例中的资料统计分析,选出自己感兴趣的某个项目:例如:饮料、服装等,试分析你所在城市的消费者对你所选项目的消费情况、广告形式以及广告效果在该领域市场上的作用和对消费者购买力的影响。

一、选择题

1. 广告效果的特征包括(　　)方面。
   A. 迟效性　　　　B. 累积性　　　　C. 间接性　　　　D. 复合性
2. 从广告效果涵盖的内容和影响范围来看,广告效果可分为(　　)。
   A. 广告的销售效果　　　　　　　B. 广告的传播效果
   C. 广告的到达效果　　　　　　　D. 广告的社会效果
3. 消费者接受一定的广告信息,由于诸多因素,一般并不是立即采取购买行为,而是把有关的信息存储在脑海中,在需要进行消费的时候产生效应,是指广告的(　　)时间效果。
   A. 即时效果　　　B. 近期效果　　　C. 短期效果　　　D. 长期效果
4. 下列属于广告社会效果测定的依据的是(　　)。
   A. 真实性　　　　B. 法规政策　　　C. 伦理道德　　　D. 文化艺术

二、简答题

1. 狭义广告效果和广义广告效果之间的区别是什么?
2. 广告效果测定的内容包括哪几个方面?
3. 广告社会效果的测定要把握几个方面?
4. 广告效果事前评估的内容以及评估应遵循的原则是什么?

三、模拟现场

TCL美之声无绳电话的实效推广

TCL集团是以电话机发家的企业,TCL通信曾是国内最大的电话机产销公司。但进入2000年,电话市场发生了变化,TCL通信面临着新的形势,无绳电话机销量增长迅猛,前景可观,TCL传统强项却在于有绳机产品;后起之秀步步高已经在新产品市场上取得了领先,竞争非常激烈。

通过对国内市场的深入研究,并参照国外市场发展进行分析,TCL通信确认,无绳电话产品会是将来的主流,为了在未来市场获取主导优势,企业需要加强对无绳电话机的推广。TCL

期望，通过几年时间，能够凭借公司整体资源在无绳电话机市场赶超对手，重返领导地位。

TCL深入分析知道，既然电话的主要作用是用来通话，那么"声音清晰"应该是可以评估的重要特性，事实显示，消费者正是非常关心声音清晰问题，而且其他竞争者也没有类似的主题推广。TCL认为其产品的品质能够支持"清晰"概念，于是确认：TCL应该去抢占无绳电话中"声音清晰"的特性阶梯，于是将其产品定位于"清晰"。

考虑到TCL品牌虽然有一定的影响度，但它"彩电"的联想其实并不适宜无绳电话产品，新定位最好要配有一个更吻合的名字，TCL通信重新为自己的无绳电话进行了命名。称为"TCL美之声"。TCL希望，通过有章法地推广，"美之声"可以尽快地抢得无绳机市场第二的地位，以后再等待时机，一举超越领导品牌步步高。

依正常的传播步骤，美之声的推广拟订了三波推广计划。第一波，告知"清晰型无绳电话"面世，着重向业界、媒体传播新品牌的"身份"，同时引发消费者的关注；第二波，以"清晰型"的身份，去唤起和迎合消费者对无绳电话"声音清晰"的需求，推广品牌；第三波，如若"清晰型"产品出现跟进者，美之声将加强清晰技术方面的诉求，维护领先地位。

计划已定，待到TCL通信调整、改进好产品，推广便拉开序幕。

(1) 告知"清晰型无绳电话"面市。

宣传新概念最有效的方法，是充分利用新概念的"新闻性"，张扬它的冲击力，从而给人以深刻印象。美之声清晰型无绳电话的上市，就综合了新闻、公关、促销、广告等多种形式，来为美之声推广品牌。

"无绳电话不清晰，免费换成清晰型"的活动，激起了人们极大的兴趣，加之有效的广告配合，令众多消费者注意到了"清晰型无绳电话"的面市，并吸引了不少的购买者，开始转向考虑选择新品牌"美之声"的产品。

(2) 唤醒"清晰"需求。

借助事件活动初步告知清晰型无绳电话面市之后，新产品与美之声品牌受到了人们较多的关注。TCL通信在此基础上，继续唤起消费者对无绳电话"声音清晰"的需求，乘胜追击。

(3) 诉求"清晰"技术。

小家电产品的营销有一个特点，消费者在深入了解一个品牌，特别是将两个品牌相互比照时，可能会关心它们的"技术先进度"，虽然不一定详细弄清，但总要有大致的印象。基于此种情况，TCL美之声一早就提出了"六重清晰技术，四重清晰品质检验"的口号，意指自己采用了多项技术，使通话质量更清晰，并且产品出厂要经过多关检验，确保清晰品质。这一方面使品牌在推广"清晰"概念初期能获得消费者信赖，另一方面也为将来的推广做出了铺设。

美之声先有定位再做广告，而且传播活动直指消费者明确的需求，总体上是一个富有实效的广告案例。从销售与市场来看，TCL通信的无绳电话销量比上一年增长了30%，而新品牌"美之声"在数月内成为第二品牌，成绩喜人。从品牌建设角度看，美之声"声音清晰"的定位，代表着无绳电话最重要的特性，至今发展良好。只要TCL愿意维持，美之声有可能成为明日市场主流品牌。

讨论题：

1. 从上述案例中分析，TCL美之声无绳电话的成功推广包含了广告效果测定的哪些特性？
2. TCL美之声无绳电话在推广过程中都进行了哪些广告效果测定？并举例说明。

第九章

广告策划书的撰写

学习要点及目标

- 了解广告策划书的含义与类型。
- 掌握撰写广告策划书应注意的问题。
- 掌握广告策划书的撰写程序。

广告策划书、完整广告策划书、阶段性广告策划书、提案、软文

引导案例

湘艺苑房地产广告策划方案

第一节 市场分析

一、株洲市房地产基本状况

株洲市属于四线城市,房地产市场虽不是很成熟,但却有融城的美好前景;有高速有效的物流体系;又踞东西南北交通要塞;处中南最大服装批发市场;有大批大型国有企业。这意味着株洲诱人的市场和低廉的劳动力市场。所以,各大商家纷纷进入株洲。房地产更是有大量外资抢入,行业的竞争日益激烈,竞争的层次不断升级。

二、株洲市同类住宅调查统计

(略)

三、消费者分析

根据《株洲房地产市场调查报告》及《株洲市鸿宇房地产市场调查报告》的结论,我们得出消费者购房心理和对住宅的要求如下:

(略)

第二节 "湘艺苑"项目分析

一、项目优势分析

1. 环境;2. 地段;3. 价格;4. 物业管理;5. 小区设计建设;6. 小区配套设施;7. 偏离工业区等。

二、项目劣势分析

1. 交通;2. 楼盘外环境;3. 物业管理;4. 房屋设计等。

三、竞争对手分析

根据楼盘的位置和楼盘的定位,我们把庆云山庄和湘江四季花园作为竞争对手,状况如下:

(略)

第九章 广告策划书的撰写

四、项目价格策略分析

(略)

五、核心价值分析

(略)

第三节 推广策略界定

一、目标消费群界定

从"湘艺苑"项目本身的定位和素质出发，结合中高档住宅的销售特点，界定"湘艺苑"的目标消费群及其相关特征。

二、卖点界定

(略)

第四节 广告策略

一、广告宣传目的

(略)

二、总体策略

(略)

三、分期广告的整合策略

引导试销期、公开发售期、公开发售中期。

四、广告主题及口号

广告主题：自然、艺术、享受。

第五节 营销活动建议

一、营销渠道及人员促销建设

二、营销公关活动建议

三、赠房活动

第六节 媒体策略

一、媒体目标

二、目标受众

三、媒介策略

在销售准备期、引导试销期、公开强销期、销售冲刺期分别采取不同的媒介策略。

四、媒体分析及选择

选择平面媒体、电视媒体、户外媒体、广播媒体进行宣传推广。

五、广告预算及分配

(略)

第七节 方案说明

(略)

(资料来源：专题网，http://www.admaimai.com/zhuanti/Detail9142.htm)

案例解析：湘艺苑房地产广告策划方案完整地包括了广告策划书的一些主要方面，通过广告市场分析、项目分析、推广策略界定、广告策略营销活动建议、媒体策略、方案说明等几个重点方面，系统介绍了广告策划书所包含的几个主要方面。房地产广告策划方案是房地产广告宣传的根本依据，直接影响着房地产的销售效果。房地产广

> 告策划方案设计的好坏与房地产有着很重要的因果关系。销售很大部分与广告宣传有关，知名度越高，越多的人知道这个品牌。可见，广告策划书的完善与否直接影响产品的销售。只有形成一份广告策划书才能为广告主提供参考和指导，实现广告策划策略性与应用性的统一。

第一节　广告策划书概述

一、什么是广告策划书

把广告策划的意见撰写成书面形式，以体现广告策略和广告计划的报告书，称作广告策划书。广告策划书由广告策划人员根据广告策划的结果所撰写，并提供给广告客户审核、认可，是为广告活动提供策略指导和具体实施计划的一种应用性文件。

二、广告策划书的主要用途

广告策划书通过对策略观点的分析阐述以及对计划的陈述，说服读者接受广告策划人员的策略方针，并认可为他们拟订的行动方案。广告策划书的读者一般为企业的负责人以及市场部、广告部的负责人等，它主要有以下三个方面的用途。

（一）针对广告公司来说

在广告公司内部，广告策划书的撰写标志着广告策划运作的结果。撰写广告策划书是为了将广告策划运作的内容和结果整理成正规的提案提供给广告客户。

（二）针对广告客户来说

广告客户可以通过策划书了解广告公司策划运作的结果，检查广告公司的策划工作，并根据广告策划书判定广告公司对广告策略和广告计划的决策是否符合自己的要求。

（三）针对广告活动来说

对于整个广告活动，经过客户认可的广告策划书是广告活动策略和计划的唯一依据。

三、广告策划书的类型

广告策划书的种类多种多样，其中最为实用的分类方法是根据策划活动所展开的内容，对广告策划书进行分类。由此，广告策划书主要可以分为以下两种。

（一）完整广告策划书

1. 完整广告策划书的含义

完整广告策划书是涉及环境、产品、消费者分析，进而制定广告策略，拟订媒体计划、表现策略，并进行预算分割的广告策划书。

完整广告策划书的内容要求完整地解决企业产品的市场问题：从市场分析开始，到提出市场及广告策略，再到提出广告推广方案，这一整套的策划表述。

2. 完整广告策划书的内容要点

广告策划书主要以文字和图表表述为主，以劝服为核心目的。撰写广告策划书是为了具体说明广告活动的战略思路、实施策略、操作步骤以及相关的背景和因素。在广告战略思路和操作细节都基本明晰的基础上，我们就可以着手撰写广告策划书了。

广告策划书并没有固定的模式，这里我们只提供一个参考性范本。在实战过程中，因为广告策划要解决的问题不同，有的是要制定新的策略，有的是要修订既有策略，而有的是在现有策略基础上展开新的广告攻势，因此广告策划书在内容上的侧重点也有所不同。但是，一份完整的广告策划书必然会围绕着为企业的市场和广告推广而去"发现问题—解决问题"，因此体现在策划书中，就可以看到广告策划内容的几个主要组成部分，如图9-1所示。

封面 目录 前言	……
正文	一、市场分析部分 二、市场和广告策略决策部分 三、表现策略部分 四、媒体策略部分 五、广告活动设计 六、预算分割部分
总结	……

图9-1　完整广告策划书的几个组成部分

其中，正文部分是广告策划书的核心。广告策划书的其他部分可能因为个案的不同需要和撰写者个性的不同而有所差别，或轻或重，或有添加，但主要内容大体如此。

一份完整的广告策划书

(仅提供各部分的要点参考)

为行文的方便，下面简要描述一份完整的广告策划书各部分的撰写要点和主要内容。在实际撰写广告策划书时，下面的几个部分可有增减或合并、分列，例如，可增加公关计划、广告现场活动设计等部分，也可将最后部分改为结束语或结论，一切视具体情况而定。

封面

一份完整的广告策划书包括一个版面精美、要素齐备的封面，以给阅读者留下良好的第一印象。

广告公司及广告策划小组名单

在策划书中提供广告策划小组名单,可以向广告主显示广告策划运作的正规化程度,也可以表示一种对策划结果负责任的态度。此名单可以放在封面,也可以单独占用一页。

目录

在广告策划书目录中,应该列举广告策划书各个部分的标题,必要时还应该将各个部分的联系以简明的图表体现出来。一方面可以使策划书显得正式、规范;另一方面也可以使阅读者能够根据目录方便地找到想要阅读的内容。

前言

前言部分应简明扼要地说明广告活动的时限、任务和目标,必要时还应说明广告主的营销战略。前言是概述性质的,其长度从两段到两页不等。

在前言中,应该概述广告策划的目的、进行过程、使用的主要方法、策划书的主要内容。又或者,前言可为广告策划书的读者提供背景介绍,确定策划和计划将要包含的内容,并指出策划中最重要的地方,例如,营销计划所提供的信息概述、广告目标概述、广告战略概述、广告预算概述等。

前言是全部计划的摘要,它的目的是把广告计划的要点提出来,让企业最高层决策者或执行人员快速阅读和了解,使最高层决策者或执行人员对策划的某一部分有疑问时,能通过翻阅该部分迅速了解细节。这部分内容不宜过长,以数百字为佳。因此有的广告策划人称这部分为执行摘要。

正文

第一部分 市场分析

这部分应该包括广告策划过程中所进行的市场分析的全部结果,以为后续的广告策略部分提供有说服力的依据。

撰写的思路:根据企业生存环境分析,判断企业的经营和市场方向;进而通过对企业的产品分析,说明广告产品自身所具备的特点和优点;再根据市场分析的情况,把广告产品与市场中各种同类商品进行比较,并指出消费者的爱好和偏向;据此进一步确定诉求点。如果有可能,也可以提出广告产品的改进或开发建议。

一、营销环境和行业分析

这一部分列出经济环境、技术环境、产业政策环境、人口环境、文化环境、自然环境中与广告战略有关的最重要的因素,然后说明各个因素的影响和重要性。环境因素不可能也不需要全部罗列出来。在撰写计划时,关键不在于详尽或包罗万象,而在于选择哪几个真正能说明形势的重要因素,然后,说明这些因素与目前的广告战略之间的联系。

(一)企业市场营销环境中的宏观制约或有利因素

1. 企业目标市场所处区域的宏观经济形势

(1) 总体的经济形势。

(2) 总体的消费态势。

(3) 产业的发展政策。

……

2. 市场的政治、法律背景
(1) 是否有有利或不利的政治因素可能影响产品的市场。
(2) 是否有有利或不利的法律因素可能影响产品的销售和广告。
……
3. 市场的文化背景
(1) 企业的产品与目标市场的文化背景有无冲突之处。
(2) 这一市场的消费者是否会因为产品不符合其文化而拒绝产品。
……
(二) 市场营销环境中的微观制约因素
1. 企业的供应商与企业的关系
2. 产品的营销中间商与企业的关系
……
(三) 市场概况
1. 市场的规模
(1) 整个市场的销售额。
(2) 市场可能容纳的最大销售额。
(3) 消费者总量。
(4) 消费者总的购买量。
(5) 以上几个要素在过去一个时期中的变化。
(6) 未来市场规模的趋势。
……
2. 市场的构成
(1) 构成这一市场的主要产品的品牌。
(2) 各品牌所占的市场份额。
(3) 市场上居于主要地位的品牌。
(4) 与本品牌构成竞争关系的品牌是什么。
(5) 未来市场构成的变化趋势如何。
……
3. 市场构成的特性
(1) 市场有无季节性。
(2) 市场有无暂时性。
(3) 市场有无其他突出的特点。
……
4. 行业的市场运行模式
……
(四) 营销环境分析总结
1. 机会与威胁
2. 优势与劣势

3. 重点问题总结
……

二、消费者分析
(一) 消费者的总体消费态势
1. 现有的消费时尚
2. 各种消费者消费本类产品的特性
(二) 消费者分析与目标市场描述
1. 确认市场细分
2. 主要细分市场
3. 次要细分市场
4. 细分市场特征(地理、人口统计、消费心态、行为等)
(三) 现有消费者分析
1. 现有消费群体的构成
(1) 现有消费者的总量。
(2) 现有消费者的年龄。
(3) 现有消费者的职业。
(4) 现有消费者的收入。
(5) 现有消费者的受教育程度。
(6) 现有消费者的分布。
2. 现有消费者的消费行为
(1) 购买的动机。
(2) 购买的时间。
(3) 购买的频率。
(4) 购买的数量。
(5) 购买的地点。
3. 现有消费者的态度
(1) 对本产品的喜爱程度。
(2) 对本品牌的偏好程度。
(3) 对本品牌的认知程度。
(4) 对本品牌的指名购买程度。
(5) 使用后的满足程度。
(6) 未满足的需求。
……
(四) 潜在消费者分析
1. 潜在消费者的特征(总量、性别、年龄、收入、职业、受教育程度等)
2. 潜在消费者现在的购买行为
(1) 现在购买哪些品牌的产品。
(2) 对这些产品的态度如何。

(3) 有无新的购买计划。
(4) 有无可能改变计划购买的品牌。
3．潜在消费者被本品牌吸引的可能性
(1) 潜在消费者对本品牌的态度如何。
(2) 潜在消费者需求的满足度如何。
(五) 消费者分析的总结
1．现有消费者
(1) 机会与威胁。
(2) 优势与劣势。
(3) 重要问题总结。
2．潜在消费者
(1) 机会与威胁。
(2) 优势与劣势。
(3) 主要问题的总结。
3．目标消费者
(1) 目标消费群体的特性。
(2) 目标消费群体的共同需求。
(3) 如何满足他们的需求。
……
(六) 对企业以往的定位策略的分析与评价
1．企业以往的产品定位
2．定位的效果
3．对以往定位的评价
……
(七) 新产品的定位策略
1．从消费者需求的角度
2．从产品竞争的角度
3．从营销效果的角度
……
(八) 对新产品的定位的表述
1．新定位的表述
2．新定位的依据与优势
……
(九) 提出品牌价值主张
……
(十) 各目标市场的营销组合概述
1．目标市场选择的依据
2．目标市场选择的策略

广告计划应该是企业营销计划的直接延续，对品牌主张的说明可以使营销计划与广告计划直接产生明确的联系：品牌应该在目标细分中享有什么地位？广告策划人员要以企业的营销战略为依据对它进行说明，并以此指导所有的广告策划活动。

……

三、产品分析

（一）产品特征分析

1．产品的性能

(1) 产品的性能有哪些。

(2) 产品最突出的性能是什么。

(3) 产品最适合消费者需求的性能是什么。

(4) 产品的哪些性能还不能满足消费者的需求。

2．产品的质量

(1) 产品是否属于高质量的产品。

(2) 消费者对产品质量的满意度如何。

(3) 产品的质量是否能继续保持。

(4) 产品的质量有无继续提高的可能。

3．产品的价格

(1) 产品的价格在同类产品中居于什么位置。

(2) 产品的价格与产品质量的配合程度如何。

(3) 消费者对产品价格的认识如何。

4．产品的材质

(1) 产品的主要原料是什么。

(2) 产品在材质上有无特别之处。

(3) 消费者对产品材质的认识如何。

5．生产工艺

(1) 产品通过什么样的工艺生产。

(2) 产品在生产工艺上有无特别之处。

(3) 消费者是否喜欢通过这种工艺生产的产品。

6．产品的外观和包装

(1) 产品的外观和包装是否与产品的质量、价格和形象相符。

(2) 产品在外观和包装上有无欠缺。

(3) 产品外观和包装在货架上的同类产品中是否醒目。

(4) 产品外观和包装对消费者是否具有吸引力。

(5) 消费者对产品外观和包装的评价如何。

7．与同类产品的比较

(1) 在性能上有何优势，有何不足。

(2) 在质量上有何优势，有何不足。

(3) 在价格上有何优势，有何不足。

(4) 在材质上有何优势，有何不足。
(5) 在工艺上有何优势，有何不足。
(6) 在消费者的认知和购买上有何优势，有何不足。
(二) 产品生命周期分析
1. 产品生命周期的主要标志
2. 产品处于什么样的生命周期
3. 企业对产品生命周期的认知
(三) 产品的品牌形象分析
1. 企业赋予产品的形象
(1) 企业对产品形象有无考虑。
(2) 企业为产品设计的形象如何。
(3) 企业为产品设计的形象有无不合理之处。
(4) 企业是否将产品形象向消费者传达。
2. 消费者对产品形象的认知
(1) 消费者认为产品形象如何。
(2) 消费者认知的形象与企业设定的形象是否相符。
(3) 消费者对产品形象的预期如何。
(4) 产品形象在消费者认知方面有无问题。
(四) 产品的诉求点分析
1. 产品的卖点
2. 产品的诉求点
3. 消费者与产品诉求点的契合
……
(五) 产品分析的总结
1. 产品特性
(1) 机会与威胁。
(2) 优势与劣势。
(3) 主要问题的总结。
2. 产品的生命周期
(1) 机会与威胁。
(2) 优势与劣势。
(3) 主要问题的总结。
3. 产品的形象
(1) 机会与威胁。
(2) 优势与劣势。
(3) 主要问题的总结。
4. 产品的诉求点
(1) 机会与威胁。

(2) 优势与劣势。
(3) 主要问题的总结。
……

四、企业和竞争对手分析

(一) 企业在竞争中的地位

1. 市场占有率
2. 消费者认知
3. 企业自身的资源和目标
……

(二) 企业的竞争对手

1. 对主要竞争对手的确认
2. 竞争对手的基本情况
3. 竞争对手的优势与劣势
4. 竞争对手的策略
……

(三) 企业与竞争对手的比较

1. 机会与威胁
2. 优势与劣势
3. 主要问题
……

(四) 企业和竞争对手以往的广告活动概况

1. 开展的时间
2. 开展的目的
3. 投入的费用
4. 主要内容
……

(五) 企业和竞争对手以往广告的目标市场策略

1. 广告活动针对什么样的目标市场进行
2. 目标市场的特性如何，有何合理之处，有何不合理之处
……

(六) 企业和竞争对手的产品定位策略
……

(七) 企业和竞争对手以往的广告诉求策略

1. 诉求对象是谁
2. 诉求重点如何
3. 诉求方法如何
……

(八) 企业和竞争对手以往的广告表现策略

1. 广告主题的创意如何，有何合理之处，有何不合理之处

2. 广告创意如何，有何优势和不足

(九) 企业和竞争对手以往的广告媒介策略

1. 媒介组合如何，有何合理之处，有何不合理之处
2. 广告发布的频率如何，有何优势和不足

……

(十) 广告效果

1. 广告在消费者认知方面有何效果
2. 广告在改变消费者态度方面有何效果
3. 广告在消费者行为方面有何效果
4. 广告在直接促销方面有何效果
5. 广告在其他方面有何效果
6. 广告投入的效益如何

……

(十一) 总结

1. 竞争对手在广告方面的优势
2. 企业自身在广告方面的优势
3. 企业以往广告中应该继续保持的内容
4. 企业以往广告突出的劣势

第二部分　市场和广告策略决策部分

本部分主要包括市场策略和广告策略两个层面的内容。通过上文的分析过程，本部分应从市场和广告两个递进的层面分别明确"问题在哪里"，以及"如何解决问题"，最终使所提出的广告策略具有比较强的说服力。例如，根据产品定位和市场研究结果，阐明广告策略的重点，说明为什么及如何使广告产品在消费者心目中建立起深刻的印象；为什么及用什么方法刺激消费者产生购买兴趣或改变消费者的使用习惯，使消费者选购和使用广告产品；为什么及用什么方法扩大广告产品的销售对象范围。有的广告策划书在这部分内容中提出增设或单设促销活动计划、公关活动计划等广告活动计划书，作为单独的一份文件提供给客户。

一、市场的策略

(一) 结合上文分析结果

1. 结合市场和行业环境的要求
2. 结合消费者分析的结论
3. 结合产品分析的结论
4. 结合竞争分析的要点

……

(二) 明确时间范围

(三) 明确地域范围

(四) 明确竞争范围

(五) 明确速度
(六) 明确获取市场的利益
(七) 明确基本手段
1. 定位
2. 诉求
3. 信息传播的基本原则
……
(八) 陈述市场目标和目的
……

二、广告的策略
(一) 结合市场目标和目的
(二) 对广告目的的表述
(三) 对广告目标的表述
1. 对目标的量化表述：具体的数量或百分比
2. 实现目标所需的时间长度
3. 提升认知度、好感度、了解度等
……
(四) 完成目标的基本思路
1. 广告投入力度
2. 时间范围
3. 地域范围
4. 基本方法
5. 步骤
……

第三部分　广告表现策略

一、广告诉求策略
(一) 广告的诉求对象
1. 对诉求对象的表述
2. 诉求对象的特性与需求
……
(二) 广告的诉求重点
1. 对诉求对象需求的分析
2. 对所有广告信息的分析
3. 对广告诉求重点的表述
……
(三) 诉求方法策略
1. 对诉求方法的表述

2. 诉求方法的依据
……

二、广告表现策略
(一)广告表现策略
1. 广告表现的风格
2. 各种媒介的广告表现：平面设计、文案、电视广告分镜头脚本
3. 广告表现的材质
4. 各媒介广告的规格、制作要求
……

(二)广告的诉求、主题
……

(三)广告创意策略
1. 广告创意的核心内容
2. 广告创意的说明
……

第四部分　广告媒介策略

一、对媒介策略的总体表述
二、界定媒介目标
(一)到达目标受众
(二)媒介发布的地理范围
(三)信息力度
……

三、媒介组合策略
(一)策略说明
(二)媒介选择的依据
(三)媒介的类别选择
(四)媒介载体选择
(五)媒介组合
(六)媒介效益
……

四、媒介策略说明
(一)到达率和频次
(二)广告发布持续性(连续式、起伏式、脉冲式)
(三)广告长短、大小
(四)广告发布时机策略
……

五、广告发布频率策略
六、媒介排期与购买

第五部分 广告预算分割部分

广告预算中会提出广告费用开支的数目和具体的分配方案,是对广告活动经费的匡算和分配计划,也是广告策划整体方案的重要组成部分。广告预算及分配部分要根据广告策略的内容,详细列出媒体选用情况及所需费用、每次刊播的价格,最好能制成表格,列出调研、设计、制作等费用。

广告预算书一般以图表的形式将广告预算的列支、计划和分配详尽地表示出来。广告预算书的格式及内容视不同业务需要所涉及的项目而具体拟定。一般纵列分为项目、开支内容、费用和执行时间,横栏为项目的明细分类,如市场调研费、广告设计费、广告制作费、广告媒体租金、服务费、促销与公关费等。广告预算书后一般还附加一段说明文字对预算书的内容进行解释。

广告预算书的格式和内容不可能千篇一律,要视具体的业务项目而定。有的项目也可具体化,例如,其他杂费开支一栏可具体分为:邮电、运输、差旅、劳务等费用;也可增加项目,例如,广告机构办公费或管理费、人员工资或服务费等。

一、广告预算分割

1. 不同媒体
2. 不同地域
3. 不同时间阶段
4. 不同活动

……

二、广告预算的详细展示

三、广告预算的收费说明资料

总结

广告策划书的总结应是鼓励性的,要观点突出、简明扼要。必要时,对双方的合作给予良好的预期,或对策划书的不足之处给予补救的机会。

(以上所列举的要点,只是提供若干策略分析的参考要点,在实际操作时,应该针对不同策划个案的不同要求,有选择地加以参考。)

案例9-1

雀巢咖啡广告策划书

客户名称:美国雀巢饮料公司。

产品名称:雀巢咖啡。

品牌介绍:美国雀巢饮料公司具有13.8亿美元的资产,是雀巢食品公司的一个分部,它生产一系列雀巢饮品。为了适应更激烈的市场竞争,目前公司围绕四个目标进行改革:生产新一代品牌的产品;扩大产品占有率开发适应不同消费群体的产品;提高效率降低成本;使它成为最好的饮料。雀巢公司正在削减公司的业务量以便集中投资于有市场竞争力的产品，并密切关注市场竞争对手的发展变化。开发更新产品是雀巢品牌强有力的保障，以速溶咖啡开发为例，目前的产品已经遍布美国20多个州，并在加拿大、巴西和墨西哥也已闻名。

目前奶酪业、巧克力业，这些与孩子们有关的商业占有较大市场。新包装也给产品提供了许多新的市场机会。液体饮料传统上一般只有15天保存期，由于产品质量的改进，将其保存期延长到60天。因此产品可以长时间地放在仓库储货架上，可以在电影院、剧院、娱乐场所等地方销售，所以会在很多地方看到咖啡粉是50年前的产品类型，它以每年超过10%的速度增长。延长储存期产品的销售量已增长到220%，它和谷类及其他产品一样，正在稳步增长，因此它的市场前景非常广阔。只要是可以生产巧克力和牛奶的地方，就能生产速溶咖啡。产品必须随着市场的要求而变化。雀巢速溶咖啡要通过户外广告，通过媒体宣传，目标核心是吸引13～17岁的青少年和18～34岁的青年男女群体的购买市场，如用灯箱广告、侧墙广告、车厢广告和地铁广告等，让用户需求与我们要达到的目标更接近。实践证明，通过各种广告使得消费人群在三年中增长了三倍，而广告费用仅增长一倍，这样看来收益是明显的。速溶咖啡，预计速溶咖啡的包装规格将有多种尺寸投放市场，数量也会成倍增长。

正文

第一部分　市场分析

一、市场概况

随着我国入世成功，外资对我国的投资不断加大，我国经济前途一片大好，居民收入增长较快，恩格尔系数还会有所降低的，有60%下岗职工进入了再就业服务中心，并按时足额领到基本生活保障金。从总体经济发展看，经济呈现高速发展的态势。

咖啡，作为世界三大饮料之一，与中国的茶叶一样，有着丰富的文化内涵。它不但有着迷人的香气，更因为载有的独特的西方文化气息，成为一种生活品位和小资情调的代表，在国内受到越来越多的，特别是年青一代消费群体的追捧。

目前，我国咖啡市场年销售额200亿元。专家预测，随着80后、90后一代群体的成长，未来十年，咖啡市场将呈爆炸性增长，增长率将高达35%以上。

近年来咖啡消费市场不断升温，随着市场经济的增长，城乡差距的不断缩小，咖啡文化风潮已逐渐影响到二、三线城市。咖啡消费群体在不断地增长，从而带动咖啡文化的发展，同时又持续拉动咖啡消费的增长。业内人士预测，即使是按照10%的速度增长，中国的咖啡市场也非常庞大，到2020年，中国将成为世界上最大的咖啡消费市场。"雀巢"生产了第一杯速溶咖啡，从而拉近了咖啡和消费者的距离，速溶咖啡的发明者，"雀巢"20年的市场教育确立了其在速溶咖啡领域的领军地位。然而，随着更多的品牌进入市场，雀巢的市场份额也面临着严峻的挑战。一方面，消费者渴望看到更丰富的产品，涉猎更多的消费文化的需求；另一方面，消费者的品位也越来越高，希望品尝到更好的咖啡。从生产厂家的角度来说，越来越多的厂家看好了咖啡市场这块庞大的蛋糕。

二、消费者分析

茶在中国有悠久的历史，是人们从古至今家喻户晓的降温解暑、保健的饮品，占据了一定的消费者。但是随着经济全球化的进一步发展，中西方文化相融合，一些西方的饮食习惯逐渐被中国消费者所接受，其中就包括咖啡。喝咖啡的风气，是在20世纪90年代后在都市白领中兴起的。在最近的几年间，国内的咖啡消费明显增长，中国有望成为世界上最具潜力的咖啡消费大国。是什么导致咖啡在中国市场迅速崛起？咖啡具有提神醒脑的作用，还有人喜欢它苦中带甜的口感，进而吸引了相当一部分消费者。

第二部分　广告策略

一、产品定位策略

1. 广告定位：雀巢咖啡以即冲即饮、味道好为广告定位。把咖啡定位于"速溶型"，其目标对象不是针对在家的老年人，而是参加工作的青年男女。速溶，是随着现代化工业生产发展的需要应运而生；速溶有益于青年男女珍惜时间。珍惜时间是时代的新潮，随着人们观念的改变，雀巢咖啡越来越受到欢迎。这一定位策略，使它成为现代化生活的一种生活方式。

2. 产品定位：从雀巢咖啡的味道来进行定位，让消费者意识到"味道好极了"是一个很高的评价。

目标群体：上班族，加班加点的年轻人。

主要人群：中青年人。

数据：各年龄段对咖啡的喜爱程度不同，其中表示非常喜欢咖啡的人群中41～50岁占24%，20～30岁占18%。

进一步调查表明，喝咖啡的男性比例要高于女性比例。在所有受访者中，喝咖啡的男性为55.1%，女性为44.9%。

分析：咖啡作为一种口味独特的饮品深受青年消费者的喜爱，中年人和青年人是咖啡产品的主要消费群体。同时男性消费者的人数远远超出女性消费者，购买者中也以男性居多。其原因在于咖啡属烟糖类产品，更多为男性所关注。而且作为一种嗜好品，更易受到男性的青睐。

二、目标市场策略

在咖啡市场，消费者更加认可咖啡产品是用来休闲、放松和享受生活，其次认可咖啡的提神效果。

雀巢咖啡目标市场策略由此而来：塑造休闲、活力的咖啡主题，较为年轻，18～30岁消费者心理属于年轻活力型，对广告有亲切感，注重流行新趋势，"希望成为具有独特风格的人"。

三、广告创意策略

表现形式：电视广告为主、平面广告为辅。

1. 电视广告：A.各大电视频道播放　B.公交车视频网络
2. 平面广告：A.主流杂志　B.转动广告牌　C.公交车车身

四、广告诉求策略

诉求对象

1. 总体的诉求对象：年龄为20～45岁，中等以上收入，追求生活质量的家庭和个人。
2. 诉求对象的细分：以系列广告的形式对不同的诉求对象做有针对性的诉求，主要可以分为以下三个类型。

(1) 年龄为20～25岁，独立生活，自己负责开支的青年消费者。

(2) 年龄为25～30岁，独立生活，没有孩子，开支共同负责的青年夫妻。

(3) 年龄为30~45岁，有比较小的孩子，双方经济稳定的家庭。

第三部分　广告媒介策略

一、媒介目标

目标受众：年龄为18~30岁的大众消费人群。

地点：全国

目的：

(1) 树立雀巢咖啡的品牌形象，强化雀巢咖啡的定位。

(2) 广告对主要目标的到达率达到80%，暴露频次达到5。

二、广告目标

通过广告的宣传，扩大雀巢咖啡的知名度和美誉度，树立和传播企业形象，扩大市场占有率。

三、媒介策略

通过利用不同的媒体，实现信息在不同形式下的传播，使利用它们的广告活动覆盖面更广，更具有厚重感，加之不同媒体之间优势的相互补充，使广告信息容易被接受。

通过利用多种媒体，形成多层面的"信息战"，能尽早增大商品信息传播总量，增强渗透力，使信息能集中传播。

通过利用各种媒体优势性的互补，使广告信息在传递上实现的不只是量与量之和，而是量与量的乘积，使广告的冲击力得到大幅度的加强。

四、媒体选择

本次广告活动是针对雀巢咖啡进行的，我们要突破只选择单一广告媒体模式，采用多种广告媒体相结合，扩大市场占有率，增加品牌知名度。

(1) 以电视广告为主导，向消费者做重点诉求，争取以电视广告达到最广泛的覆盖面。

(2) 以报纸杂志广告为补充，向消费者传达关于产品的更丰富的信息，同时将各种促销活动的内容及时告知消费者。

(3) 以网络广告为辅，对消费者进行提醒性诉求，以促使他们即时采取购买行动。

(4) 以橱窗、车体广告为扩展，进一步增加视觉效果，增加品牌知名度与覆盖率。

第四部分　广告预算

一、媒体预算

媒介载具	媒体价格	总预算
电视媒体	49620元	88530元
报纸媒体	8650元	
杂志媒体	8960元	
网络媒体	9370元	
橱窗媒体	5890元	
车体媒体	6040元	

二、广告设计与制作预算

广告设计：10000元；平面、POP广告制作：30000元。

三、市场调研预算：2000元

四、机动费用预算：4000元

总计：134530元

总结

雀巢公司很注意宣传上的细节，为了保证世界各地分公司在宣传上的一致性，公司通过一些文件来约束各分公司。雀巢咖啡(Nescafe)这个名字在世界各国的语言中，都给人一种明朗的感觉。在中文里，雀巢很容易让人联想到温馨的家，强化了雀巢咖啡可以在紧张、疲劳之后，给人放松片刻的感觉。

(资料来源：中国策划研究院，http://www.ciod.cn/Item/Show.asp?m=1&d=7031)

案例解析：在案例中我们看到的是雀巢咖啡广告策划书的简略版，虽然部分内容被删减，但主体框架没有进行太多的改动。由此可见，完整的广告策划书要根据广告主的要求和资金实力等不同特点进行策划，既要遵循完整广告策划书的基本结构，又要根据具体情况进行具体分析。

此外，需要说明的是由于广告公司的规模实力不同，广告策划能力也有所差别。因此，广告主在选择广告公司进行广告策划的时候，也要对广告公司的实力进行考察，多比较、多分析，最终选择能够更好地展示广告效果的广告公司进行策划发布。

(二) 阶段性广告方案策划书

1. 阶段性广告方案策划书的含义

阶段性广告方案策划书，是指仅针对媒体策略、表现策略或推广广告活动设计等内容展开的广告策划书。

阶段性广告方案策划书主要在企业已经解决了市场和广告策略之后，在既定策略的基础上，在促销方案、活动方案、媒介策划方案、表现方案等方面提供阶段性的建议。与完整广告策划书相比，阶段性广告策划书涉及的内容更为集中、更有针对性。

2. 阶段性广告策划书的内容要点

阶段性广告策划书的内容应该紧紧围绕着策划的目的展开，例如，如果客户需要广告公司为其进行广告策划，那么，在策划书中大多只需要陈述相关的市场状况结论，进而提出合理的广告活动设想即可。围绕制定媒介策略工作而展开的策划书也是这样，缜密地描述媒介策略的思路以及计划，是这类策划书的重点工作。

有时，阶段性广告策划书的主要内容也会是完整策划书中的一部分，只是在侧重点、计划的成熟度方面有差异，因为在整体策划书中，有时关于某些计划方面不需要如此细致，而阶段性广告策划书大都更强调计划的执行力。

广告活动设计

一、广告活动的目标

二、广告活动的时间

(一)在各目标市场的开始时间
(二)广告活动的结束时间
(三)广告活动的持续时间
……
三、广告活动的目标市场
四、广告活动的诉求对象
五、广告活动的诉求重点
六、广告活动的计划
(一)促销活动计划
(二)公共关系活动计划
七、广告活动的表现(可提供设计草图、电视广告故事板、广告文案讨论稿)
(一)广告的主题
(二)广告的创意
(三)各媒介广告的表现(平面设计、文案、电视广告分镜头脚本)
(四)各媒介广告的规格
(五)各媒介广告的制作要求
……
八、广告媒介计划
(一)广告发布的媒介
(二)各媒介的广告规格
(三)广告媒介发布排期表
……
九、广告费用预算
(一)广告的策划创意费
(二)广告设计费
(三)广告制作费
(四)广告媒介费
(五)其他活动所需要的费用
……

案例9-2

德芙巧克力圣诞节校园促销推广活动广告策划案

客户名称：美国玛氏(Mars)食品公司。
产品名称：德芙巧克力。
策划单位：大连市德芙巧克力专卖店。
策划人：罗日羚。

策划文案完成时间：2010年12月18日。

一、策划活动背景

经过校园的调查表显示，选择巧克力作为圣诞节礼物，占据很高的比例。因此将德芙巧克力在校园里推销是一个很好的计划。用德芙巧克力给最爱的人一份勇敢的宣告、真挚的表白！浪漫的日子，伴随着德芙巧克力的浓郁香醇，与最爱的人一起，分享美丽、分享爱。德芙小礼品巧克力，以温馨浪漫为基调，或配合流畅的音符，演奏爱的温柔乐曲；或用美丽的玫瑰，宣告爱的坦诚与浪漫。小心翼翼地打开每一颗金色巧克力，心形的榛子浆夹心巧克力闪耀爱的光泽。细细品味，可可的醇香、榛子浆的柔滑，一如美丽的爱情，浓郁的醇香中充满着无限的温柔。发现有种味道在心里，叫作——爱情……德芙巧克力，只给最爱的人。

二、策划活动的内容

(一) 活动目标

这次在校园促销推广活动不是以单纯的销售为目标，最终的目标是为圣诞节过后的市场旺季期间，树立售点信心获取售点支持形成更好的销售增长。所以在活动的设计上更多的是要考虑吸引注意，促进记忆，达到好感，因此这次活动一定要达到红红火火过圣诞节的热闹喜庆的市场宣传气氛。

(二) 活动时间

2010年12月20日至12月26日。

(三) 活动场所

大连民族学院校园。

(四) 具体项目

大连市德芙巧克力专卖店为了迎接12月25日圣诞节的到来，该店的推销员与大连民族学院学生会的学生，商量对德芙巧克力推销工作进行缜密的策划，希望在校园的推销活动中达到预期的结果。

1. 在开始促销当日(12月20日)晚上在大连民族学院的二食堂前举行一个"缤纷浪漫圣诞节"活动。

12月25日是一年当中最浪漫的日子，这一天无限柔情和蜜意尽情等待回答，心与心的碰撞，撞出永恒的火花。在这样一个浪漫的日子里，我们以实际行动送上真诚的祝福，开展一个特别的"缤纷浪漫圣诞节"活动，从而使情侣了解到德芙巧克力是最好的传达感情的圣诞节礼物。

2. 在大连民族学院的二食堂前，进行摆摊，从而把德芙巧克力推销出去给热恋的情侣们。方式有买赠：购买的价格是以优惠促销价格为标准，送礼物纸包装外盒；凡在最后一日购买德芙巧克力的，可以加送一枝纸玫瑰。

3. 在每天促销的摊位旁边陈列一些有关德芙巧克力不同种类的介绍和大连市德芙巧克力专卖店的介绍。

4. 在促销期间派出有关德芙巧克力种类介绍的宣传单。

三、项目实施和步骤

在促销第一日晚上开展的是"缤纷浪漫圣诞节"活动。

"缤纷浪漫圣诞节"的活动游戏有三个：女生盖上红盖头为男生打领带、最佳拍档(情侣站报纸)、合作猜字游戏。

(一) 首先，在该晚由大连民族学院学生会在司仪组选两个人(一个男生一个女生)做当晚的司仪。由他们两个介绍德芙巧克力，接着介绍大连市德芙巧克力专卖店的服务等，最后宣布活动开始。

游戏一：女生盖上红盖头为男生打领带

主题：我们的爱如此默契。

所获奖项：最佳默契圣诞奖。

组织方式：随机抽取4对情侣，女生用红盖头盖住头部，蒙面为男生打领带，有偷看者算违例，取消比赛资格，速度最快、打得最好的获胜。本比赛分为两轮，每轮四对，获胜的一对情侣可获得最佳默契圣诞奖。

责任人：现场两位司仪。

比赛监督：现场情侣报名或者随机抽取。

游戏二：为最佳拍档(情侣站报纸)

主题：爱情的智慧魔力。

所获奖项：最聪明爱情奖。

组织方式：随机抽取4对情侣，首先情侣站在报纸上，然后不断将报纸对折，报纸面积越来越小，但站在报纸上的情侣双方的任何一只脚都不能着地，并且不可以借助外力、外物，否则视为违规，自动退出比赛，最后所剩的一个为优胜者。本比赛分为两轮，每轮四对，获胜的一对情侣可获得最聪明爱情奖。

责任人：现场司仪。

监督：现场情侣报名或者随机抽取。

游戏三：合作猜字游戏

主题：心有灵犀一点通。

所获奖项：最灵犀圣诞奖。

组织方式：随机抽取或者自愿报名4对情侣，一人背对屏幕，一人面对屏幕，面对屏幕者用动作表演屏幕所示，也可以用语言提示，但在提示语言中若涉及具体的屏幕所展示的图片或文字，则视为违规；背对屏幕者说出屏幕所示内容，时间一分钟，说出正确的最多的为胜者。本比赛分为四轮，获胜的一对情侣可获得最灵犀圣诞奖。

责任人：现场司仪。

监督：现场情侣报名或者随机抽取。

(二) 在大连民族学院二食堂前，进行摆摊，从而把德芙巧克力推销给热恋的情侣们。

责任人：德芙专卖店的促销员。

(三) 在每天促销的摊位旁边陈列一些有关德芙巧克力不同种类的海报介绍和大连市德芙巧克力专卖店的介绍。

责任人：德芙专卖店的促销员。

(四) 派发有关德芙巧克力的宣传单

责任人：大连民族学院学生会的成员。

目标：保证每天派出200张。

四、公众对象分析

消费群体为在校的大学生，此类消费者都是圣诞节消费的主力人群。他们富有激情，崇尚浪漫、时尚，喜欢幻想，能够快速接受新事物，是一个为了求新、求变永远也不会厌倦的时尚阶层。特点就是这一人群的消费能力不高，但是基数大，所以总体的消费量也会很大，是活动的主要参与人群，绝不能放弃。这类消费者的消费意识最强，需求最大，是主要目标市场而且消费习惯不成熟，极易受到广告的影响，所以是广告宣传的主要对象。他们是一个喜欢怀念的群体，所以注定了他们较容易受到这类消费群体的影响，跟随这类群体的步伐庆祝圣诞节。所以可以通过强烈刺激这类群体产生购买行为来带动他们的消费行为发生。

五、策划传播渠道

要想一个促销会活动成功必然少不了一个传播渠道，因此此次促销需要一个很好的传播渠道。

（一）"缤纷浪漫圣诞节"活动，将此次优惠活动的细节都介绍给学生们。让学生们了解到送德芙巧克力是最好的选择。

（二）陈列有关德芙巧克力种类和大连德芙巧克力专卖店的海报进行宣传，使学生们更准确地了解。

（三）派发有关德芙巧克力类型的杂志，使学生们能了解到自己的爱人喜欢哪种类型的。

六、经费预算

"浪漫缤纷圣诞节"活动中的费用有：

（一）活动中用的领带有4条，费用为80元(20×4条)

（二）活动中的报纸费用为10元

（三）活动中需要颁发的奖项的费用为180元(60×3份)

（四）陈列的海报需要用到的费用为200元(20×10张)

（五）宣传单的费用为150元(0.03×5000张)

七、效果预测

这次活动在促销员和学生们的积极合作下，达到大连市德芙巧克力专卖店在本次活动的主要宣传推广效果，活动期间，销售点大连民族学院二食堂前陈列的德芙巧克力，充满喜庆的热闹气氛；实现该德芙巧克力专卖店预期销售目标，整体产品销售量比上一年同期升高了30%。同时实现本专卖店为淡季期间产品市场的销售方向，起到预测分析作用。同时也提高了该德芙巧克力专卖店的知名度。

（资料来源：经济生活网，http://www.economicdaily.com.cn/a/201306/24825.html）

案例解析：德芙巧克力圣诞节校园促销推广活动广告策划案作为阶段性广告方案策划书的范例，重点针对促销方案和活动方案等内容进行展开，与完整策划书相比更具有针对性。主要介绍了在圣诞节期间德芙巧克力如何通过对现场活动的设计，进而吸引在校大学生这一有针对性的消费群体的广告活动策划方案。

媒体策划书

广告要通过一定的媒体来传播信息。在客户广告策略方向明确、广告创意制作已经确定的情况下，客户可能会要求单独制定媒体策划书。广告媒体不同，其广告费用、广告设计、广告策略和广告效果也不同。另外，不同的广告媒体在不同的时间、地点使用或采用不同的组合，广告效果也不同。这是客户最为关心的内容，因此媒体策划书更要在详细程度以及可执行度上下工夫。

媒体策划书的形式是将媒体计划写成书面材料，并辅以表格式的说明。表格式的说明一般是把每一条广告的主体填在一个表格中。表格的横栏为月份，纵列为媒体名称，即分别填写每个月的媒体计划量。报纸媒体以栏数、行数为计量单位，电视广播媒体以秒/次为计量单位，其他媒体根据相应的计量单位计算。以下仅介绍媒体策划书的主要内容。

一、前言或摘要

媒体计划的基本策略和要素。

二、背景评论与情况分析

1. 产品(劳务)的市场情况
2. 营销目标与广告目标
3. 创意的方向

三、媒体目的或媒体目标

对媒体策划将达成的目的或目标进行明确的与可执行的说明。

四、媒体策略

1. 媒体的选择
2. 媒体组合的选择
3. 广告的日程、频次安排
4. 费用分配

五、策划说明

1. 媒体计划的执行要素
2. 选择各种策略及媒体的理由
3. 一切战术上的做法

……

文案应把所涉及的媒体计划清晰、完整而又简洁地设计出来，详细程度可根据媒体计划的复杂性而定。应该注意的是，上述五个部分不是一成不变的，可以视具体情况增减。撰写媒体策划书是为了让有关人员对媒体在广告活动中的具体运作及具体作用做到心中有数。

四、撰写广告策划书应该注意的问题

客户对广告策划书的需要，即广告策划书的用途，是导致广告策划书出现不同内容侧重点的根本原因，但广告策划书的主要内容大体相同，下面讲述撰写广告策划书时应该注意的问题。

（一）前言部分

广告策划书的前言部分应简明概要地说明广告活动的时限、任务和目标，必要时还应说明广告主的营销战略。前言是全部策划的摘要，它的目的是把广告策划的要点提出来，让企业最高层次的决策者或执行人员快速阅读和了解，当最高层次的决策者或执行人员对策划的某一部分有疑问时，能通过翻阅该部分迅速了解细节，这部分内容不宜太长，以数百字为佳，所以有的广告策划书称这部分为执行摘要。

（二）市场分析部分

广告策划书的市场分析部分一般包括四个方面的内容，企业经营情况分析；产品分析；市场分析；消费者研究。撰写时应根据产品分析的结果，说明广告产品自身所具备的特点和优点。再根据市场分析的情况，把广告产品与市场中各种同类商品进行比较，并指出消费者的爱好和偏向。如果有可能，也可提出广告产品的改进或开发建议。有的广告策划书称这部分为情况分析，简短地叙述广告主及广告产品的历史，对产品、消费者和竞争者进行评估。

（三）广告战略或广告重点部分

广告策划书的广告战略或广告重点部分一般应根据产品定位和市场研究结果，阐明广告策略的重点，说明用什么方法使广告产品在消费者心目中建立深刻的印象；用什么方法刺激消费者产生购买兴趣，用什么方法改变消费者的使用习惯，使消费者选购和使用广告产品；用什么方法扩大广告产品的销售对象范围；用什么方法使消费者形成新的购买习惯。有的广告策划书在这部分内容中增设促销活动计划，写明促销活动的目的、策略和设想，也有把促销活动计划作为单独文件分别处理的。

（四）广告对象或广告诉求部分

广告策划书的广告对象或广告诉求部分主要根据产品定位和市场研究来测算出广告对象有多少人、多少户。根据人口研究结果，列出有关人口的分析数据，概述潜在消费者的需求特征和心理特征、生活方式和消费方式等。

（五）广告地区或诉求地区部分

广告策划书的广告地区或诉求地区部分应确定目标市场，并说明选择此特定分布地区的理由。

（六）广告策略部分

广告策划书的广告策略部分要详细说明广告实施的具体细节。撰文者应把所涉及的媒体计划清晰、完整而又简短地设计出来，详细程度可根据媒体计划的复杂性而定，也可另行制定媒体策划书。一般至少应清楚地叙述所使用的媒体、使用该媒体的目的、媒体策略、媒体计划。如果选用多种媒体，则需对各类媒体的刊播及如何交叉配合加以说明。

（七）广告预算及分配部分

广告策划书的广告预算及分配部分要根据广告策略的内容，详细列出媒体选用情况及所需费用、每次刊播的价格，最好能制成表格，列出调研、设计、制作等费用，也有人将这部分内容列入广告预算书中专门介绍。

（八）广告效果预测部分

广告策划书的广告效果预测部分主要说明经广告主认可，按照广告计划实施广告活动预计可达到的目标。这一目标应该和前言部分规定的目标任务相呼应。

在实际撰写广告策划书时，上述八个部分可有增减或合并分列。例如，可增加公关计划、广告建议等部分，也可将最后部分改为结束语或结论，根据具体情况而定。

写广告策划书一般要求简短，避免冗长。要简要、概述、分类，删除一切多余的文字，尽量避免重复相同的概念，力求简练、易读、易懂。撰写广告计划时，不要使用许多代名词，广告策划的决策者和执行者不在意是谁的观念、谁的建议，他们需要的是事实。广告策划书在每一部分的开始最好有一个简短的摘要，在每一部分中要说明所使用资料的来源，使计划书增加可信度。一般来说，广告策划书不要超过两万字。如果篇幅过长，可将图表及有关说明材料用附录的办法解决。

广告提案

广告提案是指通过书面文字的描写，视觉因素、听觉因素的辅助，对各种广告活动用简短而有力的传播，与客户沟通的一种方式。广告提案是广告公司与客户沟通最常用的一种手段。

广告提案的内容，是广告策划书的重点、精华，其主要内容有：明确的广告目标、市场状况分析，将要采取的广告策略、广告创意、广告活动的具体执行方案，可能达到的传播效果等，要尽量简明扼要，能够与视听辅助媒体和其他相关资料相配合。

（资料来源：http://baike.baidu.com/view/942657.htm）

第二节　广告策划书撰写程序

广告策划书是对广告策略所进行的完整说明，是广告策划人员为了实现广告目的，根据调查所得的资料信息，经过周密的组织安排，对未来广告活动进行全面系统的筹划而写出的广告活动执行方案。这个方案的完成需要依据广告目标的明确、广告策略的制定、广告预算的制定、广告效果测评方法的确定等一系列活动。可见，广告策划书的撰写是按照一定的程序进行的，按照项目推进的顺序，可以将其分为信息沟通阶段、策划准备阶段、策划作业阶段、广告表现阶段、策划执行阶段五个阶段。

一、信息沟通阶段

信息沟通阶段的主要任务是广告公司与广告主初步接触、充分沟通。一般情况下，通过广告提案的形式进行沟通，一方面向广告主介绍所掌握的企业、产品、技术、工艺、市场等信息，另一方面对广告主信息进行详细的了解和研究，了解广告主的合作意向和目的，并对搜集到的信息进行细致研究，制定出作业方向。要完成广告策划书的撰写，需要广告策划人员具备一定的素质，要能够准确理解客户的需求并与客户进行有效沟通，并能够主动关注客户的需要，做出及时的反应。

现代广告运作过程中，企业往往会选择几家广告公司进行比稿，通过比较几个公司的实力以及方案，来确定最终合作的广告公司。广告公司在提案过程中，只有胜出才有机会进行广告策划的下一阶段的工作。

二、策划准备阶段

在前一阶段通过比较，广告主企业选定了合作的广告公司，同时赢得策划业务的广告公司开始着手准备广告策划工作。策划前的主要准备包括组建策划小组、制订作业计划、市场调查分析等几个方面。

（一）组建策划小组

一般情况下，策划小组需要由广告公司各个部门的成员共同组成，在广告策划中发挥每个人的聪明才智，共同完成策划作业。广告策划小组人员一般由业务管理人员、专业策划人员、市场调查人员、创意文案人员、美术设计人员、媒介沟通人员和公关人员共同组成，也可以根据需要下设市场部、策划部、设计部、媒体部等部门。

（二）制订作业计划

策划小组组建起来以后，就需要召开会议制订可行的项目推动计划，第一项讨论的往往就是工作日程计划表，包括做好项目推进计划表的制定和时间计划表的制定。根据计划表召开内部会议对小组人员进行分工，将计划表作为广告公司内部工作进程的依据，各个部门的人员在限定的时间内完成自己所承担的任务，以保证整个方案能够在计划时间内完成，同时，计划表也可以作为与广告主沟通的时间表。

（三）市场调查与分析

市场调查与分析是广告策划的重要基础，因而在策划之前应当进行充分的市场资料收集与整理，根据专业分工进行具体的市场调查分析，整理调查结果，撰写出调查报告。市场调查与分析阶段的主要工作包括以下五个方面。

1. 拟订市场调查计划

拟订市场调查计划前首先要做大量的资料收集工作，收集、整理、分析信息、事实和材料，例如，与创意密切相关的产品、服务、消费者及竞争者等方面的资料，并对收集来的资料进行归纳和整理，然后根据项目要求确定市场调查的目标、范围、对象、方法等要素，并做出详尽的计划。

2．进行相关准备工作

准备工作可以包括拟定市场调查所需要的问卷、访谈提纲、谈话提纲、调查表格等内容，并准备必要的辅助工具和培训相关人员。

3．实施市场调查计划

市场调查计划的实施由专门负责市场调查及调查报告写作的人员深入市场进行调研活动，完成先期拟订的调研计划。在调查执行过程中应当按照调查计划进行，不得任意改变调查计划设定好的抽样方法、资料采集方法等，以保证所收集资料的准确性。

4．形成市场调查结果

市场调查结束后，将市场调查的结果完整清晰地记录下来，列出广告产品与同类产品的共同属性、产品自身的优势、劣势，通过对比找出自身的竞争力所在，确定产品诉求点，并经过专业分析最终找到广告的目标定位。

5．撰写市场调查报告

市场调查结果出来后，将调查结果撰写成完整的市场调查及分析报告，需要包含营销环境分析、产品分析、竞争对手分析、目标市场分析等方面的内容。

三、策划作业阶段

策划作业阶段是由客户总监、创意总监、业务经理、策划人员等共同参与，根据搜集到的信息与市场调查报告，深入探讨广告策划的内容，其中最重要的内容是对广告主题的确定和对"创意表现"的探讨。

四、广告表现阶段

创意表现阶段需要完成广告策划作业阶段的工作成果，拿出实施计划的定稿。这一阶段的工作包括头脑风暴会议、创意表现、创意再提案、制订媒体表现方案、完成策划书文本等。

（一）召开头脑风暴会议

头脑风暴会议是广告公司进行创意的基本工作方法，在准备工作完成以后，广告策划小组召集全体成员参与头脑风暴会议。在会议上将初步确定广告创意的基本方向，为广告创意表现打下良好的基础。

（二）创意表现

在这个工作环节将完成平面的广告主形象、电视广告脚本和网络广告表现等内容，这些工作主要由创意设计部门的创意文案人员和美术设计人员共同完成。

(三) 创意再提案

创意再提案是指创意方案基本完成以后,在广告策划小组内部进行再讨论,征集各个方面的意见,再对创意方案进行完善。按照广告策划日程表,广告策划小组将向广告主再提案,进行创意方案沟通,充分听取广告主的意见。

(四) 制订媒体表现方案

在广告主通过创意方案以后,将创意进行演绎,以适应各种媒体形式的广告作品,主要包括杂志广告、报纸广告、户外广告、影视广告、网络广告以及销售现场POP广告等。

(五) 完成策划书文本

在广告表现方案基本完成以后,可以对广告策划书进行进一步的完善,将全部市场调查结果及既定策略加以规范,以完整的广告策划文本形式表达出来。广告策划书不仅是广告策划的结晶,同时也可以作为广告执行的指导书,便于客户对策划过程进行认知,并对策划结果进行审核和调整。广告策划书得到客户和广告决策者的认可只是第一步工作,完成策划书只是完成了广告策划和广告运作的大纲,还有许多问题需要与客户直接沟通说明并解决。

撰写广告策划书的小技巧

1. 信息组织技巧

一个广告策划书中涉及多种信息资料,所以如何组织这些信息就成为广告策划书撰写的重要环节。在信息组织上,需要注意总体把握、详略得当、主次分明。

2. 文字表达技巧

在广告策划书的行文中也有一些独特技巧,首先,广告策划书的标题应鲜明清晰并具有概括性;其次,广告策划书要划分出明显的段落,使信息内容能够清晰呈现;再次,要注意加入序号来对内容进行标示,使不同的材料和内容次序得以区分;最后,广告策划书的语言要通俗易懂接近大众,文字要简练准确,以免产生歧义。

3. 获取认同技巧

广告策划书撰写的最终目的是要得到客户的认同和接受,所以它承担着一个重要任务即接近阅读者,并获取认同。从这个角度出发,要求广告策划书的撰写应顾及阅读者的年龄、地位、知识水平、专业领域、理解方式和思维方式。

4. 形式点睛技巧

广告策划书除了单纯的文本以外,还有许多纯形式性的因素,如图表、标题、字体变化、排版形式等,都可以巧妙设计以提高阅读者的阅读兴趣,吸引注意,并增强策划书本身的美感和价值,同时也能够体现出撰写者的规范化、专业化素质,以及其强烈的责任心和严谨的工作态度。

(资料来源:赵国祥. 广告策划实务[M]. 北京:科学出版社,2009.)

五、策划执行阶段

策划执行阶段是广告策划的最后阶段，指完成广告表现阶段的工作后，进行广告设计、制作、发布并进行最后的效果测定、财务结算及总结评估。

在广告策划的具体工作中，通过操作性强、专业化、高效率的方法流程，能够有计划、有目的地明确和完善广告目标制定、广告策略提出、广告预算制定、广告计划实施、广告效果测定等步骤，最终形成可操作的广告策划书。其中每一个步骤，都需要对广告策划的运作要素有一个准确的把握，特别是还需要各种工作人员在其中密切配合，以保证广告策划按照正确的方向获取最终的效果。

广告策划书的撰写程序可以用表9-1表示。

表9-1　广告策划书的撰写程序

信息沟通	提案沟通 ↓ 总结评估 ↓ 比稿确定 ↓
策划准备	组建策划小组 ↓ 制定作业计划 ↓ 市场调查分析 ↓
策划作业	策划作业实施
广告表现	创意表现与方案制订 ↓ 文本整理 ↓
策划执行	广告效果测评 ↓ 财务结算 ↓ 总结

第三节 广告策划书范例

广告策划的内容最终要通过广告策划书进行展示,前面我们已经了解了如何撰写广告策划书、广告策划书的写作格式等内容,下面以哈啤"小麦王"啤酒广告策划案为例,进行广告策划书范例讲解。

胡丞昕为前哈尔滨啤酒有限公司的新产品"小麦王"啤酒作广告策划,力争提高"小麦王"在哈尔滨的知名度和美誉度,做成明星产品,并向全省啤酒市场推广。以下是"小麦王"啤酒的广告策划书。

一、市场分析

（一）营销环境分析

1．宏观环境分析

1）总体经济形势

随着我国入世成功,外资对我国的投资不断加大,我国经济呈现稳定、快速的增长。黑龙江省居民收入较快增长,据省统计局统计：2001年全省人均可支配收入5426元,城乡居民储蓄存款已达2578.4亿元,全省社会消费品零售总额达341亿元。特别是在哈尔滨市内,城市正在"北扩南移",投资在不断地加大,省内企业效益有所回升。 2001年黑龙江省恩格尔系数为37.2%。(日本职工1950年为57.3%，1963年为39.7%，1980年为29.3%，而我国城镇居民1981年食物支出占56.66%，1991年为53.8%。)

黑龙江省恩格尔系数相当于老牌资本主义国家20世纪70年代的水平,随着经济的发展,其恩格尔系数还会有所降低。全省有60%下岗职工进入了再就业服务中心,并按时足额领到基本生活保障金。从总体经济发展看,黑龙江省经济呈现高速发展趋势。

2）总体消费态势

欧洲酒行业专家研究机构Platolgic做了一份全球啤酒的报告,全球啤酒消费至2010年超过1800亿元。到2010年亚太地区啤酒消费者将由目前占全球的25%上升到34%,自1990年以来,该地区贸易上升了11%,而全球仅上升了2%。

近十年来,中国啤酒市场产销量年均增长速度达25%,成为世界增长最快的市场。数据显示,2001年啤酒产销量增长了5.84%,销售收入增长了4.31%,销售税金增长了5.56%,销售利润增长高达17.56%。

现在啤酒市场已从过去的卖方市场转为买方市场,人民生活水平在不断提高,产品种类多种多样,市场竞争激烈,消费者在消费商品时已经不再限于物质上的满足,重点是心理上的满足,消费呈现多样化。

3）产业发展政策

国家早在"九五"期间就鼓励发展、壮大大中型啤酒企业,努力减少新建中小型啤酒企业的数量。

4) 相关政策、法律背景

国家明文规定所有酒瓶必须为B2瓶，以便减少爆瓶伤人，但使用B2瓶会使产品成本增高，不利于开发农村市场和远销啤酒。

5) 市场文化背景

从酒类文化来看，自古就有"南黄北白"之说。在中国啤酒市场，区域性消费现象可谓举世罕见，青岛啤酒目前在青岛的市场份额已占到了80%，燕京啤酒在北京的份额已占到85%，珠江啤酒在广东的份额已占到50%。

2．微观环境因素

1) 市场构成

在哈尔滨市场上已有青岛、燕京、雪花、五星、喜力、科罗娜、百威等品牌的啤酒。

2002年上半年东北地区啤酒销售冠军为青岛、哈尔滨、百威、雪花。(摘自中国轻工业快报)

在哈尔滨市场上与"小麦王"构成威胁的主要有青岛、雪花，潜在威胁的有五星、燕京。

2) 市场构成特征

啤酒市场的季节性很强，一般6—9月份销售量较大，上一年12月至下一年2月份销售量也相对较大。

哈啤小麦王具有的突出特点是哈啤是小麦酿造的，拥有亲和力和成本优势。

3) 营销环境的归纳和总结

优势：拥有自身低成本、地域性、保鲜和小麦酿造。

劣势：和对手相比没有青岛啤酒强大的品牌优势，没有华润的资本优势。

机会：哈尔滨的发展"北扩南移"，就业机会增加，会给小麦王带来销售上的增长。

威胁：不断有品牌进入哈尔滨啤酒市场，所运用的促销策略会带动整个市场利润下滑。

(二) 产品分析

1．产品特征分析

小麦王啤酒以精选粉质高而蛋白质低的国产优质白皮小麦加工制造的小麦芽为原料，被誉为"啤酒中的起泡香槟酒"，它的泡沫洁白细腻、持泡性良好、时间长。

2．产品质量分析

小麦王啤酒是以小麦芽为主要原料(占总原料40%以上)，采用向下发酵法酿制的，是一种低醇、淡色、麦香突出的淡爽型啤酒。

3．产品价格

小麦王在超市价格为3.9元，酒店价格为5元，是典型的中档啤酒。

4．生产工艺

小麦王生产工艺为向下发酵法，和其他酒类相比尚无特别之处。

5．外观与包装

小麦王啤酒包装分为：瓶装500ml保质期为240天，听装330ml保质期为365天。

6．与同类产品做比较

小麦王啤酒的价格是3.9元(超市)，在哈尔滨还有两款以小麦为原料的啤酒，青啤的全麦和双和盛的全麦，它们的价格分别是2.1元和1.9元。但是它们都是听装，这就局限了它们的市场范围，只能用于野餐和家用、送礼，而小麦王有两种包装可供选择的范围较大。

小麦王的啤酒价格与同类相比较高，所以必须给小麦王啤酒注入一种独特的文化，以便让消费者持续喜爱。

小麦王啤酒的另一个优势是，在本地区相对于竞争对手的铺货率很高。小麦王啤酒处于产品生命周期的投入期和成长期的过渡阶段。

7．目标市场定位

小麦王的消费群体主要是由中等文化以上(大专、本科)，中等收入以上的社会阶层，以及经济收入较高、社交广泛、应酬较多的时尚人士构成。这部分人有许多共同特点，例如，有较高的生活品位，能较快接受新鲜事物，能促使较多的团体消费，社会影响力较大，较年轻，男性占据主导地位。这些消费者张扬不乏内敛，成功或在成功的边缘，潮流不失稳重。

8．品牌形象

在品牌建设方面哈啤的历史悠久，但小麦王为新一代的低醇淡爽型啤酒，应该进一步地摆脱历史悠久的束缚。

9．产品分析归纳和总结

优势：小麦王的优势为自身成本优势。

劣势：在啤酒品位上，小麦王不高不低，定位不明确。

机会：小麦王属于新产品，发展空间广阔。

威胁：不断有新的品牌冲击和小麦王缺少新的文化内涵。

(三) 消费者分析

1．现有消费者构成

(1) 消费者年龄：24～40岁。

(2) 收入状况：1000～3000元/月。

(3) 性别：男性多于女性。

(4) 文化程度：中等文化水平以上(大专、本科)。

(5) 购买地点：大多数为酒吧、酒店、娱乐场所。

(6) 购买动机：有一种好奇感，抱着尝一尝的心理；对于这个价位，比较符合他们的身份；本产品的确口味淡爽，符合他们在宴会上的需要。

(7) 购买数量：在数量上一次购买并不是很高，但是在购买频率上应该很频繁。
(8) 购买时间：多为中餐和晚餐。

2．现有消费者态度

(1) 消费者对本产品认知度还比较低。
(2) 对本产品的指名购买程度并不是很高，在多数酒店里有推销小姐。对本产品使用以后，对其突出的麦芽香和淡爽口味有较好的评价。

(四) 企业与竞争对手的竞争状况分析

1．企业在竞争中所处的地位

哈啤年产量已突破100万吨，它是中国四大啤酒集团之一，其他为青岛、燕京、华润。

2．企业的竞争对手

竞争对手为：青岛、雪花、百威、喜力、燕京。

3．竞争对手的基本情况

(1) 燕京品牌2001年价值为55.29亿元，燕京啤酒具有很强的地区性，对北京一带市场占有率很高，它的总体战略为做大做强。
(2) 青岛啤酒是全国啤酒第一品牌，从总体上看，青岛啤酒的优势是它有强大的品牌，但是它所到之处收购的全是倒闭的小厂，质量肯定会有所下降，但从它的总体战略上讲也是做大做强。
(3) 华润依托香港总部的大力支持不断地收购兼并啤酒企业，对哈啤构成威胁的是在吉林省内兼并了的新三星啤酒集团。华润战略也是做大做强，其核心竞争力是它有强大的资本优势。

哈啤从总体规模上不逊色于这三家企业，但从品牌和资本上显得底气不足。哈啤集团在整个黑龙江省内的占有率还是非常高的，关键是如何做成全国性的品牌。

(五) 企业与竞争对手的以往广告分析

根据2002年1—6月统计资料，百威、青岛、金威投放广告量名列前3位，平面广告上的投放品牌达到212个。可见平面广告成为啤酒广告中的一个新亮点。

2002年6月份啤酒广告高达311497万元，是2001年6月的3倍，众多啤酒投放的重点为报纸。

青岛啤酒2002年将重点布在华南，在广州和深圳分别投入了60万元。

二、广告策略

(一) 广告定位

1．市场定位

市场定位以黑龙江省的哈尔滨、大庆、牡丹江、佳木斯等城市为主，逐渐向吉林省、辽宁省的广大城市推广，各种活动的开展重点为哈尔滨市。

2．产品预期定位

产品预期定位于中档，适合已经成功或向往成功的人士。

3．广告定位

广告媒体定位于电视、报纸和POP电视广告以求塑造自强、自信、追求成功、永不言败的男性人格特性；报纸广告多以软文形式出现；POP则体现身份和品位的象征。

软　文

软文，英文叫作"advertorial"，是"advertisement"和"editorial"的复合词。正如名称所示，软文是广告和社论的组合，也就是说软文是一种以社论形式发表的书面广告，通常被设计为看起来像一个合法的、独立的新闻故事，其目的是推销某种产品或服务，并通过对故事的讲述赢得潜在目标客户。许多报纸和杂志会指派专业的作家或自由撰稿人写不署名的软文。

（资料来源：http://baike.baidu.com/view/98524.htm?fr=ala0_1_1）

4．广告对象定位

广告对象定位于年龄在25～45岁的公司白领。

（二）广告计划

1．广告目标

广告目标为年龄在25～45岁的公司白领。经过四大媒体的广告宣传，力争在半年的时间内，在东北三省消费者心目中，初步建立起小麦王的知名度与美誉度，提升知名度为45%，力争美誉度为13%。

2．广告手段

广告手段有电视、报纸、POP、公关促销等多种，与此同时注重"临门一脚"的短期就能见效的终端POP促销。针对经销商，以专业杂志广告、新闻报道支持、销售激励为主要手段。

3．广告分期说明

第一阶段：市场预热期，从2002年12月至2003年1月，主要是吸引消费者对小麦王的注意，初步树立产品形象，引导消费者了解白皮小麦制成的啤酒。

第二阶段：市场升温期，2003年1—3月，主要是依靠春节的东风，深度引导消费者，塑造对产品的信赖感与好感。

第三阶段：市场炽热期，2003年3—4月，主要针对春节过后，各公司开业，加强对白领的宣传,以各种软性活动,在淡季维持产品热度,为夏季的再次销售高潮做准备,树立完整的产品形象。

三、广告表现策略

(一) 广告主题

(1) 超凡脱俗　感受自然。
(2) 创业艰辛　成功美味。
(3) 没有好的酒　还是不要喝。

(二) 广告诉求

(1) 独特的原料酿造的啤酒。
(2) 成功是在失败之后到来的,小麦王陪你走向成功。
(3) 体现现代年轻人豁达、开朗、乐观、追求时尚的世界观。

(三) 广告创意

1. 电视广告镜头脚本

(1) 电视广告表现主题:创业艰辛成功美味。
电视广告脚本一如表9-2所示。

表9-2　电视广告脚本一

摄　影	地点(场景)	画　　面	语　言
3秒	××的办公室	三个年青人,身穿西服手拿着文件面对着×××,背对着观众	南方市场有空白点
2秒		镜头切换到文件上《开发南方市场方案》	无声
5秒	×××的办公室	三个年青人,背对着观众,×××把文件扔到办公桌上	如果文件送到香港总部,广州设分公司,与我们竞争怎么办
2秒	×××的办公室	三个年轻人,背对着观众,拿走文件	无声
2秒	一间酒吧	三人手拿小麦王在痛饮	嘈杂声
1秒		字幕:创业艰辛,成功美味,小麦王	

(2) 电视广告表现主题:没有好的酒还是不要喝。
电视广告脚本二如表9-3所示。

表9-3　电视广告脚本二

摄　影	地点(场景)	画　面	语　言
2秒	装饰华丽的酒吧	一位衣着前卫的外国年轻男士，在吧台喝一瓶啤酒	酒吧嘈杂声
2秒	在吧台一侧	一位女士坐在他的右侧	酒吧嘈杂声
1秒	在吧内	两人对视，男士向女士微笑示意	酒吧嘈杂声
3秒	……	……	女士说："没有好的酒，最好还是不要喝。"
3秒		两人对坐	对女士说："那哪里有？"
2秒	海边	在深夜的海边，两人对坐在车上，手里拿着小麦王，在碰瓶喝	女士说："没有好的酒，还是不要喝啊！"
2秒	背景	产品展示	"啤酒中起泡的香槟酒——小麦王啤酒"

(3) 电视广告表现主题：提醒广告。

电视广告表现主题主要为提醒，诉求重点应该是高贵品位。例如，将15秒拆成为两次，一次在电视某热点节目前播放一半，而另一半在节目后播放。

电视广告脚本，场景在一个高贵的酒店，服务员推上了一个载酒车，内装有五粮液、小麦王、XO、人头马，另一个广告是在节目后，场景是客人全到，其中有一个客人喝的是小麦王啤酒。

2．平面广告设计

(1) 超凡脱俗、感受自然。

(2) 舒服系列。

3．报纸广告设计

(1) 淡爽型啤酒真的时尚吗？

(2) 喝啤酒知性格。

(3) 凭创意得奖金。

(4) 啤酒知识问答。

四、广告媒介策略

(一) 广告发布媒体

第一阶段：主要宣传载体为新晚报、哈尔滨日报、黑龙江卫视、文艺频道。

第二阶段：主要宣传载体为生活报、黑龙江日报、黑龙江卫视、文艺频道。

第三阶段：主要宣传载体为新晚报、黑龙江卫视、哈尔滨娱乐频道。

第四阶段：主要宣传载体为黑龙江法制频道、生活报、文艺频道。

（二）广告媒体发布排期表

广告媒体发布排期表见表9-4。

表9-4　广告媒体发布排期表

时间手段	第一阶段： 市场预热期 2002年12月至2003年1月	第二阶段： 市场升温期 2003年1—3月	第三阶段： 市场炽热期 2003年3—4月	第四阶段： 市场降温期 2003年4—6月
电视	创业艰辛　成功美味	"没有好的酒，还是不要喝啊！"	"没有好的酒，还是不要喝啊！"	提醒广告
(POP)海报	小麦系列AB两篇	舒服系列EF两篇	高度系列平面广告	小麦系列
报纸	软文：淡爽啤酒你真的时尚吗？	凭创意得奖金	喝啤酒知性格	啤酒知识问答
公关	渠道战　小麦王管理论坛	"好酒喝到口、彩电拿到手"	集小麦王广告语	哈啤有奖竞赛问卷
广播	英雄的渴望			

五、促销活动策略

（一）促销活动一

(1) 名称：好酒喝到口，彩电拿到手。

(2) 目的：提升小麦王形象，扩大销售。

(3) 办法：为了进一步激励酒吧推广小麦王，除了在酒吧安放POP外，还开展"好酒喝到口，彩电拿到手"的公关促销活动。凡在1—4月间销出5000瓶小麦王的酒吧，可以得到一台价值9990元的东芝背投彩电。

（二）促销活动二

(1) 名称：渠道战。

(2) 目的：抢夺渠道。

办法：对哈尔滨各大酒店进行渠道战。例如，分销商销量达1000箱奖励摩托车一辆；600箱奖励DVD一台；400箱奖励印有"小麦王"羽绒服10件。

六、公关活动策略

（一）公关活动一

(1) 名称：小麦王——策划大师论坛。

(2) 目的：在该活动中也能塑造小麦王成功人士的品牌形象。

(3) 办法：在过年前，各公司年终结算之际，举行小麦王——策划大师讨论会，请一些国内知名商界人士，如张瑞敏来讲他的OEC管理，请史玉柱讲他从头再来的创业经历，请柳传志讲他是如何把只有几个人的研究所发展成今天的联想，从而吸引东三省知名企业家和公司主管人员，使他们对小麦王有一定的了解。在此次活动中也能塑造小麦王成功人士的品牌形象。

（二）公关活动二

(1) 名称：凭创意得奖金。

(2) 目的：提高小麦王的知名度。

(3) 办法：在一些报纸上刊登征集小麦王广告语，如前10位可以每人奖励5000元，这样可用最低廉的方式，将信息传播给消费者。

（资料来源：安徽咨询网，http://www.zhiy.com/newcount.php?n=101&new_type=41）

(1) 把广告策划的意见撰写成书面形式，以体现广告策略和广告计划的报告书，称作广告策划书。广告策划书由广告策划人员根据广告策划的结果所撰写，并提供给广告客户审核、认可，是为广告活动提供策略指导和具体实施计划的一种应用性文件。

(2) 广告策划书主要有三个用途：在广告公司内部，广告策划书的撰写标志着广告策划运作的结束。撰写广告策划书是为了将广告策划运作的内容和结果整理成正规的提案提供给广告客户。广告客户可以通过策划书了解广告公司策划运作的结果，检查广告公司的策划工作，并根据广告策划书判定广告公司对广告策略和广告计划的决策是否符合自己的要求。对于整个广告活动，经过客户认可的广告策划书是广告活动策略和计划的唯一依据。

(3) 广告策划书的种类多种多样，其中最为实用的分类方法是根据策划活动所展开的内容，对广告策划书进行分类。由此，广告策划书主要可以分为完整广告策划书和阶段性广告策划书两种。

(4) 广告策划书的撰写是按照一定的程序进行的，按照项目推进的顺序，可以将其分为信息沟通阶段、策划准备阶段、策划作业阶段、广告表现阶段、策划执行阶段五个阶段。

 实训案例

999感冒灵颗粒广告策划案

第一部分 市场分析

一、市场背景

近年来，我国非处方药的推广、使用正在呈现出强劲发展的势头。统计表明，目前感冒药、止痛药、肠胃药、皮肤药、五官用药等五大类常用药品已经占据我国OTC市场主体，其中感冒药在城镇居民OTC消费比例中更是接近90%。

根据国家相关统计部门统计，全国约70%的人每年至少感冒一次，这意味着每年大约有10亿人次需要服用一次感冒药，按照80%每次平均用药10～20元来计算，就意味着国内感冒药潜在市场空间是80亿～200亿元。

因此，感冒药市场也是药品竞争最为激烈的领域，全国6000多家制药企业中，约有20%的企业在生产感冒药，争抢这块市场大蛋糕。目前，国内感冒药品种高达百种以上，产品利润率、总产值、销售额等主要经济指标逐年递增，年增长速度在20%以上。

纵观整个感冒药市场，不难发现，西药成分的品牌占主导地位，占感冒药品种总数的79%，其次是中西药结合的产品，最后才是纯中药品牌。白加黑、新康泰克综合占有率的比例正在逐年攀升，并遥遥领先其他弱小品牌。感冒药市场一直是跨国公司和国内制药企业的战场，始终是由外资或合资品牌占主导地位。据调查显示，外资品牌集中度相当高，竞争也尤为激烈，销售额占中国感冒药市场总销售额的61%，国内品牌则只占39%。在这种情况下，三九医药旗下999感冒灵从2009年开始，已经连续三年坐稳"冠军"宝座，成为中国感冒患者日常生活的首选药物。

据了解，2005年，999感冒灵被评为百姓信赖的药品。

2007年，999感冒灵成为唯一获得"中成药优质优价品种"资格的感冒灵品类产品。

2007年，999感冒灵率先倡导"治愈感冒也要从心呵护"的品牌信仰，产品为情感背书。2009年加入品牌承诺——"暖暖的，很贴心"，逐渐在消费者印象中塑造"温暖、关怀"的品牌形象。

2013年下半年冠名《爸爸去哪儿》，贴合品牌调性引领舆论热点，掀起亲子联动风潮，为品牌和企业展开新的篇章。

二、消费者分析

(一)消费者特点

此次的目标人群主要锁定在18～25岁以大学生为主的年轻群体。目前，据统计我国在校大学生估计有2000多万人，是很有潜力的市场，而且这一群人主要是90后。90后的孩子大部分是独生子女，所以都比较注重与家人、朋友、恋人之间的感情，愿意与他们分享。

(二)消费群体调查问卷分析

为了更好地了解消费者的需求以及感冒药的市场现状，我们进行了市场调查，主要以调查问卷为主，调查问卷采取随机调查的方法，使调查做到全面准确。

调查时间：2015年4月21—28日。

调查对象：18～25岁以大学生为主的消费群体。

调查方式：网络问卷。

发放230份调查问卷，有效问卷211份(问卷内容略)。

三、产品分析

(一)产品特征分析

1. 产品的质量

"999感冒灵颗粒"对风寒、风热型感冒起同样的作用。因为"999感冒灵颗粒"中西药成分是消除症状的，所含中药有辛凉解表的野菊花和辛温解表的三叉苦，故无论是风寒型(宜辛温解表)，还是风热型(宜辛凉解表)均有效。而且"999感冒灵颗粒"是中西药复方制剂，其中不但具备西药迅速缓解症状的功效，而且中药可以抗病毒增强机体免疫力。

2. 产品的价格

"999感冒灵颗粒"10元左右的价格，是属于中低档次，质优价廉的OTC感冒药。

3. 产品的外观与包装

虽然"999感冒灵颗粒"的广告在不断调整，但对产品的包装却依然没有做出调整。这款由沸点品牌设计公司在2006年设计的包装，帮助999创造了单品销售突破10亿元的奇迹。"999感冒灵颗粒"设计的包装简洁醒目，充满药品的严谨和专业感。绿叶元素的使用，象征品牌的绿色，品牌表达区域和功能表达区域。同时，沸点为999医药创造了"阳光圈"作为品牌视觉符号，被运用到999全线产品中，和竞品形成了有效区隔，强化了品牌的差异化。但同时，一成不变的过于单一的包装，也为假冒伪劣提供了温床，甚至这已经不是臆想症的威胁，仿冒"999感冒灵颗粒"的事件已经在现实中发生了。

(二) 产品生命周期分析

品牌的生命周期可以分为孕育期、成长期、成熟期、衰退期，而"999感冒灵颗粒"正处于品牌的成熟期拥有广阔的发展前景，并且从长远来说，"999感冒灵颗粒"只要坚持正确的策略就会永远在成熟期高唱凯歌。

(三) 产品分析总结

通过以上对"999感冒灵颗粒"的分析总结可以得出，现阶段正是三九企业发展的好时机。从三九产品本身出发，三九感冒灵采用"中西结合"的配方，疗效显著的同时没有副作用，消除了部分消费者对服药后副作用的顾虑。从其品牌形象出发，三九品牌是由三九企业集团培育出来的品牌，而三九企业集团是国务院国有资产监督管理委员会直接管理的国有大型中央企业，有实力有资质，是真正的国民大品牌，受大众消费者信赖。但同时，从其产品价格出发，三九感冒灵在市场中的价格与同类产品相比属中低档。所以，三九品牌产品目前在市场中竞争优势很大，虽然三九感冒灵颗粒仍存在包装单一老化方面的问题以及部分消费者认为颗粒冲剂不方便的问题，但相对现在的优势而言，这些问题对三九感冒灵在市场竞争力方面影响并不大。所以，三九感冒灵目前在市场中仍具很强竞争力。

四、企业和竞争对手的竞争状况分析

(一) 企业的主要竞争对手

(二) 竞争对手的情况

新康泰克：①完美的危机公关；②有针对性的产品组合；③推陈出新的创新意识。

白加黑：①日夜分开的给药方法；②良好的广告效应。

感康：①长期积累的品牌优势；②较好的渠道；③口碑效应。

维C银翘片：由于问题产品而淡出市场，但是其产品形象依旧停留在消费者心中。

(三) 企业和竞争对手的比较

"999感冒灵颗粒"的机会在于"中西结合"疗效快、毒素小、能够有效预防感冒的广告诉求已经深入人心，威胁在于OTC感冒药市场竞争大，没有绝对优势的企业，随时又被超越的危险。

"999感冒灵颗粒"通过多年的广告宣传，"温暖、关怀"的品牌形象已经深入人心，差异化的品牌策略也带来了一大批忠实的消费者，这些都是企业的优势；劣势是相对于那些实力雄厚的国际大企业。"999感冒灵颗粒"在新药研发、市场整体布局、渠道建设上还存在不足；同时，"999感冒灵颗粒"产品进入成熟期，在新生代年青人中的知名度不高，导致产品的消费人群老化。

五、企业与竞争对手的广告分析

(一)企业自身广告的优势

"999感冒灵颗粒"一直致力于广告宣传投放，着眼于从情感上与消费者沟通，引起消费者的共鸣，不同于其他OTC感冒药企业惯常的广告功能性定位，"暖暖的，很贴心"更极大地收获了一批消费者的认同，因为生病的人最感性，同时通过开展一系列公益活动，并且通过红遍全国的《爸爸去哪儿》的独家冠名，让"999感冒灵颗粒"的温暖诉求深入人心。

(二)竞争对手在广告方面的优势

很多国际大药厂在感冒药广告市场投入巨大，并且积极起用一线明星，从而广告知名度得以迅速地拓展；同时功能性的广告诉求也赢得了一批有所需求侧重的消费者，比如"白加黑"的白天服白片不瞌睡，夜晚服夜片睡得香，就获得了很多上班族和学生的认同；而且很多竞争对手擅长渠道广告，从而在药品销售的终端赢取消费者。

(三)机会分析

目前市场为"999感冒灵颗粒"提供了广阔的市场前景。

1. OTC感冒药市场的蓬勃发展，作为OTC感冒药市场中的领导者，"999感冒灵颗粒"完全可以借助现阶段迅速发展的感冒市场占据更大的市场份额，进一步提高产品知名度。

2. 今年是"十二五"规划的第五个年头，国家的各项政策将更加开放，也有利于营造更好的企业发展环境，这为"999感冒灵颗粒"提供了良好的外部发展环境。

3. 随着电子商务互联网企业的迅猛发展，对拓展传统感冒药企业的销售渠道提供了更多的选择，特别是在近期，全国184家企业获许网上售药，这是对传统售药模式的巨大改变，可以预见的是针对线上OTC感冒药渠道布局的时代即将到来。

(四)威胁分析

1. 尽管"999感冒灵颗粒"占据着较为显著的市场份额，但是众多的外资感冒品牌，诸如新康泰克、泰诺都具有雄厚的实力，同样占据着重要的市场份额，感康等国产感冒药同样占有突出地位，不可小觑，相对的"999感冒灵颗粒"的优势不够明显，有着随时被其他感冒药品牌超越的风险。

2. 同时过于单一的包装，也为假冒伪劣提供了温床，甚至这已经不是臆想症的威胁，仿冒"999感冒灵颗粒"的事件已经在现实中发生了。

3. 作为主打"中西合璧"的"999感冒灵颗粒"也有面临仿冒产品的威胁。

第二部分 广告策略

一、广告的目标

(一)企业提出的目标

1. 结合年轻人的心态或观点，与消费者建立情感联系，增加对品牌的好感度。

2. 借助心灵的共鸣，加强999感冒灵与年轻消费群体的纽带。

3. 吸引年轻消费群体尝试999感冒灵产品，提升该年龄段的品牌尝试率。

(二)根据市场情况可以达到的目标

1. 能使大学生消费群体与999感冒灵建立情感联系，增强其对品牌的认知度以及好感度。

2．能提高大学生消费群体对999感冒灵的尝试率，使其成为产品的忠实消费者，从而扩大市场占有率。

二、目标市场策略

(一) 对企业原来市场的分析与评价

1．市场的特性

感冒药同质化现象严重，功效单一，多为西药，副作用大，且不注重广告制作与宣传。

2．市场的规模

据调查问卷显示，多数人感冒后选择不吃药，市场规模小，可开发潜力较大。

(二) 对企业现有市场的评价

感冒药类型开始多样化，品牌竞争日趋激烈，999感冒灵中西结合的概念也并非一枝独秀，有重新进行目标市场策略决策的必要性。

999感冒灵现在面临着在年轻人心目中的知晓度不足、品牌形象老化的问题，需要重新进行目标市场选择，将目标市场定位于18～25岁的年轻人，改变999感冒灵的消费结构，使其呈现年轻化的趋势，为其注入新的活力。

(三) 市场细分

大学生是一个年轻有活力的群体，也是一个比较浮躁的群体。他们在选择感冒药的时候往往是选择速效并且服用方便的药品，因此造成了999感冒灵颗粒在大学生市场的弱势。针对这种弱势和大学生群体对999感冒灵的认知度、好感度和忠诚度不高的问题，我们通过对全国各地以大学生为代表的群体分析得出以下结论。

1．以18～25岁的大学生为代表的年轻、有活力的群体，是999感冒灵一个很有潜力的市场，近年来，由于高校扩招，大学生市场在不断扩大。同时他们年轻有活力，对于选择什么药品并不刻意要求，因此他们的选择有很大的可塑性。

2．大学生群体是一个综合素质较高的群体，因为他们在此阶段感情比较丰富，他们开始思考回报父母，开始感谢朋友的帮助，开始认真对待恋人的感情。因此从亲情、友情、爱情的角度入手去感动他们，是比较可行的。

3．大学生日常活动比较有规律，投放广告更加有的放矢。他们网络媒体的使用频率高，我们可以充分利用网络对其宣传。

(四) 产品定位

企业以往的产品定位多以产品的功效为主，实用性成为消费者购买的主要因素，这也导致了目标消费群体的单一，随着上一代消费群体的老化，年轻人成为一个巨大的潜在市场，对于感冒药来说，999感冒药的价格适中，所以不存在购买力的问题。目前棘手的是，年青人对999的品牌形象认知不足，所以目前重塑999在年轻人心中的形象至关重要，这也是999打开年轻群体消费市场的第一步。

1．从消费者的心理来说，当代年青人喜欢新奇冒险，但情绪波动较大，所以999在重塑品牌形象的策略上需要迎合年青人心理的变化，让他们意识到999不单单是一个感冒药品牌，更是年青人成长过程中的知心伴侣。

2．从产品竞争的角度来说，目前的感冒药，他们的广告及推广活动大多是从产品的内部入手，去塑造新的产品概念，从而形成新的卖点，然而这种方法所带来的消费者对产品的热情不稳定，不持久。所以，重塑品牌形象是我们区别于其他感冒药品牌的一把利器，目前

999感冒灵的广告主线有以下两条。

(1) 爱是一种冲动。针对第一点，冲动是年轻人情绪变化的一种现象，"冲"可以指一种情感，也可以指一种动作，例如冲感冒药，这种一语双关的手法也成为后面我们广告表现的一个创意点。

(2) 定义感冒灵。针对第二点，微信微博新媒体营销、APP软广告植入等线上活动。线下我们可以进行校园活动推广，以学校附近药店、医院超市药店提供资金支持，去发动感冒"快闪"等一系列年轻人感兴趣的活动，来提高他们的互动参与度，在活动中重新认识品牌。

第三部分 广告计划

一、广告诉求

(一) 广告诉求对象：以大学生为代表的年轻群体

(二) 诉求重点：以情动人，塑造999感冒灵"爱是一种冲动"的形象

(三) 诉求方法：感情诉求为主，理性诉求为辅

二、广告表现

(一) 广告的主题：爱是一种冲动

(二) 各媒介广告表现

1. 平面广告设计

亲情、友情、爱情系列广告

2. 网络视频广告

兄弟，闺蜜，恋人合篇

第四部分 广告预算

一、广告制作费用

二、广告刊播费用

三、活动策划费用

费用合计：略。

(资料来源：南京廖华，http://www.njliaohua.com/lhd_84j6q7sx8n207lq1bahv_1.html)

案例点评：

这份广告策划书包括了我们提出的市场分析部分、广告策略部分、广告计划部分、广告预算部分四个大的方面。在市场分析部分综合了999感冒灵颗粒消费者分析、产品分析、企业和竞争对手的竞争状况分析、企业与竞争对手的广告分析等。而在广告策略决策中涉及了企业的广告目标、目标市场策略等广告战略。此外，结合广告诉求、广告表现对广告计划进行了阐述。最后在广告预算部分列举了广告制作费用、广告刊播费用、广告策划费用的主体框架。999感冒灵颗粒广告策划方案，可以作为一份相对规范、完整的广告策划书的正文结构，为我们提供一些借鉴的范本。

讨论题：

1. 结合本章所学知识及999感冒灵颗粒广告策划方案，试分析一份完整的广告策划书应该包括哪些主要内容？

2. 在进行市场调查的基础上，对999感冒灵颗粒广告策划案进行内容补充，完善广告策划书的内容。

一、选择题

1. 与完整广告策划书相比，阶段性广告策划书涉及的内容更具有(　　)。
   A. 广泛性　　　　B. 全面性　　　　C. 集中性　　　　D. 针对性
2. 广告提案的内容包括(　　)。
   A. 有明确化的广告目标　　　　　　B. 有市场状况分析
   C. 将要采取的广告策略　　　　　　D. 广告活动的具体执行方案
3. 下列(　　)属于广告策划书撰写程序中策划准备阶段的内容。
   A. 提案沟通　　B. 总结评估　　C. 比稿确定　　D. 市场调查分析
4. 下列(　　)属于广告策划书撰写程序中广告表现阶段的内容。
   A. 策划作业实施　　　　　　　　　B. 创意表现与方案制订
   C. 比稿确定　　　　　　　　　　　D. 文本整理

二、简答题

1. 完整广告策划书由哪几个主要部分组成？
2. 媒体策划书的主要内容包括哪些方面？
3. 广告策划书的撰写程序有哪些？

三、模拟现场

1. 娃哈哈作为中国知名品牌，曾经创造了多项世界之最、中国之最。其产品包括饮用水、碳酸饮料、含乳饮料、茶饮料、医疗保健品、罐头食品、果汁、果乳等多个系列。娃哈哈营养快线，是娃哈哈集团根据中国人独特膳食结构和营养状况，精心研制而成的一种全新的牛奶果昔饮品。请结合该产品特点，在市场调查的基础上，结合本章所学知识，为娃哈哈营养快线策划一份完整的广告策划方案书。

2. 优乐美奶茶是喜之郎公司在2007年推出的新产品，有原味、麦香、咖啡、巧克力、草莓、香芋和红豆7种口味，是即泡即饮型奶茶。从产品的属性、品牌调性及包装的设计都有明确的指向，与80后建立了非常密切的联系。请结合该产品所针对的特殊消费群体，在市场调查的基础上，结合本章所学知识为优乐美奶茶策划一份网络广告策划方案书。

参 考 文 献

[1] 胡晓云. 世界广告经典案例[M]. 北京：高等教育出版社，2004.
[2] 黄升民. 广告策划[M]. 北京：中国传媒大学出版社，2006.
[3] 何修猛. 现代广告学[M]. 6版. 上海：复旦大学出版社，2006.
[4] 陈培爱. 广告策划与广告策划书撰写[M]. 厦门：厦门大学出版社，2007.
[5] 穆虹. 实战广告案例[M]. 北京：中国人民大学出版社，2007.
[6] 广告人杂志社. 实战广告案例教程[M]. 北京：机械工业出版社，2009.
[7] 高丽华. 广告策划[M]. 北京：机械工业出版社，2009.
[8] 赵国祥. 广告策划实务[M]. 北京：科学出版社，2009.
[9] 肖开宁. 中国艾菲奖获奖案例集[M]. 北京：中国经济出版社，2010.